天下蜀刻　石上大宋

——巴蜀石刻叙述的大宋华章

雷玉华　严光辉　著

成都时代出版社
CHENGDU TIMES PRESS

图书在版编目（CIP）数据

天下蜀刻　石上大宋：巴蜀石刻叙述的大宋华章 /
雷玉华，严光辉著. -- 成都：成都时代出版社，
2024.4

ISBN 978-7-5464-3288-5

Ⅰ. ①天… Ⅱ. ①雷… ②严… Ⅲ. ①石刻-研究-
四川-宋代 Ⅳ. ① K877.404

中国国家版本馆 CIP 数据核字（2023）第 153761 号

该成果为西南民族大学铸牢中华民族共同体意识研究中心资助项目。

天下蜀刻　石上大宋——巴蜀石刻叙述的大宋华章
TIANXIA SHUKE SHISHANG DASONG——BASHU SHIKE XUSHU DE DASONG HUAZHANG

雷玉华　严光辉 ／ 著

出 品 人　达　海

责任编辑　李　佳

责任校对　张　巧

责任印制　黄　鑫　曾译乐

封面设计　寻森文化

装帧设计　成都九天众和

出版发行　成都时代出版社

电　　话　（028）86742352（编辑部）

　　　　　（028）86615250（发行部）

印　　刷　成都博瑞印务有限公司

规　　格　185mm×260mm

印　　张　29.5

字　　数　470 千

版　　次　2024 年 4 月第 1 版

印　　次　2024 年 4 月第 1 次印刷

书　　号　ISBN 978-7-5464-3288-5

定　　价　598.00 元

实证古代各民族对美好生活的共同愿望，中华优秀传统文化的载体。

目录
CONTENTS

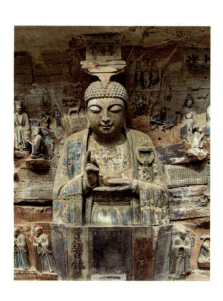

第二章 中华各民族共同创造：

和合共生，香满山谷   095

绪　论

从石窟可以看出中华文明所具有的连续性，在世界古老文明中独一无二。

四川，在人们的印象中，是"宇宙之绝观"（王勃语），自然盛景冠绝天下，令人向往。然而在这片土地上，还有一类冠绝天下的丰富宝藏没有引起人们的足够重视，那就是散落在巴蜀大地上数量庞大、内涵丰富、特色鲜明、历时久远的石刻造像，其中尤以宋代石刻最为精彩，堪称天下第一。而这一切，源于中外文明交流互鉴，中华各民族共同缔造。

四川佛教石刻作为中国石窟寺发展链条上的最后一环，留下了中华各民族的共同记忆。四川宋代石刻，既是佛教大型石刻造像艺术最后的高峰，也是宋代文化生活、经济生活、社会生活的石上记忆，可以说是一卷读不完、说不尽的石刻大宋华章。

不过，与名闻天下的库车克孜尔石窟、敦煌莫高窟、洛阳龙门石窟、大同云冈石窟相比，四川石刻还似"养在深闺人未识"。

从石窟可以看出中华文明所具有的突出的创新性。

中国的石窟造像，导源于佛教，可以追溯到东汉时期。从地理角度说，是从新疆沿着河西走廊传播到中原地区的，在这一过程中，大型石刻造像艺术也不断本土化，成为华夏世界十分重要的一种艺术形式。

唐代天宝之后，中原北方地区大规模开窟造像结束，巴蜀之地则方兴未艾，直到南宋时期，将中国大规模连续开窟造像的时间向后延续了五百年。巴蜀地区的晚期石刻造像，可以说是中国石窟造像史上最后的华章。在隋唐大型石窟造像时代结束之后，宋代石刻造像的精髓，都集中在巴蜀之地。

四川石刻在形式和内容方面独具特色。形式方面，石窟传到巴蜀地区，大都演变成了摩崖造像龛，到了两宋时期，雕刻形式更加自由，不再受洞、龛等形式和范围的限制，甚至大量造像直接以连环画形式出现在崖壁上，人们便更愿意称其为石刻，而学术界也常常将石窟、石刻与摩崖造像等词混用。内容方面，题材更加世俗化，除了宗教信仰的内容，还出现了大量反映世俗生活的石刻造像。

大足、安岳两地的宋代造像，曾被学术界统称为"川密"造像，被誉为中国佛教史上绝无仅有的系统的"密教造像"，填补了中国乃至世界石窟发展演变过程中造像内容题材世俗化、民间化后的空白。今天看来，无非禅净合一，万宗皆为满足世人美好愿望而为。

石窟可以看出中华文明所具有的突出的统一性。

一般而言，四川石刻包括了今天的四川、重庆两地的石刻，主要分布于四川盆地周围的山崖河谷地带。1997年，因为行政区划调整，重庆单独设直辖市，故后来将两地石刻统称为"巴蜀石刻"。巴蜀石刻到底有多少，谁也说不清。近年来，文物部门经多次调查，基本上摸清了家底。

据2009年出版的《中国文物地图集·四川分册》统计，仅四川省就有一千多处石窟和摩崖造像，几乎占四川野外文物点总数的十分之一，还有众多的小石窟点未被列入其中。

据2007—2011年开展的全国第三次文物普查统计，四川省的石窟及石刻类文物点共计2838处，其中很大部分是石窟和摩崖造像。

2016年底，川渝石窟保护大项规划进行前期调查，两地登记在册的石窟（含摩崖造像）及石刻共计8032处，其中四川5973处、重庆2059处，包括两处世界文化遗产——乐山大佛、大足石刻。

2013年，第七批全国重点文物保护单位公布，全国石窟及石刻类重点文物保护点268处，川渝地区39处，占全国总量的14.55%，数量居全国第一。第二位为河南省，有石窟及石刻类保护单位32处，占全国总量的11.94%。

2019年，第八批全国重点文物保护单位公布，石窟及石刻类全国重点文物保护单位307处，川渝地区共有43处，占全国总量的13%，数量居全国第一；河南省有35处，占全国总量的11.4%，数量居全国第二。

于2021年6月30日完成的全国石窟专项调查，剔除了与佛教、道教无关的石刻及一些造像无存的点位，四川登记了2134处，公布数据为2133处（不包括重庆），数量仍居全国第一。重庆716处，川渝合为2850处，构成了全国石窟的半壁江山。

从数量方面说，巴蜀大地堪称石窟宝库。中国南方地区的石窟与摩崖造像，除在江苏、浙江、广西、云南等地有零星分布外，大部分集中于四川地区。巴蜀石窟数量庞大、内涵丰富，其历史从南北朝一直延续到了民国。一千四百多年的四川石窟开凿史，是古往今来中华各民族美好愿望的共同表达，呈现了各民族共有共享的中华文化符号和中华民族形象。

中国是石窟寺大国，也是石窟寺开凿范围最广、持续时间最长、变化最多的国家。现在的众多石窟寺反映出佛教中国化、世俗化的进程，是工匠们用凿子和石头雕凿的一部佛教中国化、世俗化史。唐宋之际是佛教中国化、世俗化的转折点，巴蜀唐宋石窟和摩崖造像所反映的民间佛教状态正是这种变化的体现，尤其是其中仅存于巴蜀两地成规模开凿的宋代石刻代表了佛教中国化完成后的最终形态，是灿烂的优秀中华传统文化的载体。

两宋时期的中国北方地区除陕北尚有少量北宋、金代窟像开凿外，石窟开凿早已归于沉寂，石刻造像的重心转移到了巴蜀大地。

巴蜀大地的石刻图像以及它们讲述的故事，从南北朝时期开始，穿越盛世大唐，一直延续下来。其中，两宋时期的巴蜀石刻最为精彩，涌现出大量全新的造像形式和题材，石刻造像所体现的内涵、反映的历史背景，铭文题记中述说的历史事件与人物等等，俨然一部镌刻于巴蜀大地田间地头的别样大宋史。

那些崖壁上的图像与故事，仿佛两宋时代凝固的人间万象，历经千百年的岁月磨洗，如今还一幕幕生动地展现在我们眼前。

对巴蜀石刻而言，无论是基础资料的整理还是学术研究都远远落后于北方地区，从而导致其长期以来被屏蔽在人们的视线之外，也难以让世人领略巴蜀石刻的魅力。

20世纪末，学者们开始把目光投向了这里。经过三十多年的努力，巴蜀石窟和摩崖造像的总体面貌渐为世人所知，人们惊喜地发现，在辉煌的石刻文化史上，巴蜀石刻是世界佛教石窟传播与发展链条上最后的一环，也是最鲜亮的一环。巴蜀石刻不仅是世界佛教石窟文化的重要一环，也是华夏历史文化的精彩华章，犹如一面镜子，大到国家制度，小到张家娘子生病、李家有人想当官发财等等，人间万象无不映照其中。

但是，三十多年的努力仅仅迈出了第一步，只是对巴蜀石刻产生的时代以及分布特征、性质、历史价值等各个方面进行了初步研究。长期以来，基础资料公布不完整、考察条件受限等客观原因，仍然制约着巴蜀石刻研究的深入。历史文献方面，关于川渝两地两宋佛教情况资料尤其稀少，特别是在摩崖造像最集中的安岳、大足等地，涉及民间信仰的资料几乎空白，导致深入研究的成果稀少。再者，研究人员大都受各自专业所限，只是在自己的专业领域各自为政，很少打破学科限制、地域界限，特别是很少把巴蜀两宋石刻置于中国历史地理、中国历史变迁，乃至世界历史的大背景中去考虑，因而无法很好地揭示出其在中华民族多元一体格局中的发展、变化与影响。

巴蜀石刻，数量庞大、内涵丰富、特色鲜明、历时久远，其中宋代石刻可以说是天下独一份。

面对浩瀚的巴蜀石刻资料，我们选择了巴蜀宋代石刻这一篇章，试图以新公布的科学系统的考古资料为基础，借鉴前人研究成果，吸收多学科研究内容，以大历史为背景，重新梳理巴蜀两宋石刻，厘清巴蜀两宋石刻文物的内容题材、艺术风格的来源及变化脉络，明晰其在中国佛教艺术发展传播链条中的位置，揭示巴蜀宋代石刻作为佛教中国化完成后最终形态的丰富面貌、艺术成就和深刻内涵，构筑中华民族共有的精神家园。

现在，让我们一起打破凝固于石头上的静默，细说两宋繁华，聆听时间回响，开启宋代文化生活、经济生活、社会生活的石上记忆。

第一章

中外文明交流互鉴：
千年风沙，梵天俗世

佛教从创设开始，并不主张偶像崇拜。大乘佛教兴起后，佛教造像逐渐成为一种重要的弘扬教理、吸引信徒的形式。

佛教造像的兴起，始自印度贵霜时代的犍陀罗，而后在印度各地不断完善，并向东南亚各国和中国传播，再从中国传入朝鲜半岛，最后传至日本。

笈多时期[1]（盛期相当于中国魏晋南北朝至隋初），印度本土开始大规模开凿石窟、佛像，影响扩大至印度境外，在今天的巴基斯坦、阿富汗一带出现开凿石窟、佛像的热潮，随即传入我国。

在这个过程中，石窟的形制、造像题材、造像风格也随时间和地区不断变化。后来在我国许多地方发展演化成了以摩崖龛像为主的形式，在石窟开凿活动晚期的中国南方，很多摩崖佛像龛与石窟的区别不再明显，因此在一些文章中龛窟混用，名称并不统一。

．到了宋代，巴蜀地区流行一种新的石窟形式，直接在山野崖壁上以连环画形式进行雕刻，题材广泛，内容涉及佛教、道教、儒教以及与宗教无关的世俗生活题材。

---

1 笈多时期，即笈多王朝时代，印度的一个古老王朝，最强盛时间大约是公元 320 年到约 540 年之间。疆域包括今天印度北部、中部及西部部分地区。

恒河妙相

佛与佛像

公元前6世纪，印度恒河中下游有许多城邦国家，其中恒河中游的迦毗罗卫国由释迦族建立，附属于南方的憍萨罗国。公元前6世纪末，迦毗罗卫国国王净饭王之子释迦牟尼创立了佛教。

关于释迦牟尼出生的具体年代没有明确的记载，通常认为是公元前565年。释迦牟尼生活的年代大致与孔子相当，出生地蓝毗尼园（Lumbīnī）¹位于今天尼泊尔南部的罗美德（Rummindei）。

释迦牟尼姓乔答摩，名悉达多，释迦牟尼是对他的尊称，意为"释迦族的圣人"。释迦牟尼是迦毗罗卫国的王位继承人，出生时父亲50多岁，母亲40多岁，出生7天后母亲摩耶夫人即去世，姨母波阇波提成为继母并抚养他长大。释迦牟尼小时候过着舒适富足的生活，19岁娶耶输陀罗（瞿波）为妻，生一子名罗睺罗。29岁时出家（也有说是19岁、31岁）。

按照后世的传说，一天，释迦牟尼离开王宫，出游城中，在城中四座城门处

1　蓝毗尼园，古代印度善觉王夫人的花园。善觉王之女为摩那夫人，即释迦牟尼的母亲。

分别遇到了生、老、病、死之人，看到了人生的种种痛苦与不幸，开始思考解脱痛苦与不幸之道，产生了离开王宫求道的想法。他的父母极力劝阻。

传说，释迦牟尼于夜半之时在马夫车匿的帮助下骑着白马犍陟越城而去，来到跋伽仙人（跋罗伽婆）的苦行林，然后遣马夫牵着白马回去。国王派大臣和祭司前往寻找释迦牟尼，然不能劝返，于是派阿若憍陈如、阿说示、跋提、十力迦叶、摩诃男拘利五位年轻人跟着他。从此，释迦牟尼开始了游历修行。释迦牟尼不断向名师学习，但并不能解决问题，于是开始苦修，他的五名随从在这个过程中离开了他。

释迦牟尼在尼连河畔经过六年苦修，仍然一无所获。于是，他喝下牧女施与的乳汁，离开苦修之地，在尼连河洗净尘土，来到菩提伽耶，在菩提树下，结跏趺坐（双脚交叉盘腿坐），静观凝虑，终于在12月8日黎明时分觉悟成佛，时年35岁。

觉悟之后，释迦牟尼辗转来到迦尸国都城波罗奈的鹿野苑。离开了他的阿若憍陈如等五名随从此时正住在那里，释迦牟尼为五人说法，他们正式皈依佛陀，成了佛陀最早的弟子，组成了最初的僧团。那里也是佛陀最早说法的地方，故事"鹿野苑初转法轮"说的就是这个事情。法是佛陀宣讲之道，轮是古代印度降服敌人的工具，因此以"法轮"指代佛法，意即佛法可以降服人，"转法轮"即代指说法传道。

在石窟造像兴起之前，两只鹿与中间一个圆轮组成的图像表现的就是鹿野苑初转法轮的故事。石窟造像兴起后，两只鹿或者两只鹿与法轮一起组成的图像就成了佛陀第一次说法场所的标识，现在寺院中的大雄宝殿顶上还常见这种标识。

佛、法、僧是佛教的三要素，也称"佛教三宝"，现已齐备，从此释迦牟尼带着弟子开始弘扬佛法，持续时间长达45年，僧团也随之不断壮大，信众愈来愈多，并且得到国王和贵族的供养。

公元前485年，释迦牟尼80岁，他在拘尸那迦城附近的娑罗双树之下头北西向侧卧入灭。

自此，宣讲佛法的鹿野苑、入灭之地的拘尸那迦城与诞生地蓝毗尼园、觉悟成佛的菩提伽耶，成了佛教的四大圣地，它们也是佛教造像常常表现的内容。

佛陀入灭直到公元前4世纪时，佛教主要是在印度北部的恒河中游一带传播。

公元前3世纪中叶，阿育王（前303—232）统治时期的孔雀王朝十分推崇佛教，加上孔雀王朝此时疆域广阔、国势强大，佛教在印度兴盛起来，并向境外传播。这时，也正是佛教各部、各派形成与成长时期。阿育王积极推动佛教传播，派人向北到了今天的克什米尔地区、巴基斯坦北部、阿富汗东南部等地宣扬佛教，佛教正式成为世界性的宗教。

佛教从创设开始，并不主张偶像崇拜。公元前327年，来自西方的亚历山大大帝曾一度占领印度西北部。时间虽然短暂，但是希腊—罗马文化特别是当中的神像雕刻技艺开始进入这一地区。公元前2世纪，希腊殖民者建立的巴克特里亚王国乘孔雀王朝衰落之机，又占领了这一地区，直到被贵霜王朝征服为止，这段历史时期通常被称为"希腊化时代"，希腊—罗马文化占据主流。

公元1世纪，从我国西迁的大月氏人建立了贵霜王朝。贵霜王朝后来占领了印度西北部，其势力很快扩展至印度河上游和恒河流域的大部分地区，并将都城迁至犍陀罗地区的富楼沙（即今巴基斯坦的白沙瓦）。此时正当大乘佛教兴起，佛教教义也从自我解脱走向普度众生，于是与希腊—罗马文化当中的神像雕刻艺术结合，一改原始佛教不主张偶像崇拜的传统，开启了佛教造像传统。佛像首先出现在贵霜王朝统治下的犍陀罗地区，这里是当时的佛教传播中心，人们像古希腊、古罗马人对待神一样制作并礼拜佛像。佛教造像逐渐成为一种重要的弘扬教理、吸引信徒的形式。

公元2世纪初期，制作佛像的潮流传到了贵霜王朝的另一个佛教中心摩菟罗（今恒河中游西北部，新德里以南，又译作"马土腊""马土拉""马图拉"）。今天的考古发现证明，犍陀罗、摩菟罗两地开始制作佛像的时间相差不到50年，甚至极有可能是同时开始的。

这一时期，佛教也开始传入了我国新疆一带，并逐步由新疆向中原地区传播。

　　释迦牟尼的出生、出家、苦修、觉悟、说法、入灭等事件及地点以及演化出的无数传奇故事，如腋下诞生（图1）、七步生莲、牧女施乳等成为千百年来佛教石窟中雕刻、佛教壁画创作反复表现的主题。

图1　腋下诞生（雷玉华／摄　巴基斯坦犍陀罗地区出土，日本国家博物馆藏）

开窟造像

印度最早开始开凿的石窟寺主要是佛教石窟寺，也有耆那教石窟寺，晚期还出现了印度教石窟寺。印度现存宗教洞窟有1200多个，其中四分之三是佛教石窟，总体可分为早、晚两个时期，即沙多婆诃王朝时期（公元前1世纪至公元2世纪），笈多王朝及其以后的一个时期（公元5至8世纪）。

沙多婆诃王朝时期，石窟主要分布于德干高原西部的山崖间，即今天的印度西部。重要石窟寺有阿旃陀（图2）、奥兰加巴德、巴雅、贝德萨、昆达诺、皮塔

图2　印度阿旃陀石窟外景（李翎／摄）

图3　印度皮塔尔考拉石窟（Pita—Ikhora Caves）3号窟，开凿于公元前2世纪（李翎／摄）

尔考拉、郡纳尔、纳西克、卡拉尔、坎黑里等。

　　沙多婆诃王朝之后，石窟寺的开凿停顿了200年时间。笈多王朝及其以后的一个时期，石窟寺仍然集中在印度的西部。前期开凿石窟的地方——阿旃陀、奥兰加巴德、坎黑里——继续开窟，新增加了巴格、加托卡卡、埃洛拉等石窟。佛教造像除了存在于这些石窟中之外，还存在于各地寺院遗址中，而这些寺院的布局都是以塔为中心，现在我们看到的大量的佛传故事雕刻石板都来源于佛塔的构件。晚期的石窟中往往也有大量与佛有关的装饰性雕刻或壁画。

　　所有的石窟基本上都开凿于河湾山崖上，而且是集中成群开凿。这些地方，石材大多质地坚硬，宜于精雕细刻。

　　印度的佛教石窟按性质和用途可分为塔堂窟、僧房窟两类。塔堂窟，即礼拜窟，又译为支提或支提窟，佛像、佛画或装饰性雕刻通常只存在于礼拜窟中。典型的礼拜窟是仿地面木构建筑形式修建的，因此被称为"塔堂窟"。标准的塔堂窟通常开凿在山崖上，洞窟外壁面常雕刻有仿木构建筑；洞窟前壁有明窗和门道；洞窟内前端为长方形，后端为半圆形，在洞室周边有一周立柱，洞室后半部

天下罨刻
石上大宋

分的中间有一个覆钵形塔。早期形制比较简单，越往后形制越复杂。

僧房窟，即僧人居住生活的洞窟，译为毗诃罗或毗诃罗窟。标准的僧房窟多是方形洞室，一般开凿在山崖上。一般多室共用一个方形中厅，入口一壁开门，其他三壁开小型居室，有的洞窟前有前廊。

一座完整的石窟寺至少由塔堂窟和僧房窟这两类洞窟组成，塔堂窟和僧房窟是最基本的洞窟形式。有的石窟寺还有杂物间或库房，晚期的石窟前面还出现了一些如公共活动空间等功能性区域。塔堂窟旁边一般有多个僧房窟，最初一般一个石窟群同一个时期只有一座塔堂窟，好比一座寺院只能有一座大雄宝殿一样，后期有少量石窟群中出现了两个以上塔堂窟的情况。

早期，塔堂窟的开凿时间延续了大约300年，这期间建筑形式和雕刻技术不断演化，形制日趋复杂。以巴雅石窟为例，巴雅石窟是由1个塔堂窟和20个僧房窟组成的石窟寺，其中第20窟是塔堂窟，也是最早的标准塔堂窟，入口处是大拱门，大门上方是尖顶形拱楣，拱门处有原来安装木门的痕迹；洞窟内，前部为长方形，后端呈半圆形，进深18米，窟内最宽处7.9米，窟内沿壁面有27根素面立柱；后部中间是低矮的半球形覆钵塔。

沙多婆诃王朝晚期的塔堂窟以卡拉尔石窟为例，卡拉尔共有10多个洞窟，只有一个塔堂窟，开凿于2世纪上半叶，窟内总长37.9米，最宽处13.9米，是同类窟中规模最大、最为壮观的洞窟。窟前是一个祭祀堂，为后来建造。窟前有一根16面大立柱，柱头上刻四头背合的狮子，狮背上驮法轮。大立柱后面为前廊，分为上下两段，两端壁面布满浮雕。洞窟正面底部是通向窟内的3条门道，上面是高大的4层仿木结构楼阁。窟内前部为长方形，后端为半圆形，靠近壁面有一排立柱。窟内前厅高大，柱头装饰繁复，柱头上承平梁，平梁上起拱券，券腹上是仿木椽；后部的覆钵塔有两层台基，覆钵上面有平头、伞盖。正厅门道上方有施主题记。

最早开凿的僧房窟中厅和居室都较小，形状不规则，以巴雅第19窟为例，中厅两壁共开居室4间，居室门上方有尖拱楣，各门之间有龛。中厅平顶，地面为不规则的方形。中厅外有横长方形前廊，半圆拱券形顶，雕出仿木椽。前廊的一端开有一间居室，居室门外两边分别雕刻帝释天与日神像。

稍后开凿的僧房窟中厅面积扩大，除前壁外，其他三壁均开相同数目的小居室，位置和形状都更整齐，如阿旃陀的第12号窟，中厅基本为规则的正方形，前壁已经垮塌，其他三壁均各开四间小居室。

晚期开凿的石窟仍然主要是塔堂窟和僧房窟两类，但形制和相互比例关系有了变化。塔堂窟减少，这可能与寺院房屋组合类别的变化有关。僧房窟形制变化较大，在中厅正壁开建佛堂供奉佛像，洞窟既是僧人居住的地方，也兼具礼拜佛像的功能，因而装饰与实用并重，浮雕与壁画增多，越往后越富丽。塔堂窟也呈现同样的趋势，尤其是明窗的形状更加复杂。以孟买东北部阿旃陀的石窟为例，这里有30个洞窟，除4个早期洞窟外，其余全部是晚期洞窟，是印度石窟后期开凿最早、规模最大的洞窟群。这里晚期开凿的洞窟中有3个塔堂窟，即第19、26、29号窟，洞窟基本形制与前期相似，只是前廊面积扩大，形成前庭，并增设露台。洞窟正厅立柱之间和两侧壁雕刻或绘有单尊佛像或佛三尊像；窟顶后面覆钵塔的塔基大大升高，塔的正面开大龛，龛内刻主尊大佛像，主尊佛像与塔身连为一体。这种在塔正面设龛像的塔堂窟形式有人认为是从中亚犍陀罗地区传入的，前期没有。与前期比，最重要的变化是由过去的覆钵塔改为主尊大佛和其依附的覆钵塔，窟内仿木结构的雕刻大大减少。

后期，僧房窟的突出变化是大多有前廊，前廊后面是中厅，两壁四面均有立柱，柱后形成回廊，回廊后面三壁开居室。中厅正壁的正中增开一间佛堂，佛堂通常为前后两进，里间是三尊庞大的石刻造像，即一佛二胁侍，占去里间绝大部分空间；两侧壁浮雕伎乐、天人等。僧房大部分有大量装饰，中厅顶及四壁、外廊外面均布满了浮雕或壁画。如阿旃陀的第1、6、7号窟，就是这类洞窟的典型。

埃洛拉的晚期石窟也很典型，共34个窟，分属佛教、印度教和耆那教，其中第1至12窟属于佛教石窟，建于公元7世纪下半叶至8世纪，第10窟是塔堂窟，位于佛教类洞窟的中心。该窟前庭是宽大的露天方院，其他结构与阿旃陀同期石窟相似，局部有些变化，雕刻内容则有所不同。僧房窟的基本形式与阿旃陀的僧房窟相似，但也有变化，如第11、12号窟可分为三层，每层的正壁均有佛堂，佛堂内有许多密教造像。第5窟中厅两侧壁向外扩大，用作讲堂；第8窟则有带佛龛的中心方柱等。

公元8世纪，印度本土恒河中下游建立了波罗王朝，其境内流行密教。公元12世纪中叶，色纳王朝占领恒河中下游，印度本土佛教走向衰落。13世纪，佛教在印度本土彻底湮灭了。当然，佛教造像、佛教石窟也随之湮灭，直到19世纪末，现代考古才再次揭示了这一历史进程。

窟像样式

印度佛教造像主要分为两种样式，即犍陀罗和摩菟罗，实际上就是以最早开始佛教造像的两个地区来命名的。

犍陀罗，古印度王国之一，相当于今巴基斯坦北部及其毗连的阿富汗东部一带。公元前4世纪末，马其顿亚历山大入侵，希腊文化开始影响这一地区。随后，孔雀王朝、巴克特里亚王国、贵霜王朝先后统治这一地区。从公元前3世纪到公元5世纪的前后七八百年间，佛教是这一地区的主要信仰，多元文化在此交融。

犍陀罗样式的佛教造像具有强烈的希腊—罗马雕刻风格，佛像与希腊—罗马雕刻中的神像从面貌到衣服都极相似。其突出的特点是兼有希腊和印度的风格，佛像与希腊的救世主阿波罗神的雕像相似，比较写实。佛像的头光小，身着通肩式袈裟，袈裟褶皱起伏很大，立体感强，衣褶从身体右上侧往下倾斜，左手抓握着衣角，头发呈水波状或涡卷状，深目高鼻，薄唇，有两撇上翘的小胡须。菩萨像裹裙，袒上身，上身往往搭裹一条布，从左肩搭于右手上，颈部饰有颈圈、项链、璎珞等物，形体健壮，身材粗短，强健有力，犹如年轻的男性武士，头发浓密，翻卷，束发。

摩菟罗，古印度王国之一，位于恒河中游西北部，今印度北部中间区域。贵霜王朝时期，这一地区被犍陀罗国所控制。贵霜王朝之后，4世纪初，摩揭陀国逐渐强大，占据了恒河中部地区，此后将中印度和北印度全部纳入其版图，称为"笈多王朝"（约320—600）。摩菟罗佛教造像最大的特点是印度本土风格突出，人物面貌与希腊—罗马雕刻中的形象有所不同，衣服与装饰也与犍陀罗造像有明显的区别。这也是最初学者们认为摩菟罗地区造像晚于犍陀罗地区的原因。

印度佛像风格还有一种以王朝名称命名的类型——笈多风格。这种风格，以显示出躯体轮廓为特征，具有时代特色。笈多王朝，是印度历史上相对统一的一个政权，其时，以印度本土化为特征的佛教艺术达到鼎盛。这个时期相当于中国的魏晋南北朝时期，也正是佛教传入中国后成为独立宗教形式并逐渐走向兴盛的时期。

随着印度佛教向外传播，笈多时期的艺术风格影响了中亚、东南亚及中国的雕塑艺术，余波达于7世纪。笈多王朝疆域广大，存在很多艺术中心，事实上并没有一个统一的"笈多样式"，就像魏晋南北朝时期的中国佛造像一样，各地有较大区别，很难用一种风格来概括。例如笈多时期的马图拉地区，造像的衣褶呈细密条棱状，表现出衣服薄透的质感，同时凸显了身体的轮廓；笈多时期的萨尔纳特地区造像则完全不表现衣褶，只在腹部以一条线或在下摆底端表现出有衣服边缘的样子。通过研究对比，人们发现，笈多风格与我国魏晋南北朝时期一样，虽然很难用一种风格来概括那一时期佛造像的特征，但也具有共同的时代特色，如造像总体上都试图展示躯体的轮廓，多小螺发，双眉从鼻梁尾部向上挑，眉尾向下，双眼下视，眼两端向上，中间向下。但各个区域区别也比较大，这些样式或多或少地随东行传法的印度僧人或西行取经的中国僧人辗转传到了中国，笈多王朝最具代表性的两个地区马图拉、萨尔纳特的样式在中国南北不同区域都可找到其源头。换句话说，中国僧人去到印度的不同地区，看到的是具有不同特点的笈多造像，而来华的印度僧人因来自造像风格不同的地区，从而分别不同程度地影响了中国的佛教造像样式。

佛教造像兴起后，除了以佛陀为主题的造像外，还围绕佛教圣地、重要人物、传说故事进行图像创作。

佛教圣地，主题多表现蓝毗尼园（佛出生地）、四城门（佛遇生老病死者）、出城处（佛骑马出逃）、黑树林（佛苦修）、菩提树下（佛觉悟成道）、鹿野苑（佛初转法轮）、拘尸那迦城（佛入涅槃）、舍卫城（佛显神通力传道处）、舍卫城的竹林精舍（第一座精舍）和祇园精舍（又叫"祇树给孤独园""第一座大精舍""佛传教最久的地方"）等场景。

重要人物，主要表现与佛相关联的重要人物，如阿若憍陈如等五人（最早的五弟子）、三迦叶（皈依的事火婆罗门弟子，他们是拜火教中影响最大的三兄弟）、舍利弗和目犍连（皈依的六师外道的两大弟子）、给孤独长者（祇树给孤独园的捐建者之一）、阿难（跟随佛陀25年，跟随时间最长的弟子）、提婆达多（佛陀堂弟，提出严格戒律，后建立佛教新宗派）等人物。

传说故事，主要表现佛陀传教过程中发生的一些故事，它们多以单独的"说法"形式表现，或者以佛传故事画的形式被雕刻出来。

由于佛教教理最早都是口耳相传，很容易发生分歧，佛陀在世时即已发生过提婆达多另立新派的事件。佛陀入灭后发生了佛教史上的第一次佛教结集，主要是为了统一经律。第一次结集之后100多年间，由长老们管理着佛教集团，但由于对戒律和教义有不同的看法，分歧很快再次出现，于是进行了第二次结集。这次结集的结果是佛教分裂成了两部——上座部和大众部，佛教正式进入部派时期。上座部是以长老为中心的正统派，大众部则是主张新戒律的新派。上座部与大众部产生100多年后，又分裂出很多派，较大的有18个（一说20个）部派，相对于后来的宗派，这些早期分裂出来的小派或小部——最早的上座部和大众部被称为"根本部"。众多的部派都有自己的经典、戒律和论述，即佛典的三个组成部分——经、律、论。

佛教造像产生后，造像题材也呈现出宗派特色，通过这些造像表现的内容题材也可以推知当时流行的宗派。

莲开东土

　　佛教、佛教造像、佛教石窟寺的传播，主要分为南、北两条线。

　　南线，经海路或沿南亚、东南亚大陆架传播，而后进入我国。早在公元前3世纪中叶，阿育王向外传播佛教时，就曾派人到斯里兰卡等地传教，约在公元5世纪，南传佛教来到了缅甸和泰国。这一线以佛教和佛教造像的传播为主，在今天南亚、东南亚各国都有佛教造像或早期佛教遗迹发现，但并没有发现石窟，也没有发现石窟从南线进入我国。

　　北线，经中亚进入我国新疆地区，经河西走廊至云冈、龙门，而后传到我国南方地区。因此，中国佛教石窟寺的发展演变以北线为主，中亚是佛教石窟向外传播的核心区域。佛教从创立到在印度境内流布，直到传入中亚地区、我国新疆地区，经历了繁复的教派演变、传播形式演变，沿途所经之地，留下了不同民族、不同地区文化的符号。进入中国后，即开启了中国化的进程，继续发展变化。

　　今天，各地的考古发现能够帮助我们更清楚、更明确地了解当时宗教文化、佛教艺术等的传播与发展变化情况，中亚和丝绸之路沿线考古、我国宗教考古，生动地揭示了这一演变过程。

梵音西来

　　中亚，从地理范围上说，以帕米尔地区为中心，包括我国天山南北，巴尔喀什湖和咸海以南，阿富汗东部和北部，巴基斯坦东北部的广大地区。在人类文明史上，中亚地区地处欧亚大陆的核心地带，是交通枢纽、贸易大通道，也是文化交流、文明交融的核心地带，周围分布着两河流域文明、古埃及文明、古印度文明、古华夏文明、古波斯文明，被称为"世界文明的十字路口"。佛教文化和佛教艺术正是从这里走向世界。

　　公元纪年前后，佛教徒开始用文字来书写经典，当时大都写在桦树皮和贝多罗树叶上。佛教发展衍生的不同部派各有自己的传播区域，因此出现了以各区域内文字书写的佛经文本。也就是说，佛教、佛教经典、佛教造像、佛教石窟寺在传播的过程中既受到不同国家、地区、民族的影响，又在不断超越这种影响，在传到中国之前，就已经经过了不断的加工。这种演变，在佛教、佛教经典、佛教造像、佛教石窟传播过程中从未停息。

　　19世纪晚期，西方冒险家开始在印度、尼泊尔、中亚和我国新疆地区发现了大量公元1世纪以来的佛教典籍，从梵文写本、佉卢文写本、吐火罗语写本、回鹘文写本、藏文写本……到汉文写本，可谓洋洋大观，这些写本大多是在我国新疆塔里木盆地周围发现的。这些写本涉及的古代民族语言至少可达17种、文字达24种，引起巨大轰动，并且催生了一批全新的学科，如古代焉耆—龟兹语文学（吐火罗学）、古代和田塞语文学、古代突厥语文学等。可以说，佛教典籍、佛教造像、佛教石窟等的再发现不断刷新着人们对于早已湮灭的古代族群的历史、文化、社会生活的认知，也更新了我们对于人类活动的认识。今天的佛教遗迹是古代各民族共同创造的，包含了各民族的共同记忆，是文明交融的最好例证。

　　中亚现存的佛教遗迹主要是地面寺院和石窟寺，寺院遗址以阿富汗和巴基斯坦境内最多；石窟寺遗迹则主要分布在阿富汗和中国新疆境内。

阿富汗境内的石窟集中分布在三个地区，阿富汗东部的贾拉拉巴德附近、阿富汗北部海巴克附近、阿富汗中部的巴米扬一带（图4）。阿富汗石窟总数在1000个以上，但绝大部分洞窟形制简单，窟内空间狭小，装饰粗糙，壁画很少（图5）。以巴米扬石窟为例，巴米扬位于阿富汗喀布尔西北方的兴都库什山中，是古代丝绸商路的中心地区，巴米扬河北岸是丝路古道，石窟开凿于距古道不远的山崖上。石窟所在山崖东西长1300多米，有700多个洞窟，洞窟前室多已无存。东西两端各有一尊大立佛，其中巴米扬西大佛窟最有名，是世界上著名的大佛，现在已被炸毁。巴米扬石窟洞窟主室平面有正方形、八边形、圆形、长方形和其他等5种形状，洞窟顶部有球面、套斗（几层方形以对角方式重叠在一起）、拱券和平棋（像棋盘一样的平顶）4种形制；窟顶与壁面联结处呈叠涩状，叠涩方式也有4种，因而洞窟形制复杂。洞窟主要是僧房窟或其他杂用洞窟，一般平面呈长方形、平顶或券拱顶的石窟形制较简单，窟内没有壁画或塑像，设施简单。其他形制各异的洞窟窟内有佛像、壁画等，属于礼拜窟。

最著名的巴米扬西大佛窟高58米，窟内大佛高55米，洞窟平面呈不规则长方形，大佛立于正壁前，佛像衣着下沿距地坪很高，双脚后方有空穴，正好作为礼拜通道，窟两侧壁和正壁开有8个洞窟和4个独立小龛。8个窟的形制几乎都不相同，有方形地坪方形套斗顶、方形地坪八边形叠涩加球形套斗顶、圆形地坪球形顶、八边形地坪带七龛的四层圆形叠涩球形顶、八边形地坪带七龛的三层圆形叠涩球形顶、方形地坪带一龛单层方形叠涩球形顶、八边形地坪加一层八边形叠涩球形顶、圆形地坪带二小室球形顶等。小窟中龛内多有塑像。

巴米扬石窟开凿于何时，学者们争论不休，最早进行研究的法国学者认为两大佛约建于公元3世纪，其附近的伽蓝（寺院）建于2世纪中叶。两尊大佛石窟是这里最早的石窟，绝大部分学者认为开凿时间在4—6世纪。

中国的新疆库车地区（古龟兹地区）地理上属中亚范围，这里有位于我国最西端的佛教石窟。石窟的开凿约始于公元3世纪，至8世纪才结束。以北京大学宿白先生为代表的学者认为，即使巴米扬石窟建于公元4世纪，也只是与我国新疆克孜尔石窟中的大像窟同时，但其数量远不如克孜尔石窟中的大像窟多，因此大立像应是克孜尔地区佛教造像的一大特征，并对巴米扬和中国新疆以东地区的佛教石窟中的造像产生了影响。也就是说，大佛造像始于中国新疆西部地区。

这一区域的佛教造像、石窟开凿也出现了全新的形式，塑像首次出现，体量巨大的佛像首次出现。

佛教石窟、造像、壁画等佛教艺术形式传入中国后，形制和内容仍在不断演化。中国境内的石窟逐渐形成几种基本的样式，今天还能见到的石窟根据性质和功能可以划分为三种类型：礼拜窟、僧房窟和禅窟。按照结构可分为六种类型：塔庙窟、佛殿窟、僧房窟、大像窟、佛坛窟、禅窟。

塔庙窟，即在窟中心有一根塔柱，又称"中心柱窟"，属于礼拜窟，具有寺院中佛殿的性质，所以被称为"塔庙窟"。佛殿窟，窟中无中心柱，后壁造佛像，是具有佛殿性质的窟。僧房窟，即供僧人起居用的窟，一般有火塘等简单的生活设施。以上三类是最基本类型，由这三种窟又发展出了后面三种类型：大像窟，属于礼拜窟，即在中心柱窟中心柱正面立一尊大像，或者在佛殿窟的后壁中部立一尊大像的石窟，是第一、第二种类型的一种变化形式。佛坛窟，属于礼拜窟，在石窟中间设坛，坛上造像，是第一、第二类石窟的变化形式。禅窟，专供禅修的小型石窟。进入河西及中原地区后，发展出大量佛教摩崖造像龛，特别是唐代以后，石窟不再是主要形式，中国南方最盛行摩崖造像龛。宋代又产生了连环画式的摩崖雕刻。

回过头来看，佛教从创立到在印度境内流布，直到传入中亚地区、我国新疆地区，经历了繁复的教派演变，教义传播也从口传转变为书写文本与口头传播并存，佛教也从创设之初不设偶像崇拜演变出繁复的包括雕塑、石刻和壁画为主的佛教艺术形式。

图4　阿富汗巴米扬石窟全景（邵学成／摄）

图5　阿富汗巴米扬西大佛西侧的XIV（737）窟内景（邵学成／摄）

图6 新疆克孜尔石窟外景（雷玉华／摄）

边塞梵影

　　佛教在中国延续了两千多年，目前中国现存的石窟、石刻造像在世界范围内也是分布最广、存世数量最多的。从新疆西部的克孜尔石窟沿河西走廊进入中国内地，从北到南、从西到东都有分布。但是，追根溯源，我国以石刻造像、石窟、壁画等为代表的佛教艺术形式，首先出现在新疆地区。新疆地区的石窟主要位于喀什以东塔里木盆地北沿，比较集中的有三个地区：一是西部的古龟兹地区，二是古焉耆地区，三是古

图7 新疆克孜尔石窟局部（江滔／摄）

高昌地区。

　　古龟兹地区，即今新疆西部之库车、拜城县一带，从这里往西至喀什的广大区域，地理上实际属于中亚腹心地带，历史上是民族迁徙和文化传播的重要走廊，佛教在印度产生后首先传到中亚。古龟兹地区石窟主要集中在克孜尔、库木吐喇、森木赛姆、克孜尔尕哈等十余处，是我国境内最早的一批佛教石窟。今天，还能在这里看到我国最早的佛教石窟和壁画，其中克孜尔千佛洞、库木吐喇石窟规模最大、保存最好，是最重要的旅游景点（图6）。

　　总体上看，新疆石窟多塔庙窟、大像窟、僧房窟、禅窟以及不同形制的洞窟组成的组合形窟，并有少量禅窟群。5世纪以后，方形佛殿窟增多，出现了佛坛窟。由于在焉耆、吐鲁番一带很难找到适合雕刻的崖壁岩石，故而在这一带出现了用土坯在洞窟前面加砌前堂，甚至用土坯砌建洞窟的现象。除僧房窟外，洞窟内均绘制了壁画，绝大部分洞窟遗迹显示，窟内原来塑有佛像（图7），这与印度相比，发生了创造性改变。

壁画、造像题材也在不断演变。6世纪以前，题材主要以释迦、交脚弥勒和表现释迦的本生、佛传、因缘故事等为主，6世纪开始出现了与大乘佛教有关的千佛。8世纪以后，中原北方地区的阿弥陀净土变等题材、密教题材也传到了这里，这就是库木吐喇等地出现的"汉风洞"。壁画，以晕染法绘制，即以颜色深浅、浓淡来表现凸凹，特别是人物面部，其法类似今天人们面部化妆，与中国传统绘画方法不同。

新疆西部的克孜尔石窟，是新疆开凿最早、规模最大、洞窟数量最多、延续时间最长的石窟群，位于拜城县克孜尔镇东南7千米处的明屋塔格山，主要分布于流入木扎特河的一条小支流形成的河谷西、河谷内、河谷东和后山几个区域的悬崖上，现存有编号的洞窟共236个。

迄今为止，尚未发现与修建石窟有关的纪年铭记和文献记载。洞窟的始创年代一般认为大致在公元3世纪，其鼎盛期约在4到6世纪，6到7世纪部分洞窟已呈现衰落状态。从谷内区第105窟主室北壁发现的开元十四年（726）、后山区第220窟北壁龛内发现的天宝十三载（754）汉文游人题记看，估计大约在公元8世纪初，最晚到公元8世纪中叶，已经有部分洞窟无人管理或者被废弃了。

克孜尔石窟的洞窟主要有礼拜窟、僧房窟两大类，有少数小禅窟。礼拜窟多数为有前后室的中心柱窟，前后室及中心柱两侧的甬道都是拱券形顶，有少数方形窟（多为僧房窟）、穹隆顶窟。洞窟中保存了大量壁画，佛像基本无存。6世纪以后，少数洞窟壁画中出现身着"双领下垂式"汉式袈裟的佛像，大多数壁画中的各类人物服装、各种建筑和装饰图案均是龟兹风格或中亚其他民族风格。从残存痕迹看，洞窟内的佛像包括雕刻和泥塑两种。

库木吐喇洞窟的开凿时间略晚，延续时间下限也更长，壁画中出现了较多的汉式佛像、建筑纹样及各种汉式装饰图案。在距石窟不远的苏巴什还有一处大型寺院遗址，据考证是唐僧玄奘曾经游历过的雀离大寺，大寺旁有禅窟群，这在新疆以东地区很少见到。[1]

克孜尔石窟的开凿，主要分为三阶段：

第一阶段，据碳-14测年为310+80—350+60年，窟龛类型主要有中心柱窟、大像窟、僧房窟三种形式。绘塑[2]内容以释迦牟尼佛的坐像、倚坐像、立像和弥勒菩萨的交脚坐像为主[3]。壁画中也有立或坐的成排的列像。总的特点是僧房窟数量多，大像窟较少；各类窟单独存在，组合少；多为券顶，顶壁连接处简单。

第二阶段，据碳-14测年为395+65—465+65年，窟龛类型有中心柱窟、大像窟、僧房窟、方形窟以及各类窟的组合。洞窟内绘画或塑像的内容题材与第一期相比变化不大，出现了在方形窟中分栏画佛传故事的壁画。总的特点是各类窟组合在一起，多为方形窟；许多较大洞窟是由前期的小型窟扩展而成。窟顶部形式多样，有套斗顶、平棋顶、圆拱顶等。窟顶与壁面连接处变得较复杂，出现了龛面装饰，壁画图案化。

第三阶段，据碳-14时间测年为545+75—685+65年，窟类型有中心柱窟、大像窟、僧房窟、小型窟以及各类窟的组合。绘塑内容题材中主像立佛渐渐多于坐佛，壁画多以千佛为题材，即整壁排列着整齐的小佛像。千佛多着汉式袈裟，汉式袈裟类似南北朝时期汉族男子所穿的宽袖大袍，与中亚其他地区及印度本土佛像所着的希腊袍子式袈裟不同；纹饰中出现了有断代意义的联珠纹，其特点是以

---

1 20世纪初，以勒柯克为首的德国冒险家团队掠走了大量克孜尔石窟的壁画、造像等，他们以壁画风格特点为依据，与犍陀罗和西亚艺术作品相比较，参考了供养人题名、字体等材料，拟定了克孜尔石窟的年代与分期，至少有三种不同意见。由于没有分析洞窟类型和各种类型的组合关系，也没有考虑新疆地区佛教流传的历史背景，更没有对新疆以东石窟情况进行了解，所以可靠性值得商榷。目前，国内学界普遍采用的是以北京大学宿白先生为代表的年代划分方式，他将其分成了三阶段。这里采用的就是宿白先生的观点。

2 绘塑，壁画绘画、塑像的简称。

3 最近，赵莉女士提出一种新的观点，认为克孜尔这种交脚坐菩萨像是释迦牟尼成佛前的形象，而非弥勒成佛前的形象。赵莉：《克孜尔石窟"弥勒菩萨"图像的重新认识》，《中原文物》，2021年第5期，第127～136页。

多串珠子合并成串或圈做装饰，这种形式产生于中亚，北朝晚期、隋至唐初流行于中原地区。总的特点是窟形和绘塑内容逐渐简化，出现了较多的小型窟，窟中壁画多以千佛为主题，体现出中原文明与中亚文明交融的特征。

　　丝绸之路从克孜尔往东进入古焉耆地区，现存的石窟分布在今焉耆县七格星一带，开凿时间在5世纪以后。再往东，进入古高昌地区，即今天的吐鲁番及附近区域，这里有吐鲁番千佛沟、柏孜克里克、吐峪沟等几处著名石窟，损毁比较严重。吐峪沟石窟约开凿于5世纪，柏孜克里克石窟主要是9世纪以后回鹘高昌时期开凿的洞窟，有的壁画中甚至出现了祆教的内容，洞窟大多也被改造过，有的可能晚至13世纪。

窟起河西

　　丝绸之路是中西文明交流的主干线，沿线及其附近地区历史上存在大规模开凿佛教石窟的现象。丝绸之路从新疆东部进入甘肃境内，就到了西出中原后最重要、最著名的路段——河西走廊。河西走廊，因位于黄河以西而得名，佛教及佛教艺术通过这条线路向东传入中原地区，中原的文化元素又经过这里走向世界。在这里开凿的石窟，通常统称为"河西石窟"，河西石窟是中国石窟发展演变最重要的环节，影响深远。

图8　甘肃金塔寺1号窟内　北凉（雷玉华／摄）

图9　甘肃永靖炳灵寺169窟外立面　北凉（雷玉华／摄）

图10　甘肃永靖炳灵寺169窟内景　北凉（雷玉华／摄）

图11　甘肃敦煌博物馆馆藏
北凉石塔（雷玉华／摄）

河西走廊魏晋以来的政治、经济、文化中心在凉州，即今之武威一带，因此，这一区域的早期石窟又被称为"凉州石窟"，宿白先生称之为"凉州模式"。"凉州模式"石窟，最早出现在武威一带，现在武威北的天梯山以及肃南的金塔寺仍存有这个区域开凿时间最早的石窟遗迹（图8）。

河西走廊，从西至东分布着敦煌莫高窟、酒泉文殊山、张掖马蹄寺、武威天梯山等一批石窟，其中敦煌莫高窟规模最大、现存洞窟数量最多。

黄河以东的丝绸之路上也分布着不少石窟，包括永靖炳灵寺、天水麦积山等，始凿于5世纪。其中，永靖炳灵寺169号窟内的壁画上有西秦建弘元年（420）的题记（图9、图10），这是目前我国最早的有明确纪年的石窟题记。永靖炳灵寺地处凉州、长安之间，因而兼具中原佛教和凉州佛教的特点。

古凉州以东直到长安之间，现存有甘肃天水麦积山石窟、宁夏固原须弥山石窟、甘肃庆阳石窟、陕西彬县（现彬州市）大佛寺石窟等。这些石窟大都开凿于北朝时期，北魏时期达于鼎盛，唐代前期以后大规模开窟活动基本消失了。丝路沿线与石窟相伴的还有各个时期的规模巨大的寺院建筑，这些寺院遗址有的已被发掘，发现了大批佛像、壁画。

晋永康二年（301），张轨出任护羌校尉、凉州刺史，之后其子孙据有凉州70余年，曾孙张祚称帝（史称"前凉"）。从张轨开始，凉州崇尚汉文化、信奉佛教，佛教内容兼融东西，从西域和中原来的高僧多曾在此译经传教，西晋译经大师竺法护、东晋中原名僧释道安、龟兹高僧鸠摩罗什都曾在凉州居住。另一方面，凉州僧人也积极参与西行求法或东入中原的传教活动。

受此影响，凉州最高统治阶层很早就开始主持或资助开窟造像活动，并形成了不同于西域的特征，石窟造像从形式到内容都发生了巨大变化，进一步中国化、地方化。

早期凉州石窟无纪年材料，但在吐鲁番、敦煌、酒泉发现了一批北凉纪年（397—439）佛教石塔，为认识早期凉州石窟提供了重要线索（图11）。目前，有公开资料可查的10件北凉石塔以及敦煌博物馆展出的近年发现的几件石塔，高在34厘米至66厘米，形制基本相同。以高善穆塔为例，整座塔由宝盖、相轮、覆钵、塔身、塔基五部分构成，覆钵上刻八个小龛，龛内各刻一像，共七佛、一交脚菩萨；塔身为圆柱形，上刻经文、发愿文和纪年。经文内容为《增一阿含经·卷42·结禁品》中的一段，此经前秦建元二十年（384）译于长安，参与译经的有凉州僧人竺佛念，这是目前已知的最早的石刻佛经；基座呈八角形，每面均线刻一个人物形象和一个八卦符号，共4男4女和8个不同的八卦符号。从这些石塔的形式可以推知，凉州石窟的大致特点应该是：石窟中的塔可能有粗相轮、高基座、覆钵塔体，这是印度及中亚塔的形式，在我国见于新疆焉耆、若羌等地，酒泉以东不见。至北魏时，敦煌、酒泉等石窟中流行的是方形重阁式塔，已经是中国式样。

由塔可知北凉佛龛为立柱龛，多无龛楣或仅有素面龛楣，稍晚出现火焰纹龛楣。造像题材为七佛与一交脚菩萨或思惟菩萨组成一组像。有禅定坐佛和说法相两种坐佛，佛坐于平座或须弥座上。菩萨坐藤座上，藤座有靠背，这种藤座见于西域地区早期石窟，佛像多披通肩袈裟和袒右肩袈裟，这也是西域佛像袈裟通行的样式，但出现了双领下垂式袈裟和八卦符号等汉文化因素。塔身经文为汉文书写的小乘经典，可知当时流行的是小乘佛教，可以说以当地汉文化的形式表现。

凉州模式的石窟，目前除可在北凉石塔上看到一些特征外，酒泉文殊山千佛洞、肃南金塔寺西窟、东窟等保存较好的早期洞窟也是很好的实物资料，能够体现凉州模式石窟的特点：一是有设置大像的佛殿窟，多方形或长方形平面的塔庙窟，有的塔庙窟有前室，中心塔柱上宽下窄；二是窟内绘画与塑像相结合，题材主要是释迦佛、交脚弥勒、佛装弥勒、思惟菩萨、十方佛、千佛、说法图等；三是佛、菩萨面相方圆，深目高鼻，细长眼，飞天形体多样，造型较大；四是装饰图案中出现化生图案。

公元439年，北魏太武帝灭北凉，迁高僧、工匠至平城（今山西大同），将这里的佛教信仰和佛教石窟形式等带到了平城，并开始大规模开窟造像，开凿了著名的云冈石窟。随着北魏疆域范围的拓展，平城的佛教信仰、开窟造像活动对当

天下蜀刻
石上大宋

时中国广大地区产生了深远影响。就是因为这个原因，宿白先生称凉州的石窟为"凉州模式"，称平城云冈石窟为"平城模式"。

这一时期，新疆龟兹地区佛教以小乘为主，多凿石窟；于阗地区以大乘为主，多建塔寺。这两个流派的佛教，在新疆以东首先在凉州结合，如化生和千佛是于阗最先流行的大乘内容，而交脚弥勒和开凿中心柱窟则是龟兹佛教的特征。河西地区的石窟除受到西域的影响外，在北魏晚期还受到了来自中原的影响，尤其是北魏时期形成的造像风格——尖脸、斜肩、身形瘦削、"褒衣博带"——影响最为深远。这种风格被称为"秀骨清像"，渊源于南方汉民族的审美理念。

处于这一区域的敦煌莫高窟是我国目前最著名的石窟之一，它的窟像与新疆克孜尔相比已发生了根本性的改变，可以明显看到来自中原的影响，如石窟造型方面的平棋式窟顶、方形汉式塔形中心柱，壁画上的阁楼式塔、汉式宫殿建筑等等；造像题材也与新疆西部的克孜尔石窟有了很大区别，佛像身着双领下垂褒衣博带式袈裟，各种题材中的人物形象均以汉式服装为主。壁画绘画以晕染法为主，出现以线条勾勒为主的壁画，其中永靖炳灵寺169窟有公元420年题记的壁画，就是以墨线勾底再上色的中国传统画法绘制，其图画中的供养人也是当地汉人形貌。

从南北朝时期开始，这一区域的石窟造像风格就以来自中原长安和洛阳的风格为主导了，敦煌石窟中的壁画还保留了一些晕染技法，不过已经开始使用中国传统的以线条打底绘制壁画的方法。敦煌壁画中的供养人形象随时代的变化呈现出不同民族的形貌特征与服饰特点，汉式服饰与人物已占多数，壁画故事中的人物形象以汉族容貌为主，衣饰也以汉式服饰为主，壁画场景中的建筑物绝大多数已经是完全的汉式建筑。壁画色彩与中国同期绘画用色高度一致，其中的山水及人物已经完全是中原风格。

图12 甘肃敦煌莫高窟外景（雷玉华／摄）

万象敦煌

　　河西地区的石窟以敦煌石窟数量最多、延续时间最长。透过敦煌石窟，可以窥见佛教石窟在丝绸之路上的演变。敦煌石窟包括莫高窟、西千佛洞、安西榆林窟、安西东千佛洞，其中莫高窟现存洞窟735个，存有壁画或彩塑的洞窟492个（图12）。

　　根据现存于敦煌莫高窟156窟前室北壁晚唐人墨书的《莫高窟记》和原存于第

天下蜀刻

石上大宋

332窟的武周圣历元年（698）《李君莫高窟佛龛碑》记载，莫高窟始凿于前秦建元二年（366）左右。

敦煌现存最早的石窟开凿于北凉时期，两晋的洞窟似乎已不存。现存主要洞窟遗迹年代从北魏开始，直至元代。莫高窟洞窟主要划分为魏、隋、唐和晚期几个阶段，晚期阶段包括五代、宋、西夏、元四个朝代，约四百余年。各阶段又可分为若干时期。

1. 北朝洞窟

从北魏开始，下限至隋，大致又可分为三期：北朝早期、北朝中期、北朝晚期[1]。

北朝早期，5世纪下半叶，相当于云冈石窟二期，即北魏太和时期前段。其图样和风格均源自平城。

北朝早期的洞窟形制以中心柱窟为主，洞窟平面呈方形，后部有方形塔柱。前半顶部呈人字披形，前壁有明窗。中心柱四壁开龛，正壁为单层龛，其余三壁各开二层龛。人字披上塑枋、椽和木质斗拱等结构。另有一种窟主室平面呈方形，窟顶前部为人字披，人字披上塑枋、椽等结构，后部为平顶，前壁无明窗，窟室中部设坛，左右壁各开四个小禅室。造像典型组合为一佛二菩萨，257窟中心柱龛两侧出现一菩萨一天王的组合。佛像除通肩和袒右袈裟外，出现了"V"领形式的袈裟，菩萨服饰出现了斜披络腋式。飞天体态呈"V"字形，略显笨拙，绘有天宫伎乐。壁画以分段式构图为主，也使用中国传统的长卷式构图。

北朝中期，洞窟形制仍以中心柱窟为主，但细部发生了变化，多有前后室，主室前壁明窗消失，出现了中心柱四面各开一龛的形式，说明中心柱的形式和内容简

---

[1]　有一种看法认为敦煌北朝窟可分为四期，主要以敦煌研究院的学者为主，他们认为敦煌现存的洞窟中有北凉石窟，即5世纪初的。其中上述三期式分期中属于一期中的第268、272、275窟等被认为是北魏灭敦煌之前的北凉石窟，也就是前面讲的凉州石窟，理由是这三窟塑像的主像均为单尊像，组合简单，主尊和壁画上的飞天等特征与凉州石窟样式接近。

化了；前期的阙形龛很少出现，代之以圆拱形龛；不见斗拱，仅见枋、椽等仿木结构。出现了方形覆斗顶；还出现了单室方形窟，平面方形，覆斗顶，正壁开龛。另有一种方形小窟，人字披顶，不开龛。造像仍以一佛二菩萨组合为主，塑像和壁画中人物身体变高变瘦，佛、菩萨及俗众都身着褒衣博带式服装，衣服下摆向两边飘起，菩萨造像流行帔帛在腹前交叉穿环的形式。壁画多用三段式分段绘制，壁画中出现了清瘦的飞天形象，壁画题材中出现了东王公、西王母、玄武等中国古代神话中的神仙瑞兽形象；仍旧有天宫伎乐，但有的伎乐已飞出了天宫。

北朝晚期，6世纪后半叶，下限至隋初。洞窟形制基本沿用前期形制，但以方形一龛窟为主，中心塔柱窟减少。中心塔柱多为单层龛。方形一龛窟的主要形式为覆斗顶，个别顶有变化，有的方形窟不开龛，正壁以壁画主尊代替佛龛。人字披顶部浮塑的做法全部消失，代之以壁画。造像组合中出现了一佛二弟子二菩萨的形式。佛像面形方圆，身体粗壮，头大颈短，肉髻较低。菩萨帔帛仍流行在腹前交叉穿环的形式，出现了横于腹前两道的样式，这是后来隋唐菩萨服饰的主要样式。造像衣服下摆较平直。壁画仍为三段式分段画，各段内容有所变化，不见天宫，仅有凌空飞舞的伎乐，伎乐服饰多样化。飞天帔帛在身后绕成大圆环，这是后来隋唐飞天的主要特征。北周宣传复古、尊崇儒教，因而壁画中出现较多宣传忠孝思想的内容及故事。

敦煌石窟的造像内容与特征深受中原历史事件的影响。自北魏太和十年（486）起，孝文帝定冕服制度，后又改胡服，统治者开始戴上笼冠，佛教造像中也开始出现褒衣博带式的汉式衣装样式，这些都很快出现在敦煌造像及壁画中的人物身上。

公元6世纪20年代至40年代之间，北魏宗室东阳王元荣出任瓜州刺史，从中原带来了北魏晚期最新的佛像样式，产生了很大影响。公元574—581年（一说561—574年），北周建平公于义任瓜州刺史，其间，中原新样式再次对敦煌产生较大影响。敦煌北朝中期和晚期造像的情况，正反映了这两次中原重臣带着佛像新样式来此的历史事实。

2. 隋代石窟

莫高窟现存三个有明确纪年的隋代洞窟，以这三个洞窟为基准进行对比，敦煌学者认为现存隋代石窟106个，并将这些窟的开凿年代分为三个时期。[1]

第一期，开皇四、五年至开皇九年（584/585—589），共有7个窟，是北朝向隋代过渡时期的石窟。其分为三种窟形，一为须弥山形的中心柱窟，即中心柱上部呈山形，中间是柱体，下部是塔基；二是方形窟，覆斗顶，正壁开龛，龛底接近地表；三是三壁三龛式窟，还有三壁三龛与中心柱结合的窟。造像为一佛二弟子二菩萨的组合，因三壁三龛的窟形出现了三佛组合。壁画仍分为上、中、下三段，出现了法华经变画，人物形象变化小。

第二期，开皇九年至大业九年（589—613），有三种窟形，一是一龛窟，分为平顶接覆斗顶与平顶接人字披顶两种，龛形也有圆拱龛和双口龛两种，龛的进深有增加。二是三壁三龛式窟，覆斗顶，仅见于420窟。三是中心柱窟，有427、292两窟，以427窟为例，为人字披加平顶，中心柱正面不开龛而是立三身像，窟三壁各开一龛。三壁三龛形成三佛造像组合，出现了天王、力士造像，且体形高大；造像体态笨拙，头部显大，身体较短，比例失调；造像表面绘有十分复杂的纹饰，表现出丝织品富丽多变的纹样。壁画题材中北朝流行的本生故事减少，开始流行经变故事，主要有维摩诘经变、法华经变、阿弥陀经变、涅槃经变、药师经变等。纹饰以联珠纹为主，联珠纹圈内往往画狩猎图、翼兽等。

第三期，大业九年至武德五年（613—622），以方形平面的一龛窟为主，覆斗顶的洞窟比例增大；双口龛仍流行，出现了龛口向外的敞口龛；仍有三壁三龛式窟。有的窟不开龛，无龛窟往往有低坛。造像组合和造像特征与前期基本相同，但衣褶渐渐写实，与北朝和隋代规整的风格不同，身体比例渐趋适中。壁画

1　近来一些学者认为这种划分有问题，认为其中的一期有一部分窟应是北朝窟，三期一些窟应是唐窟。这里介绍敦煌学者的分期。

图13　甘肃敦煌莫高窟257号窟中鹿王本生故事壁画（雷玉华／摄）

分为上下两段，本生故事消失，流行经变画和说法图。

　　隋代石窟中，一龛窟和三壁三龛式的佛殿窟最为流行，这种窟一般平面呈正方形，覆斗顶，这种形式可能与河西魏晋墓中的覆斗顶有关，其布局与结构都注重模仿中原寺院，西域石窟的影响已渐渐消失。（图13）

3. 唐代石窟

　　唐代的敦煌于建中二年（781）陷于吐蕃，至大中二年（848）张议潮率众起义恢复河陇期间，敦煌不在中原政权控制下。这个阶段一般被称为"中唐"，之前被称为"唐前期"，之后则被称为"晚唐"。其实唐前期又分为初唐和盛唐，唐建国至高宗时期为初唐，武周至开元、天宝时期为盛唐。但因初盛唐的窟龛结构、造像内容和壁画内容变化不大，只是在形象等细节上出现变化，故敦煌的学者们在叙述时并未将之做区分。

　　唐代前期，唐初至公元781年之前，共127个窟，其中14个窟有纪年或可以推定年代，最早的纪年窟是贞观十六年（642）的220窟，最晚的是大历十一年（776）的148窟。洞窟一般都有前后室。前室平面多呈长方形，室外多有木结构建筑，木结构今已无存。据现存相关遗迹推测，有的木结构是各窟之间的通道。石窟的后室平面呈方形，覆斗顶，覆斗顶即所谓的藻井窟顶，唐代的佛殿窟大多为这种形式。这时的佛殿窟多为一龛窟，即在正壁开龛造像，少数有三龛，即三壁开龛造像，龛形多为方形或敞口。少数洞窟保留着前代的中心柱和人字披顶形

式。个别洞窟（如205窟）在窟中心设佛坛，坛上造像，这是晚期洞窟的特征。出现了巨佛窟，敦煌现存的两窟大像为96窟（695年）和130窟（721年），佛像分别高33米、26米，窟前均有木阁，分别开造于武周和开元时期。

　　石窟彩塑和壁画都有周密的整体内容设计，造像组合为一佛二弟子二菩萨二天王，像下多设台座。整铺群像是唐代彩塑的主要形式。浮塑已很少见，基本为圆塑。唐初至开元时期有一类菩萨塑像体态修长，璎珞严身，长裙覆脚。从武周开始的盛唐时期出现了面相丰腴、长眉入鬓、体态呈"S"形的菩萨造型。出现巨型佛像。巨佛造像是唐代的一个特征，如龙门的奉先寺大像、须弥山的5号窟大像、炳灵寺的171号窟大佛、四川的乐山大佛等，许多巨佛均开凿于此时。敦煌莫高窟96号窟是武则天时期最早开凿出来的巨型大佛。

　　壁画内容仍然流行各种经变画，出现了巨型经变画，并且形成了几种较固定的构图形式，其中阿弥陀经变画是最多的一种。初唐开始出现的观无量寿经变画至开元、天宝以降开始流行（图14、图15）。壁画中单体的佛、菩萨等像增多，观音、大势至、文殊、普贤等菩萨地位日益突出。同时，壁画中出现了佛教史迹画，其中一些佛教故事发生在中国，故事发生年代从西汉明帝至隋文帝时均有。供养人形象变大，已非千人一面，而是渐渐写实，不仅用于表达对宗教的恭敬与虔诚，而且还用来显示世族门庭以及宗族的谱系。出现了显赫宗族世代经营的洞窟，如220窟等，一个家族几代人的肖像均画出来，以显示其家族的昌盛。供养人的服饰亦与当世中原宫廷的流行风尚一致。装饰纹样则从前代以神灵异兽为主变

图14　甘肃敦煌莫高窟217窟壁画　观无量寿经变　唐代
（雷玉华　乐山美术馆展览／摄）

图15　甘肃敦煌莫高窟112窟壁画　反弹琵琶乐舞图
唐代（雷玉华　乐山美术馆展览／摄）

为以植物纹和几何纹为主，如莲荷纹、葡萄纹、石榴纹、茶花纹、卷草纹、宝相花纹、团花纹、联珠纹、回纹、菱形纹等。

唐代中期（781—848）是吐蕃统治敦煌时期。洞窟有三种类型，一是前期流行的佛殿窟，为这个时期的主要窟形，分前后室，后室平面呈方形，覆斗顶，后壁开一龛，多为盝顶形深龛，少数为双口龛。二是大型涅槃窟，平面呈横长方形，盝形顶，正壁前为通壁宽的佛床，床上塑卧佛。三也是大型涅槃窟，平面约呈横长方形，券拱顶，正壁前为佛床，床上塑卧佛像，佛床后凿通道，供人绕行。后两种窟形数量不多。

许多大窟为当地的大家族开凿，窟内壁画、造像等都有整体规划，多承袭唐前期的内容，为一佛二弟子二菩萨二天王二力士的组合。造像多面形丰腴，曲眉秀眼。武士装的天王像中出现了披大虫皮（虎皮）的装束。壁画中单身像减少，密宗神像大量增加，如意轮观音、千手千眼观音、千手千钵文殊等密教图像较多，其造型一般都按佛经刻板地描绘；出现了中国传统的日、月神形象。供养人中有吐蕃王者和贵族形象，但数量很少。除前期经变画外，增加了许多新的经变，如金光明经变、华严经变、报恩经变等；出现了小型屏风画五台山图；流行各种瑞像；出现了高大的僧侣像。纹饰除仍然流行的前期样式外，增加了孔雀、蹲狮、家鸽、迦陵频伽、双凤含花等，边样纹中以石榴、卷草最为突出。

唐代晚期，848年张议潮起义，率众归唐，敦煌归张氏政权管辖，唐朝于851年在河西设立归义军。张议潮家族统治时期约为848—914年左右，这个时期被称为"张氏归义军时期"，也即敦煌的晚唐时期。石窟有三种类型，一是中心佛坛式窟，这种窟主室前有较长的通道，主室平面呈方形，中央设佛坛，佛坛四周可以环绕通行，佛坛前有踏道，后有背屏，坛上造像。二是方形深龛窟，多为小型窟，数量最多。三是中心柱窟，主室平面呈长方形，前部覆斗顶，后部平顶，中央有方柱，柱正面开方形盝顶深龛，龛内三壁画屏风，下部设佛床。这种窟极少，仅见于第9号、14号等几窟。

造像承袭前期塑像风格，龛内多为小型塑像，组合以一佛二弟子二菩萨二天王七尊一铺和一佛二弟子二菩萨二天王二力士九尊一铺为主，出现了高僧塑像。壁画内容与前期同。佛坛背屏上画菩提树。经变画又增加了新的内容，有报父母恩重经变、降魔变、劳度叉斗圣变等。一窟中供养人像往往不是一人一家，而是祖宗三代、姻亲眷属依次排列，衣饰华丽；奴婢随从形象卑小，衣服简朴；不只有简单的列像，伴随主人的往往有繁杂的仪仗及乐舞、百戏表演等场面。这些供养人壁画不只是向佛表示供养，更是为了列家序谱，光耀门楣。

4. 晚期石窟

敦煌的晚期石窟主要包括两个时期，一是曹氏统治的五代至北宋初期，二是北宋至元代的少数民族统治时期。914年，张氏政权转移至曹氏政权，后唐庄宗于923年授张议潮外孙婿曹议金以沙州刺史、归义军节度使、瓜沙等州观察处置使、检校司空等职，曹氏政权彻底替代张氏政权，此后曹议金家族控制河西历五世达100多年。

曹氏统治时期，曹氏家族开凿了许多规模巨大的洞窟，并重修了大量前代洞窟。由于曹氏政权仿照中原设立了画院，因此开凿的洞窟都是统一规划、集体制作。现存曹氏画院时期的洞窟有55个，其中十余个保存有明确纪年。最早的是后唐同光年间（923—926）的第98号窟，最晚的是第431号窟（修窟檐题记为980年）。由于多窟有纪年，分期容易。但曹氏窟多位于下层，明代正德以后，吐鲁番占据敦煌，破坏严重，幸存者少。（图16）

洞窟形制中最典型的窟形是由唐代的中心佛坛窟发展而来，窟形很大，平面呈纵长方形，中心偏后设马蹄形坛，坛前有踏道，坛后有背屏。覆斗顶，窟顶四角画天王，中部饰藻井图案，它们是唐代样式的延续。另一种窟形，是在正壁开一大龛，不设佛坛和背屏，这种窟形仅见于第100号窟。由于破坏严重，造像保存下来的极少，有代表性的仅有第261号和第55号窟。第55号窟为一铺七尊像，造型布局承袭唐代风格，但技艺不如唐代精湛。壁画承袭唐代的规范，但内容更丰富，唐代流行的各种经变图均增加了许多细节，描绘的内容都以当时流行的变文为依据，并且多有榜题。新增加了佛顶尊胜陀罗尼经变，后期流于程式化。又开始流行佛教因缘、本生故事画。由于画院中有一批画肖像的画手，因此洞窟中供养人画像有了很大发展，如第98号窟内，甬道南壁画曹氏父子，北壁画姻亲张氏家族，门内主室东壁画于阗国王、王后及随从，北壁画回鹘公主等曹氏眷属，南、西、北壁屏风画下面小身画像为曹氏节度使衙门的大小官吏，画像范围之广，为前代所未有，已超出了佛教徒发愿供养的范畴。第220号窟翟家窟内有子孙宗亲几代人画像，使洞窟兼具家庙和明堂的性质。肖像画中回鹘公主较多。流行有山水画特点的大幅五台山图，还流行佛教感应故事与佛教瑞像糅合在一起的壁画，神僧故事也以经变形式开始流行，最典型的就是圣僧刘萨诃变相，还新增加了八龙王和毗沙门赴哪吒会的题材。装饰纹样有团龙、团凤、团花、菱纹、孔雀、鹦鹉等。

公元1035年敦煌归于党项建立的西夏政权，1227年成吉思汗灭西夏，敦煌归元，至元亡，近三百年的时间是敦煌石窟的晚期。这一时期，敦煌石窟虽然仍有

图16　敦煌榆林窟第3号窟中西方净土变（雷玉华／摄）

开凿，但已衰落了。西夏时期，主要是改造原来的洞窟，所以没有新的窟形，被改造过的洞窟从北魏以下都有。壁画、塑像承袭北宋格局，没有新的创造，画技低劣，远不如唐宋水平，所画菩萨等像神情呆板，千篇一律，后期稍好一些。壁画内容以画尊像为主，内容多为千佛或供养菩萨，新增加了十六罗汉，经变画和供养人画减少。壁画中出现了着党项服装的人物。总的特点是大而空，数量多，质量差。

元代约建了十余窟，洞窟有三种形式，方形覆顶窟、主室长方形后室有中心柱的窟、主室中间设圆坛的窟。其尊像和壁画主要表现了涉藏地区的密教内容。最具代表性的是第465号窟，属第三种窟形，壁画中有以大日如来（又称"毗卢遮那佛"）为主的五方佛、各种明王愤怒像、各种双身合抱像，是萨迦派密教的典型洞窟。到清代，对石窟只进行了少量粗糙的装修，反而造成了破坏。

帝都梦华

佛教进入北方中原地区后，渐渐融入中国多元一体的文化当中。

南北朝时期（420—589），华夏各地石窟寺及造像虽然呈现出丰富多彩的地方特色，但是佛像、僧像等全都开始披上双领下垂式汉式袈裟，石窟雕刻、绘画中的建筑逐渐变为汉式建筑，已经与印度、中亚等地不同，可以说这个阶段已经形成了中国佛教，形成了中国佛教石窟、佛教造像、佛教壁画。

公元4世纪，笈多王朝统一了今天印度的北部和中部地区，佛教在国家支持下进一步发展，大乘学说成为佛教的主流思想。佛教信众逐渐从王公贵族深入社会各阶层，并在中亚及以东的中国传播开来。

佛教沿丝绸之路进入我国北方地区，在历代朝廷的大力支持下，石窟开凿盛极一时，先后开凿了山西大同云冈石窟、河南洛阳龙门石窟、巩县（现巩义市）石窟、陕西彬县大佛寺、陕西富县石泓寺、河南安阳石窟、河北邯郸响堂山石窟、太原天龙山石窟，东至辽宁义县的万佛堂石窟等。这一时期开凿的石窟，具有一定的区域性特点，学术界通常把中原北方地区的石窟分为晋豫及其以东地区、陕西区两大块。其中，北魏平城的云冈石窟、唐代洛阳的龙门石窟，在中国石窟建造活动中影响巨大。

山西大同云冈石窟，始凿于公元5世纪北魏建都平城后。北魏迁都洛阳后，国家的主要开窟造像活动转移至洛阳。太原天龙山石窟始凿于6世纪东魏、北齐时期，唐代前期还有开凿。

中原腹地的洛阳龙门石窟始凿于北魏迁都洛阳时期，即公元5世纪末至6世纪初，盛于6世纪至7、8世纪之交，其中北魏迁洛后和唐武周时期是其最盛期。巩县石窟开凿于6世纪，7世纪后期，即武周时期，在窟内外补凿了一些小龛小像。云冈石窟直接影响了龙门石窟、巩县石窟。安阳小南海石窟始凿于6世纪，以6世纪窟像为主。河北响堂山石窟始凿于6世纪北齐时期，以6世纪窟像为主。

甘肃、陕西、山东等地出现了大量与石窟相关的摩崖造像。陕西地区石窟少数开凿于公元6世纪，大都开凿于6世纪以后，如7世纪（有说始凿于南北朝，大规模开凿于唐初）大规模开凿的彬县大佛寺石窟、耀县药王山石窟；8世纪开凿的富县石泓寺石窟；11—12世纪开凿的黄陵万佛寺石窟、延安万佛洞石窟和志丹城台石窟等。陕北11—12世纪的晚期石窟是北方现在所知唯一的宋金石窟集中地区；耀县药王山一带出土了许多北朝的道教造像，是早期道教石刻造像集中出土的地方。这两处石窟石刻造像与四川的石窟石刻造像关系紧密。

总之，中原北方地区开凿石窟的活动，唐前期以后就基本停止了。

从南北朝直到唐代，北方中原地区佛教石窟建造活动极为活跃。一方面，由于皇室积极参与提倡，因此石窟的开凿和分布与权力中心——首都所在地——息息相关；另一方面，石窟形式和内容也深受皇权影响。

云冈石窟

云冈石窟，现存有编号的大窟45个，另有一些小的附龛、附窟，按崖面情况和石窟组合可分为东、中、西三个区。

日本学者曾于20世纪40年代进行过调查，并将这些石窟分为昙曜五窟时期、孝文都平城时期、迁洛之后时期三个阶段。中华人民共和国成立后，以北京大学宿白先生为代表的学者对云冈石窟进行了调查与研究，并结合新的考古资料对各窟按开凿时间与顺序重新进行了分期，认为西部的东区开凿最早，昙曜五窟即凿于第一阶段。东区和中区大部分凿于第二阶段。西部除昙曜五窟外，大多凿于第三阶段（图17）。

云冈第一期：即昙曜五窟，是在北魏皇室支持下由高僧昙曜主持，于公元460年至465年（北魏文成帝和平年间）为太祖以下五个皇帝各造的一窟大像，包括第16～20号窟，其中第19号窟开凿最早。五个窟的主像以北魏建国以来的五个皇帝形象为模本，即北魏的太祖（道武帝拓跋珪）、太宗（明元帝拓跋嗣）、世祖（太武帝拓跋焘）、恭宗（景穆帝拓跋晃）、高宗（文成帝拓跋濬），开启了佛本尊以中国尊者面貌为模本的先河。窟形以穹隆顶为特点，平面呈马蹄形或椭圆形，结构仿印度教徒修行的草庐样式。主佛占据洞内主要位置，大像背后有隧道，用于礼拜。造像特点鲜明，主尊为大像，形体高大，肩宽体壮，深目高鼻，八字须；身后有火焰纹背光，背光上饰以飞天；袈裟均为通肩袒右样式。造像题材以三世佛为主，少有其他雕刻。其中16窟主尊为交脚菩萨装弥勒像，窟内壁面多刻千佛。

云冈石窟第一期风格与样式正好呼应了佛教从西域经河西走廊向中原地区传播的过程。

云冈石窟第一期风格与样式首先源于河西走廊的凉州地区，主持造像的昙

图17　山西云冈石窟外景（梁鉴／摄）

图18　山西云冈石窟大像　北魏（梁鉴／摄）

曜即来自凉州；大像开凿起源于我国新疆西部的龟兹地区，经丝绸之路传到了河西走廊的凉州地区；凉州石窟造像的主题、风格和样式，直接影响了云冈石窟，大佛造像、通肩式袈裟、袒右肩大袈裟以及胖腿的飞天等，在河西炳灵寺石窟第169号窟中的佛、飞天等形象中可以找到原型，在金塔寺石窟中亦可找到形迹。《魏书》记载，北魏灭北凉后，实行强制性移民，"沙门佛事皆俱东，像教弥增矣"，可在云冈石窟中得到印证。

其次，云冈一期佛像有中亚及犍陀罗、摩菟罗造像的一些特点，如高鼻、八字须的印度造像式风格，而大像窟本身及大像背后有隧道的做法是龟兹石窟的特点。据此可以证明，控制了河西走廊的北魏与西域诸国往来密切。

昙曜五窟以当世皇帝为模本来建造佛像，一方面反映出朝廷对于佛教的推崇，另一方面也体现出佛教为了自身发展做出了重大调整（图18），以适应在中国的新环境。

从拓跋珪建立北魏开始，北魏皇室即尊奉佛教，以佛教"助王政之禁律，益仁

天下蜀刻

石上大宋

智之善性"，以此"教导民俗"，任命法果"为道人统，绾摄僧徒"。法果倡言，"佛即当今天子，我拜天子即拜佛"，主张佛即天子，可见佛教本身主动依附世俗权力。北魏佛教信仰经历了太武帝灭法的毁灭性打击（这也是我国佛教史上第一次灭佛运动）。太武帝好道教，以寇谦之为首的道教信奉者便鼓动他"灭佛"，但是452年太武帝死后，文成帝即位，佛教重新得到了皇室的支持，要求官方"于五级大寺内，为太祖以下五帝铸释迦立像五"，从皇权的角度确认佛即天子，而之后的献文帝退位后更是在鹿苑（即大同附近的鹿野苑石窟）修禅，今天的考古工作者已发现了其遗迹。

昙曜等僧人经历了北凉亡国、太武帝灭法，深感佛教兴衰系于皇权，谨奉法果提出的"佛即当今天子，我拜天子即拜佛"的思想，围绕着皇权展开活动，这是佛教史上最重大的变革，影响深远。

昙曜希望佛教能够世世代代传下去，不仅过去、现在传播，未来也要传下去，因此他主持的佛教造像以三世佛题材为主，即过去、现在、未来三世，三世即永恒。昙曜翻译的佛经《付法藏因缘传》（即《付法藏因缘经》），主要讲的也是佛教的传承，对此，《续高僧传·昙曜传》中是这样记载的："曜慨前凌废，欣今重复，故于北台石窟集诸德僧，对天竺沙门，译《付法藏传》并《净土(度)经》。"学者们认为，其有"广聚沙门，同修定法"的目的。因此这一时期北魏佛教流行"千佛与禅法"。昙曜主持开凿的云冈石窟的三世佛题材及窟形也就成了北朝石窟的主流。

昙曜对于灭法的恐惧，以及他的思考和采取的应对之策对之后的佛教影响深远。以至于589年开凿的河南安阳大住圣窟中首次出现了传法二十四祖的形象，武则天时龙门石窟根据《付法藏因缘传》雕造了二十五祖等形象。

云冈第二期：开凿于公元465年至494年，即文成帝死后至孝文帝迁都洛阳之前，开凿的石窟包括中区东部的第5—13号窟及东区的第1—3号窟，称为"孝文时期石窟"。

这一时期，造像无论从规模和数量上都大大超过了前期，功德主从皇室扩大到了上层官员，其中最著名的是宦官王寓，他的鲜卑名字叫甘尔庆时，他深受冯太后喜爱，主持修建的皇家石窟以华丽著称。

窟形多为方形平顶中心柱窟和佛殿窟，多有前后室，窟顶多雕出平棋，有的佛殿窟开凿有隧道式的礼拜道。窟内开上下重层造像龛，左右分段，而不再以大像为主。造像内容多样化，以释迦、释迦多宝、弥勒、千佛等为主，也有七佛、普贤、文殊、维摩、供养天、护法等造像。造像中出现供养人行列。佛像前期仍然以袒右袈裟为主，后期出现汉式褒衣博带的双领下垂式袈裟，菩萨造像出现了璎珞、花冠。

总的说来，这一时期造像汉化趋势明显，雕刻与造像日益瑰丽，注重表现护法形象，装饰华丽。

北方石窟真正全面中国化，就是从这个时期开始的。当时，北魏政权主要由孝文帝祖母冯太后执掌，朝中并称"二圣"或"二皇"，所以这期出现了许多二佛并坐的造像和成组双窟的现象。同时，孝文帝时实行了一系列改革，俗称"孝文汉化"。对佛教造像来说影响最大的是太和十年（486）的服饰制度改革，汉式服装样式的宽大袈裟出现在造像中，窟龛形式以汉式楼阁式帐形龛为主，塔为楼阁式，印度草庐样式消失了。

这一时期，北魏疆域不断拓展，佛教造像风格来源更加多元。北魏与西域之交往不如前期频繁，中国其他区域对北魏影响增强，中原的长安早就是佛学中心，掌权的冯太后家族本就有崇佛传统，加之冯氏家族与北燕联系更多，因此该时期北魏石窟造像中流行的各类元素与北燕和长安关系更密切。

公元469年，北魏控制青齐地区，并移民于首都平城，青齐地区也是佛教发达地区，这一区域深受南朝艺术思想主导，那里的佛教也因此对北魏产生了影响。其时，北魏皇室贵族大量开窟造龛，在俗的邑善信士也加入开龛行列，《大唐内典录》卷四中说，"自魏国所统赀赋，并成石窟"，内容多与禅观相关。《魏书·释老志》载，献文帝退位后在鹿苑修禅，今天也被考古发现所证实。

云冈第三期：494年北魏迁都洛阳后，平城开窟造像活动仍在延续。这一时期

天下蜀刻
石上大宋

的石窟，主要集中在第20号窟以西，还包括第4、14、15号以及11号窟以西的一些小龛。多以单窟出现，不再有双窟，窟内方正、规整，小龛、小窟多。窟形主要有塔庙窟、千佛窟、四壁三龛和四壁重龛式窟。四壁三龛的窟形（即洞窟中一面开门，另三面各开一龛）在我国首见于此。

第三期造像是典型的秀骨清像样式，所有的像双肩下削，坐像衣裙下摆宽大，层层叠叠悬垂座前，菩萨造像帔帛在腹前交叉穿环。褒衣博带秀骨清像的样式和菩萨造像帔帛交叉穿环的样式从此成为北魏后期主导性的造像模式，影响了龙门及中国其他地方的造像。

造像内容大多与前期相同。造像铭文记载的人物大多为三、四品以下小官，或没有官职。铭文中记载的造像目的主要是为亡者祈福，其次保生者平安。延昌至正光年间（512—525）首次出现"托生净土"铭文，标志着净土信仰在石窟中开始出现，这种题材后来成为唐代寺院、石窟壁画、摩崖造像的主要题材之一，直到今天仍然是佛教艺术创作的主要题材。

北魏迁都洛阳后部分大臣因不适应洛阳生活，朝廷允许他们"冬朝京师，夏归部落"，因而平城并未衰落。迁洛之初，首要工作是在洛阳营建宫殿。孝文帝时洛阳城内只有一座永宁寺，石窟开凿集中在龙门的古阳洞一带。直至孝明帝时期（516—528）胡太后执掌大权，洛阳佛寺急增，平城石窟建造活动才停滞。523年，柔然入侵北魏边境，紧接着北方六镇军民起义再次爆发，526年平城陷落，自此平城石窟建造活动再无记载。云冈石窟中北魏最晚的纪年铭文是正光五年（524），湮灭在历史长河中的云冈石窟到了初唐才再次出现简要记述。

20世纪50年代，考古学者发现了《大金西京武州山重修大石窟寺碑》，厘清了这里曾在贞观十五年（641）经过守臣重建、辽与金重修等史实。

云冈石窟不仅是一组重量级石窟所在，也是当时的佛经翻译中心，北魏皇权的兴衰、政治社会生活的变迁也深刻地浸入云冈石窟的开凿当中，从云冈石窟的分期和样式的变化中能够直观感受到这种影响。

龙门石窟

5世纪末，北魏王朝迁都洛阳后又开始了另一处大型石窟——龙门石窟——的营建。龙门石窟，最早开凿的宾阳洞"准代京灵岩寺"，即是按照大同云冈石窟的样式开凿的。造像样式方面，龙门和云冈两处石窟完成了一个巨大的转变——佛和菩萨的服饰相貌的全面汉化，供养人从拓跋人变成了汉人，这个变化对中国石窟造像影响深远。

北魏后期，"秀骨清像"样式造像开始形成并流行，这一样式遍及6世纪前期中国所有地方，北方从西边的敦煌、炳灵寺、麦积山到东边的辽宁，南面四川的广元等地，成为这一时期的主流造像样式。"秀骨清像"样式造像最突出的特点是佛和菩萨面形清癯，细颈斜肩，衣服宽大，褒衣博带，坐像衣摆在座前层层下垂，立像下摆向两侧飘起，呈迎风站立的样子。

龙门在河南洛阳城南，伊水从南向北流过，山形如阙，故又称"伊阙"。这里现存有编号的全部窟龛2100个，主要为北朝后期和唐代开凿。其中唐代窟龛1760个，占60%；北朝窟23个，其中15个大洞窟，也有众多小龛。我国石窟中龙门石窟题记最多，这也是它最重要的特征。据统计，共有2780多方题记，其中至少有702方有明确纪年。北朝纪年造像铭文189条，唐代纪年造像铭文470多条。龙门始凿年代大约是太和十八年（494），最晚的纪年是贞元七年（791）。

1. 北朝洞窟

主要有古阳洞、莲花洞、宾阳中洞、宾阳南洞、宾阳北洞、火烧洞、慈香窟、魏字洞、普泰洞、皇甫公窟、药方洞、赵客师洞、唐字洞、路洞和汴州洞。同时还有许多小龛。

第一阶段，开凿于孝文宣武时期（494—515），最早的是古阳洞，孝文帝时开

图19 河南龙门石窟宾阳洞造像 北魏（杨超杰／摄）

工，完工于505年左右。之后，宣武时宾阳中洞开工，但未完工，依次又开凿了宾阳北洞（508—511）、宾阳南洞。《魏书·释老志》记载，当时高祖（孝文帝拓跋宏）、文昭皇太后（孝文帝之妻高氏）、世宗（孝文帝次子，母高氏）造三处石窟，被认为正是这三个洞窟（图19）。莲花洞也于宣武时开工，但中途停工了。

这一时期的窟形特征比较突出的是均为佛殿窟，洞窟平面有纵长方形窟，前部接近方形，后部接近椭圆形。早期窟两侧壁多开列龛。窟顶多有浅浮雕的大莲花。造像内容有三世佛、弥勒等，造像组合早期为一佛二菩萨，晚期有一佛二弟子二菩萨。造像肩宽颐广，与云冈太和时期健壮的形象有些相似。

第二阶段，开凿于胡太后执政时期（即孝明帝时期，516—528），其间520—525年间胡太后被幽禁，一些大窟因此停工，开工的主要有魏字洞、慈香窟、弥

图20 河南龙门石窟卢舍那大佛 唐代（杨超杰／摄）

勒洞等。太后复出后开工的有：皇甫公窟（舅族开）、唐字洞、药方洞，后二者遇河阴之变停工。仍然有前一期的平面前部接近方形、正壁接近椭圆形的窟。出现了新的窟形，即三壁三龛方形窟、三壁建坛方形窟、正壁建坛的横长方形窟三种。小龛中出现带斗拱的屋形龛（即佛帐形龛）。造像内容新增了以弥勒为主尊，二壁各立一佛的组合（弥勒洞）及二佛并立组合。造像形貌特征上最大的变化就是比前期更加清秀，与云冈三期特征相似，窟龛装饰模仿地面殿堂的情况日益突出。

第三阶段，开凿于孝昌之后（528—534），主要洞窟有路洞、赵客师洞、汴州洞，前二者为后部椭圆形，前部方形窟，后者为三壁设坛式方形窟。出现了一佛二弟子四菩萨等组合。窟内列龛中出现了中国建筑中的歇山顶式屋形龛雕刻，寺院殿堂化更突出。534年，北魏分裂，洛阳陷入东、西魏冲突地带，洞窟开凿全面停止，偶有小龛雕刻，其间543—577年洛阳归东魏。

2. 唐代洞窟

洛阳，唐代称"东都"，是高宗、武后朝的政治中心。从唐初贞观四年（630）开始营建洛阳，至天宝十四载（755）安史之乱爆发，洛阳才结束了在唐代历史上的繁荣昌盛时期。这期间也是龙门唐代造像的最盛期。洛阳现存最早的唐代纪年造像是贞观十一年（637）的《洛州乡城老人造像碑》，最晚的是贞元七年（791）《救苦观世音菩萨像铭并序》。由于有多条纪年题记，因此龙门唐代分期比之敦煌等地就相对容易。经过多年的考古调查，对洞窟形制、服装、佛座、手势、组合与题材等因素都比较清楚，以龙门石窟管理所老所长温玉成先生为代表的一些学者曾对洞窟中的各种元素进行了考古学的类型学排比，结合纪年铭文，对这些洞窟做了分期，其中北京的部分学者将现有的唐代窟龛分为三个阶段：

第一阶段，开凿于唐太宗至高宗时期，洞窟形制发生了变化，石窟多前后室结构，前室券顶，后室圆形圆顶，列像布置在后室后壁，主像占据了较大位置，受北朝洞窟形制影响较大。他们以列像窟为例对各期特点进行了总结，这种窟内的造像题材主要是阿弥陀佛与弥勒。佛像以双领下垂式袈裟为主，主尊说法印最多。佛座有方形和圆形两种基本形式，方形佛座有的束腰，圆形即仰覆莲座，莲瓣短而宽，单瓣翘尖。菩萨身体少有曲线，上身大多着僧祇支，少数斜披络腋式，披巾横过胸腹之间两道，大裙下摆较平齐。造像组合以一铺三尊为主，一铺五尊次之，出现少量一铺九尊组合。九尊中天王、力士像为浮雕。

第二阶段，开凿于武则天时期，洞窟形制上有些变化，前室平顶，后室由圆角圆顶变成方形平顶，周壁凿出坛床，列像布置在坛床上，不再是后壁列像。佛像以通肩袈裟为主（图20）。主尊除说法印外，出现了降魔印。佛座仍然是方座和圆座两种，方座中出现八角束腰形式，圆座变为束腰仰覆莲座；后期束腰圆莲座束腰处加上珠饰，而且有加高的趋势。菩萨突出身体曲线，体态优美，上身多斜挂络腋，披巾自两肩垂于体侧，有的一手体侧牵动披巾，大裙中间开叉（实为一片长布围成的长裙），两角尖长。力士把门，力士无璎珞、项饰等装饰。造像组合以一铺九尊为主，一铺三尊次之，一铺五尊较少。九尊为一佛二弟子二菩萨二天王二力士，出现了圆雕力士像，佛座前出现大量伎乐。

第三阶段，开凿于武周之后，以玄宗至德宗时期为主，洞窟形制延续了第二期的样式，但有一些变化，平面呈"凸"字形，坛床延伸到窟外。佛像常见的只有通肩袈裟。主尊以降魔印为主。佛座简化，束腰仰覆莲座装饰减少。菩萨身体曲线滞重，多袒上身，披巾、大裙与第二期同。力士手托山石，脚踏怪兽。造像组合以一铺九尊为主，一铺七尊次之。出现大量单尊观音造像。手持各种法器的多臂观音出现。

总体来看，龙门唐代窟形和造像组合的主要特征为：前室从券顶到平顶，后室从圆形圆顶到方形平顶。造像组合从一铺三尊、五尊到一铺九尊。造像中题材的变化是当时洛阳各佛教宗派发展变化的反映，如降魔印的增多和多臂像的出现，与密宗在此流行有关。观世音大量出现和莲座的大量使用与净土信仰的流行有一定关系。

秀骨清像

佛教，作为来自印度的外来宗教，从东汉末年传入中国开始，就一直在本土化方面不断演进。通过中国，4世纪佛教传到朝鲜，6世纪传到日本，不过传入朝鲜、日本的佛教、佛教造像等已经是中国化的佛教与佛教造像。

佛教首先传入我国新疆地区，其教义、传教方式、佛教艺术形式完全来自印度本土，小乘大乘不同派别的影响基本与印度本土同步，但是新的元素开始出现，经典记录开始地方语言化、文字化，石窟造像壁画等出现了新的艺术形式和内容，巨佛造像盛极一时，泥塑佛像开始出现，壁画创作也成为重要的教义表现形式。这种传统主导着早期佛教在中国的传播。

魏晋佛教依附玄谈，影响深入士大夫阶层。晋室南迁，南北佛教开始按照各自的特点发展。北朝，朝廷重资开窟造像，提倡德业，比较忌讳弥勒出世之信仰，佛教信众为求自身解脱注重苦修，更加重视禅修，造像以释迦、三世佛和作证之七佛、决疑之弥勒等为主。南方，东晋刘宋延续玄谈风气，以兴建巨构佛寺为主，"南朝四百八十寺，多少楼台烟雨中"（杜牧诗句），很少开窟造像。南朝政治中心江南地区仅有南京栖霞山千佛岩龛像、浙江新昌宝相寺龛像两处，造像以无量佛、弥勒信仰为主。

总的来说，南北朝时期（420—589）华夏各地石窟寺及造像虽然呈现出丰富多彩的地方特色，但是已经与印度、中亚等地不同，可以说这个阶段已经形成了中国佛教，形成了中国风格的佛教石窟、佛教造像、佛教壁画。

佛教在传播的过程中，皇权、朝廷与佛教的关系一直是争论的重要问题。4世纪前半叶，中原地区的后赵政权最早尊高僧佛图澄为国师，石勒、石虎两个皇帝遇事必"咨而后行"，使佛教在中原得到发展。而南方则早在东晋时代关于"沙门不敬王者"的争论，就深刻地影响了佛教教义的阐释和佛教在中土的传播，咸康六年（340），朝廷就对"沙门应不应当敬王者"进行了争论，无果；事隔62年，东晋元兴年间（402—403），争论再起，高僧慧远作《沙门不敬王者论》，系统地表述了佛教的态度；又过60年，南朝宋孝武帝大明六年（462），争论再起；隋炀帝大业三年（607），要求沙门拜帝及诸长官，但并未得到贯彻；直到唐高宗显庆二年（657），诏令僧人跪拜君亲，规定"自今僧尼不得受父母及尊者礼拜，所司明有法制禁断"。

北方，在后赵之后，拓跋珪建立北魏，公元398年迁都平城开始，直到公元494年孝文帝迁都洛阳，北魏皇室与河西的张氏前凉政权一样，皆尊奉佛教。从西域、河西走廊直到北魏平城时代，佛教与政治权力之间紧密融合，佛教本身也主动依附权力。拓跋珪时代任命的"道人统"法果，明确提出"佛即当今天子，我拜天子即拜佛"，与南朝慧远的"沙门不敬王者论"形成强烈对比。其间，太武帝本人早期也尊奉佛教，所谓"太武帝灭佛"时间只有几年（446—452）。

正是在这一过程中，北魏作为统一了中原北方地区的王朝中最早开始扶持和崇奉佛教的王朝，一方面推动佛教的传播，开始了大规模的开窟造像活动；另一方面也深刻地影响了佛教本身，并且开创了影响深远的"秀骨清像"造像模式。

这一模式，在云冈石窟的开凿过程中逐渐完成。云冈石窟的第一阶段昙曜五窟，窟内造巨像，沿袭了中亚包括龟兹石窟的传统，造像衣服样式兼有犍陀罗、摩菟罗造像特点，与新疆、甘肃早期石刻造像一致。造型方面，广颐、短颈、宽肩、厚胸，与新疆、甘肃早期石刻造像接近。同时，自出新意，以三世佛和未来佛弥勒菩萨为主尊佛像，这在以前的石窟中是罕见的，并且以当权皇帝的容貌为佛的模样，开创了新的造像模式。

第二阶段，孝文帝时期，北魏疆域广大，据有了青齐之地。青齐之地，东晋末年属东晋，刘宋、南齐继续统治。北魏孝文帝攻占青齐之后，积极推行汉化政策，远效魏晋，近则效法青齐地区刘宋、南齐制度，南方所谓"魏晋风度"的影响，直接深入北魏政权的方方面面。从艺术的角度说，今天还能够直观呈现在我们眼前的北魏这一时期的佛教造像，直接吸收了以青齐地区为代表的南朝佛教造像的特点，佛和菩萨面容清癯，细颈削肩，造型清秀，衣服宽大，褒衣博带，"秀骨清像"样式开始成形。

孝文帝迁都洛阳后，平城开窟造像活动仍在延续，"秀骨清像"样式正式成形，典型的秀骨清像样式造像，面容清癯，斜肩下削，形象清秀，坐像衣裙下摆宽大，层层叠叠悬垂于座前，菩萨造像帔帛在腹前交叉穿环。秀骨清像的样式和菩萨造像帔帛交叉穿环的样式，从此成为北魏后期的造像模式，影响了龙门及中国其他地方的造像，长期主导了中国境内的造像活动。希腊风格的犍陀罗理想的广颐、短颈、宽肩、厚胸人体形象不见踪影，摩菟罗的印度式人物形象不再出现。

"秀骨清像"，本来是东晋刘宋时期造型艺术的特征，却在北魏造像艺术中发扬光大。唐代张彦远在《历代名画记》中说到晋宋时期时，以"秀骨清像"概括南朝画家陆探微的风格，同时也代表了这一时期绘画造像艺术的特点，着重强调的是绘画造像形象的生动飘逸、飘飘出尘、充满悲悯的形象。由于北魏汉化运动，正好遇到南朝的秀骨清像的时代审美趣味，并将这一审美风尚贯彻到佛教艺术中，形成了影响巨大的"秀骨清像，褒衣博带"的北魏造像风格。而南朝地区到了萧梁时代，绘画造型艺术由"秀骨清像"的"重神骨"演变为"骨气奇伟"的"得其肉"，开始追求丰腴健壮的形象，衣饰崇尚简洁而不再繁复，北方由北魏末年开始，受到了这一影响。北周至隋的佛教造像，开始摆脱北魏晚期以来长期流行的"秀骨清像"模式，逐渐演变为"丰腴强健"的风格，面相丰圆、丰颊方颐，产生了新的中国形象，体魄健壮、肌肉凸显，与"秀骨清像"的庄严肃穆、飘飘出尘之感不同，开始世俗化、生活化，着重表现的是丰裕饱满、活力无限、充满生气的形象，在某种程度上说是对现世生活的赞美，开启了大唐造像的先河。

到了两宋时代，开窟造像活动接近尾声，从风格上说上承隋唐时期的世俗化、生活化趋势，庄严肃穆的形象进一步弱化，审美情趣更加世俗化、生活化，内省、含蓄、雅致，既富有个性，又极具时代特点，完全是一派尘世美好生活的宋情宋韵，是完全民族化、本土化、生活化的华夏石刻艺术了。

巴蜀梵花

佛教石窟、佛教造像等随着佛教沿丝绸之路传入中原，遍地开花。盛唐之后，北方大规模开窟造像活动停止，西南成为开窟造像活动最活跃的区域。

佛教及佛教造像很早就传入中国西南了，四川乐山麻浩崖墓就有4世纪雕刻的佛像，这是我国南方地区迄今所见最早雕造的佛像之一。佛教4世纪从我国传到朝鲜，6世纪传到日本，向外传播的佛教均受到沿途经济、文化和习俗的影响不断发生着变化，已非印度本土佛教，传入朝鲜半岛、日本的佛教、佛教造像等已是在中国发展变化后的佛教与佛教造像。

南方佛教石窟的兴盛期则是进入大唐盛世之后的事，是佛教石窟传播、发展的尾声。

安史之乱时，大批佛教高僧、画家从长安来到蜀地，蜀地实际上成了当时中国的佛教中心，直至北宋雕刻《大藏经》期间，蜀地是佛教经典保存最完整的区域。这时，也正是中国儒释道在思想上最终完成结合并形成新思想的时期，可以说四川石窟是研究中国唐宋变革的重要资料。同时，巴蜀地区也是中国唯一从唐至宋成规模连续不间断开凿佛教石窟的区域，至今仍存的几千处石窟及摩崖造像遍布河岸山崖，可谓香满山谷。

佛教石窟从中原进入南方地区后，石窟体量变小、结构简化，数量大大减少。从唐代开始，石窟已变成了摩崖造像为主，没有了僧房窟，禅窟也只是偶有孑遗，代之而起的是大量的摩崖龛像。巴蜀两地到两宋时期，除简化的洞窟及摩崖龛像之外，还流行连环画式的摩崖雕刻。

南方，除江苏南京栖霞山、浙江新昌大佛寺、浙江杭州西湖边、广西桂林城外等有少量石窟和摩崖造像开凿外，绝大多数分布于巴蜀两地，其中四川广元石窟、安岳石刻，重庆大足石刻等最为重要。云南的巍山县出土的南朝梁时期的石造像，以及隋、唐、宋时期，云南佛教造像和摩崖造像（石窟寺的变化形式）均与巴蜀地区一致，证明了北线所传佛教石窟的影响至少在唐宋时期已达我国南部的云南。另外，西藏阿里地区等也有少量石窟。

往南，在越南、柬埔寨等国发现了与中国南朝梁时期一致的金铜佛像，证明中国南方的佛造像系统在南朝时期影响已经远达越南、柬埔寨，但这些地方未见有石窟开凿，流传至今的佛造像也是以南传风格为主。

古道遗踪

　　巴蜀地区的石窟造像，主要分布在嘉陵江、沱江、岷江河谷的古蜀道沿线。沿着崎岖的山谷、蜿蜒的河流延展的蜀道，不仅有奇绝的风光，同时也是文化交流沟通的要道，孕育了独特的人文风貌，沿线佛教遗迹以及佛教石窟造像的分布，表明

蜀道不仅是军事要道、行政通道、商贸孔道，更是文化艺术交流的大通道。

嘉陵江、沱江、岷江河谷的水陆古道，主要有金牛道、米仓道、丝绸之路河南道、长江水道、茶马古道等。巴蜀地区的石窟造像也主要分布在这几条古道沿线，金牛道（以北）、米仓道（以北）、丝绸之路河南道（以西）、长江水道（以东）、沱江经泸州南下（以南）或川西经西昌的茶马古道诸道（以南）。石窟造像，就开凿在这里的山间河谷或古道旁的石壁上，全部为崖壁石雕，没有泥塑，少有壁画。

图21　四川千佛崖全景（广元千佛崖博物馆提供，刘仁／摄）

嘉陵江流域的金牛道、米仓道，沿途石窟造像最早、最多；沱江流域是巴蜀之间的古道，以唐代中后期、宋代造像最多；岷江流域，则有丝绸之路河南道上最早的汉式佛教造像。嘉陵江、沱江、岷江流域的石窟寺或摩崖造像，几乎包括了巴蜀地区除重庆以东区域之外的所有汉传佛教石窟及摩崖造像、道教摩崖造像。

嘉陵江流域，由嘉陵江干流水系及渠江水系和涪江两大支流水系组成，三江汇于合川后经重庆流入长江，流域内的巴蜀地区是我国南方佛道石窟和摩崖造像最多、最集中的区域。嘉陵江干流水系沿线的广元、剑阁、旺苍、苍溪、阆中、南部，嘉陵江支流渠江水系沿线的巴中、通江、仪陇、营山、广安，涪江水系沿线的江油、梓潼、绵阳、三台、中江、安岳、遂宁、潼南，嘉陵江及其两大支流汇合处的合川等地均有大量造像，地理上主要属于川北、川中和川东地区。

沱江流域造像主要分布在荣县、仁寿、龙泉、简阳、乐至、资阳、资中、内江、大足、泸州等区域，属川中、川东和川南地区。

岷江流域的茂县、都江堰、大邑、邛崃、蒲江、丹棱、青神、夹江、乐山、井研等地均有造像，属川西、川南地区。

重庆以下长江流域主要的佛教造像分布在涪陵、万州区等地。

巴蜀地区的石窟造像，从区域上主要可分为川北区、川西区、川中和东部及重庆区三个区域，各区域的造像也各有特点。

川北区，分别以广元和巴中为中心形成两个小区域，分布在北方入川的两条主要通道两旁及邻近区域，均属于嘉陵江流域。其中，广元是金牛道上造像最早的地区，也是四川开窟造像最早的地区，现存最早的石窟开凿于6世纪，至8世纪中叶仍然很兴盛，8世纪中叶后衰落，但直到清代还偶尔有开窟活动（图21、图22、图23）。巴中是米仓道上造像最多的地区，巴中石窟始凿于6世纪末到7世纪初，盛于8、9世纪（图24、图25）。这两个区域，集中了嘉陵江流域的大半窟龛，是嘉陵江流域窟像的代表。

川西区，是指金牛古道旁绵阳及其以南的四川西部区域，以成都为中心，属于岷江流域及嘉陵江支流涪江流域的部分区域（传统意义上的川西系指成都平原

图22　广元千佛崖的菩提瑞像　唐代（雷玉华／摄）

图23　广元皇泽寺28号龛　隋代（雷玉华／摄）

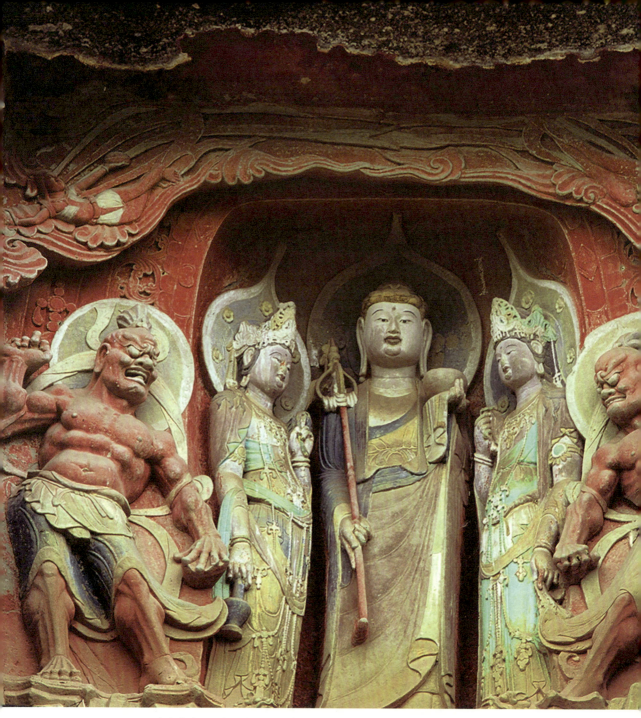

图24 巴中水宁寺1号龛 唐代（雷玉华／摄）

图25　巴中南龛石窟全景（雷玉华／摄）

图26　四川绵阳北三院地狱十王变像　五代—宋代（雷玉华／摄）

及其周围地区，与今天的川西高原不同）。这里是巴蜀地区的佛教文化中心，也是巴蜀其他区域的佛教造像渊源之一。同时，成都以大慈寺为中心，在唐至北宋初，聚集了大批高僧大德、文人画士，对这一区域摩崖造像的风格与内容题材产生了巨大影响（图26）。

川中、东部及重庆区，是指四川盆地以东的四川中、东部及重庆部分区域，大部分属于沱江流域，亦有少部分属于嘉陵江流域，以大足和安岳为中心的广大地区，在晚唐至南宋时期开凿了中国最集中的区域特征突出的造像。因此，这一区域的造像大致可分为两类，一类与四川腹地的造像相同，另一类是学者所说的"柳氏派"造像，在宋代兴起于安岳和大足，与以成都地区为中心的川西地区有着密不可分的关系。四川安岳和重庆大足石窟、摩崖造像始凿于公元8世纪，其中所谓的"密教造像"兴盛于12—13世纪，在中国石窟和佛教史上有着重要的地位，被称为"川密造像"。重庆合川涞滩二佛寺禅宗性质的造像开凿于12—13世纪。

在佛教石窟和摩崖造像的影响下，川渝地区道教也兴起了开龛造像。道教龛像主要有：绵阳平阳府君阙上的南朝造像龛中后期有一部分道教造像龛（6世纪）；绵阳西山观有一批隋代道教造像龛（6世纪末至7世纪初）；重庆潼南大佛寺有三龛隋代道教造像（7世纪初）；剑阁鹤鸣山有十余龛唐代道教造像（9世纪）；丹棱龙鹄山有三十余龛唐代道教造像（8世纪）；仁寿牛角寨坛神庙有几龛唐代道教造像（8世纪）；安岳玄妙观有七十余龛唐代道教造像（8世纪）。以上8世纪造像均开凿于唐玄宗天宝年间（742—756），即玄宗晚年时期，正是他疯狂崇信道教的时期。

四川除攀枝花市外，石窟和摩崖造像在全省20个市州都有分布，数量为全国之最，以摩崖造像为主，数量庞大、内涵丰富、历史悠久，从南北朝一直延续到民国时期。

巴蜀石窟寺和摩崖造像按照开凿时间，可分为七个时段，也就是考古学上的七期。

第一期，南北朝时期，即公元6世纪前半叶。

第二期，北周末、隋代至唐初贞观时期，即6世纪下半叶到7世纪初。

第三期，盛唐时期，开始于唐高宗时期，包括武周到开元两个时期，即公元7世纪中期至8世纪前半叶。

第四期，安史之乱后的唐代时期，即8世纪后半叶到9世纪中叶。

第五期，唐末至五代、北宋，即9世纪末至10世纪。

第六期，北宋晚期到南宋，即11世纪到13世纪。

以上六个时期，各个区域的造像活动情况，以及造像题材的选择、艺术表现的形式、表达的思想内涵、记录的生活变迁等，宛如一幅包罗万象不断流转的石刻画卷，清晰地铭刻在巴蜀大地上。

第七期，元、明、清时期，元代造像只有几龛。明、清时期造像除了寺庙遗址发现的大量可移动造像外，以上各个区域都有零星的造像，川北的巴中，川西的大邑，川中的资阳，川南的泸州、叙永等地都有相对集中的开凿，由于没有做全面的考古调查，实际上应远远多于所列举的地点，而且明代、清代造像与内容与唐宋相比也有较大区别。

从时代方面说，巴蜀石窟寺和摩崖造像则可以分为南北朝时期、隋唐时期、两宋时期、元明清直到民国时期，其中尤以唐宋时期开窟造像活动最为活跃，这一时期的石窟及石刻造像的艺术成就最为突出。

南北交融

十里不同风，百里不同俗。石窟造像在传播过程中不断因环境而调整、变化，因此中国石窟从西到东、从北到南的传播过程，体系完整、脉络清晰，同时也是一个不断融合与创新的过程。在佛教及佛教艺术传播道路上，各个石窟环环衔接，生动展示了近两千年岁月里中华民族的观念变迁，以及对美好生活的向往与追求。

巴蜀石刻造像，最早的一环在川北的广元，广元石窟是中国石窟传播与发展链条中连接南北石窟的关键一环，紧接中原，连通巴山蜀水。由此入川，分布在巴蜀大地上的石窟造像，生动记录下了千百年来行走于古道中、生活于巴山蜀水间的人们对美好生活的刻画和想象，记录了人间万象，如画般雕饰了山河，如凝固的诗篇无言地述说着巴蜀大地的盛世大唐与精致大宋。

嘉陵江上游的川北门户——广元，金牛古道穿城而过，城边嘉陵江东西两岸的山崖上皇泽寺和千佛崖隔江相望，其中的北魏、北周石窟是四川地区迄今为止发现的最早的石窟。从广元往南，嘉陵江支流清水河边剑阁下寺镇有北魏道教摩崖造像，涪江边有绵阳平阳府君阙南朝梁和北周佛道摩崖造像。这是迄今四川地区发现的几乎全部南北朝时期的石窟和摩崖造像。

千佛崖仅存三个北朝晚期洞窟——大佛窟（726号）、三圣堂（226号）和莲花洞（535号）。大佛窟为马蹄形平面、穹隆顶，窟内造一佛二菩萨三尊像。三圣堂为方形平顶，三壁开龛，三龛内均造一佛二菩萨三尊像，龛楣上均雕二龙回首反顾。莲花洞因窟顶有一朵浮雕大莲花而得名，与中原洛阳龙门石窟中的北魏莲花洞相似，穹隆顶，正壁造三尊立像，可惜三壁及地坪于唐代初期被改造。现在看到的三壁三龛造像为唐代改刻。

皇泽寺开凿于北魏晚期的第45号中心柱窟，方形，覆斗顶，三壁及中心方柱四面均开龛。开凿于北周时期的第15号窟，方形平顶，正壁开一个大龛，龛内造一坐佛二弟子二菩萨五尊像。皇泽寺还有大略6龛北朝摩崖小龛。

总的说来，广元北朝的窟龛类型主要为三壁三龛式窟、中心柱窟与三壁三龛式结合的方形大窟、直接在正壁造像的佛殿窟、摩崖造像龛等。

此外，剑阁下寺镇清水河岸边崖壁上有7个北魏晚期的道教造像龛，这是目前四川所见最早的道教摩崖造像。其中最大的一龛有北魏题记，圆拱形龛，龛楣二龙交缠，龙首反顾。龛内造五尊像，龛外还出现了二护法。

绵阳平阳府君阙上有29个摩崖造像龛，并有多则造像题记。龛型有圆拱形、尖拱形、方形三种。造像组合有单尊像、一佛二胁侍三尊像、双尊像等。

广元的北魏造像，佛像磨光肉髻，颈部细长，双肩瘦削，袈裟下摆宽大，呈八字形分开；菩萨头绾双髻，身躯粗壮，帔帛呈×形交叉于腹前，无璎珞装饰。剑阁下寺镇造像，主尊发髻高细，颈部细长，与陕北道教造像碑上的北魏造像相似。绵阳平阳府君阙上造像则与成都等地出土的南朝造像极相似，仿佛成都的南朝桃形背屏式造像的背屏被改成了浅浅的小龛。这种差异的分界线正好与南北朝后期南北政权控制区域的界线吻合，剑阁下寺镇及其以北区域为北朝控制区，绵阳及其以南的成都为南朝控制区。

岷江流域，只有可移动造像，即出土于成都万佛寺、西安路、商业街以及汶川县城等处的南北朝造像，分为造像碑、圆雕单体造像和背屏式造像三种形式。内容主要以弥勒、无量寿、释迦、释迦多宝、释迦双身、阿育王、观音等题材为主。组合形式除单体外，有一铺三身、一铺五身等多种。南齐以前的佛像还保留了部分少数民族人物的特征，肩部宽厚，身材魁伟。南齐以后，佛、菩萨脸部呈扁圆形，特别是菩萨像，头戴宝冠，悬饰缯带，端庄秀丽，完全是当地少女的模样。

南齐末，在成都西面的茂县出现了中国最早的汉族式佛装——褒衣博带的双领下垂式袈裟，随后这种袈裟在四川大量流行，并迅速风靡全国，成为南朝梁以后中国主要的佛像服式之一，并被北朝学习，是佛教最终本土化的表现。汉式服饰造像，首先出现在川西地区，说明以成都为中心的四川地区在佛教东传和其本土化过程中占据着非常重要的地位。成都龙泉北周文王碑、乐至睏佛寺发现了北周摩崖造像龛，这是四川西部、中部发现的最早的摩崖造像。

盛世大唐

隋唐两代是中国古代最强盛的时期，佛教和佛教艺术在这个时期完成了它的中国化过程，呈现出前所未有的盛况，并逐渐取代印度，成为佛教传播中心，对日本、高丽、新罗等国产生了重大影响。信众已从上层逐渐发展至各阶层，现存敦煌与四川的石窟和摩崖造像正是这种历史状况的反映，除了因地制宜的地方特征外，佛教形象与内容出现了极大的一致性。可惜盛世中心长安、洛阳的佛寺壁画与塑像的辉煌我们无缘得见，但帝都画师们绚丽多姿的粉本在敦煌洞窟中得以保存，而巴山蜀水的山间峭壁上，也镌刻着长安、洛阳消逝了的画卷。

隋代皇室崇信佛教，隋文帝从小由女尼抚养长大，隋统一后，在皇室倡导下，全国出现了大造寺塔、大兴造像的局面。还在全国遴选高僧大德入京，由官府供给，从蜀入京者不在少数，四川大部分区域的摩崖龛像都开凿于此时。隋末唐初，中原大乱，聚集于长安和洛阳的高僧星散，其中很大部分又转入蜀中。据《大慈恩寺三藏法师传》记载：

> 时（唐）武德元年矣。是时国基草创，兵甲尚兴，孙吴之术斯为急务，孔释之道有所未遑，以故京城未有讲席，法师深以慨然。初，炀帝于东都建四道场，召天下名僧居焉，其征来者皆一艺之士，是故法将如林，景、脱、基、暹为其称首。末年国乱，供料停绝，多游绵蜀，知法之众又盛于彼。

著名高僧玄奘和他的哥哥就是这个时候入川的，他们住在成都的空慧寺。佛教各个宗派的大德都涌入了蜀中，他们不仅在此授徒讲学，有的还在这里开窟造像，有的从此留在了蜀地，为蜀中打下了良好的佛学基础，形成了一个以成都为中心的佛学中心，使蜀中成为佛教石窟和摩崖造像最密集的区域之一。今存于三台县城涪江对岸之大佛即为贞观时期三论宗高僧释慧震所造，资阳大佛极可能与高僧智诜有关。后来参与玄奘译场的释道因也是此时入蜀，除了在成都讲法外，还在都江堰青城山灵岩寺开窟刻经，其所刻经版中书写经文者不乏褚遂良、虞世南等当世名家。今陕西碑林存有道因法师碑，法师在长安去世，归葬灵岩寺时，数千人为其送行。

　　唐代皇室，虽认道教始祖为先祖，但历朝帝王（除武宗外）一般都对佛教表示出不同程度的支持。唐高祖时，虽然宣布三教当中道教第一、儒教第二、佛教第三，但对佛教并不排斥，曾遴选十大德管理僧务，三论宗的实际创始人吉藏荣膺其选，使其宗派得到了很好的发展。唐太宗本人虽不崇信佛教，然而对佛教推行的基本是支持和利用的政策，他与高僧玄奘关系甚密，并大力支持玄奘的译经事业。高宗对佛教很崇信，他不仅支持玄奘的译经事业，并曾为生母修建寺庙祈福，在他统治时期佛事活动很多，特别是后来有了武后的积极参与和推动。因此，在唐初，佛教发展并未停止。这一时期，四川的佛教摩崖造像较大的龛像都雕琢得比较精美，数量也增加了不少，偏远的山村出现了较多的小型龛像。虽然这些偏远山村的小型龛像多数很粗糙，但这也说明相对贫困的、财力不很充足的下层老百姓也开始开龛造像了，佛教已正式从上层深入乡村最底层了，佛教艺术完成了走向盛唐的前奏。

　　隋代至唐初贞观时期，从四川石窟开凿最早的嘉陵江流域川北重镇广元开始，往南沿金牛古道经剑阁、梓潼、绵阳，直至成都一线均有分布。主要有嘉陵江及其支流沿线的广元千佛崖、皇泽寺，剑阁鹤鸣山、武连镇横梁子，涪江及其支流沿线的梓潼卧龙山、绵阳碧水寺、绵阳西山观等。从广元东行，同是川北区域的主要有嘉陵江流域的旺苍普济镇古田坝、木门镇木门寺、阆中石室观；渠江及其支流沿线的巴中西龛、南龛，水宁寺千佛崖，通江千佛岩；巴中以南有渠江边的广安肖溪冲相寺、嘉陵江边的潼南大佛寺等。其中剑阁鹤鸣山、绵阳西山观和潼南大佛寺有集中的道教造像。这些造像点或处在金牛道、米仓道与中原和成都相通的古道上，或处在嘉陵江、渠江干流或支流边，东与长江相通，西与成都相连。如广元往南至成都中途的剑阁、绵阳等区域均处在金牛道上；巴中北有米仓道与中原相连，南有多条道路可达成都，往东通过巴河可经渠江与长江下游交通；旺苍则位于广元、巴中之间，两处石刻均在古道旁；广安肖溪冲相寺位于渠江边；潼南大佛寺造像位于嘉陵江边。这些位于北方与四川相连的古道边的区域，与川中和川东相比，造像开凿时间都要早一些。

川西的蒲江漏米寺、茂县校场坝等地亦有这个阶段的造像，它们属于岷江流域。茂县造像位于成都往西的丝绸之路河南道旁，蒲江是成都往西通盐茶古道的主要区域。沱江流域的乐至睏佛寺第19、20号龛开凿于此时，是川中和川东地区目前发现的最早龛像。

广元开凿了千佛崖第138号、皇泽寺第12、13、28号窟等，第55、56号龛，于第15号窟左、右壁补凿小龛。剑阁横梁子、绵阳西山观和碧水寺、梓潼卧龙山、潼南大佛寺、茂县校场坝、广安肖溪冲相寺，巴中南龛第149号龛、西龛第18、21号龛、东龛1号龛等均开凿于此时，开启了走向盛唐的前奏。

窟龛类型主要有尖拱形龛、圆拱形尖楣龛、外方内圆拱形龛、内龛很深的外方内圆拱形龛、圆拱形敞口摩崖大龛等。以中、小型龛为主，罕见大型龛窟，皇泽寺第28号龛是这个时期规模最大的摩崖造像龛。隋代出现了三层大龛，外龛均为方形，内层均为圆拱形，中层有佛帐形和圆拱形两种。隋代的圆拱形尖楣龛，龛楣以素面为主，少装饰。贞观时期龛楣上多有装饰，小型龛比较简单，仅装饰一圈联珠纹。大型龛装饰比较复杂，内室雕出桃形龛楣，桃形光尖折至外室龛顶，近龛沿处依次饰联珠纹、回纹、联珠组成的纹饰带。龛楣纹饰带中间浮雕忍冬纹，在忍冬纹中均匀开凿七个圆形小龛，小龛内各雕一尊禅定坐佛。联珠纹普遍用于龛楣、头光、宝冠、项圈、璎珞、佛座上，是这个时期最流行、最显著的特征。

造像题材有释迦、弥勒、西方三圣、二佛、三佛、双观音、天龙八部、定光佛；道教的天尊、护法群像等。组合有五尊像（一佛二弟子二菩萨）、七尊像

（五尊加二力士）、九尊像（七尊加二天王），人形化天龙八部像开始流行。龛后壁多浮雕菩提双树，双树间雕2~8身不等的天龙八部等护法像，有的多至10多身。道教造像以一天尊二胁侍三尊像的组合常见。值得重视的是阿弥陀佛与五十二菩萨、天龙八部等新题材的出现。

　　佛像均为螺发，面相略长而丰满，躯体健壮。流行看似为双领下垂式袈裟，右肩敷偏衫，内着袒右肩僧祇支的着装，胸、腹间十字形结带。实际为外披袒右肩袈裟，右臂上露出中衣，中衣下摆从腋下伸出压在外层袈裟上的着装。有的佛像袈裟下摆悬垂座上，还有南北朝时期"悬裳座"重重叠叠的遗风。广元皇泽寺佛像的螺发细密，衣褶多以贴泥条形式表现。造像有两种风格，一种身形健壮，胸肌隆起，比例协调，如广元皇泽寺第38、45号窟内三壁大龛中的佛像，千佛崖第273、341等号龛造像。另一种像身材修长，头部显小，如皇泽寺第51号龛中的佛、弟子、菩萨像等。常见佛像戴珥珰、手执桃形宝珠。这个时期有四川最精美的菩萨像，如广元皇泽寺第28号龛、梓潼卧龙山四面龛中的菩萨造像、成都万佛寺持瓶观音像、绵阳碧水寺藏开元寺出土观音菩萨像等，均身姿绰约、体态优美。立姿者多一腿微屈，显露身体曲线，大多数菩萨装饰繁细，头戴三珠形宝冠，缯带长长垂于肩侧。饰联珠纹项圈，有的胸前悬一个大铃铛，"×"形珠链式璎珞或蕙状的大璎珞交叉于腹前，再沿体侧饰一道"U"形长璎珞，异常华丽。帔帛饰法多样，既有旧的因素如"×"形帔帛，也出现了横膝部一道或两道的新做法。造像组合中二弟子像渐渐变成高浮雕，并且多以一老一少的形象表现。出现了几种比较特别的像座，如瓶花承托莲座、狮子口衔莲花承托莲座、八角形束腰座基承托莲座等。特别是八角形座基，转角处雕兽头或宝珠，十分华丽。弟子、菩萨立于兽吐莲茎或宝瓶生莲茎承托的莲座上，莲茎很高，使座高基本上接近像高成为这个时期的特征。与南北朝时期以低莲座或平座为主的情况有所不同。

　　武周至玄宗时期是唐代全盛期，武则天从政治立场出发，声称自己是弥勒菩萨，加号"慈氏越古金轮圣神皇帝"，与自认为是道教始祖李老君后裔的唐室对抗，全国崇佛达到高潮，龙门的奉先寺大像龛即是在她支持下以她的容貌为蓝本雕成的。四川这一时期的造像最多最精美，雕琢技艺达到了最高水平，广元、巴中、成都周围地区等均开凿了大量窟龛，不仅是大龛像，更多的中小型龛也被开凿出来；财力不充足的乡村下层民众大批参与造像，形成风气，大有全民信教之势。造像题材更加丰富，最突出的是出现了菩提瑞像与弥勒佛同组开凿的大龛。将这两尊像放在一起的一个原因就是武则天自称"慈氏越古金轮圣神皇帝"，即弥勒佛，是释迦佛入灭后的继任者，她自己也就是李唐王朝的继任者、世间的转轮王。因此这个阶段流行的是弥勒佛像，而非弥勒菩萨像。玄宗是有名的崇道皇帝，但他统治时期许多高官和皇室仍然崇信佛教，民间的崇佛之风并未受多大的影响，造像有增无减。四川造像铭文最多的窟龛就是开元时期开凿的，广元已知的造像者中官阶最高者都是开元时期的，可见佛教已真正深入民间，一些高级官员更是深信不疑，不需要统治者的特别扶持了。一些开凿佛教摩崖造像的地方出现了佛道合龛造像或二天尊并坐像，佛道合龛造像中天尊及其部众位于释迦及其部众之左侧，似乎验证了道先佛后的顺序。

武周、开元时期，前述四川石窟和摩崖造像分布地点几乎所有县市均有开窟或开龛造像，如广元千佛崖开凿了第493、366、365、400、512、689、805、806、513、169、213、214、211、86、116号等窟龛，大量窟龛都有纪年题记。主要窟形有方形平顶窟；平面呈横长方形，穹隆顶，三壁造像的大窟；背屏式佛坛平顶方形窟，平面呈横长方形，中央设横长方形佛坛，坛上造像，像后背屏直通窟顶；带前室的方形平顶中心柱窟，前室呈横长方形。大型龛有：敞口圆拱形摩崖大龛，平面呈马蹄形，圆弧形顶；横长方形敞口平顶摩崖大龛；外方内圆拱形双层敞口摩崖大龛，外龛方形平顶，内龛平面呈马蹄形，顶部略呈弧形；有的内龛有尖拱形龛楣；有的内龛较深，有桃形龛楣，平面呈马蹄形，顶部略呈弧形；有的外龛沿壁凿坛，并延至龛口处，坛上列像。小型龛有：单层圆拱形浅龛，外方内圆拱形双层浅龛，外方内佛帐形龛。圆拱形内龛龛楣上常饰宽大的忍冬纹。佛帐形内龛有单重檐和双重檐之分。主尊头上方雕出了突起的华盖。还流行三层龛，即外层方形、中层佛帐形、内层圆拱形，内龛龛楣上仍然雕刻卷草和七佛、伎乐等，但卷草纹粗大，已成主要纹饰。佛帐形龛檐面上分格雕刻团花等程式化的装饰图案，檐面下方饰垂帐纹，帐纹呈连续的圆弧形，外面垂珠链，有的上层檐顶上雕八尊坐佛像，龛内像座下一般有变形高莲茎。

造像组合以一坐佛二弟子二菩萨二力士立像最多，龛前部常雕刻二狮。佛像身形健壮，通肩袈裟多以泥条式表现衣褶。坐像多看似披双领下垂式袈裟，实际是袒右肩袈裟，右臂露出中衣，中衣一角从腋下伸出至外层袈裟上，多露出内衣领边和袖口。脸形方圆，颈部有三道蚕节纹，双肩和胸部宽厚，胸肌隆起。弟子多以一老一少形象表现，老者常披袒右肩袈裟，少者着交领衣，常常一人持香炉，一人托经盒。菩萨多戴三珠冠，面形丰腴，帛带自双肩下垂横腿上两道后垂于体侧，两串璎珞呈"×"形交叉于腹前，交叉处饰宝相花或圆璧，身体呈"S"形站立，突出腰部曲线。天王均着武士装，与同期唐代墓葬出土的武士俑相似。力士均裸上身，叉腿立于窟龛两侧，作愤怒用力状，肌肉夸张。造像比例适中，菩萨、力士、供养天、一老一少的弟子，不同人物形象表现得恰到好处。造像题材广泛、内容丰富。常见的题材主要有释迦佛、药师佛、阿弥陀佛、三世佛、释迦多宝佛、弥勒佛、菩提瑞像、阿弥陀佛与五十菩萨、成组的菩提瑞像与弥勒佛像、释迦与弥勒、药师佛及十二药叉大将、地藏菩萨、十大弟子、千佛、涅槃故事、天龙八部等。出现了与密教经典仪轨相关的题材，如药师佛、沙门形地藏、地藏十王、如意轮观音等，这种现象川北普遍早于四川其他地区。

开元后期至天宝时期，以外方内圆拱形龛和外方内双层檐佛帐形龛为主，以后者最多。造像组合以一坐佛二弟子二菩萨二天王二力士立像最多，龛前部雕刻二狮，二狮之间置香炉，有的无二天王，有的在外龛两壁下方左右各雕一列供养人，一般一排男像、一排女像。造像多有凸起的肚子，身材粗壮，与武周时期修长的身材不同。龛饰和造像雕刻精细烦琐，但多呈现出格式化的特征，较武周至开元初期造像显得呆板，主尊头顶多有圆柱形或莲花形华盖。最流行释迦或菩提瑞像与弥勒并坐或凿于相邻之二龛中，出现了陀罗尼经幢，最有特点的是佛道合龛像。

开元以后，四川全境造像趋于一致。新出现于巴中南龛的天宝十载（751）摩崖雕刻陀罗尼经幢，是四川迄今为止所见最早的有明确纪年的经幢。从此，陀罗尼经幢流行于巴蜀全域，直至清代、民国时期。

唐风余韵

唐代安史之乱后出现了藩镇割据状态，781年吐蕃占领沙州（敦煌），848年，张议潮奉表归唐。公元1036年、1227年敦煌先后被西夏和元占领。地方政权更迭中敦煌洞窟的营建虽未曾停止过，但随不同民族统治政权的变更，出现了多民族风格的元素。随着元帝国疆域的扩展、海上丝路的兴盛，陆上丝路衰落，敦煌失去了中西交通中转站与西域门户的地位，莫高窟由此衰落。

天宝以后的中原唐王朝，除了武宗外，各代帝王多信奉佛教，在位时间最长的几个帝王尤其如此。代宗宝应元年（762）至大历十四年（779）在位，德宗建中元年（780）至贞元二十一年（805）在位，宪宗元和元年（806）至元和十五年（820）在位，懿宗大中十四年（860）至咸通十五年（874）在位，他们的崇佛活动最突出。四川中晚唐的摩崖造像中，最常见这几个时期的龛像，尤其咸通朝小龛最多，而且多有纪年。

安史之乱时，洛阳等地的开窟造像工程不再延续。后来，又有唐武宗灭佛，北方开窟造像活动几乎不再。但是，四川未受影响，这里相对安稳富裕，玄宗皇帝选择了成都作为避乱之地。武宗灭佛，石窟和摩崖造像又不在其列，所以四川石窟和摩崖造像不仅得以延续开凿，未受到灭佛的影响。但由于安史之乱及唐与南诏和吐蕃的战争，国力渐衰，造像规模大不如前，大中型龛数量渐少，雕造也不甚精美，比较粗糙的小龛小像却到处都是，若单从龛像数量上看，比之前是有增无减，有的地方甚至遍及各村，即使在晚唐时期也是如此。许多小龛一般高、宽只有30～40厘米，深1～2厘米，像更小，有的不到10厘米。同时，由于与吐蕃和南诏发生战争，波及四川，使此处的造像内容发生了较大变化，出现了与战争相关的单独的毗沙门天像。同时，密宗在玄宗、肃宗、代宗时期达到鼎盛，密宗大师不空深受崇敬。印度密宗的兴起，糅合了印度教的部分内容，具有强调神通

天下蜀刻
石上大宋

的神秘主义色彩。传入中土的密宗，以立世成佛吸引信众，使人们觉得成佛不再是今生可望而不可即的事，受密教经典影响的造像题材大量出现，如十一面观音、六臂如意轮观音、地藏菩萨、观音与地藏、千手观音等。

唐玄宗避乱入成都时，见僧人英干在街头施粥济众，下诏为他建寺，并赐额大圣慈寺。其时，京城各色人等纷纷南下入蜀，成都聚集了无数自中原南下的高僧大德、佛教艺术家、文人墨客，他们以大慈寺为中心，或将京城的艺术再现，或进行与时俱进的创造，辉煌的帝国佛教艺术得以续存。唐代张彦远《历代名画记》、宋代黄休复《益州名画录》（又名《成都名画记》）等画史著作中著录了唐代成都寺院特别是大慈寺的众多名家名作。今天，在巴山蜀水的山间峭壁上或许还可以窥见消失了的大圣慈寺壁画。

唐末，据有蜀地的王建号称忠于唐朝廷，在中原大多数藩镇纷纷建国称制后仍然使用唐王朝年号，执行唐王朝政策。唐朝廷最后的供给多从蜀中出，直到唐哀帝时灭亡，北方辽国已经兴起，王建才称帝建立蜀国。所以在五代时期，蜀地延续了唐代的佛教政策，佛教建寺、造像与绘画等一点也没有受到朝代更替的影响。最重要的是，中原经数十年的战争，大量佛典被毁，佛教名僧与艺术家流失，唐代累积起来的佛教文化与艺术受到极大破坏。富裕的江南也经历过混战，以至于吴王钱镠、钱弘俶等还派人去日本等国求取佛经，女真等国都认为中国佛教已无人，藐视中原。北宋建国之初，号召恢复中原地区被毁坏的佛教寺塔，而最重要的措施则是开宝初在蜀中收集佛教典籍，并以这里先进的雕版技术刻成书版运往都城开封，这就是佛教史上著名的《开宝藏》，又称《蜀藏》。《开宝藏》的雕刻振兴了中原已经衰弱的佛教，辽国、日本国、高丽国等由此再不敢轻视中国。不久高丽、女真、日本、西夏等国都来乞赐开宝藏，并带回各自国家。在成都刻成的大藏经很快就流传开了，至今所见各种藏经都或多或少与蜀藏有关。

所以晚唐、五代至北宋初，四川的佛教摩崖造像仍然兴盛，并在很大程度上保留了唐代以来的传统。除了流行原有的中原题材外，还流行本地僧人创作的新题材。晚唐时产生于四川的地藏十王题材最为流行，还新出现了罗汉群雕、善财童子五十三参故事、各种观音救苦救难等世俗广泛需要的内容，与唐代中期以前的题材有很大不同。目前学者们普遍认为，可能是产生于四川或者是经过四川僧人大量增改而流行开来的经文及图像主要有：地狱十王、水陆法仪、各类禅宗造像、报父母恩经变故事等，这些题材在四川的佛教石窟和摩崖造像中都有形象而丰富的呈现。

龛型简化，主要有：方形浅龛，分尖拱形龛楣和圆拱形龛楣两种；圆拱形浅龛，有外方内圆拱形双层浅龛，还有一种内龛较深，平面呈马蹄形，龛底部凿坛；双层檐佛帐龛。四川全域造像特征比较一致，只有小龛，不见大龛大窟，龛型和造像都比较粗糙。出现了大量的小型单尊造像龛，造像组合有一坐佛二弟子二菩萨二天王二力士，一佛一弟子一菩萨立像，二菩萨立像，一弟子一菩萨立像，单尊弟子立像，单尊菩萨立像，单尊天王立像以及一天王胁侍三天王一俗装人像，一佛二弟子二菩萨二力士等组合。造像形象分两种，一种面部宽大、丰腴有余，无论是菩萨、弟子还是天王像身躯多呈圆桶状，显得宽胖。菩萨短颈抬肩，脸下半部分宽大，项圈上挂饰复杂的璎珞，璎珞层层叠叠呈网状下垂，腰部已无曲线，弟子和天王多有凸起的肚子。另一种造像从龛形、组合到造像形象上都有简化趋势，造像也不太肥胖，但雕刻粗糙呆板。除了此前流行的题材外，安史之乱后，出现了地藏与六道轮回、观音与地藏并立、阿弥陀佛与观音和地藏并立、毗沙门天，以及大量的观音、文殊和普贤像等，西方净土以天宫楼阁、宝池、飞廊、塔幢等来表现。

五代、宋代造像数量和分布区域锐减，前几期造像最多的广元、巴中等区域极少见到五代造像。目前所见的五代造像在嘉陵江支流涪江流域的安岳境内最多，且多有纪年，主要有圆觉洞、庵堂寺、卧佛院、灵游院等处；岷江流域的蒲江飞仙阁，沱江流域的乐至报国寺、大足北山等比较集中。北宋造像则主要集中在安岳、大足地区，附近的仁寿、资中有少量造像，巴中等地偶有龛像。这也是一个过渡阶段，前后造像变化很大。主要流行双层长方形浅龛，还流行外方内佛帐形龛，但内龛顶部多为半月形平顶，顶壁交接处明显，底部有的变为梳背形。龛形大多简单，少装饰。主要题材有释迦、毗沙门天、观音、菩提瑞像、经幢、单尊观音、单尊地藏、地藏与六道、地藏与观音、四臂观音、天宫楼阁的西方净土变、十六罗汉、地藏十王、千手观音、五十三佛、千佛、千菩萨等。除了大量单尊或双尊立像外，有一佛二弟子二菩萨二力士，一佛二力士等组合，还有三佛二弟子二菩萨二力士等较为复杂的组合。观音造像中，水月观音、千手千眼观音、白衣观音、救苦观音、救八难观音、数珠手观音、解冤结菩萨、花聚菩萨等大量新形象出现。形象与晚唐造像相似，体态与衣饰都稍有不同。北宋初期，基本上延续了这些造像风格。

唐代天宝之后，以成都大慈寺为中心的佛教艺术影响范围极大，在这里创作或改造的一些佛教绘画和雕塑题材成了中国民间喜闻乐见的内容，并广为流传。如水陆忏法、地狱与十王、明王等题材的内容与流行形式均与四川有很大关系。相传梁武帝因梦六道四生受苦而创水陆大斋以济之，周隋之际，此仪不行。唐咸亨中，西京法海寺英禅师又复此法。又言东川有杨谔水陆仪、蜀中有杨推官仪文盛行于世；宋元祐八年（1093），四川眉山人苏轼绘水陆法像，作赞十六篇，世谓辞理俱妙，因此被称为"眉山水陆"。到两宋时期，水陆忏法非常盛行，这与蜀地的水陆仪文和图像有很大的关系，也是大足宋代石刻的重要内容之一。

佛教传入中国后不久，因果报应的思想就开始流行了，其中很重要的内容是人死后要据其在生时的业行而得到不同的果报，也就是人活着的时候其行为的因果报应，唐代发展为由十王审定在生业行，至今人死时还要供十王，可见其在民间影响之深。南宋志磐著《佛祖统纪》时尚言十王的名字"藏典可考者六，阎罗、五官、平等、泰山、初江、秦广"，然而在四川的安岳有完整的唐末五代时期的十王形象，南宋大足石刻也有同样完整的内容，并配有地狱诸像。绵阳魏城镇北山院宋代摩崖造像中十王的形象与名称均十分清楚地保存了下来，与现代民间流行的死者"过七"习俗中十王名字相同，顺序相似。唐后期，出自成都的千手千眼观音图样传到中原，被竞相模仿。巴蜀地区唐后期摩崖造像中有目前中国最多、最系统的北方毗沙门天王造像，成都明王头上火焰的画法对日本等地的影响也有学者论及，这些都是天府之国对中国佛教发展的重要贡献。

图27　云南剑川石窟远景（雷玉华／摄）

图28　云南剑川石窟中的明王像　大理时期（雷玉华／摄）

　　根据禅宗史，唐代禅宗五祖弘忍将传为达摩留下的传法信袈裟传与了并非其
正式弟子的慧能，从此禅宗分为南、北二宗。武周时期南宗慧能所得传法信袈裟
入皇宫内供养，不久武则天将之赐予四川资州纯德寺智诜禅师，智诜传处寂禅师
（又称"唐和尚"），处寂传成都净众寺无相禅师（又称"金和尚"），无相传
保唐寺无住禅师，进入四川的几代禅师门徒众多，分散各地，无论是否得到传法

信袈裟，都广传佛法。因此，禅宗出自智诜一系的法嗣绵绵不绝，影响深远。直至清初，我们调查中所见古寺或摩崖造像，绝大多数均自称禅宗临济宗禅林，如今成都及周围的大寺如昭觉、宝光、石经、大慈等亦如是。

南诏，是唐代以云南为中心的一个少数民族政权，很早就有佛教传入，1990年在云南巍山垅圩图山古城出土了一批佛像，约二百件，发表的资料中有一件与成都地区发现的南朝梁时期的造像风格无异，属于同一系统之造像。还有多件与四川隋唐造像组合及风格相同，如大耳戴环的佛像，戴大璎珞、胸饰铃铛形饰物的菩萨像等与四川隋代和唐初的造像类似，亦属于同一系统之造像。这是目前云南发现最早、延续时间最长、数量最多的一批佛教造像，而且出土处是一座寺院遗址。同出的还有莲花纹铺地砖、卷草纹滴水、莲花纹瓦当等，与当时中原佛寺同类构件相同。巍山垅圩图山是南诏王龙潜时的耕牧地，即南诏的发源地，这批造像的出土也说明南诏之初其佛教即是汉传系统，至唐代仍然如此。后来，其佛教中出现的最为特殊的阿嵯耶观音，也是他们根据汉地佛教中圣僧僧伽等的形象创造的。汉地系统的佛教影响南诏、大理，四川是一个最重要的地区（图27、图28）。唐时，就有南诏子弟在成都大慈寺学习，唐与南诏有时还因此发生战争，南诏后来改称大礼（公元860年南诏国王世隆改国号为"大礼"，沿用至公元878年。公元937年，邱思平建立大理国）也与唐使请减少其在成都学习子弟的数量有关。唐代，南诏还曾从成都掠去大量工匠子女，有学者认为大理崇圣寺塔的建造者与这些被掠去的工匠有关。成都周边的摩崖造像中保留有大量唐代中后期塔的样式，如成都西边的蒲江飞仙阁和邛崃天宫寺等处均有，现存大理崇圣寺塔的外形的确与四川晚唐的摩崖雕刻中塔的外形非常相似。

四川佛教和图像对敦煌的影响很大，最著名的例子就是敦煌发现的《报父母恩重经》，其署名即为成都大慈寺沙门藏川述，这是四川僧人创造的对中国影响最大的经典，在安岳卧佛院唐代刻经中已有镌刻，大足宝顶宋代石刻以连环故事画形式雕出该经文描述的场面。敦煌壁画中的西方净土变画，与四川石窟晚唐至宋代净土雕刻构图及内容几乎相同，文献中记载晚唐五代成都大慈寺最多的壁画之一就是净土变画，可见晚唐五代四川与河西也有很密切的关系，其根本原因，是两地都曾经以唐代长安、洛阳的佛教经典、佛教艺术为模本，即二者同源。

四川佛教对日本和朝鲜的影响亦有很多例子，前举《大藏经》是最重要的。图像方面的影响更多，成都唐后期大慈寺聚集了大量知名画家，创作了很多新的图样，如带火焰的明王像、大悲观音像等。这些图样不仅影响了中国的佛教绘画和造像，更波及中国周边诸国。慧能一系禅宗在海内外影响很大，得其传法袈裟的金和尚即是朝鲜人，"剑南成都府净泉寺无相禅师，俗姓金，新罗王之族"，传说金和尚还是地藏菩萨的化身，至今在民间还拥有广泛的信众。

总之，自唐代安史之乱时起，至北宋开宝年间雕刻《大藏经》时，四川地区是中国唯一连续不间断开凿佛教石窟和摩崖造像的地区，也是佛教经典保存最完整的区域，聚集了大量来自唐代京城的佛教高僧和艺术家，实际上成了中国的佛教中心。而此时正是中国儒释道在思想上最终完成融合并形成新思想的时期。

两宋风华

两宋时期，涪江流域的安岳县有圆觉洞、卧佛院、华严洞、毗卢洞、高升大佛等，潼南县（现潼南区）有大佛寺，沱江流域有大足北山、宝顶，荣县二佛寺，仁寿冒水村等均有造像，主要集中在合川、大足、安岳、仁寿等四川中、东部及重庆的部分区域。以安岳、大足地区的融合了诸宗的禅宗造像为代表。主要流行方形龛、方形平顶大窟或穹隆顶式大窟、敞顶的大窟或大龛，新出现了圆圈状的月轮形小龛、连环画式浮雕故事画、露天侧身大像等形式。

造像形象发生了很大变化，最明显的特征就是很多菩萨都披上了外衣，变成了典型的女性形象，有的还有头巾。题材内容有各种形式的观音、地藏、地藏十王、西方净土变、圣僧、半身大佛、侧身大佛、与以柳本尊为教主吸纳了诸宗内容的禅宗造像、各种道教造像等，在安岳、大足还有较多的三教合一的造像。巴中的宋代造像不多，龛形仍然是传统的外方内佛帐形龛，但龛形简化，内容主要是观音像。值得重视的是，在安岳、大足、仁寿等川中与川东区域，北宋时期开始出现大量的半身佛像、侧身佛像，还完成了于唐代开工而未完工的多尊大佛像。

南宋末期，四川由抗金、抗元的大后方，直接成了前线，人口锐减，造像渐衰。在长达半个多世纪的抗元战争中，大量寺院被废弃，造像几乎绝迹。

元代的四川人口稀少，原来的开窟造像传统似乎早已被遗忘。目前仅在巴中、合川发现有几个小龛，均是摩崖龛像，保存状况不是很好。佛像形象受到了藏传佛教的影响，造像内容主要有观音、净土造像等。

明代中后期，四川佛教渐渐有所恢复，开始新建寺院，也时有摩崖造像和石窟寺开凿，与唐宋传统相比，已发生了很大变化，唐代传统无存。明代中后期至清代，以上各个区域都有零星的造像，川北的巴中，川西的大邑，川中的资阳，川南的泸州、叙永等都有相对集中的开凿，实际分布地点和数量要多得多。摩崖造像与洞窟均有。川南的泸州玉蟾山明、清造像除均保存了前期的方形、圆拱形等龛形特点外，还保存了川东区域宋代以来流行的月轮形小龛的特征，题材有宋代即流行于此区域的侧身佛、十八罗汉、千手观音等。千手观音为立像，十八罗汉多配有山岩座。叙永造像，除了具有以上特征外，还多了一些民间俗神的内容。川西明代成规模的造像以大邑药师岩为代表，主要是圆拱形龛和不规则形龛，龛形简单，多无装饰；造像内容有十菩萨（即《华严经》中的"十地菩萨"）、大肚弥勒、释迦与文殊普贤三尊、南海观音、千手观音、中土的圣僧等，以大肚弥勒像最多。

明代寺院中有较多壁画保存下来，剑阁觉苑寺、新津观音寺、蓬溪宝梵寺、新繁龙藏寺、邛崃磐陀寺、平武报恩寺……，不胜枚举，它们以元、明以来创造的沥粉堆金技法，创造出丰富多彩的佛像或佛教故事画。剑阁觉苑寺的佛传壁画讲述佛祖释迦牟尼的佛传故事，新津观音寺巨幅观音画像堪称镇寺之瑰宝。很多时候三教众神集于一处，和谐圆融，但再也没能恢复到宋代以前的状态。清代造像则多数世俗化明显，很难有成规模的佛教、道教造像。明代与清代石窟与摩崖造像中均有藏传佛教的祖师像。

总的说来，各期造像中，从造像题材到造像组合都不同程度地受到当时政治形势和皇帝个人爱好的影响。宋代以后，全世界的大规模开窟造像活动就基本结束了。元、明、清时期的开窟造像活动，只能算是尾声之后的余响了。

第二章

中华各民族共同创造:

和合共生,香满山谷

晚唐以降，北方大规模开窟造像活动渐渐衰息，而巴蜀大地上的开窟造像活动则进入一个繁盛时期，书写了我国晚期石窟史上最辉煌的篇章。

宋代，佛教造像活动主要集中在四川（包括重庆的大足），成为凝固在崖壁上的生动的大宋图像志，仿佛一部石刻的《梦粱录》，讲述着宋时的风华。

这个时期的佛教，早已完成了中国化的进程。造像显示，人物造型不管是佛还是菩萨，其衣服、相貌都是写实的中国人特征，已经从充满异域色彩的夸张和想象的神佛世界转化为完全世俗化、民间化的形式和形象。

教理方面，禅宗、净土、华严早已没了界线，尤其是巴蜀本土发展起来的被误认为是"密教"造像的禅宗造像，融会诸宗教理，其中尤以大足、安岳地区以南宋赵智凤为代表主持开凿的造像最有特色，被称为"四川密教造像"，当中随处可见的"六代祖师传密印"等刻铭，即显示出其禅宗的本质。另一方面，华夏世界的核心观念——忠义、孝道的内容也渗入了石窟造像活动当中，所谓"三千条律令，不孝罪为先"，本是中国儒家伦理的思想精髓之一，这时已经化为中国本土佛教的一种基本观念，体现在安岳卧佛院佛教刻经《佛说报父母恩重经》《大方便佛报恩经》当中，这也是大足宝顶山大佛湾佛教道场化造像表现的重要主题之一，并将经文作为赞语刻写于造像旁。

宋时，石窟造像艺术活动主要集中在巴蜀地区，而其精粹则集中在安岳、大足两地。安岳境内石窟造像以圆觉洞、毗卢洞、茗山寺等为代表，大足境内以宝顶山、北山、南山、石门山、石篆山等为代表，共同写就了宋代石窟艺术的华美篇章，是世界石窟艺术链条上最后也最为辉煌的一环。

　　站在佛教石窟造像史的宏大视角，整个石窟造像活动从印度进入中亚，而后进入我国新疆地区，然后沿河西走廊进入北部中国，最后经过古蜀道进入巴蜀大地。这不仅是一部石刻艺术的变迁史，更是一部石刻的佛教变迁史、传播史。从佛教中国化的进程来看，宋时的巴蜀地区石窟造像不仅是佛教石窟艺术最后、最为精美的篇章，也是佛教完全完成中国化后的石刻图像志、更是宋时人间生活的石刻图像志、宋时人们灵性世界凝固在石头上的心灵图像志。出世苦修的佛教，最终转化成了对人世生活的关怀和对现实生活的礼赞。

　　现在，让我们一起翻开宋代石刻艺术的华美篇章吧！

安岳石刻

　　安岳县，位于四川盆地东部丘陵地区，全县面积2700平方千米，辖69个乡镇（2020年底区乡调整为46个），2020年总人口150万人，是全国人口最多的县之一。因大量种植柠檬，号称"中国柠檬之乡"，当然也是举世闻名的石刻之乡。安岳县古属普州，因治所在铁峰山上，取"安居于山岳之上"之意而得名。北周建德四年（575）已有建制，州、县同治城中。

　　根据2009年第三次文物普查资料，安岳县境内有较高文物价值的文物点239处，其中重点文物保护单位10处，省、市、县级文物保护单位48处，绝大部分是石窟与摩崖造像，有各类造像数万尊。安岳的石窟及石刻以圆觉洞、毗卢洞、茗山寺等处最具代表性。

　　石刻造像遍布安岳县各乡村，且与寺庙分布紧密相关，是安岳民间历代佛事活动极盛的生动反映。几乎村村有礼佛的活动场所，许多村庙每月甚至有三个斋日。每逢佛事，这些佛教造像所在的地方是信众们的必到之处。宗教场所成了极其重要的公共活动空间，宗教活动本身已经变成了极为重要的公共社交活动，甚至是贸易交易活动。20多年前，笔者在当地做佛教造像调查时还常常遇到乡村举办佛事活动。

　　今天的安岳是成都至重庆、南充到宜宾的快速交通交会点，境内有内遂、成安渝、成资渝高速公路，国道319线、省道206线，交通便捷。然而过去几年，位于四川

天下蜀刻 石上大宋

中部丘陵地区的安岳，远离政治、经济文化中心，没有国家级交通主干道通过，只有小江、小河、山间小路连通各地，交通极为不便。交通条件的改善也仅仅是最近十多年的事。

2000年3月我们第一次在安岳开展石刻调查工作的时候，通往茗山寺的路上还常常见到骡马运输，我们也只能通过田间小道步行前往茗山寺。走在田埂上，两侧绿草葱茏，东一块、西一块金黄的菜花田镶在田野中间，倒映在高高低低的水田里，偶然一树、两树桃花跳出，而后忽然一座山头出现在眼前，庄严神圣的佛国图像隐现崖壁间，满身的尘俗之气尽去，顿时心生欢愉。站在宁静的山野之间，仿佛还能听到当年开凿石窟造像的叮当声，一声一声在虔诚的信念中造像不断露出形貌的惊喜，以及完成造像之后热闹的庆祝场景，仿佛还能听到虔诚的祷告和悦耳的梵诵，饱含无数的喜悦与忧愁、快乐与苦痛等人世情思。那经过岁月打磨，不再光鲜，沾满岁月的纹路、留下沧桑印记的一尊尊造像，那些经过时间磨砺留下的斑驳残迹，热闹的气息已经隐去，但是凭吊的情怀历久弥新。这就是我们日常田野工作辛劳之余，无限美好的滋养。

安岳的石窟及石刻大多是这样，散落于山野乡村，安处于这种宁静而美好的环境中，孤守山野，仿佛隐逸高士，独自参悟人世的秘密，有没有人造访，它们都在那里。

圆觉洞

　　圆觉洞，位于安岳县城南边的云居山上，离县城约2千米的距离，因南宋时期开凿的第9号洞窟内雕刻有12尊圆觉菩萨像而得名。2006年，被列为国务院公布的全国重点文物保护单位。

　　云居山，海拔350米，就像一座高高的背屏庇护着安岳这座小小的县城。山脚下原来有座孔庙，如今仅存标志性的"万仞宫墙"了（图29）。从"万仞宫墙"

图29　四川安岳县城的孔庙（周永强／摄）

图30　四川安岳圆觉洞收藏的石香案（周永强／摄）

旁边沿着陡峭的山路拾级而上，便可以登临位于山腰的圆觉洞山门了，当然也可以乘车绕道直接到达游客中心。山门前，是安岳至内江的老公路，安岳曾归内江市管辖，所以这条公路也算是进出安岳县城的大道。山门原来在山腰西侧安岳至内江的公路旁，2012年创建国家AAAA级旅游景区时，在山门的北侧修建了配套设施，我们今天看到的石刻广场、游客中心、牌坊、石刻墙、停车场，以及通往山顶的石梯步道等，都是配套设施之一。当然，原来山门处的石梯步道仍然可以上山，只是道路狭窄了许多，不过也更幽静，有一种深邃的时光感，两条路在快到山顶前的一处古建筑后面会合。

　　这座古建筑现在是一座过殿，里面是关于安岳石刻的图片展，还陈设有一张雕刻得特别漂亮的大香案。这座过殿和这张大香案值得专门介绍一下（图30）。

　　这座过殿大有来头，原本是一座明代寺院的大雄宝殿，也就是正殿，位于距圆觉洞约25千米的岳溪乡教钟村，寺名"教钟寺"。教钟寺始建于唐代贞观时期

（627—649），明清两代有过多次重建和维修。三十多年前，因为建设需要，将保存完好的教钟寺大雄宝殿整体搬迁到了这里，以便更好地保护利用。这座有近500年历史的大殿，如今已经是圆觉洞的一部分了。大殿以条石砌成素面台基，穿斗式木结构，单檐歇山式屋顶，屋面铺小青瓦。面阔四柱三间，宽12.25米，进深11.45米，通脊高7.7米，建筑面积140.2平方米，是川东现存最完整的明代穿斗式木结构古寺庙建筑之一。

殿内陈列着的大香案则另有渊源。这种石案，当地人称"拜台"，是清代较大型的墓葬前祭祀用的香案，原本位于40多千米外的周礼区永丰乡（现在的南薰镇永丰村）的一处山间，因为是地面可移动文物，又如此精美，放在野外存在安全隐患，所以1991年安岳县文物管理所的同志们将它搬到了这里进行保护。

这一石案虽然不属于石窟造像内容，但是作为一件极具地方特色的石刻艺术品，值得专门介绍。石案雕刻于清代乾隆年间，采用的是一种从唐代以来就流行于四川的多层镂空深雕工艺。石案正面，从外到内雕刻了三层——最外一层是浅浮雕，中间一层为深浮雕，里边一层为镂空圆雕。特别是里面这层镂空圆雕，最能体现匠师精湛的技艺，由于如今这种多层镂雕大型石刻技法在"石刻之乡"的安岳也已经失传，所以这张香案尤其珍贵。香案正面表层雕刻的内容有两部分——上部分是戏剧舞台上的打斗场面，右边是三英战吕布；下部分是二龙戏珠，翻动于祥云间的龙身若隐若现，展示出安岳民间无名匠人的高超技艺，或许他的祖先就曾经以精湛的手艺雕刻过周围山崖间的那些佛龛。透过表层雕刻，可以看到里面第二层、三层的镂空透雕，这种技法使得表层图像不再只是平面式呈现，而是形成一种立体的空间。

穿过教钟寺大殿，就是云居山主峰了，顶部平面略呈三角形，长边呈东西走向，圆觉洞的石刻造像就分布在山峰一周，主要在南面山坡、东北面的山崖上。东北面，山崖陡峭，以宋代龛像为主；南面，山坡相对平缓，以唐、五代龛像为主。

圆觉洞，很久以前就已经是安岳县的名胜，历经唐、五代、北宋以及明清时期的营建，历代游记、装修题记颇多，现在能识读的有近30条。这些题记是历史长河中各色人等在这里烙下的深深印记，是经过时光磨砺、岁月淘洗留下的人文痕迹，通过它们我们能够更加深入了解远离大都市的云居山。

圆觉洞69号龛的一则题记说，一千多年前的五代时期，圆觉洞所在的这座山叫"灵居山"，那时就是一处名胜之地。早在北宋太平兴国年间（976—984），学者乐史编纂的《太平寰宇记》一书中就有了关于此山的记载。随后，南宋祝穆编撰的《方舆胜览》、清顾祖禹编撰的《读史方舆纪要》等书中，也有关于这座山的记载，山上的寺院据记载叫"千佛院"。

沿着过殿后面的登山步道就到了山崖的西端，之后是绕山峰一周的游观道路。一般从参观者左侧也就是东北面开始游览，然后回到原位下山。20世纪80年代，全国第二次文物普查时，首次对圆觉洞窟龛进行了编号。2002年，北京大学石窟寺考古研究生班的学员们对现存龛像、题刻等进行了核对，重新整理了编号并进行了考古测绘，共编了72个号。教钟寺大殿内的香案是圆觉洞的1号文物，登山步道边一对从别处移来的清代石刻大香炉是第2、3号文物。圆觉洞本身的雕刻编号是从第4号龛开始的。

圆觉洞现存的造像虽然数量不多，却反映了佛教中国化过程中与本土宗教道教，以及传统儒学从对立到融合的历史进程。所以，要看懂这一进程在圆觉洞造像中的表现，得先给大家介绍一下圆觉洞各个年代的主要造像及其内容。

考古工作者通常将圆觉洞现存的造像分为三个阶段——第一阶段，盛唐至晚唐时期；第二阶段，五代至宋代时期；第三阶段，明代、清代及民国时期。在三个阶段中，造像的题材和性质有所变化，石刻图像主题不断演化、形式不断变化，生动形象地表现出这一地方人们曾经的生活状态、梦想和希望、对于世界的认知和想象，也生动地揭示了不同文化、不同宗教之间的冲突、交流与融合的过程，是凝固在石头上的心灵史。

石窟造像、佛教绘画等本身也是一种教义宣说方式，因此开窟造像活动十分重视造像本身与参拜者、游观者之间的关系。雕造龛窟的匠师，在龛窟的安排、造像的形态塑造等方面都会优先考虑参拜者或者游观者的视角，而龛窟之间的安

图31　四川安岳圆觉洞4号摩崖雕刻石塔（雷玉华／摄）

排会遵循一定的规则，以方便参拜者、游观者。

　　顺着圆觉洞的游观线路，我们首先来了解我们的主角——宋代石刻部分，然后再追根溯源，了解这个地方从唐代开始的石刻造像传统。

　　现在，我们来到东北面崖壁，最先看到的是宋代的佛教窟龛，随后看到的是唐代的道教与佛教造像。这些造像、题刻，记录了不同时代多个家庭、无数男男女女的生动故事，他们对生活的热望，他们隐秘的内心世界，还有那一代代的主持僧侣执着的修持事迹。透过崖间的造像与文字，他们若隐若明的身份、漫长人生中的一些片段，似乎跃然眼前，慢慢鲜活起来。

圆觉洞的宋代造像，表现的全部都是佛教内容，据古代地理书籍和山上现存的碑记记载，当时山上的寺院叫作"真相寺"，属于佛教场所。最重要的石刻造像有佛塔、净瓶观音龛、圆觉洞、释迦佛龛、莲花手观音龛。

我们首先看到的是第4号龛，这是一座雕刻在崖壁上的石塔，完全按照砖石修建的佛塔形制进行开凿。是一座四面十三层楼阁式方塔，但它又与常见的砖塔完全不一样。石塔位于石壁上开出的一个平底圆弧形龛中，从塔基、塔身至顶部的相轮，全部是由崖上的岩石雕刻出来的，塔顶有三重相轮，塔的背面与崖壁相连，相轮杆（即塔刹）与龛顶相接，塔通高810厘米，是四川最高的崖壁雕刻佛塔（图31）。

塔基为上窄下宽的梯形。塔身从下至上，第一层，正面及左右侧面各开一个方形小龛，正面小龛中浮雕坐佛像一尊。第二层至第十三层，每层三面各开一个圆拱形小龛，这些都与真实的砖塔无异。最有意思的是，塔龛右壁上有两个残破不全的造像龛，其中编号4—1号的龛可以看出只剩下一半了，另一半在宋代雕刻佛塔时被破坏掉了，从保存下来的这一半还可以分辨出它的龛楣上残存一朵六曲形葵形花瓣，这种装饰纹样也出现在有开元时期造像题记的圆觉洞第71号龛中。龛内残存有造像4尊，右壁从内至外，第一身造像仅存头光；第二身有桃形头光，头虽不存，但可以看到发带垂肩，颈戴项圈，上身穿对襟阔袖长衣，双手拢于袖内，立于圆形仰莲台上，这是典型的唐代道教女真像；第三身是龛口护法力士像，有圆形头光，裸露胸臂，臂绕帛带，裙摆顺左腿外侧呈三角尖状飘起，扭胯扬臂，威武勇猛，与同一时期佛教的护法力士没有区别。据此，考古工作者认定这个小龛是唐代开元时期开凿的道教造像龛。而开凿于开元二十四年（736）的南崖西端的第71号龛，以道教天尊像为主尊，它和东北面崖上这座宋塔旁边的残龛一起，证明了这里在唐代开元时期是道教活动场所。从时代上说，它们也是圆觉洞最早的造像，也就是说这里的造像活动是以道教造像为开端的。

唐代皇室，崇奉道教，认道教始祖李耳为先祖。唐玄宗在位时，更为崇尚道教，道教开窟造像之风盛行一时。正是在这一时期，四川开凿了很多道教造像。四川现存的著名道教造像全都开凿于唐玄宗开元、天宝年间。

云居山东北崖有三尊大像，就是第7、10、14号龛，过去的介绍通常认为它们是一组造像，也就是说是按照规划开凿的。然而，近年的考古调查研究揭示，这三尊像并不是统一规划的工程，开窟的功德主不一样，开凿完成的时间也不同。

第7号龛中立一尊高浮雕菩萨像，这尊菩萨像高6.8米、莲台高0.4米，从体形上看，也应该算是一尊大像了。我们通常将超过普通人正常体形的佛像称为大佛。这尊高浮雕菩萨像，有椭圆形背光和圆形头光，以表现其神性。头戴宝冠，两条发带垂于肩后，镂空雕刻的高高宝冠前部有一尊小佛像立于仰莲台上，说明是观音菩萨像。造像面部细眉长眼，眼角微微向上斜挑，眉间白毫突起，双眼微睁，鼻梁高直，端庄美丽；下颌有一道浅浅的弧线，大耳垂，颈上有三道肉线纹，这是四川民间审美体系里标准的"福相"。在宋代，含蓄内敛的审美取向成为主流，受其影响，这尊观音菩萨像披上了厚厚的袈裟，没有了唐代菩萨像袒胸露腹、张扬外露的"S"形身材，但是长条形耳饰垂至胸前，胸前袈裟内露出繁复的璎珞装饰，裙摆上露出的复杂的珠宝串，垂于两个莲台之间长长的绦带，沉静中流露出的慈悲庄重与富丽之感完全不输唐代造像，更具宋代文雅的气象。造像左手提净瓶，右手执柳枝，这是南北朝以来我国观音菩萨像的标准手势，但是这尊像双脚各踏一朵莲台，与唐代及以前的菩萨像双脚踏在一朵莲台上略有不同。而执柳枝的右手残损，不知何时有人用木头接上了（图32、图33）。

观音大像的左右壁各浮雕三组造像，从上至下分别为飞天、供养菩萨、供养人。右壁，上部所刻的飞天横卧于如意云头上，上身微微直起，帔帛在头上方呈圆环状飘起，双手托钵，钵中盛两枝花朵。中部浮雕一尊长眉老者形象，头后绕帔帛，单腿跪于涡状云头上，双手合十，抬头仰望着观音。这是善财像，善财因为向53位善知识学习，在宋代以来的各种佛教艺术题材中经常出现（图34）。下

图32　四川安岳圆觉洞7号龛菩萨立像（雷玉华／摄）

图33　四川安岳圆觉洞7号菩萨像局部（雷玉华／摄）

图34　四川安岳圆觉洞7号龛善财童子（雷玉华／摄）

部浅龛中的浮雕是4位供养人，也就是出钱造这龛像的人，他们是当地人孙氏一家——从龛口至龛后壁，第一身像是这家的主人，雕刻的是一个和尚的形象，双手执香炉，头上方内侧所刻榜题显示，他原来是州都孔目官，任职满限后就出家了，并在绍兴二十三年（1153）九月二十二日完成了这龛造像。中间是他的大儿

图35　四川安岳圆觉洞7号龛供养人（雷玉华／摄）

子孙衍、二儿子孙衡，最外面的妇人像是黄氏小寿娘，应该是他们当中某位的妻子，他们所有人的生辰也都刻在名字后面（图35）。

左壁，上部所刻的飞天，俯卧于云头上，臂绕帔帛，侧视着观音大像，双手前伸托盘，盘内装着宝山（图36）。中部圆形浅龛中，是龙女的造像，帔帛在头

图36· 四川安岳圆觉洞7号毗沙天（童宝华／摄）

图37　四川安岳圆觉洞7号龛中的龙女像（雷玉华／摄）

后呈圆环状飞起，赤脚作行走状，双手拱于胸前（图37）。下部的浮雕，是三位供养人，最里面那身未完工，仅刻出轮廓；中间者着宽袖交领长袍，是个男子像；最外面者穿合领对襟窄袖褙子，衣摆长至脚背，是一身女像；第二、三身供养人之间雕刻一只仙鹤，仙鹤昂首，右爪踩在半球状莲台上，左爪踩在第二身供养像的脚上，尖嘴上托起长方形榜题框，框内刻铭文3行，但是大多不可识读了，不知道他们与右壁的供养人是什么关系，按唐宋以来佛龛中雕造供养人的习惯，他们应当是一家人。

第9号窟，又称"圆觉洞"，是一个长方形平顶大窟，窟口有现代修建的窟檐。洞窟外左侧崖壁上，是造像题记——《普州真相寺新建圆觉洞记》（编号8）。进窟之前，我们先看看这篇长长的题记。

文中讲，南宋庆元四年（1198）中秋日这一天，这篇题记由元士冯俵撰写，书写者名叫景一。"元士"，即低级官吏。这篇文章，记述了真相寺住持开凿圆觉洞的缘由和时间，并对"圆觉"一词进行了阐释。过去，人们大多根据清代《安岳县志》的记载，认为这个洞窟是北宋庆历四年

（1044）开凿的，2002年北京大学李崇峰教授带领石窟寺考古研究生班的同学们经调查研究认为，这则造像铭文中的年号是南宋庆元四年，即此洞完成于1198年，也就是说，圆觉洞开凿的时间正是大足宝顶山大佛湾工程进行之时，这也就说明了安岳、大足宋代造像活动之间的内在联系，二者是一个统一的整体。

窟内三壁起坛造像。正壁，坛上三尊造像分别结跏趺坐于四层仰莲圆台上，分别是毗卢遮那佛、文殊菩萨、普贤菩萨，左右壁坛上各雕造六尊菩萨像结跏趺坐于高座上，合为十二圆觉菩萨。造像是以《大方广圆觉修多罗了义经》也就是《圆觉经》的内容为依据，此经经唐代华严宗五祖圭峰宗密提倡而开始流行，主要讲的是释迦牟尼佛回答文殊菩萨、普贤菩萨、普眼菩萨、金刚藏菩萨、弥勒菩萨、清净慧菩萨、威德自在菩萨、辨音菩萨、净诸业障菩萨、普觉菩萨、圆觉菩萨和贤善首菩萨等十二位大菩萨关于修菩萨道的问题。

按照佛教的说法，"圆觉"就是圆满、无漏的觉醒、觉悟之意。也就是说，《圆觉经》所讲的佛法，是一切佛法的总纲、总法，任何的觉悟法门都能在此经中找到影子，经中有十二位菩萨向佛请教佛法，并不是代表佛只讲了十二种佛法，而是说佛从十二个方面来讲佛法。

洞内左壁，上方有一则题记，虽然时间久远漫漶模糊，功德主的名字已经看不清楚了，但是撰写、刻写题记者的名字还很清晰，撰写者的身份为"知安岳县事"，即安岳县的县官，他是从湖北来安岳做官的，故自称"楚人"，叫颜公辅，刻这则题记的石匠叫杨文□。

进入洞内，左壁中部有一则题记，是一个叫周显达的人撰写的，讲述的是"王运□"和"周显□"两个人承头，在"巉岩千尺，俯视城郭"的云居山上圆觉洞内装彩佛像，他们花了约"贰拾余金"，在某年的仲秋时节完成了装彩工作。

大足宝顶山大佛湾、安岳卧佛院也有同样内容的雕刻。大足宝顶山大佛湾的这个题材的造像雕刻更精美、情节也更丰富，甚至还雕刻了一尊正在佛前跪坐的大菩萨像，似在请示问题。安岳卧佛院也有同样题材的造像，没有雕刻在洞窟中，而是以连环画的形式在崖壁上铺展开来。

圆觉洞的这十二尊圆觉菩萨相比而言，表现形式最简单，然而却是唯一一处有准确开凿年代的龛窟，并且在题刻中讲述了以"圆觉"为名的缘由，其思想和学术价值是不言而喻的。

第10号龛，是圆觉洞造像的中心，龛外上方两条人字形沟槽，说明它原来是有龛前建筑的，两侧对称的孔洞，是古代木结构龛檐或楼阁留下的痕迹。龛内，造立佛像一尊，像与座通高5.24米，像高4.6米。佛像有火焰纹桃形头光和椭圆形身光，头光与身光上浮雕花卉。这尊佛像有细密的螺发，肉髻呈圆形凸起，发髻正中有宝珠，眉间有圆形白毫，眉骨突出，面形丰满，微微向右侧身，庄严而不失美丽；右手举于胸前，拇指、食指与中指作拈花状，因此这尊造像表现的是禅宗著名的"拈花微笑"故事。左右壁上部各浮雕一身飞天，帛带与裙摆飞扬，翩飞于云彩中。右侧壁飞天双手托盘，盘中置莲花。左壁飞天，右手持莲蕾，左手托盘，盘中置莲花。佛像两侧，数朵鲜花飘舞于空中，显示出佛国的祥和与美妙（图38、图39、图40、图41、图42）。

右壁，高浮雕一位长眉老僧像，仰面朝佛，双手合十，表现出十分虔诚的神态（图43）。这种一佛侧身垂视旁侧仰面僧人的构图，从此在川渝两地流行，主要集中于安岳、大足、仁寿、资中、内江等四川中东部地区。左壁，一男一女二位供养人恭敬地侍立于龛口，是他们出钱雕造了这个佛龛。

正壁右侧有两条阴刻题记：一则是普州的两个官员供养佛像的记录；另一则是一个叫徐耕的信徒，带领他儿子徐尚坤，妻姚氏，孙徐进先、徐贵先等装修这尊佛像的记录，住持僧正浦帮助他们记录了这件事。住持僧正浦前冠以"禅戒"二字，禅戒指禅宗的一种戒法，说明此时真相寺是一座禅宗寺院。

第12号龛，上方题刻"金峰长老真身宝龛"，即是安置金峰长老真身之所，正壁之浅龛，或许为藏纳骨灰之处。这则题记提醒我们，我们通常所见的所谓"空龛"，很有可能就是僧人的藏骨之所，也就是僧人的墓葬。金峰长老，是活跃在五代时期的一位禅宗高僧，是灵居寺的开山祖师，也就是说应该是他把圆觉洞这个地方从道教场所改变为佛教寺院。右侧坛上，立有后人移入的石碑一通，由周显邰撰文，僧人能清书写，袁信奎刻字，记录了清光绪四年（1878）秋天，真相寺住持僧人昌寿带领他的徒弟隆江、能清、仁静一起捐银三十两，并引领其他人捐资，"寻苔封之胜迹""鸠工葺补"，对山上佛像进行装修，达到"换金身之佛相，宝塔增辉"的效果。说明直到清代，这里的佛事活动一直持续不断。

第13号龛，龛内造三头六臂明王像，六臂缠绕黑蛇，根据造像题记，可知其雕造时间为明德四年（937），也就是五代时期，是由僧令琯敬造的佛教护法神揭谛明王。这种明王造像又见于四川眉山广济水库大佛寺岩。

第14号龛，为平面呈长方形的拱形顶龛，龛内雕造侧身持莲观音像一尊。观音像高5.25米，头戴双层镂空蔓草宝珠纹宝冠，高高的宝冠前部刻小坐佛一尊，冠带垂至肩上。眉间有白毫，面相丰腴，鼻梁高直，耳饰垂到胸前，项饰上缀满宝珠璎珞。厚厚的衣裙下露出了复杂的璎珞，虽然披着袈裟，却处处透着华美与富丽。双手轻轻交叠于腹前，右手持长茎莲蕾，左手抚右手上，微微侧身向左，赤足立于二莲台上。就连莲座也异常华丽，分三层雕刻，上层为三层莲瓣，中层为如意云纹，下层为座基，座基上阴刻弧形线纹。虽同为观音像，却与7号龛中的观音形貌很不相同（图43、图44、图45、图46）。

正壁右侧，原立有大观二年（1108）《普州真相院石观音像记》碑。碑记中说，这尊观音像是本州信善杨正卿为了还祖上旧愿，率领阖家大小一共四代人随喜建造。碑中记录这尊观音像的功德主有：杨正卿、同寿邹氏、故父元善、母马氏、故叔父元爱、故叔母胡氏等一大家子两代人，并在佛像的两侧刻出了他们的形象，可以说是他们一家人的肖像。右壁的四身供养人像，从外向内第一身女供养人像，穿短襦，着百褶长裙，上方刻"母马氏"，即杨正卿的母亲，右上方刻"□安保"，可能是她的孙子或其他后代的名字。第二身，男供养人像，着圆领长袍，腰束带，双手持笏板，头部正上方刻"功德主杨正卿"，他是一家之主，右上方刻"孙小男道乞"，是杨正卿的孙子；第三身，女供养人像，着立领窄袖背子，双手袖于胸前捧带，长裙，头上方刻"与同寿邹氏"，这是杨正卿的妻子；第四身，男供养人像，着圆领袍，头上方刻"男杨"，是杨正卿的儿子。

天下蜀刻
石上大宋

图38　四川安岳圆觉洞10号龛全景（雷玉华／摄）

图39 四川安岳圆觉洞10号龛局部（雷玉华／摄）

图40 四川安岳圆觉洞10号龛莲座（袁蓉荪／摄）

图41　四川安岳圆觉洞10号龛左侧飞天（雷玉华／摄）

图42　四川安岳圆觉洞10号龛右侧飞天（雷玉华／摄）

图43　四川安岳圆觉洞10号龛供养弟子像
（雷玉华／摄）

龛内左壁前部雕造"龙女献宝"，龙女面朝主尊，双手捧盘，盘中盛满宝币，头部右上方题刻"献宝龙女"。左壁后部坛上，向崖壁内开一个梯形龛，龛内立男女供养人像各一身，女供养人像位于靠近后壁一侧，束云髻，面相丰腴，细眼长眉，上身穿对襟短襦，内衣下露出百褶长裙，两手袖中捧物，左上方刻"胡氏"，这是杨正卿的叔母。男供养人像头戴巾，面部圆润，有胡须，着圆领长袍，腰束带，脚穿鞋，双手持长柄香炉，头右侧阴刻"元爱"，他是杨正卿的叔父。

　　龛像完成后，于1108年春二月刻写了碑记，记述从元符己卯时开始（1099），至大观丁亥时完工（1107），整个工程历时8年才完成，完工后还设了水陆斋会，并"开四部大经，饭合廊僧道，崇赞佛乘，远酬祖意"，就是说为了还祖上的愿，造了这尊大观音像，此外，还开了大斋会，请全廊的僧人吃饭，念了四部大经，以赞扬佛法。可以想见，这在当时的安岳定是一件盛事。看一下碑铭开头这几位参与杨家这项功德的人员头衔，就明白为什么杨家有这么大的派头了。

　　撰写这篇碑文的人名叫冯世雄，他的头衔很长，"奉议郎、通判汉州军州管句学事、兼管内劝农事借绯冯世雄"；参与此功德的还有冯□□、孙铭□等人，他们也都有长长的头衔，分别是"承议郎、新就差监成都府事买院、兼同监商税务、武骑尉冯□□；承议郎、知资州军州管句学事、兼内劝农事飞骑尉借紫孙铭□"，能有在汉州、成都、资州等各地做官的人参与杨家的这项崇敬佛教活动，想必杨家在这座小县城的地位也是非同一般。

　　右壁的第二身像与第三身像之间有另一杨姓人家的装彩题刻，记录的是一位名叫杨景华的佛教信徒与他妻子陈氏、儿子杨有无、儿媳唐氏，以及杨景荣等兄弟子侄一大家人，从重庆迁居安岳县东街居住后，为祈求平安装修佛像的事迹。

　　云居山东北面崖壁的宋代大型龛窟造像基本上都有详细的题记，这些题记告诉我们，开窟造像活动的主导者有寺庙住持僧人、信众供养人、各色资助者，参与者包括当政的各级官员、退休官员、信众、僧侣等各阶层人员，一方面说明宋代佛教信徒众多、阶层分布广泛，佛教观念和仪轨已经融入各阶层人们当中，成为当地人们生活习俗的一部分；另一方面，开窟造像，特别是开凿大型窟像，耗

图44　四川安岳圆觉洞14号龛全景（雷玉华／摄）

图45　四川安岳圆觉洞14号龛飞天　　　　图46　四川安岳圆觉洞14号龛莲座
（袁蓉苏／摄）　　　　　　　　　　　　（雷玉华／摄）

资巨大，合家族之力为之，说明当时四川经济繁荣、人民富足。

　　然后是南面崖壁，圆觉洞石刻造像最早就是从南面崖壁开始的。龛像分上下两层开凿，15—24号、58—68号位于上层，其余位于下层。在这里，首先看到的是宋代以后的遗迹，明代的题刻——"龟鹤"二字，然后是15、18、19号题刻，20号石龟。另外，南崖部分造像上留有以白色和黑色为主的装彩，说明民国时期仍有装彩活动。

　　圆觉洞五代时期的造像，除了北崖的11、12、13号龛外，其余均分布在南崖，主要有21、22、23、26、33、34、35、37、40、43、47、56、58、59、60、62、63、65、67、69号等龛。其中有明确纪年的龛有22号（天汉元年，917年）、69号（武成二年，909年）、58号龛（广政四年，941年）等。五代时期，是圆觉洞造像最兴盛的时期，窟龛造像数量多，造像内容非常丰富，造像题材主要有大悲观音、白衣观音、一佛二弟子二菩萨和十六罗汉、地藏菩萨与地狱十王、西方三圣、毗沙门天王、三

图47　四川安岳圆觉洞14号龛的供养人杨元爱与妻子胡氏（雷玉华／摄）

世佛、佛道合龛、揭谛明王等。其中，最具特色的造像题材是大悲观音、十六罗汉、地藏菩萨与地狱十王三种题材，各有多龛；三教合一造像龛、佛道合龛造像，则是四川摩崖造像的特色。

据宋代王象之记载，这里五代时期称"千佛院"，是一处佛教活动场所，龛像以佛教内容题材为主，也有三教融合的造像，充分说明，此时佛教不仅已完成了中国化，而且早就已经与中国的儒教、道教一样融入百姓的生活习俗当中了。

第21、26、37号龛内，均系大悲观音造像，全部位于南坡东段。大悲观音像，也就是我们常说的千手观音。

第21号龛，龛内正壁造大悲观音坐像一尊，身后有尖拱形火焰纹身光。头戴高宝冠，戴璎珞、腕钏，帔帛自双肩环绕双臂，下着长裙，倚坐于莲台上，双足各踏一个小莲座，小莲座下部浮雕缠枝莲茎。原有42只手臂，多已残，现存二十余只保存稍好。前面八只手或扶冠、或合十于胸前、或捧钵、或持如意宝珠和念珠，其余手臂均雕于身体两侧，呈扇状展开，两侧展开的手上握宝珠、执羂索、持盾等各种法器。这是晚唐至五代四川典型的千手观音造型，据传这种图像诞生于四川成都，后来才流行至各地。

观音像两侧还有一些小像，很难确定身份。很有意思的是，于敦煌藏经洞发现的文物中，有一件创作于五代时期天福八年（943）的大悲观音绢画，与21号龛是同一主题。考古工作者将21号龛中雕刻的像与这幅大悲观音绢画进行比对，根据绢画上的人物榜题，弄清楚了圆觉洞21号龛大悲观音造像中的人物身份和组合关系：

居中倚坐的大悲观音两侧有六尊小像，分别是贫者和饿鬼，二尊胡跪（胡，古代指北方少数民族，单腿跪被称为"胡跪"）供养菩萨（分别为日藏菩萨、月藏菩萨），一年老者为婆薮仙，一带头光的妇人为大辩才天女。

观音座左侧有三尊较矮的小像，靠内的这尊像头戴幞头，着圆领窄袖袍，双膝跪地，仰面朝向主尊，双手捧一长条形口袋，嘴咬住口袋一边，作乞讨接物状，这是贫者像；在卧佛院的千手观音造像旁我们可以看到观音向贫者的口袋中撒下铜钱，这里表达的也应该是同样的意思。中间的妇人造像穿对襟窄袖襦，长裙，面朝主尊，双手合十，胡跪于方形座上，这是日藏菩萨。外侧穿交领袈裟，长髯垂至胸前，弓腰，仰面朝向主尊的老人为婆薮仙。

观音座右侧最里面的一尊像，袒上身，下着犊鼻裤，肋骨毕现，胡跪于方座上，抬头仰望主尊，手中持碗，这是饿鬼形象，正在乞求观音赐予甘露。饿鬼身后，着世俗妇女装的是月藏菩萨。外侧一尊像是大辩才天女，有圆形头光，头上发髻蓬松、高大，面部丰腴，身躯丰满，穿阔袖长袍，着长裙。

正壁左右角上各雕一朵祥云，云中各有五尊小坐佛像，合为十方佛。

第26号龛，龛内造大悲观音像倚坐于长方形束腰座上，一头四十二臂，头戴忍冬纹花蔓冠，冠顶上有一尊小佛像。身体前方有四对手臂，分别扶冠顶佛像、胸前合十、结弥陀定印、执宝珠与念珠。其余手臂呈扇状分布于身体两侧，左右各十七只，手中执莲蕾、羂索、盾、大印、化佛等法器或宝物。

观音座两侧分别雕出贫者和饿鬼，手托莲花、足踏二地鬼者应为密迹金刚和大神金刚，须弥座两侧分别雕出戴盔着甲的四大天王；另两身面目狰狞、头发倒竖，位于须弥座两侧者是托座之力士，也是护法力士。

第37号龛，右侧壁面上有墨书题记"大悲观音菩萨"。

第22号龛，在圆觉洞算是大型龛了。此龛由前室和主室两部分组成，这是前蜀天汉元年（917）一个叫赵义和的人及他带领下的民间佛教组织共同雕琢的，造像内容为三世佛、白衣观音、七佛等。同一龛中雕刻的内容多，要求也多，题刻显示，他们既希望借造像的功德让过世的先人们往生净土，又希望参与造像的人家人平安，做生意能挣得盆满钵满。

前室左右壁各开一个尖拱形小浅龛，龛内各造一尊菩萨像。主室左侧龛口外立面有题记："敬镌造救苦白衣观音记"，说明左侧龛中菩萨是白衣观音像，由赵义和与他当下级军官的儿子等一起出钱雕造，目的是祈求平安，远离苦难。

前室右侧后壁（即主室右侧龛口的外立面）上造七尊佛像，七佛分别结跏趺坐于有长茎的莲座上。这龛的功德主是一个叫孙韬邺的人，右侧壁面转角处有他刻的供养七佛题记。

主室内正壁坛上造三尊佛像，这是三佛题材，两侧壁造胁侍二弟子二菩萨像。正壁三尊佛像均结跏趺坐于长茎仰莲座上。左壁弟子是老者形象，有圆形头光，眉骨隆起，深目，颈部筋骨突起；右壁弟子是年轻人形象。一老一少的弟子像组合是四川摩崖造像从北朝以来就流行的组合。右壁龛口壁面上有阴刻题记一则，讲述了前蜀天汉元年（917），当地民间佛教组织"邑社"中的社户们，在负责人赵义和带领下开凿并装彩三世佛的活动。参与的人有寺院住持僧人体儒，负责材料的人是勾从本，还有几家社户。

　　第23号龛，这是一龛安岳特色的佛道合一造像龛，大致开凿于前蜀天汉元年（917）前后。该龛分前、后室两部分，前室为一条狭窄的前廊，后室比较宽大，前后室之间有浅浅的甬道。后室三壁各分三层雕造。

　　正壁，主尊有桃形头光，戴束发莲花冠，着对襟阔袖大袍，结跏趺坐于台座上。两侧造像分三层；胁侍二真人、二女冠像位于最下层，真人头戴束发莲花冠，着双重交领袍，立莲座上；女冠戴莲花冠，发带、发辫垂于双肩上，戴项圈、璎珞，着裙，立于莲台上。中层造像，位于主尊与胁侍头光之间，左右各三身，均为浮雕半身护法像；右侧三身护法像是佛教天龙八部中的迦楼罗、夜叉、乾达婆。壁面最上方，造七尊小像，错落有致，大小不等，坐于壁面下方造像之间伸出的小莲花座上，莲花座表面有软垫状物。整个壁面以戴莲花冠的道教像为主尊，胁侍女冠、真人，及护法神像。

　　左壁下层，造像主尊是道教的老君及四胁侍像。老君像，高浮雕，有双层头光，戴束发莲花冠，有三缕长须，穿对襟阔袖道袍，手执扇，结跏趺坐于长方形高座上。左壁中层，四身像位于主尊头光两侧，左右各二身，均为有高发髻的半身像。左壁上层，错落有致分布着五身道像，均着对襟阔袖长袍，结跏趺坐于莲台上。

　　右壁下层，造五尊像，主尊释迦牟尼佛居中，两侧造二弟子二菩萨胁侍。佛有桃形头光，披袈裟，双手于腹前捧钵，结跏趺坐于束腰长方形高座上。一老一少两弟子侍立左右。二菩萨高发髻，戴冠，串珠式璎珞在胸腹间穿环后分两条垂至双膝处，绕向体侧，赤脚立于莲座上，一尊执柳枝，一尊执吉祥草。右壁中层，造三尊半身像，是佛教护法神天龙八部中的三尊，其中一尊颈上缠一条蛇，为佛教天龙八部中的大蟒神，最外侧一身戴虎头帽，应是兽王。上层，造四身像，外侧两身为供养菩萨坐像。甬道两侧壁相对雕文殊、普贤菩萨像。龛中还有供养菩萨、飞天、男女供养人等多种形象。

然后是数量最多的十六罗汉题材造像。第33、39、40、63、69号等五龛均为十六罗汉题材，其中纪年龛为69号龛（武成二年，909年）。五龛皆为矩形敞口龛，造像排列组合基本一致，居中雕一佛二弟子二菩萨像，两侧分两层雕十六罗汉像。其中33、39、69号为释迦、骑狮文殊、骑象普贤和十六罗汉组合，40、63号龛为阿弥陀佛、观世音、大势至菩萨和十六罗汉组合。通过40号龛榜题，可知十六罗汉在龛内的排列顺序是：上层雕第一尊者至第八尊者，下层雕第九尊者至第十六尊者，从龛内左侧壁开始至正壁再到右侧壁结束。在罗汉像下方均雕有净水瓶、人物等内容，其中第六尊者跋陀罗座前雕出龙（33号、40号龛），第十四尊者伐那婆斯（33号龛）、十五尊者阿氏多身侧雕卧兽（虎？）（39号、40号龛），第七尊者迦理迦手中持扇。

杭州西湖烟霞洞中有一尊雕刻于五代时期的罗汉像侧也刻了一只老虎，由此可知，五代四川安岳圆觉洞、杭州西湖烟霞洞造像是后世民间所谓之降龙、伏虎罗汉的原型。近年，重庆江津石佛寺也发现了罗汉旁有老虎的摩崖造像。

第33号龛是一个矩形敞口龛，龛内三壁造像均分上下层。龛内正壁上部正中造一佛二弟子二菩萨五尊像，两侧各分两层造十六罗汉像，正壁中间下部为一方碑，碑上刻"佛顶尊胜陀罗尼经"，碑文多风化，残存30行，可以看出，除了经名外，主要是咒语。

第39号龛，横长方形大龛，龛内正壁中部雕出长方形坛，坛上造一佛二弟子二菩萨五尊像，五尊像两侧及两侧壁各分两层雕十六罗汉像，后壁每层4尊，左右壁每层2尊。主佛头顶上方有圆形莲花华盖，两侧有菩提树。十六罗汉姿态各异，还有净瓶、人物等与之相配，每尊像前还有罗汉的排位及名称，可惜大多风化了。坛正面有一则装彩题记，记录了北宋绍圣四年（1097）八月，女信徒宇文小二娘得了眼病，因此来装彩这龛像，祈求所患早愈。

第40号龛，也是十六罗汉造像龛。龛中间造像一佛二弟子二菩萨五尊像，五尊像两侧分上下两层造十六罗汉像。五尊像下方台基正壁有装彩题记7行，书写装彩题记时磨平了原来的题记，是北宋绍圣四年一个生病的男子所为。同样，每尊罗汉像旁有榜题，比如有"第五尊者弟子郭行章造""第六尊者弟子张海全造""第七尊者弟子杨孟汤造""第十三尊者弟子张岌造"等。证明是多人共同出钱完成了这龛造像，这应该是安岳绝大多数龛像的筹款方式。

第63号龛内造一佛二弟子二菩萨十六罗汉像。主尊风化严重，十六罗汉在主尊左右两侧各八尊，分上下两层对称雕刻，每尊座前均刻出山峦、宝瓶和人物故事情节。

第69号龛，长方形龛，龛内正壁中间上方造一佛二菩萨三尊像，下方为题记碑。三尊像及碑之两侧分上下两层造十六罗汉像，上、下层各八尊像。上层罗汉像下方浮雕山峦、人物、净瓶和动物等内容。下层罗汉像下方也有浮雕，可看出人物、净瓶等内容，从人物形象看，似为供养人或侍者。下方题记碑上刻《灵居山新镌一佛二菩萨十六罗汉龛记》，记述了此龛功德主是女弟子冯氏等女性，前摄普慈县令、将仕郎、前弘文馆校书郎张彦昭为她们撰写的碑铭。目的是消灾，并希望往生净土，时间是前蜀武成二年（909）三月，参与供养的还有她们的门师法住、门师体儒等。

安岳县庵堂寺也有一龛开凿于五代时期的十六罗汉像，造像呈"一"字形排列，正中间为主尊释迦牟尼佛，释迦右侧第一身为第一尊者，依次至右侧壁为第八尊者，释迦左侧第一身为第九尊者，依次至左侧壁为第十六尊者。其排列顺序又不同于圆觉洞。

据《益州名画录》《成都古寺名笔记》等文献记载，晚唐、五代时期在成都寺院从事十六罗汉像题材创作的画家人数众多，如卢楞伽、张南本、张玄、丘文播、杜子环等，说明四川晚唐、五代时期很流行十六罗汉像，惜其多见于画史之记载，不见作品。从安岳圆觉洞所见五代十六罗汉之雕刻中，或可略窥当时画像之情形。

第42、47号龛，都是规模较大的造像龛，位于南坡主要位置，左右相邻，它们是唐后期圆觉洞最重要的两个大型造像龛。二者不同之处在于，42号龛内开凿了大量的小佛像，应为千佛龛；47号龛内开凿了大量的菩萨，应为千菩萨龛。两龛反映的是佛教中西方净土世界的内容。西方净土造像往往以阿弥陀佛与五十菩萨的图像或者是天宫楼阁的形式表现，也以莲花和众多的菩萨为特点，造像作千佛的并不多。在"西方净土造像"中造作大量千佛依据的可能是《佛说无量寿经》，此经中有"众宝莲花周满世界，一一宝花百千亿叶，其花光明，无量种色，青色青光，白色白光，玄黄朱紫，光色亦然。……一一花中，出三十六百千亿光。一一光中，出三十六百千亿佛，身色紫金，相好殊特。一一诸佛，又放百千光明，普为十方说微妙法"。西方净土造像中造作千佛虽不常见，但从此经文内容看，圆觉洞这龛千佛造像还是有典可依的。

第42号龛，口呈长方形，口部上方有十方佛，左侧上方刻骑象之普贤菩萨，右侧上方刻骑狮之文殊菩萨像。窟高3.98米、宽4.12米、深2.3米，场面浩大，构图复杂。窟内顶部中间有一圈卷云形装饰，云尾呈尖角状飘向窟口方向，边上刻四朵花，边带以内刻出腰鼓、大鼓、法螺、笛、排箫、箜篌、琴、琵琶、双钹等十三种乐器，云头外两侧各浅浮雕飞天一身，营造出西方净土世界乐器不鼓自鸣的美妙情境。窟底部环壁有双层坛，从下至上第三层坛上造一佛二菩萨三尊像，三尊像之间壁面内凹处刻二弟子像。其余壁面刻满小千佛，共计1034尊。坛正面上部雕五组栏杆，饰以连弧形华绳和珠饰，下部雕出山峦。三尊像背后雕四株树，树中间有两身鸟首人身的妙音鸟迦陵频伽像，两侧各有一只飞鸟，佛与二菩萨之间有莲花化生童子。下层坛面上雕出宝池、莲花等，表示西方净土庄严、华美的景象。

第47号龛，正壁底部有梯形二层坛，坛上造一佛二菩萨五尊像，像之间雕树，树枝间刻出二飞天。主尊头顶悬宝盖，环壁刻出九层小菩萨像，现存197尊，均有桃形火焰纹头光，戴高宝冠，姿态各异。

从造像内容可以看出，第42、47号大型龛开凿时这里应当已经从开元时期的道教场所变成了佛教场所，以佛教造像为主，并且应当就是宋代王象之《舆地纪胜》卷158"普州"条下所记之灵居山古千佛院："（灵居山）其上为真相寺，有千佛龛"，又云"千佛院，在城东灵居山……今名真相寺"。说明宋人王象之等记载山上有千佛龛、千佛院的历史与实物是相吻合的。同时，也可以看到，唐代末期至五代这里从道教场所改为佛教场所时，道教造像并没有遭到明显的破坏。

第43号龛，补凿于42号龛内，约开凿于五代时期，龛内分为上下两层，正壁上层雕一尊骑牛菩萨，两侧雕二牛，下层为高坛基，浮雕二牛相向而立。龛内包括主尊坐骑在内，共雕刻了五头牛。大足北山209号龛内雕刻的也是骑牛菩萨造像，它的龛外右壁题刻有"口无大圣解冤结菩萨壹身"，因此我们知道这是一尊四川民间特别流行的解冤结菩萨像，在安岳灵游院也有一龛大致相同的造像。

从现存的文献及文物看，圆觉洞从唐末、五代至宋代一直都是佛教场所，而且先叫千佛院，与现存的43、47号龛名与造像相符，而后更名"真相寺"。但中间曾经有短暂的时间，当时人们认为这里是著名道士陈抟炼丹的地方，少量的佛教遗迹遭到了破坏，破坏时间没有文献记载。从现存遗迹看，事情应该发生在宋代或更晚，现在的第41、48—54号龛等所在崖壁的遗迹便是证明。道士陈抟（？—989），又名希夷，字"图南"，自号"扶摇子"，是五代宋初著名道教学者。亳州真源（今安徽亳州市）人，又有人说是"普州崇龛（在今重庆潼南区）人"，还有陕西人、西洛人、四川夔州府人等诸种说法。据宋人王称《东都事略·隐逸传》记载，陈抟"始四、五岁，戏涡水"，则亳州真源县似为其出生地。而北宋李宗谔又称陈抟为"普州崇龛人"。宋人王象之言："又《别传》一编，乃钦真观道士谢道缘所传，其徒相传盖二百余年矣，亦以先生（陈抟）为崇龛寨人。"钦真观即在安居县崇龛镇，或许崇龛乃其祖籍。所以，安岳这里宋代以后就有人追述圆觉洞与他有关，不过从现存的遗迹看，这些遗迹都是宋代以后所为，主要遗迹有——第41号题刻，龛壁上题刻"希夷炼丹处"；48号碑，碑面宽2.8米、高2米，碑面左侧阴刻"图南仙迹"四个大字，字体高70—80厘米、宽55—60厘米。从位于南崖下层的47号龛右侧开始，到54号龛所在壁面雕刻的山峦、云纹等与大足宝顶山牧牛图等处的表现方法和形式非常相似，且"图南仙迹"的出现不可能早于北宋时期，结合雕造风格等因素，考古工作者认为此处山峦、云纹等组成的图像本是南宋时期雕刻的佛教图像，被追述陈抟遗迹的雕刻所破坏，追述陈抟的遗迹应于南宋或以后形成。

第56号龛，横长方形龛，龛内造地藏菩萨与地狱十王像，正中雕刻分上下两部分，上部雕刻地藏像，地藏左手持宝珠，右手持锡杖，舒相坐于须弥方座上；下部雕出方形碑，主尊地藏菩萨与碑两侧分上下两层造地狱十王像；中间下方坛正面浮雕地狱场面。座正下方刻造像题记。

第58号龛，位于云居山南坡顶上，龛内造立像一尊，头戴跷脚幞头，着圆领阔袖长袍，腰束玉带，右侧挂紫金鱼袋，双手于胸前持笏，是著名的聂公像，像高206厘米，像左侧壁面上有榜题框，框中刻："□□□第二指挥使金紫光禄大夫检校司徒使持节普州诸军事守刺史河东县开国男食邑三百户聂。"左侧题记说这是聂公的"留真"像，也就是写真像，因为他有德政于此，故"请留真彩以慰人情"，就如同现代的人们要给伟人或者有贡献的人雕像一样。

第60号龛，仍为地狱十王内容，仅存八王，八王均坐于长方形几案后，左侧壁残缺，正壁造主尊地藏菩萨像。地藏两侧分上下两层造像，上层四身坐像，三身立像，下层七身坐像，三身立像。正壁龛底下方浮雕业镜、鬼卒、铁狗、铁蛇等地狱恶孽报应场景。有"佛弟子王□供养重妆供养""唐进重妆／延年判官""赵判官""弟子□子□敬造"等题记。判官是地狱里根据人们生时行为记录并初步判断死者"业行"的人，阎王的判决通常会参考判官的记录与判断，因此人们要讨好他，给他装彩。

第65号龛，横长方形龛，坛上造七身像，主尊为毗沙门天王，两侧分别依次为二武士像、二文吏像、二武士像等。毗沙门天王坐于长方形座上，头戴云纹高冠，方脸圆目，着小翻领长袍，穿护心甲，腰束宽带，脚着靴，左手置左大腿上，右手于胸前托塔——其实就是民间传说中的托塔李天王，是四大天王中的北方天王。座前有三个地鬼，两侧地鬼各用一手托起天王的双足。天王两侧有武士、胁侍，外壁有供养人，也就是出钱造天王龛的人。这个供养人是谁？已不得而知。

第71号龛，这是圆觉洞现存最早的造像龛之一，是唐代开元二十四年（736）开凿的，也是研究安岳古代民间宗教信仰与习俗极为重要的实物资料，与之相比，所有的文献记载都显得有些苍白。

龛顶、右壁、地面均有崩塌，龛内现存造像五尊，正壁三尊，左壁两尊。正壁主尊有内圆外桃形头光，头光上均匀雕饰五朵唐代流行的六曲葵形花瓣。主尊面相方圆，内着两层交领衣，外披对襟阔袖道袍，胸腹间系带，结跏趺坐于八角形束腰座上。两侧二真人着道袍，双手于胸前捧物。二真人外侧的二女冠有桃形头光，发带垂肩，戴项圈，身饰"×"形璎珞，外着对襟阔袖长袍，胸前系带，衣袖宽大，立于双层仰莲座上。龛外左侧是护法力士像，有圆形头光，振臂握拳，作用力状。龛左壁上部有造像铭文，为楷书，阴刻于方格内，5行，每行12字，全文如下：

> 大唐开元廿四年岁次丙子三（五？）月十五日，普州仓督安岳县录
> 事骑都尉勋官五品黎令宾，愿平安，敬造天尊像一龛，永为供养，栖岩
> 寺上座释沙门玄应书。

这是一处道教造像，表明开元时期这里是道教活动场所，而不是佛寺。这则题记记载，当时安岳著名的上座沙门玄应和尚，也就是当地佛教界的领袖，参与了地方官员黎令宾雕造道教像的活动。栖岩寺，就是今天安岳县城东边的千佛寨，黎令宾也在那里主持开凿了造像，只不过他在那里造的是佛教造像，功德主也是黎令宾。玄应和尚是栖岩寺的人，也参与其中。由此可见，早在盛唐时期，安岳的两处宗教场所，即今天的千佛寨和圆觉洞，一处是道教场所，一处是佛教场所，它们不但和谐共存，还互相参与对方的活动，信奉道教的人，并不排斥佛教。这也就不难理解，为什么到了晚唐、五代，这里变为佛教场所后，并没有破坏道教造像，还出现了二教融为一体的造像龛，当地官员也积极参与佛道活动，这反映出当时官方、宗教人士与当地百姓在信仰方面的互相尊重以至于互相融合

天下蜀刻
石上大宋

的真实状态，这是巴蜀民间宗教信仰包容共生的真实写照，可以说在民间社会，宗教已经变成了生活习俗的一部分。

圆觉洞南坡下方还有唐代诗人贾岛墓，圆觉洞旧大门往下的山崖下方另有一处著名造像点——净慧岩。净慧岩以一尊大立佛为中心，是宋代立佛的典型代表，旁边有清乾隆时期重修净慧岩的碑记，可惜被现代村民装彩，失去了原有的面貌（图48）。

归纳起来说，圆觉洞造像活动开始于盛唐开元年间，当时是道教活动场所。唐末五代，这里成了当地重要的佛教活动场所，佛教造像活动活跃。宋代特别是南宋时期，主要佛教大型造像活动完成。宋代留下的几座大型造像保存完好，堪称宋代造像的典范之一。同时，这里也是许多重要造像题材的集中地点，比如极具巴蜀地方特色的大悲观音造像、地方性的解冤结菩萨、极具代表性的十六罗汉造像等等。

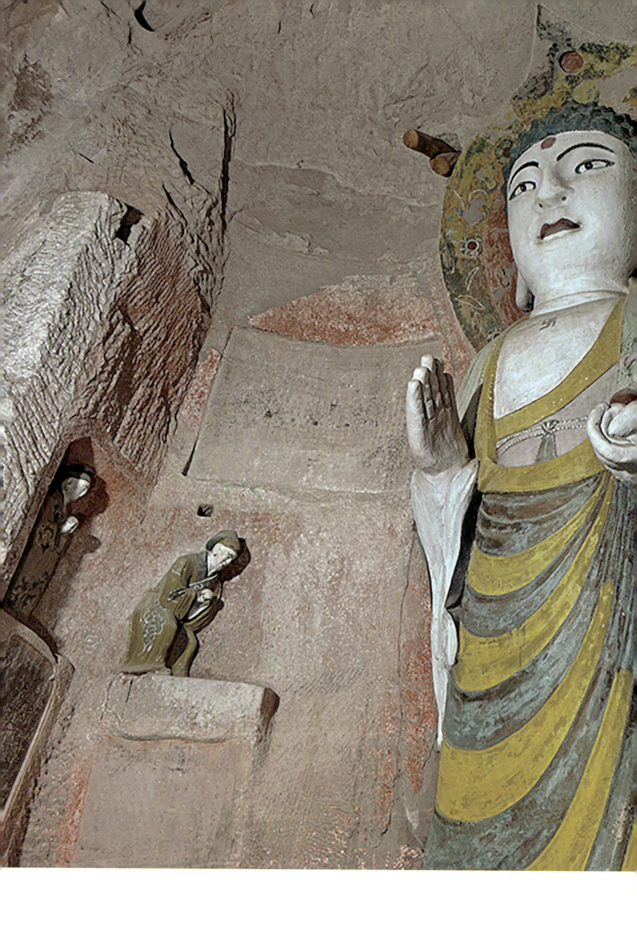

图48　四川安岳净慧岩立佛像（袁蓉荪／摄）

华严洞

华严洞石窟由华严洞和大般若洞组成，是全国重点文物保护单位。华严洞石窟，位于资阳市安岳县东部石羊镇华严洞村十组的箱盖山东南侧山腰上。这里地处四川盆地中部沱江与岷江流域之间的丘陵地带，西距安岳县城51千米，东距重庆大足区36千米，西距石羊镇5千米。

箱盖山大致呈圆锥形，约呈东北—西南走向，是周围地形的制高点。依东面垂直崖壁开凿了两个洞窟，北侧华严洞，南侧般若洞。二洞相距16米，前方均有清代乾隆年间修建的木结构大殿将窟口笼罩其中。两洞之间和两侧还有7座崖墓。

崖前原有寺院，1949年以后，将寺院和洞窟分配给当地村民居住。20世纪80年代，住户迁出，形成独立的保护区。崖前东南缘的围栏，是寺院原来的围墙。华严洞前倚山修建的木构大殿主梁上存有乾隆二十八年（1763）上梁题记，大殿两侧设有条石砌筑的方形佛坛，位置相对，大小一致。大殿正前方8.30米处，有乾隆五十六年（1791）修建的石质山门，山门东侧为进出景区的石阶道。以华严洞窟内主尊为中心的中轴线贯穿窟口、大殿、殿下台基、山门和山门前石阶。显然，位于高台基上的华严洞是寺院的最高等级建筑，洞前略低于洞窟地坪的横廊相当于护法殿（寺院的前殿）。洞窟前地表散落数十件宋、明、清时期的造像、经幢、塔顶、柱础等石构件。

旧时登箱盖山，从石羊镇来到山脚下，经石板小道徒步上山，由西南侧经崖前小路到达东侧的山门前。现在，造像区东、西侧分别修建了当代建筑，西侧为卫生间和储水池，东侧为文保房和观景台，东侧下方还有停车场，有水泥公路通往石羊镇，原来的环境有所改变。

华严洞，开凿于崖壁东侧，窟口呈方形，平面近竖长方形，窟室宽10.90米、现高6.10米、深9.40米。窟底平整，原生石地面，未经铺设。窟口底部中央置一石雕香炉，香炉基座束腰方形，雕造于明景泰元年（1450）。窟内环三壁造像，造像高浮雕与圆雕结合，面容饱满，雕刻精细、衣褶厚重流畅，打磨光滑，各部位细节表现真实到位。虽屡经后代装彩，仍然挡不住岁月的痕迹。今天，蓝、绿、红、黑、白等矿物颜料早已斑驳，陈旧中透出昔日的辉煌（图49）。

洞内，庄严肃穆的佛祖旁，弟子虔诚侍立，菩萨们低眉垂目。宁静祥和的氛围中，菩萨们自在自得的身影以及身后的天宫楼阁，雕刻者以高超的技艺塑造的形象恰当传达了一场无声的对话与默会，似乎能够让人聆听到一场智慧的交流，感受到其间无声的契合，赞叹其间无法言喻的境界和超越时间的精彩（图50、图51）。

正壁佛坛，宽10.50米、高0.70米、深1.72米，坛上造一佛二菩萨二弟子像。佛结跏趺坐于莲座上，戴卷草纹高宝冠，宝冠正中央一尊小佛像结跏趺坐于祥云上；螺发细密规整，额心白毫凸出，双腕饰钏；双手拱于胸前，左手压右手，左手食指与小指微上抬，这是智拳印，是佛教密宗主尊大日如来的手印。宝冠、项圈、璎珞等通常是菩萨才有的装饰。佛着菩萨装，是大日如来佛造像的特征。佛有三身，即法身、报身、应身，大日如来是释迦牟尼佛的法身（图52）。

佛像莲座下有八边形束腰基座，束腰处正面及两侧雕了六只狮子。狮子身形矫健，粗腿宽臀，鬃毛浓密卷曲，健康活泼，非常生动可爱。

大日如来佛两侧的二菩萨，头戴镂雕的高宝冠，冠前有结跏趺坐的小佛像。左侧菩萨像，左舒相坐于大象托起的莲台上，左手托贝叶经。大象是普贤菩萨的坐骑，所以这尊造像是普贤菩萨，普贤菩萨以善行著称，是贤德的象征；大象口中伸出一排长尖牙，表现的是一头珍贵的六牙白象。右侧是文殊菩萨像，左舒相坐于狮子驮着的莲台上，手持如意，是满足众生所愿的象征，狮子鬃毛浓密卷曲，敦厚可爱。这三尊像就是通常所说的"华严三圣"像（图53、图54、图55），是根据《华严经》雕刻的。正壁主尊身体及台座左、右侧，各书刻楷体大字两行，每行5字，是《大方广佛华严经·夜摩宫中偈赞品》中的两句偈颂，右侧——"应观法界性，一切唯心造"，左侧——"若人欲了知，三世一切佛"，所以这个洞叫"华严洞"。这是南宋开窟时刻的字，刻字的一些地方还没有完全打磨光滑。这些痕迹也印证了我们对正壁中间三尊大像性质的判断。

　　左侧弟子外披双领下垂式袈裟，左手托的经书还雕出了细密的册页，内侧上角竖刻篆书"合论"二字，微微向前低头，似在思考所读文章内容。右侧弟子两侧卷发垂至颈部，发丝细密，披双领下垂式袈裟，左手持卷轴式经卷，经卷正面中部倒刻"□略"二字。两位僧人所持经卷的不同形状其实反映出我国图书装订形式的发展。雕版印刷术发明之前，图书多是沿袭简牍、绢帛书写时代的书籍样式，为携带与存放方便，是卷起来的，称为"卷轴装"；唐代雕版印刷术发明后，纸印经书开始出现，特别是到了宋代，印刷技术不断普及，为翻看方便，印刷的经文以册页装为主，以绢、帛为主要书写材料的时代所流行的长卷式卷轴装图书不再普遍流行了，容量大、价格便宜的册页装成为主流的图书装订样式（图50、62）。

　　正壁前面的仿木大供桌（香案）是开窟时预先留出岩石，用圆雕手法雕成，仅底部与山体相连，长5.15米、宽0.85米、高1.45米，桌周饰以卷云、牡丹、桃、石榴、鸟、莲花、莲叶、水禽、水波，看起来就像一个雕花大木桌。而这些花卉、水果与同时代的宋墓石刻中的品种一样，是当时真实花卉、水果种类的反映，作为祥瑞的象征，是人们最喜爱的装饰图案，这也与宋代喜欢插花、流行文人花鸟画等时代大背景密切相关。华严洞虽深藏山野，亦受到了时代流行风尚的

图49　四川安岳华严洞全景（四川安岳石刻图片除特别注明外，均由四川大学考古文博学院白彬教授团队提供）

影响，由此可见宋代的审美趣味，不仅仅是朝廷、上层人士的风尚，而是深入各个阶层的时代韵味（图63、图64、图65、图66）。

左、右侧壁的雕刻分别由三层组成——

底层，是仿木雕花供桌，供桌正面有六至七组精美的雕刻，两侧供桌长7.20米、高1.35米、宽0.55米。左侧桌前高浮雕瑞兽和各种花卉、果实，高度写实，有

图50　四川安岳华严洞左壁

图51　四川安岳华严洞右壁（左）

图52　四川安岳华严洞正壁（右）

图53 四川安岳华严洞
的文殊菩萨

图54　四川安岳华严洞
普贤菩萨

图55 四川安岳华严洞主尊

猴、鹿、葵花、菊花、莲叶、牡丹、桃、石榴等，除此之外还雕刻了六组情节连续的人物故事画，画面中人物、山石、建筑等仿若绘画。可以看出内容有宋代流行的二十四孝故事。

左右壁中间一层，雕刻的是供桌顶部靠后所设的佛坛及佛坛上所雕的菩萨像，左右各五尊，表现的是《华严经》中的十地菩萨，对称分布。大乘佛教将菩萨修习佛法的过程分为十住、十行、十回向、十地等阶段。菩萨从初地到十地，共有十个阶段，十地菩萨是菩萨的最高阶段，再进一级即可成佛。《华严经》中有专门讲述十地菩萨的内容。十地菩萨造像不仅是这个洞窟的精华，也是安岳石刻的精华，很多人来安岳就是为了来看这十尊菩萨像。这十尊造像，宝冠华服，无一雷同，给人感觉高高在上而又慈眉善目、安详自在又庄严祥和（图56、图57、图67）。

这十尊造像不仅体现了雕造工匠精湛的手艺，也体现了雕造工匠的审美趣味，造型美而不媚、威而不怒，庄严而温和、安详而谦恭，正所谓"温而厉，威而不猛，恭而安"（孔子弟子对孔子形象的描述），一切都恰到好处。特别是雕造工匠心怀参拜者、游观者，在开凿过程中，时刻巧妙安排、刻意注意造像与参拜者、游观者之间的关系，让人一见即大受震撼而又极感亲近，当明亮的阳光照进洞窟的时候，让人不由自主地想匍匐于前，倾诉胸怀。开窟造像本身既是传教弘法活动，也是虔敬的信仰活动，具有自身的功能性，历代僧侣、无数信众不畏艰险、不惜倾囊、开窟造像、装塑法身，是"欲求果报"，饱含了他们的欢欣、苦乐，欲望与理想。然而为了承载这些理念，就不能不增强造像的表现力、艺术性、感染力，这也是佛教艺术的魅力所在。今天，我们完全能够把它们当作艺术作品欣赏，欣赏工匠们的高超技艺，感受不同时代的风尚变迁，体会工匠不同凡响的想象力……

第三层雕刻，在十菩萨上方左右壁各高浮雕六组画面，对称排布，是善财童子五十三参中的场景。内侧一组均为数量众多之天众群像，外侧五组画面中心各雕一座大殿，有佛、菩萨、童子、弟子、天众、俗人等形象参与其中，各组画面排列有致，尺幅相当。佛像有戴冠与螺发两种，佛、菩萨衣着样式、装饰、面部特征等与正壁作为主尊的佛、菩萨一致，胸、腹前璎珞缠绕较简单。表现的是善财童子在文殊菩萨的指引下，到处寻访善知识进行学习的故事（图58、图59、图60、图61）。

华严洞是四川盆地内规模最大的宋代佛教洞窟。学术上说，它是宋代以大足、安岳为中心流传的区域性佛教教派——"柳赵教派"——的典型遗存。其规模宏大、造像精美、细节丰富、题刻众多、保存完整，系统地呈现了柳赵教派核心内涵，对文献记载几近于零、面貌神秘的柳赵教派造像的来源、神系、信仰及其反映的僧团性质、僧团活动等情况具有重要价值。可以说，华严洞是研究巴蜀区域佛教史的重要资料。

洞窟开凿以来，当地僧侣、信士不断进行装修，增补各类功德。窟口中部靠上各开有一个尖拱形浅龛，龛内各造一尊三头多臂菩萨像，这是两个明代增刻的小龛，右侧是摩利支天，下方有明代的造像题记——"万历三十一年（1603）七月元旦立记。侍佛释子常远镌妆摩利支一尊"。左侧则是一尊明王像。

华严洞洞窟和佛殿范围共有南宋、明、清三个时期的题记十九则，反映了洞

图56 四川安岳华严洞十地菩萨　　　　　图57 四川安岳华严洞十地菩萨

天下蜀刻 石上大宋

窟自开凿完成以来，造像、装彩、培修、筑路等活动信息。题记的载体有四种，即洞窟壁面、独立石碑、佛殿供台和佛殿横梁；题记内容有佛教偈颂、造像记、装塑记、增修及培修记等。

除了前述宋代题记外，现存明代题记7则，包括造像记、装彩记两种，有洪武、嘉靖、隆庆、万历时期的纪年。清代题记11则，包括乾隆纪年6则、嘉庆1则、道光2则和光绪2则，集中于乾隆中期。这些题记记录了寺院建修培补（5则）、装塑造像（3则）、修路（1则）和置器（1则）等事件和人物。题记体例固定，文前记事，文中书功德主姓名及出资金额，文末纪年。乾隆、嘉庆题记记载的佛事活动多有临济宗僧侣主持并参与，如乾隆二十八年（1763）佛殿修建记，题写于窟前佛殿上层中央3根横梁中间，内容为"皇清乾隆二十八年岁次癸亥十月廿四日立，佛日增辉，法轮常转""四川北道潼川府安岳县长咸二乡□□华严洞重修。皇国□同，帝道遐昌""领善会首□元爵、□应麟、范文进、卢富先、周后生、夏福先、全□□"。右侧从外至内题写"领善会首伍仕隆、卿元魁、肖仁武、郑智兴、全建"。第三根左侧从外至内题写"助缘□匠周高也、吴荣科、李镇常、（李镇）祥、苏仕友全□"，左侧题写"□山住持……、广□、……、□莲、……立"。

窟口右侧中部靠内、窟口右侧造像小龛下方嘉庆十二年（1807）的题记，是住持僧钟亮记录的临济宗广能法师与徒弟、徒孙们修建佛殿的事情。

大般若洞，位于崖壁西侧，东与华严洞相距16米，始凿于南宋嘉熙四年（1240），明代万历年间扩增洞窟并开凿造像。开凿经统一规划，是以中央的释迦牟尼佛为中心的儒释道三教组合造像窟。

大般若洞前方，是清代乾隆年间修建的木结构窟前建筑，将窟口笼罩其中。建筑为二层干栏式，窟口位于二层，与下层地表有木梯相通，窟口前方为方形礼佛殿。窟口上窄下宽，左壁内侧相对较深。洞窟宽4.33米，高5.08米，深5.54米。窟楣悬"大般若洞"四字匾，落款是南宋"嘉熙庚子年"。窟顶中央浅浮雕一圆形壁面，直径2.25米，中央各正、反刻书一巨大"人"字，字径1.46米。因窟楣上刻的嘉熙庚子（1240）"大般若洞"的纪年与题名，此窟长期被认为开凿于南宋晚期嘉

图58 四川安岳华严洞善财童子五十三参

图59 四川安岳华严洞善财童子五十三参

图60 四川安岳华严洞善财童子五十三参局部

图61 四川安岳华严洞善财童子五十三参

图63　四川安岳华严洞香案上的故事雕刻

图62　四川安岳华严洞左壁侍者　　　　　　　　　图64　四川安岳华严洞香案上的束花

图65　四川安岳华严洞香案上的猴子摘桃　　　　图66　四川安岳华严洞香案上的瑞兽

图67　四川安岳华严洞十地菩萨（雷玉华／摄）

熙年间。但矛盾的是，洞内造像风格、着装样式、雕刻技法及题材内容，与仅十余米之遥，明确开凿于宋代的华严洞和邻近数公里范围内的毗卢洞、大佛寺、孔雀洞、茗山寺等宋代造像相去甚远。2013年，由四川大学组织的考古调查解开了这个谜，确认该窟始凿于南宋嘉熙四年，明代万历年间扩增洞窟并开凿造像。

窟内环三壁造像，正壁主龛内造一佛十弟子，中央主龛中的佛像结跏趺坐于仰莲圆座上，有舟形身光，螺发细密，内着僧祇支，内衣腹前束带，外披双领下垂式袈裟，结禅定印。佛头光及身体两侧各雕五身弟子立像，分上中下三排站立。弟子像均光头方脸，面部饱满，双耳硕大，耳垂弯向身后；着交领袈裟，下着长裙，露双足者均穿鞋。弟子外侧各开上、中、下三个小龛，小龛中造像表面高度与壁面齐平，造像位置、内容、大小、左右相对，龛内各造一尊佛像结跏趺坐于通壁方座上，螺发呈细密颗粒状，面目特征与大龛主尊相同（图68、图69、图70、图71、图72）。

正壁上部于左、右壁转角前各起三角形台，正面雕卷草，台上各造一尊菩萨像半跏趺坐于仰莲圆座上，位置相对，体形相当。头戴卷草纹高宝冠，束发缯带垂肩，发辫自冠下伸出缠绕成麻花状，面部方圆饱满，额部宽平，柳叶细眉，耳垂硕大，内着僧祇支，于腹前束带，外着双领下垂式袈裟，结禅定印。

左、右壁中上部，造上、中、下三排像，均位于横长方形宽槽内，宽槽平面均呈狭长方形，宽槽内侧转折向正壁，与正壁造像相接。上排，各雕五身童子立像，形象、高矮一致，均是光头，面部方圆饱满，孩童面相，颈部有两道细蚕纹；上身赤裸，戴项圈，外缘饰莲瓣，下着裙，腰束宽带，跣足，飘带经头后搭在两肩上垂下，于腰带两侧系结，飘于体侧，双腕饰钏，双腿呈"八"字形站立。各童子之间卷曲的云彩拖着长长的尾巴飘向上空。左、右壁中排各雕十一身立像，是天众像；下排宽槽内各雕九身弟子像坐于通壁方台上，袈裟下摆均悬垂座前，是清代流行的十八罗汉像。

左、右壁下排的十八罗汉像、天王像等头部均于20世纪90年代被盗。造像全身经多次装彩，剥落严重，现在壁面上施黑彩，造像上有金、蓝、绿、红、白等色彩，均是清代所留。

正壁中央靠前有一个方形供桌，供桌正面底部雕横长形壸门，顶部雕二龙戏珠于祥云中，龙身蜷曲呈"S"形，身后各雕一梅花鹿衔草回首，是清代以来常见的雕刻图样（图74）。供桌正面及左、右侧面刻乾隆三十八年（1773）建修记，据此明确了部分建筑的年代。其实，大般若洞内现存还有11条题记，2013年四川大学组织的考古调查就是根据这些题记弄清楚了大般若洞的历史。

这11则题记包括南宋1则、明代5则、清代3则，内容有洞窟题名、镌装记、修建记、建灯记四种。宋代题刻即位于窟楣中央的"大般若洞"四个大字，落款"庚子嘉熙，赵印存叔书"，即嘉熙四年（1240）。明代题刻5则，均为造像记，主要功德主是雷金德、杨氏夫妇，石匠是荣昌县（现荣昌区）人胡金崇，其中位于左壁下排造像外侧窟口处万历十四年（1586）浅浮雕的造像记碑，详细记述了洞窟开凿于宋代，佛像雕造于明代——

镌妆功德记

盖闻初分天地，自古至今，洞本遗留，众像新作。始为宋朝年间，本尊为记，至到而今未能成也。由本山禅僧乐舟，思暮古洞悠久，万载成功，可以化于檀那，可以镌成佛像。僧引进檀越雷金德、杨氏夫妇，言今身生中国，命托乾坤，衣食随缘，功勋宜作。夫妇发心，命匠镌妆左边弟子九尊，白莲童子各一尊，作今生之福果，布殁后津梁，祈见孙绵远，镌妆功德雷金德、杨氏，同男雷廷华、王氏，雷廷祥。镌妆功德天尊一尊，同弟雷金和、石氏，男雷廷忠、廖氏，雷廷禄。荣昌县匠人胡金崇，男胡万仲。万历十四年岁在丙戌十二月初四日甲子良吉，徒传祥书记。

这则题记清楚地告诉我们，此洞窟系前后两次开凿形成，明确说"洞本遗留，众像新作。始为宋朝年间，本尊为记，至到而今未能成也"，表明洞窟早已开成，但当时并没有造像，造像是后来开造的。还说了洞窟内的造像是由禅僧乐

图68　四川安岳大般若洞全景

图69　四川安岳大般若洞中的十八罗汉局部

图70　四川安岳大般若洞左壁

图71　四川安岳大般若洞右壁

图72　四川安岳大般若洞主尊

图73　四川安岳大般若洞香案装饰　　　　　图74　四川安岳大般若洞香案装饰

图75　四川安岳大般若洞香案装饰

舟组织，檀越雷金德、杨氏夫妇捐资，镌刻的造像包括左侧"弟子九尊，白莲童子各一尊"和"功德天尊一尊"，那么左壁的九身弟子、上排五身童子中的两身和十二身天众中的一身之像主应是雷金德夫妇。

正壁主尊两侧同为万历十四年的题记，所占位置大小一致，位置相对，内容接近，是同时刊刻的一组题刻。题刻虽风化严重，但均存"镌妆"的题名，为造像记无疑。左碑所存"乐舟"二字清晰可见，应系前述"镌妆功德记"中组织造像的禅僧乐舟。右碑尚存"尊天"二字，当指左、右壁天众的具体身份，左碑亦表明此二碑记述的内容应包括镌刻洞窟内的其他造像。主尊左、右侧的造像题记残存众多僧俗姓名，参照"镌妆功德记"捐资者与具体身份的造像一一对应的记述方式，洞窟内的其他造像应为此二碑所记功德主分别出资建造。洞窟内没有其他同时期碑刻提到捐资镌像，那么此三方碑记应当是完整记录了窟内造像和出资功德主的对应关系。

左壁供桌上"万历癸卯雷金德杨氏镌"的题刻，从凿刻位置判断，系指雷金德夫妇在洞窟造像镌成十余年后，出资补镌了左壁供桌。右壁供桌尺寸、形制和装饰内容与左壁供桌不同，其补凿年代似应稍晚。

经考古工作者如此梳理，我们终于知道了大般若洞开凿于南宋嘉熙四年（庚子年，1240），但洞窟开成后并未造像。迟至明晚期万历十四年（1586），由禅僧乐舟组织当地信众捐资拓宽原窟，并开凿造像，稍晚又补雕两侧供桌，最终形成了般若洞的现状。造像最大的功德主是当地人雷金德、杨氏夫妇。

根据洞里这些明代造像题记记载，明确了正壁主尊当为佛教教主释迦牟尼佛，与左、右十身弟子形成释迦牟尼佛与十大弟子的组合，与上排左、右小龛的坐佛又组合成三佛题材。中排，左龛坐像为挽髻系巾的世俗形象，右龛坐像长髯垂胸、手握丹丸，结合作为主尊的佛形象，此三尊像应为释迦（中）、孔子（左）、老君（右）的组合，这是明代石窟造像中常见的三教合一形式。下排左龛，游戏坐的菩萨像为水月观音。正壁主龛左侧立姿僧装弟子像，身后靠下浅浮雕一牌位（灵位），为佛教僧人"口济川"之灵位。上部所刻"刻相记"三字，表明在雕刻灵牌的同时，还一并雕凿了该僧人的写真像。该灵位紧贴后龛左侧立姿弟子像，应为灵位供奉之僧人"口济川"的写真像。

左、右壁上排的童子形象是四川地区明代造像中十分常见的题材，往往与求嗣相关，在前述雷金德夫妇"镌妆功德记"的内容中亦有体现。中排，各存十一

天下罨刻

石上大宋

身立像，为佛教天部神祇，上排内侧各有一身，两侧中排的像加起来就是融合了释道二教的二十四诸天造像，亦是明代石窟造像和寺院壁画、塑像的重要题材之一。下排左、右雕刻的十八身佛弟子形象，为宋代开始代替十六罗汉而流传至今的十八罗汉像。

清代题刻3则，主要是记述修建佛殿、天灯及装彩等内容。

大般若洞造像保存较好，年代清楚，题材可辨，是中国明代石窟造像的典型代表，有重要的学术意义。同时，它又是四川地区南宋造像的尾声之作，宋末只开窟未造像，表明到了南宋晚期的嘉熙年间，该区域此前轰轰烈烈的造像活动趋于终结，其废弃原因是探讨相关历史背景的绝佳切入点，值得深究。明代重新兴起的民间造像，已与宋代的佛教造像大不相同，因此大般若洞是构建四川地区造像时代变化序列的重要组成部分。

大般若洞石窟造像的学术价值还在于呈现了中国石窟造像发展的最终形态，它是四川地区规模最大的明代洞窟。其内容融合三教，正壁以释迦居中，左儒右道；左、右侧壁上层雕菩萨引领佛、道天众，下层亦表现十八罗汉。全部造像中儒释道三教彻底融合，原有的宗教属性被磨灭了，与民间普遍接受的各宗教神祇彼此杂糅，形成了新的神系，共同组成了世俗化、民间化的信仰对象，是作为外来形象的佛教造像中国化的最后归宿，也是中国宗教造像发展的最终形态。

此后，清代乃至现当代民间造像的开凿仍基本不出明晚期确立的范畴。可以说，大般若洞是中古以后儒释道三教合流的产物，是中国古代石窟造像发展的最终形态，是明晚期三教造像彻底融合后初期和最典型的代表之一，对探讨中国古代造像发展和演变具有重要的学术价值，备受学术界关注。

总的来说，华严洞的两处石窟很有意思，华严洞可以说是宋代石窟造像的代表，也是四川本土融合了诸宗派的禅宗代表性洞窟；而大般若洞则是宋代洞窟真正的尾声之作，开窟而未造像，再接下来则变成了典型的明代三教合一洞窟。两个洞窟，直接呈现出了大时代的变迁，十分有意思。

毗卢洞

毗卢洞，全国重点文物保护单位，位于安岳县东部石羊镇二组旁厥山上，因"紫竹观音"而声名远扬，是安岳的一张名片。毗卢洞，是安岳县著名历史文化古迹，平常游客最多。造像区北部为油坪坡，东面为紫竹湾，南邻黄岭坳，北侧30米有公路通往石羊镇，向西、向东有连通安岳县和重庆大足区的公路。崖壁坐西向东，东面崖上开了6座造像龛窟，外围还有14座未造像的洞窟。崖壁顶部较平，崖前东、南、北有小道环绕，东侧有茂林修竹。

"毗卢"为梵语，意为"佛光普照""清净法身"，佛教寺院多以此命名，如毗卢寺、毗卢庵、毗卢殿等。重庆大足宝顶山大佛湾中的毗卢洞、小佛湾中的毗卢道场，皆取意如此。密宗主佛大日如来又叫"毗卢遮那佛"，亦有此意。

毗卢洞景区，依造像崖壁在北侧设文保房，有进出景区的唯一大门。进入景区大门后依崖壁从北向南，依次雕刻或修建了柳本尊十炼图、幽居洞、观音殿、毗卢洞、万佛堂、玉皇龛。十炼图正前方有一块独立的孤石，形似莲花，当地百姓称其为"莲花石"，莲花石上亦刻满佛像。莲花石上的佛像与十炼图上方的小佛像一起，构成了十方诸佛的世界，是柳本尊十炼图内容的延伸与补充。

整个毗卢洞龛窟内外壁面多有榫孔，系历次修缮殿宇、殿宇又遭毁坏后留下的。在幽居洞外北侧和玉皇窟前的内凹处各有一口古井，为古代寺院遗迹。造像顶部油坪坡中部现存一座石室墓，现已塌陷，当地人称作"和尚坟"，据村民反映，该墓埋葬的是民国时期这里的住寺僧人。

毗卢洞的第一个大龛是"柳本尊十炼修行图"，刻画的是唐末四川一位佛教祖师柳本尊的十种自残式修炼场景，图画中人物略大于真人，一般认为此图以柳本尊成佛后的形象居中，现在看来居中的也可能是释迦佛的法身像毗卢遮那佛，两侧对称展现他剜眼、断臂、割耳、烧心、立雪等十种残酷的修行方法，每种方法一个

天下蜀刻
石上大宋

场景，每个场景都有碑文叙述其事，触目惊心。碑一共五块，每块碑上记录两种修行方式。修行过程中柳本尊缺了一只耳朵、少了一只眼睛、断了一条手臂……与世界文化遗产地大足宝顶山大佛湾的"柳本尊十炼修行图"一模一样，这十种残害身体的修行方法在僧传等文献中时有记载，它们往往反映的是禅僧的行为。有人说，毗卢洞这一龛从艺术水平上看还高于宝顶山大佛湾的同题材造像，因此长期被认为是北宋时期雕刻。近年，四川大学组织的考古调查与研究证明，安岳的这一类造像与大足是同一时期雕刻的，也就是南宋时期开凿的。立于大足宝顶山的《唐柳本尊传》和《重修宝顶山圣寿寺碑记》两方碑，记载了柳本尊的主要事迹。

柳本尊，本名柳居直，唐大宗九年（855）出生于嘉州龙游县玉津镇（今乐山市内），没有师传，独自行化，以苦修救度众生出离苦恼，先后于嘉州本宅、汉州弥牟（今广汉、青白江一带）、成都玉津坊建立道场，成为五代、宋时四川一带佛教一派的祖师。碑中说他无师承，却被宋人尊为"唐瑜伽部主总持王""六代祖师"。"假使热铁轮，于我顶上悬。终不以此苦，退失菩提心"，是安岳、大足川渝地方宗派造像地常见的口号之一。这种残肢毁体、施舍器官的极端苦修方式，已经与唐代开元年间善无畏、金刚智、不空三大士相继来华传行的纯正密教修行方式相去甚远，是地道的四川地方修行特色。因其自残的行为方式表现出的愿力，一时之间吸引了大批追随者，然而也因其残酷极端，随着教主的去世而逐渐消亡，似乎也不受上层人士欢迎，所以未见于文献记载。后世学者曾称之为"川密"，今天看来应是一种杂糅了佛教各种思想的禅宗（图76—图82）。

幽居洞内有柳本尊及侍者像，洞口两侧及上方均有口号，从题记中知道他是六代祖师的传人，现在学者们认为，这个六代祖师是指禅宗六祖，而不是早期认为的密宗祖师。洞内还藏有可移动的南宋、明、清时期圆雕造像、碑刻、经幢、灯台等，原均位于前述莲花石前的大佛殿内，于20世纪70年代莲花石佛殿塌陷后转移至此。

幽居洞旁边有一座依崖修建的大殿，现称"观音殿"，为清代建筑。殿内集中供奉南宋、清代和当代圆雕石、木造像，其中一尊南宋石雕菩萨像系从华严洞搬来，三尊清代造像原系此处已不存的莲花石下大佛殿内所供。其中有一尊是神农像，他是老百姓祈愿丰收的神，是我国传统的祖先信仰神，表明在清代，中国民间传统的信仰与佛教早已融于一处了。

紫竹观音位于造像区南端崖壁前一块突出的岩包上。早期佛教中观音的形象为男身，这尊观音不但已经完全女性化，还带有明显的地方特色，全镂空的化佛宝冠，薄如蝉翼的长裙，袒胸露臂、游戏坐于高高的山石上，在身后紫竹、宝瓶的映衬下更显美丽，人们去毗卢洞往往只为看这尊韶华绝世的紫竹观音。实际上，进门处的"柳本尊十炼修行图"摩崖雕刻才是这处佛教造像的核心与标志（图83）。

紫竹观音左右及下方有明代及清代的雕刻及悬塑，主要是观音救八难及地狱等场景，是观音经变相的内容展现。也就是说，紫竹观音还是救苦救难的观音，造像那令人惊叹的美并不是为了显示美艳的外表，而是以夺人眼目的美感显示观世音令人惊叹的救苦救难愿力（图84、图85）。

雕刻紫竹观音的大石包上还有一个无顶大洞窟，位于紫竹观音身后崖洞中。洞窟利用自然石包开凿成一个四壁合围、北面凿通道的无顶大洞窟，洞内三壁设高坛，正壁（南壁）坛上供主尊佛像，两侧壁坛上供罗汉像，环壁坛面及入口通道壁面上刻满小千佛，每尊小千佛都坐于一个月轮形小龛中，像旁刻有功德主姓名，大多为女性。因佛像众多，又称"万佛堂"。

出万佛堂左侧崖壁上又开了一个大龛，系清代雕刻的玉皇大帝像。清代大足、安岳一带道教造像很多。玉皇大帝是中国传统的神祇，也是道教的主要神灵之一，在毗卢洞这个民间佛教圣地雕刻道教题材造像，也表现出四川民间信仰的一大特色。

毗卢洞的石刻造像大体就是如此，"柳本尊十炼修行图"是这处造像的核心与标志。

柳本尊的行迹主要集中在川西地区，然而与柳本尊有关的石窟造像却集中在川东的安岳及其邻近的重庆大足，主要与致力于弘扬柳本尊教派的川东传人赵凤智有关。赵凤智前往川西就学于柳本尊曾经活动的地方，于南宋淳熙六年

（1179）学成回到大足、安岳一带弘法，发愿开窟造像，耗时70余年，竭其一生精力，营造宏大的弘教道场。大足大佛湾宝顶山造像以一幅巨大的牧牛图开始，到圆觉洞、华严三圣、千手观音、释迦涅槃、毗卢道场、西方净土之九品往生、父母恩重经变与地狱变、柳本尊十炼图与成佛等，将此时期佛教宣讲的主要内容集中雕刻于一座山湾中，显示了主持者的宏大设想。其统一规划、精心布局、巧妙设计，以巨型连环画的形式展开造像。造像中的牧童、养鸡女、吹笛女等所在场景宛如生动的生活画面，人物造型完全是写实的市井村落人物，仿佛时间凝滞的宋时世俗生活场景，表达出对世俗生活的礼赞，令人完全忘记了是在看宗教图画，于不知不觉中接受教化。

大足石刻题材在安岳石刻中基本都有表现，除了"柳本尊十炼修行图"，散落安岳各处的造像与赵智凤主持开凿的大足大佛湾造像，从内容到构图形式如出一辙，如安岳县城边的圆觉洞、石羊场附近的华严洞与大足宝顶山的圆觉洞，石羊场的孔雀洞与大足北山的孔雀明王窟、宝顶山大佛湾的孔雀明王等，造像题材与造像极为相似。安岳造像，单尊或者单窟通常体量巨大，只是没有像宝顶山那般进行集中连续大规模开凿。与宝顶大佛湾造像相比，安岳的石窟造像雕刻线条看上去更加自然流畅，似是出于同门工匠之手，但雕刻者似乎技高一筹，历来学者也多有如此认为者，但是证据还不够充分。

行走在安岳和大足之间，许多题材相同、面貌相似的石窟常常会让人在时空交错中恍惚。当西土东来的佛教传入四川，不断融入民族化、世俗化的元素，佛教题材也具有了浓郁的地方特色，以柳本尊为代表的四川特有的造像题材尤为引人注目，安岳、大足处处可见，多有映照。

安岳佛教造像绝大多数散落于山野村落、田间地头，游客甚少，也没有足够的资金用于保护，但当地百姓绵绵不绝的传统信仰就是对石窟造像最好的保护，在每一处看似无人看管的石窟造像周围，每一个村民都是守护者。

当年，我们在当地开展调查工作的时候，时任安岳县文物局局长的付成金与每一处石窟附近的村民都有联系，一有情况，他的手机会随时响起。发动群众保护佛

图76　四川安岳毗卢洞第1龛

图77　四川安岳毗卢洞第1龛中央主尊（左）

图78　四川安岳毗卢洞第1龛上排左起第五组造像（右）

图79　四川安岳毗卢洞第1龛
主尊右侧第二组造像（上）

图81　四川安岳毗卢洞第1龛
主尊右侧第一组造像

图80　四川安岳毗卢洞第1龛
上排左起第四组造像（下）

图82　四川安岳毗卢洞第1龛主尊左侧第二组造像

图83　四川安岳毗卢洞第1龛上排左起第三组造像

图84 四川安岳毗卢洞第5龛中央菩萨

图85　四川安岳毗卢洞第5龛右侧观音救八难　　图86　四川安岳毗卢洞第5龛观音救八难

像，是安岳县文管部门在文物分散、资金短缺情况下最有效的保护办法之一。

今天，安岳也希望能像大足石刻一样受万众瞩目并获得充足的保护资金，进一步的保护管理方案正在规划中，《安岳石刻保护条例》也已经公布实施，相信在不久的将来，安岳的每一处石刻都能像大名鼎鼎的紫竹观音、名扬世界的大足石刻一样家喻户晓，让更多的人能够了解安岳的石刻造像艺术，直接感受它的魅力。

天下蜀刻
石上大宋

茗山寺

　　茗山寺石窟是全国重点文物保护单位，位于安岳县城东南60千米的顶新乡民乐村虎头山顶。在重峦叠翠的群山中有一座山形似猛虎，虎头高昂，傲视群山，虎身盘踞，虎尾高扬。石刻所在处为高昂之虎头，故又名"虎头山"。虎头一周是壁立陡峭的山崖，崖壁上开凿了8个巨型佛龛，似戴在老虎颈项上的珠链。山顶上的古寺则宛如虎头顶上的王冠，今存者为清代重修。

　　2002年春季，我们在这里开展调查时，正值观音生日，有法会，还在上面吃了席。前些年，当地信士在寺前新建了一幢粉色楼房，虎头山突兀的山顶外形被局部改变，粉色楼房也格外扎眼，显得极不协调，破坏了虎头山的气势，令人感到十分遗憾。

　　虎尾后方原本有一座石塔高高伫立于老虎尾巴上，现在已经倒塌了，但塔形还在原地完整地保存着，除塔顶石掉落于山下已经不知所终外，塔身石块全部都在，几乎没有移位。

　　虎头山上的造像题材包括毗卢遮那佛、双观世音菩萨、大势至菩萨、文殊师利菩萨、毗卢佛与东岳大帝合龛、六大八通（即六通具足，八大神通）护法神将等。游观路线从虎头山右侧开始，第一龛雕造的是护法神龛，位于山背平缓处，风化很严重，但仍能看出这龛造像与大足宝顶山大佛湾的六大八通护法神像是同一题材。龛形随山形开凿，在崖面修整出宽近10米的一个檐顶，沿崖壁形成弧形浅龛，龛内摩崖雕刻出十多尊六通具足，具有八大神通力的护法神像并排站立，每尊高1.8米，皆戴盔着甲，赤足怒目，个个面貌狰狞、威风凛凛，手上执各种护法神器守护着茗山寺，正行走在乱石与杂草丛中，猛然遇见"他们"，令人顿生畏怖之心。

　　再往前行，至虎头山前，笔立陡峭处的造像从第二龛开始，至第八龛结束，位置险峻，原来几乎要贴近山峰绕行，参拜者、游观者只能仰头一尊一尊造像观看，有一种处于佛菩萨垂怜关爱的注视之下，仿佛被高大精美的造像所笼罩，显得神圣而又温暖。近年来，为了方便游客，茗山寺的工作人员将崖前道路进行抬高、铺砌，除掉杂草、铺上石板的小路视角上比之前略有加宽。现在参观者与文殊师利等菩萨造像处于同一平面，好处是更安全了，也可以拍摄到角度更好的照片，甚至可以拍摄到造像的全身照了，但原来在悬崖峭壁前绕着"老虎脖子"侧身仰视，看到"她们"全貌时的震撼与惊艳感却消失了，那种费尽心思也照不到一张菩萨全貌的神秘感与遗憾也随之消失了。

第二龛，是一个方形平顶龛，高宽各5米、深2米，龛正中坐像左为"东岳大帝"，头戴帝王冠，身穿广袖大袍，坐在金刚座上，道教认为他是掌管人间生死之神，是玉皇大帝的孙子，专管十八层地狱、六案簿籍、七十六司，握有死生之权。宋明以来，民间多修东岳庙广为供奉。右侧像为毗卢遮那佛，是佛教"法身佛"，是佛教密宗的主尊，华严宗也尊崇此佛。头戴宝冠，螺髻微露，双手结智拳印，结跏趺坐于莲台之上，两像均高4米，座高1米（图87、图88）。

第三龛，平顶方形龛，高5.5米、宽5.7米。龛内观音、大势至二菩萨结跏趺坐于金刚宝座上，像高各4.5米，头戴华丽镂空宝冠，身披通肩袈裟，面颊圆润，神态慈祥（图89、图90、图91）。

第四龛，平顶方形龛，高6.4米、宽6.5米。龛正中高达6米的文殊师利菩萨依壁耸立，头部高达1.3米，戴镂雕的五佛高宝冠，右手举于胸前，左手所托经书外伸达1.5米，外伸的左臂及衣服重达数百公斤，全靠高达2.2米的落地袈裟下摆支撑，使其千年不坠。菩萨胸前璎珞掩身，衣饰华丽而不失庄严，线条柔和、富于质感，经刻工精巧的处理，使坚硬的岩壁变成了柔美无比的巨型石像，历经风雨的石质显出风化的纹理，富有浑厚古朴的韵味。龛后壁布满小型化佛，均坐于圆形小龛中，现存8尊，尊尊优雅从容，非常漂亮。龛眉上方，刻"现师利法身"五个大字。据《文殊师利般涅槃经》称，文殊有大慈心，智慧第一，被推为众菩萨之首，经常出现在佛左右作为胁侍，是佛法道场的闻法者、护法者（图92、图93、图94）。

第五龛，方形平顶龛，高6.4米、宽3.8米。龛中毗卢遮那佛立像高达6.3米、头高1.3米，站在悬崖绝壁之上，贴近这尊近乎圆雕的大像，整个人完全笼罩在佛像温暖的注视之中，这种感觉不可名状。佛像袈裟曳地，双目下视，两手于胸前结印。龛后壁刻"佛国□禅□□□三轮"题记（图95、图96）。

第六龛，为晚期雕刻小碑，碑文无存。

第七龛，窟俗称"观音堂"，窟呈平顶方形，窟高6.3米、宽6.9米、深3.3米。窟内正壁两尊高大的观音像并立，通高达6.2米，头高1.3米，高冠华服，显得十分华贵。两侧堆满了清代雕造的罗汉像。窟中一口古井，大约是观音菩萨的甘露汇聚而成的吧（图97、图98、图99）。

茗山寺石窟造像数量并不多，但造像体量巨大，历经时间的磨洗，经过风雨长时间慢慢吹拂与侵蚀，一尊尊造像露出了石质的纹理，仿佛是风吹过千年的样子，刻画出了时间的形状。刻工精巧的技艺与风雨的力量形成合力，成就了造像独特的魅力。独特的地势、参拜路线、造像与游观者视角之间的关系，使得此处的游观成为一种十分独特的体验。

图87 四川安岳茗山寺第2龛右侧佛头部

图88 四川安岳茗山寺第2龛

图89　四川安岳茗山寺第3龛

图90　四川安岳茗山寺第3龛左侧菩萨头部

图91　四川安岳茗山寺第3龛右侧菩萨头部

图93　四川安岳茗山寺第4龛菩萨头部

图92　四川安岳茗山寺第4龛

图94　四川安岳茗山寺第4龛左侧小龛

图96 四川安岳茗山寺第5龛

图95 四川安岳茗山寺第5龛佛头部

图97 四川安岳茗山寺第7龛　　图98 四川安岳茗山寺第7龛左侧菩萨头部（上）

图99 四川安岳茗山寺第7龛右侧菩萨头部（下）

孔雀洞

孔雀洞，位于安岳县城东南55千米的双龙街乡孔雀山麓，山顶有寺，因有宋代雕刻的孔雀明王而得名"孔雀寺"。孔雀洞就在寺下方崖壁上，依岩而凿，高4.7米、宽4.3米、进深2.7米。附近尚有大小龛窟8个、造像75尊、碑刻题记6处，但多经老百姓装彩，已失原貌，唯有孔雀洞因位于一户村民家厨房内，才完好地保存了下来。洞窟中间为一尊坐于孔雀背上的明王像，洞壁上浮雕诸天众像，内容来自《佛母大孔雀明王经》。孔雀高达2.3米，背上的明王造像一头四臂，面朝东方，满面慈悲，头戴化佛宝冠，胸饰璎珞，身着双领下垂式袈裟，左上手执莲蕾，左下手捧宝珠，右上手握雀羽，右下手托贝叶经。整窟造像构思别致、造型奇妙，具有极高的观赏价值。后壁上方所刻天众双手合十，呈虔诚礼敬状。两侧壁刻二组"孔雀明王经变图"；右壁中为阿难陀立像，手执经书，下边一比丘长跪伏地，身后有蛇从古树中爬出。图像内容依据的是佛经中的一段文字，说一比丘名叫莎底，出家后去深山砍柴，有一黑蛇从朽木孔出，伤其右足拇指，毒气遍身，闷绝于地。当时阿难陀告诉佛：莎底为毒所中，受大苦。佛告诉阿难，佛母明王咒，有大威力，能灭一切诸毒怖畏灾恼。

整个洞窟规模宏大、人物众多、刻工精美，可谓大足北山孔雀明王像的姊妹篇，也是全国同类题材中不可多得的艺术杰作。

孔雀洞后山山顶上有一座"经目石塔"，石塔形状殊为特别，由塔基、塔身和塔顶三部分组成。八角形塔基，三层塔身，每层由八根立柱组成，塔高15米。每根立柱六个面，每根立柱上均浮雕小佛像和佛经名称，共刻录144部佛经目录，字迹古朴、笔法流畅。三层立柱上部浮雕结跏趺坐小佛像，共计24尊。

塔本起源于印度，中文释作"窣堵波""塔婆""浮图"等。印度最初建塔是为了埋藏释迦牟尼佛舍利所用。后来，塔可以代指佛，再后来塔有了供养佛像的作用。佛教传入我国后，佛塔与我国传统的亭阁建筑结合，产生了楼阁式塔，并产生了多种功能的塔。唐宋以来，藏经之所多建成塔的形状，以至于宋代形成的转轮经藏（可以转动的书柜）也是塔的形状，而安岳有好几个地方在摩崖上雕出的藏经龛都是塔的形状。

孔雀洞最值得关注的就是它的独特，造像是少有的大型孔雀明王造像，塔是少见的中心立柱式经目塔，就为了它们，也值得专门走一趟。孔雀洞就在公路边上，看完孔雀洞，从公路对面的一条小道进山，就可到茗山寺。

安岳还有许多精美的摩崖造像散落田野间，塔坡、菩萨湾、菩萨岩、净慧岩、黄桷大佛、木鱼山、卧佛院……数不胜数。

图100　四川安岳孔雀洞第10龛孔雀头部

图101　四川安岳孔雀洞第10龛

大足石刻

　　在重庆市大足县城周围分布着众多石窟和摩崖造像，以佛教造像为主，也有道教、儒教内容，现存造像5万余身、铭文10万余字，总称"大足石刻"，始创于晚唐而盛于两宋，是我国晚期石窟的重要代表之一，也是我国宋代石刻最集中的区域。

　　大足石刻与安岳石刻，从地域上说，是邻近相连的关系。从石刻造像上说，可以看作一个整体，大足石刻是安岳石刻的姊妹篇。

　　大足石刻，头顶"世界文化遗产"光环，早已是家喻户晓，游人如织。大足石刻中有75处被列为各级文物保护单位，以北山、宝顶山石窟和摩崖造像最为集中，规模宏大、内容丰富、艺术精湛，游客最多。南山、石篆山、石门山，因独特的内容与相对集中的雕刻，也颇受关注。

　　最早记录大足石刻的是南宋王象之编撰的《舆地碑记目》。1945年，杨家骆、马衡、顾颉刚、傅振伦等学者开启了现代学者的调查研究序幕。1952年，国家设立了专门的管理机构，当时设立的大足县文物保护管理委员会下设大足县石刻保管所，是四川省最早的四个文管所之一。1961年，其被国务院公布为全国重点文物保护单位。1999年，被列入《世界文化遗产名录》。

　　从1952年至今，已完成了北山佛湾保护长廊、南山三清洞保护工程、佛湾136窟治水、南山石窟综合抢险加固等40余项保护工程，堪称南方石窟和摩崖造像保

天下蜀刻
石上大宋

护利用的典范。

从1940年中国营造学社的梁思成、刘敦桢等学者考察大足石刻开始，到了今天，大足石刻的内容已经逐渐清晰，它以石刻画卷的方式，为我们绘就了大宋王朝的人间万象。

北山造像

北山造像，以重庆大足区城北的佛湾为中心，包括了附近的观音坡、营盘坡、佛耳岩、多宝塔等多处遗迹。宋代雕刻主要集中在佛湾和多宝塔上。北山佛湾造像分布在距城北约1千米处的北山（古名"龙岗山"）上。

唐末昌州刺史，昌、普、渝、合四州都指挥韦君靖于唐景福元年（892)开始在北山造像，历经五代，鼎盛于两宋，历时250余年，明清有增补。现存的石窟和摩崖造像分布在500米长的崖壁上，共290个龛窟，分为南北两个区域。南区多晚唐及五代作品，北区多两宋作品，有方形龛和圆拱形龛两种，规模较小。共有题记50余则、造像4397尊，题材融合了佛教密宗、净土宗、禅宗等内容。

从大足城区向北出发，不足十分钟便可到达北山脚下的北山停车场。从停车场沿青石板路拾级而上，青翠葱绿山林中威风凛凛的两尊石将军像突然伫立眼前，这便是唐末昌州刺史，昌、普、渝、合四州都指挥韦君靖在景福元年为了守护永昌军寨而开凿的毗沙门天王像，它是北山最早开凿的佛教造像。在毗沙门天王像旁左边，韦君靖把自己刻在了石上，同时有一方碑，记录了永昌寨修建的过程（图102）。这一组像位于山顶南端，北山造像编号就是从这里开始的。从这里往北第1至98号龛是北山的南段造像，它们主要开凿于唐末、五代时期，主要内容有阿弥陀佛、菩提瑞像、十六罗汉、观音等唐代以来川渝全境流行的题材。南段与北段之间有一段相对空闲的崖壁，这里有通向最顶端位于山脊上的管理房的石梯，也许就是当年通向韦君靖军寨的道路，空闲的崖壁上有两座明清时期的墓塔，它们应该是当时僧人的最终归所。

北段雕刻开始于一块石包，石包中间开一龛，龛中立"赵懿简公神道碑"。"神道"是大型墓葬前面通往墓跟前的道路，两侧通常有石刻的人、马、瑞兽等立于地表，有的也有石碑。"赵懿简公神道碑"原在陕西周至，刻于北宋元祐七

图102 重庆大足北山韦君靖像(重庆大足石刻全部图片由重庆大足石刻研究院提供,除特别注明外,均由郑文武、王远拍摄)

图103　重庆大足北山《赵懿简公神道碑》

图104　重庆大足北山《孝经》题刻

年（1092），南宋孝宗之世（1163—1189）转刻于此。《赵懿简公神道碑》正文由蔡京撰写并题写了篆文碑额，因此被称为"蔡京"碑。蔡京是宋代高官，官声不好，但书法却受历代文人肯定。转刻这通从陕西来的神道碑时，在碑龛外满壁刻写了"古文孝经"，这是北山北段造像的开始，也是宋代造像区的开始点（图103、图104）。《赵懿简公神道碑》碑龛左侧有清代刻"一佛二菩萨二弟子"（右侧弟子已失）造像龛和"孝经"二字题刻。从第105号开始至290号龛，除少数唐末、五代造像龛外，大多数雕刻于宋代，从北宋到南宋一一罗列，堪称晚唐至南宋的石刻艺术长廊，"唐宋变革"的连环画册。《孝经》是儒家重要经典，是中国古代政治伦理著作，儒家十三经之一，主要阐述孝道和孝治思想，是科举时代重要的教科书，为了避免抄写出错，一般高等级的官学会刻石立于学校旁，以作标准。在大足偏远深山中出现刻于山岩上的体量庞大、书法漂亮、刻工精美的孝经碑，是宋代蜀学兴旺的体现，彰显了宋王朝主流思想已深入偏远乡村，让我们明白了宋代石刻不管呈现的是何种内容，"孝"似乎都是它要表达的主题之一，这在大足佛教石刻里处处可见。与孝经碑雕刻大致同时期的造像从这里开始，龛形多为方形龛，比起唐代造像龛更加灵动、自由，造像不再只表现佛及菩萨、弟子，大量供养人及他们逝去的亲人被雕刻在上面，窟龛中人物形象、类别增多了，造像内容更加丰富多彩。

从这里往北，按照参观路线，依次是第105、106、107号等龛。

105号龛，长方形龛，龛内造像分为三层，上层、中层均等，下层低矮。上层正壁中间雕结跏趺坐的毗卢遮那佛，二弟子侍立两旁；左壁文殊菩萨骑坐于青狮背上，右壁骑坐于大象背上的普贤菩萨已经残损。中层环壁刻十身大菩萨立像。底层环壁刻一方案、一宝塔、一草庐及二侍者。在安岳华严洞中，"华严三圣"位于正壁，十地菩萨以各种姿势呈"一"字形排开，优雅坐于两壁的高座上，十菩萨背后是善财童子五十三参故事及故事发生的主要地点，与这龛的空间布局完全不同。安岳、大足工匠们因地制宜、灵活处置，显示了他们高超的技巧（图105）。

105号龛右侧的第106号龛，开凿的也是华严三圣，除"华严三圣"主尊不变外，表现的其他内容又完全不同了（图106）。

　　107号龛，方形龛，龛中雕刻以中间一层小坐像分隔为基本均等的上下两层空间。上层环壁雕刻七尊坐佛像，正壁中间一尊佛像手持钵，左侧侍立菩萨立像手持十二环锡杖，说明这尊佛是药师佛。药师佛是过去七佛之一，在这里它成了七佛龛的主尊。中层一列八尊菩萨坐于高座上。下层左右为戴盔着甲的将军形象，它们是《药师经变》中的十二药叉大将，供养人形体都很小，夹杂在中层与下层造像之间。巴蜀两地唐代就特别流行药师佛造像，一般以两种形式出现：一是在雕刻过去七佛时作为过去七佛当中的一个，二是药师佛与日光、月光二胁侍菩萨

图105　重庆大足北山105号龛

图106　重庆大足北山106号龛

图107　重庆大足北山107号龛　　　　　　　　　　图108　重庆大足北山108号龛

或药师佛与二胁侍菩萨、十二药叉大将的组合形式出现。安岳千佛寨有龛唐代"药师经变相"，药师佛两侧侍立着八大菩萨，八大菩萨两侧刻出了药师佛免除九横死（九种非正常的死亡形式）的内容，十二药叉大将刻于全部造像的下方。与这龛药师经变像突出表现过去七佛及供养人，并夹杂在八菩萨与十二药叉大将之间的形式完全不同（图107）。

　　107号龛右侧的110龛中雕刻的也是药师经变像，与107龛的空间布局完全不同，药师佛位于正壁，坐于盘龙高座上，日光、月光菩萨分别坐于左右壁高高的方座上，两大菩萨外侧各有立尊药叉大将（图108）。

　　113号龛，圆拱形龛，龛楣上雕刻山石装饰，这是宋代出现的新纹样，唐、五代龛楣都是以缠枝纹或宝珠等装饰，山岩装饰只出现在龛底部或座底部装饰中。龛中水月观音高高的束发宝冠两侧各生出一缕毫光，毫光向上分开各自绕成一圈后飘向龛顶、盘右腿、垂左腿，身体微微向右倾斜，自在坐于束腰方座上，高高的座前从菩萨臂上、身上垂下的帛带轻轻飘起，胸前层层叠叠重装的珠串与向上

图109　重庆大足北山113号龛

图110　重庆大足北山113号龛　图111　重庆大足北山113号龛左侧供养人
右侧供养人

飘出的毫光、轻轻飘动的帛带共同衬托出菩萨庄重祥和、轻盈自在的形态，比之于唐代体态丰健、庄严肃穆的菩萨像有了很大的变化。这尊观音仿佛柔美的少女，在微风中轻轻坐在你面前，旁边弟子双手合十恭敬侍立于侧。龛左右壁雕出了供养人一家，左壁主要为一对壮年夫妇，从内向外依次为：第一身，成年男子像，头扎巾，着双层交领长袍——显然是普通百姓形象；第二身，成年女子像，束高发髻，着交领长袍，显然是前者的妻子；右侧主要为一对老年夫妇，男子着双层交领衣，似为老僧形象；女子着交领衣，颧骨高突，老年妇女面相（图109、图110、图111），或许与安岳圆觉洞7号龛功德主孙衍的父亲一样，这对老年夫妻，丈夫年老后出家了。

122号龛，长方形双层龛，龛中刻一妇女，挽高发髻，眉间有白毫，戴凤冠，披云肩，着宽袖衣，穿云头鞋，怀抱小儿坐于靠背椅上，椅背后面是三扇屏风。左壁刻一妇女奶孩子状，后方立一侍女，右壁立一侍女、俩孩子。两壁、龛底共刻了八个孩子。这是著名的诃利帝母像（图112）。佛经中说诃利帝母有五百个小孩，但她专吃别人小孩，佛祖释迦牟尼为了教化她，把她的孩子藏了起来，让她意识到了失去孩子的痛苦，于是转而专门保护小孩。在中国，工匠们就把她变成了中国妇女的模样。巴中南龛有两龛唐代诃利帝母像，她坐在地上，一堆小孩围绕在她身边，完全是当地普通家庭妇女的样子，胖胖的脸颊、圆润的身躯，俨然盛唐的民间胖妞。122号龛这尊诃利帝母像则凤冠霞帔，旁有乳母，坐在屏风前的高座上，显然已有了女神的装束与派头，变成了中国民间的送子娘娘。清人杨子孝书写了一副对联刻于龛两侧，"祥麟不祚无缘嗣，威凤偏临积善家"，说明了老百姓将佛教信仰、行善观念与中国儒家传统的子嗣观念联系起来了。

第125号龛是一个极不起眼的小龛，却引来无数美术家们的赞叹。这是一个小小的方形龛，龛中造像有些风化，但当你面对这个小龛时，你一定会驻足观看。龛中，一尊观音像亭亭玉立，身体仿佛被微风吹动轻轻扭向一边，微微侧面，轻轻含笑，两侧的衣带飘起，像是从空中落下那一瞬间的姿态。身后，椭圆形身光映衬着她轻盈的身姿，宝冠下椭圆形面颊柔和饱满，右手持串珠放体前，左手握

图112　重庆大足北山122号龛

图113　重庆大足北山125号龛

住右手腕，标准的淑女动作。这是数珠手观音，但被无数观者称为"媚态观音"。龛两侧上方还各有一身飞天，两侧有一僧一少女两侍者，他们应该是年少时的善财与龙女，但主尊观音太美了，以至于很少有人关注这两身飞天与身旁的善财、龙女。大足工匠对瞬间动态的把握谓可巧夺天工，能将僵硬的、程式化的神像在冷冰冰的石头上表现得如此美丽动人，实在令人惊叹（图113）！

130号龛，龛内主尊为一尊立于大象牵引的战车上的菩萨形象，头戴花冠，菩萨三头八臂，胸饰璎珞，有背光，上两手上举，分别执法轮、剑，中两手持弓、握箭，胸前双手结印，下两手持戟、盾，双脚踏莲台；头顶上方有一座三层宝塔，三层各有一尊佛像。这是摩利支天女，是佛教中的战神。左右壁各立四身威风凛凛、凶神恶煞的武士，个个双目圆睁、身体赤裸、肌肉暴突，手持各式武器（图114、图115、图116）。

133号龛，主尊有圆形火焰纹光，戴花宝冠，冠带飘扬，璎珞蔽体，座前有绦带、帛带长长垂下。左手膝间持珠串，右手放右膝上，左腿盘屈，右腿拱起竖立，自在坐于须弥方座上，身后有山岩构成的屏风，屏风左侧有一净瓶，左有善财、右有龙女侍立，知此菩萨为水月观音像。善财已是老年、龙女也为中年妇女形象。两侧四尊天王皆着将军装，或两臂、或四臂、或六臂，各持武器护持。右壁内侧武士，左上手持钵，钵内一条小龙伸出了头，证明他降伏了恶龙，将它装在钵中（图117、图118）。

136号龛是著名的转轮藏窟，窟内以正中一座转轮藏为中心，三壁及中间轮藏一周造像众多，总体是以释迦牟尼佛为主尊的各类观音造像，尊尊华美，无一雷同，是大足石刻最引人注目的洞窟之一。窟中央转轮藏八角形，底部是束腰缠龙须弥座，中间是八根龙柱，顶部是天宫楼阁。"藏"是佛教存放经典的建筑，宋代流行将经书存放在可以转动的楼阁中，这就是"转轮藏"。这种建筑一是方便取放经书，二是佛教大开方便法门之后，为不识字的人、没有时间的人、懒人想了一个办法，也是后来转经筒产生的原因——转动轮藏等于念经。在这座转轮藏的

图114　重庆大足北山130号龛

图115　重庆大足北山130号龛

图116　重庆大足北山130号龛

中间，我们还可以看到一根石柱，那就是转轴。同类实物我们可以参考四川江油窦团山的"飞天藏"，只不过那是道教藏书用的，在天津蓟县（现蓟州区）独乐寺（辽代重臣韩德让家修建）中还有一座辽代转轮藏保存至今，那是唯一保存下来的宋辽时期的佛教转轮藏。窟内正壁，释迦牟尼佛结跏趺坐，左侧弟子迦叶、持净瓶的观音菩萨侍立，右侧弟子阿难和手持莲花的大势至菩萨侍立。左壁最内侧龛的文殊菩萨像坐于狮背上，前有狮奴，后有侍童；左壁中间龛内玉印观音结跏趺坐，两侧侍者站立；外龛内如意珠观音双手捧如意宝而立。右壁最内侧龛的文普贤菩萨坐于大象背上，前有象奴，后有侍童；中间龛内为不空羂索观音，六臂，左右侍者站立；外龛内数珠手观音双手持珠串站立。窟口左右护法力士横眉

图117　重庆大足北山133号龛左侧善财像　　图118　重庆大足北山133号龛右侧龙女像

竖目。出钱造像的四个人被刻在了正壁与右壁交接处，他们是两对夫妻。窟内的八躯菩萨均高约2米，衣饰华丽典雅，呈妩媚多姿女性形象，是宋代雕刻精品（图119—图124）。

149号龛为方形平顶深窟，圆拱形窟门，窟内三壁造像。正壁三尊菩萨像，中尊体形稍大，是三尊中的主尊，是如意轮圣观自在菩萨，也就是观世音的一种形象，她左手持莲，莲上放火焰宝珠，右手在胸前结印。左菩萨左手持净瓶，右手持柳枝，是观世音菩萨的标准形象；右菩萨手持如意，是普贤菩萨像。三菩萨身后及窟两壁刻满天众。开凿此窟的功德主是任宗易，任宗易和他的妻子杜氏及他

图119　重庆大足北山136号龛

图120　重庆大足北山136号窟玉印观音像（左）

图121　重庆大足北山136号窟玉印观音头像（右）

图122　重庆大足北山
136号窟中的不空羂索
观音像（左）

图123　重庆大足北山
136号窟不空羂索观音
头像（右）

图124　重庆大足北山136号窟后壁

们各自的侍者被刻在了后壁两边。任宗易戴着展角幞头，穿着广袖大袍，双手拱于前，一身朝服官袍，显然是一位官员；他的妻子挽高发髻，发髻前饰小凤钗，两鬓斜插云头簪，双手虔诚合十于前，也是官太太模样。

155号窟为方形平顶中心柱窟，中心柱正面雕刻的是一只硕大的孔雀背托大莲花座站立在窟中间，大孔雀明王菩萨坐在高高的大孔雀背上，一头四臂，威风凛凛，这是根据《佛母大孔雀明王经》雕刻的。大孔雀明王菩萨一头四臂，四只手分别持经函、团扇、莲花、宝珠，从背面看中心柱是一根圆柱。窟的三壁刻的是

图125　重庆大足北山155号窟

一排排小佛像，为千佛题材，是南北朝时期就广泛流行于我国各地的造像题材，是大乘佛教中禅观思想产生后，禅修时"观想"的内容（图125）。

168号窟为一个方形大窟，窟中间有一座石塔，塔上刻有"西域禅师坐化塔"字样，可见此塔是一位禅师的墓塔，禅师来自今天的新疆西部或更远的地方。正壁上开了一个佛龛，龛中雕刻释迦牟尼佛与文殊普贤二菩萨像，两壁立二弟子，佛与菩萨之间立八弟子，合为十弟子。佛龛外及窟的左右壁满壁雕刻罗汉像，现存495尊，应为五百罗汉题材。宋代特别流行罗汉题材，寺庙里也有了专门的罗汉殿，这个洞窟应该有罗汉殿的功能，宋代人也愿意将墓塔建于佛窟内或佛像群龛之间，安岳卧佛院、千佛寨佛龛群中都有墓塔（图126、图127）。

177号窟是一个方形小窟，窟内正壁是泗州大圣（即前文所讲的圣僧僧伽）像，头戴风帽，前置凭几，坐于高靠背高座上，弟子木叉持锡杖侍立于左侧，弟子慧俨持净瓶侍立于右侧。左壁，志公和尚倚坐于高座上，头戴风帽，双手持锡杖，

图126　重庆大足北山168号窟正壁

图127　重庆大足北山168号窟左壁局部

杖头悬挂剪刀、扫帚和尺子，其弟子立于左侧。右壁万回和尚结跏趺坐，双目下视，满脸皱纹，口微张，面露痴呆相，外侧立一侍僧。这是晚唐至宋，巴蜀两地

图128　重庆大足北山180号窟正壁

流行的圣僧造像。志公、泗州都是民间信奉的圣僧。万回，传说是唐代人，本是一个痴呆儿，但有一日万里往返的能力，也被奉为神僧。

　　180号窟是北山最值得看的窟之一，半圆形窟内雕了众多观音像。正壁主尊观音像坐于高座上，两侧侍立二菩萨，左右壁各立五尊合为十菩萨，主尊观音与两

图129　重庆大足北山180号窟左壁　　　　　　　　图130　重庆大足北山180号窟右壁

侧胁侍及两壁立像，合为十三尊菩萨立像，表现的是"十三观音变相"。观音有很多变化的形象，巴蜀摩崖造像中有很多以此为题材的造像，最多的当数大足北山造像。两壁观音立像上方各化现出一排十二尊菩萨像结跏趺坐于莲台上，根据持物或坐骑判断，他们是文殊菩萨、普贤菩萨、如意轮观音菩萨、数珠手观音菩萨、不空羂索观音菩萨等（图128—图130）。

　　从第193号龛至284号龛之间的崖面上有晚唐造像龛，从晚唐开凿的第245号龛大幅西方净变相开始，直到南宋都有雕刻。崖壁上位置好的造像龛大多开凿于前后蜀时期。前后蜀时期雕刻最多的内容是观音地藏、阿弥陀与观音地藏、地藏与经幢等，还有药师经变及其他观音变化身造像。北山北段末有几个宋代造像龛，其中第288龛规模最大，但在明代被人改刻了。

　　北山众多龛像中，除去开头的保护军寨的毗沙门天王像外，很多龛像寄托了功德主解急救苦、往生西方、超度亡灵的心愿。

宝顶造像

宝顶造像，位于重庆市大足县城东北约12公里处的宝顶山，是一处以大佛湾、小佛湾为中心，在方圆五里范围内的古道旁开凿的佛教石窟和摩崖造像，主要包括圣寿寺、大佛湾、小佛湾、龙潭、松林坡等十三处，以大佛湾和小佛湾规模最大。

大佛湾造像规模宏伟，艺术精湛，内容丰富，是大足石刻的代表。根据明代洪熙元年（1425）刻的《重修宝顶山圣寿寺碑记》记载，宝顶山大佛湾、小佛湾是大足人赵智凤于南宋淳熙至淳祐年间（1174—1252）历七十余年建成，有造像近万尊。明清时期有少量增刻。附属文物有圣寿寺、广大寺、万岁楼、灵官殿、惜字塔、高观音造像、老游客中心古墓群、塔坡明清僧人墓群、周边结界像、转法轮塔和释迦真身舍利宝塔等，另有可移动石刻造像、香炉等，是重庆市最重要的旅游观光景区（图131）。

小佛湾造像位于宝顶山维摩顶坡北面山腰，原名"圣寿本尊殿""大宝楼阁"，清代称"天堂"，民国称"小佛湾"，沿袭至今。现存造像1129尊，经目、经文、偈颂等文字5705个，宋明时期的碑刻7通，圆雕造像10件。南宋赵智凤择宝顶山开宗传教，首建"圣寿本尊殿"，即小佛湾摩崖造像。小佛湾，基本上是条石砌筑而成的石窟寺，坐南朝北，东西宽16.5米、进深7.9米，造像雕刻于条石砌筑的石台四周以及石台上、下部。主要内容有祖师法身经目塔、七佛龛壁、报恩经变窟、殿堂月轮佛龛及十恶罪报图、毗卢庵窟等。后遭元、明两代兵燹，现存七重殿宇为清代重修，建筑面积1631.68平方米（图132）。

大佛湾是圣寿寺下方形似马蹄形的山湾，长约500米，崖壁高约8～25米，"U"字形的底端朝东，开口端朝西。山沟里，上方水流向崖前（西面）的小河。顺着现在的参观道路，造像从南崖西端开始，向东至南崖东端，经东部沟底绕向北崖东端，再至北崖西端结束。造像除了少数明、清时期补刻的内容外，全是南宋造像及题刻。从小佛湾下山至大佛湾入口，依次刻护法神像、六道轮回图、广大宝楼阁、华严三圣、千手观音、佛传故事、释迦涅槃图、九龙浴太子、孔雀明王经变相、毗卢道场、大方便佛报父母恩重经变相、雷音图、观无量寿佛经变相、六耗图、地狱变相、柳本尊行化图、十大明王、牧牛图、圆觉洞等。题材涉及佛教，还融合了密宗、禅宗、华严、净土等宗派内容，此外还有碑碣、题刻、游记、诗词、培修、装绘等铭文2万余字。

除圆觉洞、毗卢庵两座石窟外，均为摩崖造像或连环画式巨幅雕刻，写实、生动，人物形貌与生活场景更接近现实生活，具有鲜明的地方特色。尤其是大型连续性故事画的雕刻和规模庞大的群像，场面恢宏，为中国石窟中所仅见。

以前，通常被认为是"重要的佛教密宗道场"，实际造像题材多密宗元素，但也有华严三圣、西方净土变、禅宗牧牛、圆觉等各宗题材，杂糅了密宗、禅宗、净土、华严和儒家孝道等各种思想，是宋代佛教"禅、净、密融合，诸宗归禅"的真实写照，核心内容是"禅"。这些造像除明显糅合了密宗、禅宗、净土宗、华严宗等佛教主要宗派内容外，还有儒家孝道等各种思想，可以说是一座思想宝库，是研究雕刻艺术史和宗教思想史的重要资料。

这里顺着参观路线，对造像进行介绍。

第27号龛，是一尊头戴宝冠的半身佛像（图133），面形方正，双目微闭，双手拱于前，手臂以下全身覆盖于卷云之下，镂空的缠枝花宝冠前升起两道光焰，两道光焰中间现出一尊小佛像。在安岳、大足境内宋代造像中半身佛像较多，在四川其他地方亦有多尊，完工于宋代的仁寿县文宫乡牛角寨大佛也是一尊半身像。按照《佛祖统纪》的说法，"法师思净……尝于西湖北山凿石作弥勒像，露半躯于岩，识者以为深谷为陵之日，必有继成全身，如三生石像者"。可见半身佛像的开凿，可能与宋代禅僧思净相关。

巴蜀两地有很多大佛像，因为大像开凿时间长，今天看到的一些半身大像可能系并未完工的原因，一些则不然。如乐山大佛、荣县大佛，开工几十年后才

图131　重庆大足宝顶山大佛湾全景（鲁昌麟／摄）

图132　重庆大足宝顶山小佛湾经目塔（左）

图133　重庆大足宝顶山大佛湾27号龛半身佛像（右）

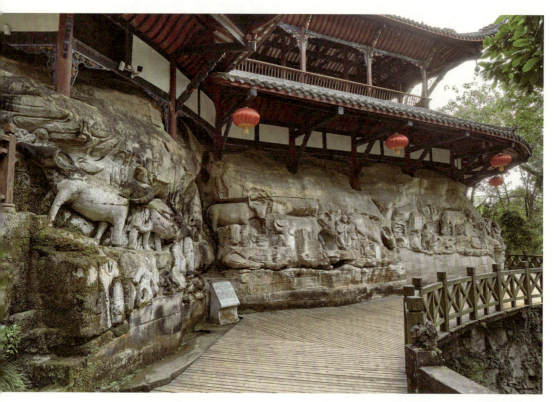

图134 重庆大足宝顶山大佛湾30号龛牧牛图

图135 重庆大足宝顶山大佛湾30号龛牧 图136 重庆大足宝顶山大佛湾30号龛牧牛图结束场景
牛图开始场景

完工，而仁寿牛角寨大佛至今仍是半身胸像，有的则在一百多年后才被接上了双脚，如始造于唐、开光于宋代的资阳半月山大佛、潼南大佛等。宝顶山出现的半身造像早已打磨好，并已装饰完工，因此本来造的就是一尊半身像，由此可见宋代有些半身像不一定是没完工，可能本来造的就是半身像。仁寿黑龙滩水库边的大佛半身像已将衣服等雕出并已经打磨完工，说明它与法照的弥勒像一样，造的就是半身像，龙泉张飞营亦有一尊半身像，仅雕出颈部以上，应系未完工像。

第30号造像，是一幅巨型雕摩崖石刻，内容是有名的"牧牛图"，是根据宋人杨次公《牧牛颂》创作的，属于禅宗造像，将人与牛互相抵抗到最后牛与人互相忘记、自在两得的过程比作人与自己内心和解的过程。牧牛图一共十二组图，皆依自然岩石随形雕刻而成，场面宏大，图像生动自然。第一至第十幅十组图，表现牧童与牛的关系，每幅场景都有偈语，以山石间牧童拽着牛往后拉、牛则朝着反方向使劲想挣脱的画面开始，第十幅是人自在仰面枕石而眠、牛悠然卧于另一边的景象，第十一组为一人禅坐于山岩间。最后一幅是一轮圆月，圆月下刻偈语，"了了了无吾所了，心心心更有何心，了心心了无依止，圆照无私耀古今"，旁边有杨次公"证道牧牛颂"的题记。这是宋代文人对禅的阐释（图134—图136）。

巨型摩崖雕刻牧牛图旁边是宝顶山最大的洞窟圆觉洞，编号第29窟，洞中主角是十二圆觉菩萨，造像的依据是《圆觉经》。从长方形窟门进洞后，洞内豁然开朗，洞内空间方正平坦，宽大舒适，窟门上方有一方形天窗，利用自然光源解决了洞窟的照明问题。窟顶四壁雕刻出山岩造型，将排水沟隐于山岩间，窟顶及四周引下的水又通过地面一条暗沟流向窟外，使洞内阴凉但干爽，非常舒服。洞内正壁是三尊坐佛像，中间是头戴宝冠的佛像，表现的是释迦牟尼佛降魔成道时的形象，唐代密宗兴起后又是密教主尊大日如来的形象。因此早期学者认为这个洞窟造像属于密教造像，其实整个窟内的造像就是圆觉经中十二圆觉菩萨向释迦牟尼佛请教的场面。三尊佛像旁有一僧一俗两侍者，反映了宋代大量在家居士与僧人共同奉佛的情形。左右壁仿木雕刻的高案上，十二尊神态各异、体态优美的

图137 重庆大足宝顶山大佛湾29号龛圆觉洞全景

图138　重庆大足宝顶山大佛湾29号
窟圆觉洞左壁

图139　重庆大足宝顶山大佛湾29号
窟圆觉洞右壁（上）

图140　重庆大足宝顶山大佛湾29号
窟圆觉洞左壁局部（下）

大菩萨像仿佛从高处注视着观者，每尊都精雕细凿，衣着华丽，神态安详，无一雷同。最具匠心的是佛面前的地面上还跪着一尊菩萨像，他是十二圆觉菩萨中轮流出来向佛请示问题的那一位，很有情景性。整个洞窟全部雕琢于岩上，所有的造像都与崖壁联为一体，但当你在洞窟中观看时，你会以为是在木结构建筑中，或者就是在一座寺院的大殿里，完全看不出这些全部是石雕，工匠的技艺之高超，由此可见一斑。山岩间祥云缭绕，佛、菩萨、天神、童子、护法、禅僧等人物，猴子、乌龟、龙等动物，宝瓶、莲花、宫殿等用器及建筑显现其间，没有人不被这个洞窟的巧妙构思与精心设计所打动。出生于果州西充（今属四川）的唐代僧人宗密（780—841）号称如来第三十九代法孙，是华严宗第五祖，又被世人称为"圭峰大师"，他特别重视《圆觉经》，一般认为从他开始《圆觉经》就成为禅宗的重要经典了，也就是说在中唐时期，在僧人宗密身上禅宗与华严宗已然合为一体了，这里的造像其实就是这一变化的结果（图137—图140）。

安岳县城边上也有一座圆觉洞，那里是禅宗活动场所，其旁北宋造第10号龛内有一则晚期装修题刻，书者为住持僧"禅戒正浦"。安岳这座圆觉洞与大足宝顶山圆觉洞是同一时期、同一区域所雕的同一内容题材，显示出华严思想在宋代早已被禅宗吸收，成为禅宗的重要组成部分的事实。

走出圆觉洞，右侧是一只大虎。圆觉洞与石虎之间有一道石梯通向崖顶，这是位于南崖山顶的圣寿寺与大佛湾之间原来的通道，所以最早龛窟编号是从这里开始的，这只石虎编号为1。梯道右侧的石虎旁就是护法龛，顺右绕山沟一周后回到原处，所以梯道左侧的圆觉洞是最后一个编号。这处梯道较陡，随着游客量的增加，改建了现在的参观道路，现在是从山沟口第27号龛处进入龛窟区。

第2号龛，是一个横长方形浅龛，龛内刻九尊凶神恶煞、手持法器的等身护法神，龛内两侧、上方、下方、台下等雕刻了许多护法神像，全龛共计雕像28尊。在这里开凿老虎、护法神像，说明这里是大佛湾的"山门"（图141）。

图141 重庆大足宝顶山大佛湾2号窟护法神龛

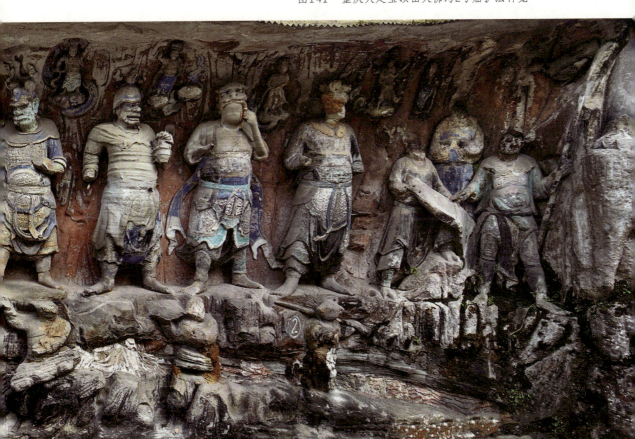

图142　重庆大足宝顶山大佛湾3号龛六道轮回图

第3号龛是一幅六道轮回图的摩崖雕刻，核心构图是无常大鬼与六道轮回图像组成的六道轮回盘，所反映的是佛教理论中最重要的因果报应与地狱思想。这一思想早在唐以前就出现在中国，四川现存最早的地狱图像在邛崃磐陀寺唐大历年间开凿的1号龛右壁，这是佛教自始至终都宣传的内容，在四川西部、中东部地区至今仍然流行。无常大鬼头上方是祥云中腾起的三尊佛像，无常鬼大嘴咬住大轮盘，双手环抱轮盘两边，轮盘中间的圆圈正好位于无常肚子中间，圆圈中间一人禅定，从胸中升出六道毫光飘向六个方向，每道毫光中均有小佛像结跏趺坐于圆轮中。轮盘分三圈，六道毫光将这三圈分成了六等份，每等份一格，每格内有动物、人、佛等各类形象，表现人与动物等转世轮回投生。内圈六格分别为天宫楼阁、三头六臂神像、动物、地狱、饿鬼、官人等形象，是六道轮回转世图（图142）。

第4号龛是一幅摩崖雕刻，正中间刻"宝顶山"三个大字，大字上方是"广大宝楼阁"建筑雕刻，三幢五层楼阁式建筑高耸入云，楼顶外祥云缭绕，第四、五层均为三开间，当中明间各坐一尊佛像，楼阁下部大半部分被山石、宝树遮挡，底层前方各坐一尊佛像。中间高楼第四层额上题"广大宝楼阁"几个大字。这是根据《广大宝楼阁善住秘密陀罗尼经》雕刻的，"发菩提心，修行孝道"是《广大宝楼阁善住秘密陀罗尼经》强调的内容，并论证了行菩萨行是宝顶山石刻造像的核心思想，以《大方广佛华严经》为指导，这些都是华严思想的表现；与之连为一体的是第5号巨型立像"华严三圣"，其内容亦出自《华严经》。北宋以后，禅宗最注重两经一论，其中一经即是《华严经》，可见华严思想在禅宗里是很重要的内容。"宝顶山"刻字下方雕刻出巨型岩石（图143）。

第5号龛是巨型"华严三圣"立像，在崖壁上刻出小千佛，每尊小佛都结跏趺坐于圆轮形龛中，以小千佛为底衬，三尊大像立于其上。主尊佛像高达6.2米，螺髻细密，宽大的袈裟自然垂下，两侧与佛等高的二菩萨宝冠华服，各自轻轻托起手中的宝塔，重达数公斤的宝塔全靠层层垂下的宽大袈裟分解重量，使宝塔千年不坠。左侧菩萨手中那座七层宝塔高达1.68米，重以吨计，在菩萨手中却轻得像

图143　重庆大足宝顶山大佛湾4号龛宝顶山广大宝楼阁

图144　重庆大足宝顶山大佛湾5号龛"华严三圣"

块木头（图144）。

　　第6龛是一座舍利宝塔，方形楼阁式塔，塔高五层，第二至五层每层正面雕一尊佛像，第二层檐下刻"舍利宝塔"铭文。整座宝塔完全写实雕刻，每层塔檐的筒瓦、瓦当、滴水都据实雕出，其中的佛像瓦当特别漂亮。从唐代以来，南方摩崖造像附近都有这样的塔，从考古调查的情况看，其中没有刻文的多是实用的骨灰塔，有的还将僧人的像刻于塔前。在四川安岳卧佛院、阆中大像山、巴中南龛山等都大量存在这样的塔，从唐到宋最多，明清时期仍有雕刻。宝顶山雕刻的这座舍利宝塔

天下蜀刻
石上大宋

图145 重庆大足宝顶山大佛湾6号龛舍利宝塔

体量比较大，是高僧塔还是宋代流行的象征法身的释迦舍利塔，目前还不是很明确（图145）。

第7号雕刻可以分为三个部分，从山岩顶端直达地面。最上面是一座宝塔，只雕出四层，第一层檐下额匾上刻"妙智宝塔"，二、三、四层正面均有一尊坐佛像，佛坐于圆轮形龛中。第一、二、三层塔檐均是佛像纹瓦当，第四层檐因收分变得比较小，看不清瓦当纹样，塔上有顶。塔两侧石山高耸，中间部分为一座亭子，八面四角攒尖顶，顶饰莲座宝瓶，宝瓶被祥云遮挡，亭子内外共有六人，亭子正面坐一人，前有人参拜。其右侧有一座宝殿，殿外云气缭绕，殿下方崖壁上刻"毗卢庵"，毗卢即光明遍照，"妙智"即大智慧。第三部分位于"毗卢庵"下方的崖面，雕刻的主要是山岩。

第8号就是著名的千手观音像，也是2008年至2015年完成了本体大修的一尊像，当时被称为"世纪工程"。因为维修前主要准备工作都是围绕着将起层或掉落的金箔回贴进行，开工以后，才发现千手观音本体大面积疏解、脱落了，"皮之不存，毛将焉附"？文保专家们开始调研、讨论，最终决定采用本体修补加固

图146　重庆大足宝顶
山大佛湾8号龛千手观音

行深般若照見五蘊皆空普渡眾生看殿上菩薩千支金手炳世界

后再贴金、彩绘的方案。所以，2016年完工时，千手观音面目一新，引来了不少争议，特别是认为文物应该"修旧如旧"的人们非常不满，可当专家组介绍了维修前千手观音的状况，及维修过程中方案改变的原因时，大家也就接受了。现在，站在千手观音前，没有人不被这尊巨大的、金灿灿的千手观音所震慑。千手观音为坐像，高3.31米，头高1.29米，胸厚0.68米，两侧千手如椭圆形扇面般展开，最大径达3.24米。高高的镂雕花冠上有48尊佛像，是目前石窟所见雕刻最复杂、装饰佛像最多的宝冠。两侧千手层层叠叠，状如涌出，极具动态，炫人眼目。许多手上执有法器，因为太多，维修记录时为数清楚数量，对它们进行了一一编号。观音前有830条手臂，执231件各种法器，其中莲、珠、印、钵、拍板、狮、葡萄、骷髅、塔、瓶、弓、鼓、盒、戟、斧、经、贝叶经、如意、念珠、宫殿等72种之多，有的法器对称出现，有的则是单独出现。前面和两侧还有众多人物。千手观音也经过历代维修，清代遂宁县的张龙飞就曾带着妻儿来装修过千手观音。观音前的木结构大殿为明代修建，经清代维修，至今仍然在使用。观音信仰从南北朝以来就早已流行，在中晚唐以来的巴蜀地区，千手观音造像随处可见。唐宋迄今，四川的千手观音像可以说遍布乡野，还出现了观音经变像，其中五代、宋代的各类观音形象数不胜数，在大足、安岳地区五代、宋的造像中尤多。千手观音被认为是唐代武周时期中国密教造像出现的标志，但到了中晚唐时期千手观音形象已经遍布四川乡村，已然成为一种民间信仰，也是禅宗的重要造像题材（图146）。

从千手观音殿右侧开始，进入了大佛湾"U"形沟的底端，即东崖造像。东崖上是巨型卧佛，其脚朝向的崖面是南崖西端，与千手观音相接的画面是佛传故事，有"出游四门""舍利塔"等浮雕画面。卧佛头朝向的东崖北侧崖面则是"腋下诞生""九龙浴太子"故事。这样，山沟底端就像古老的石窟寺内的构图一样，刻的是释迦牟尼佛从诞生到入灭的内容，是佛教传入我国之初就已流行的佛教故事题材。在佛教初传入中国不久，即有大量此类内容的图像流传，新疆、中原北方地区等早期造像、壁画中极常见。四川成都出土的南朝背屏式造像中就有涅槃图，从唐代至今，许多寺庙壁画中亦流行该题材。参观者从千手观音殿出来，向右侧身，首先看到的是沟底横卧的一尊大卧佛，即佛陀涅槃像，就是佛临终前的像，但有特色的是，这里第一次将佛陀雕成了半身像，这样看起来佛的体量更加巨大。大佛上方及身体侧面有佛经描述的涅槃时出现的弟子、天空中佛的母亲等人物。南侧（佛脚）雕刻了佛出游四门等促使他出家寻找人生解脱之道的情节。北侧（佛头侧）雕刻了一条龙从山岩顶上伸出头来，山上沟里的水全部汇聚到这里，从龙嘴里吐出，然后淋到下方的一个小儿头上，这表现的是佛传故事里的九龙浴太子故事。故事说净饭王老年得子，释迦牟尼出生时空中有九条龙吐水为太子洗浴，龙头下方站立的小孩就是太子。因此，沟底及左右雕刻的图像应该连起来看，它们表现的是释迦牟尼佛从生至灭的故事，从太子到佛的过程，这是佛教艺术作品经久不衰的题材。

图147　重庆大足宝顶山大佛湾13号龛孔雀经变

图148　重庆大足宝顶山大佛湾14号窟外立面

图149　重庆大足宝顶山大佛湾14号窟内
的转轮藏

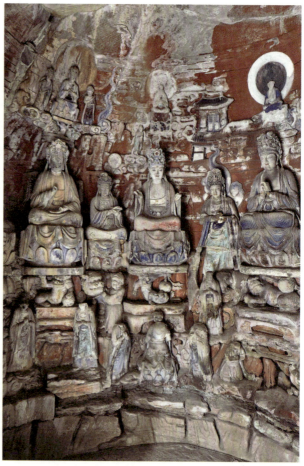

图150　重庆大足宝顶山大佛湾14号窟局部

从东崖九龙浴太子右侧处转向北崖，进入北崖造像区，从东至西依次为13、14、15、16、17号等龛。

第13号龛是一幅孔雀经变画，其依据是《佛母大孔雀明王经》。《佛母大孔雀明王经》虽是佛教密宗经典，但在宋代早已不限于密宗专用，在大足北山、安岳石羊均有孔雀明王造像。主尊高大的孔雀明王现菩萨形，高2.81米，坐在孔雀背上的大莲花座上，头戴镂空雕七佛宝冠，左手持孔雀羽毛，右手持莲花。左右两侧布满了雕刻，每组雕刻旁还有题记，可惜大多不能识读了（图147）。

其中，主尊左侧上层有5尊造像，左壁立面上一弟子手捧经函站立，其右前方从外向内第二尊像是一比丘晕倒在地，晕倒的比丘头后有一建筑，虽已残损，但仍可看出屋顶，屋身正面刻"火浴"二字，下部刻有《佛母大孔雀明王经》部分经文："有一比丘，名曰莎底……"，据此，我们知道这是讲莎底比丘出家不久，被黑蛇所伤，阿难求佛祖救他的故事。整壁造像刻的是不同场景，其中右上方可以看到大孔雀明王现身，画面中还有乌龟、蛇、狗等动物，也有树木、建筑、山石，如同中国的山水故事画，带有明显的宋代情趣。

第14号是一个洞窟，窟额横刻"毗卢道场"，左联竖刻"欲得不招无间业"，右联竖刻"莫谤如来正法轮"。窟外崖面，立面上方左右各分两排刻8尊佛像，合16尊，窟门两边刻四方天王，窟内刻转轮经藏等内容。八佛，在四川巴中盛唐造像中就已出现，四大天王在四川成都南朝造像中已有雕刻。转轮经藏，则是宋代特别流行的形式。《神僧传》记载，说是南朝时候一个叫傅弘的人创造了转轮藏，"大士傅弘者，住东阳郡乌伤县双林寺……梁孝武闻之，延住建业，乃居钟山下定林寺……初，大士在日，常以经目繁多，人或不能遍阅，乃就山中建大层龛，一柱八面，实以诸经，运行不碍，谓之轮藏。仍有愿言：登吾藏门者，生生世世，不失人身，从劝世人。有发于菩提心者，能推轮藏，是人即与持诵诸经功德无异。今天下所建轮藏皆设大士像，实始于此"。轮藏的出现与流行，是利众生的方便法。《佛祖统纪》卷十五记载，"法师思净……建十莲花藏，规制巧妙，为天下轮藏之冠。尤精画佛"，这则记录，说明了宋代对于轮藏的重视

（图148—图150）。

宋代的佛教融入了儒、道的内容，在大足的佛教摩崖造像雕刻中随处可见，北崖第15、16、17号雕刻就是一组以孝为主题，讲报恩的佛教故事画，其核心内容是《大方便佛报恩经》，而此经早在唐代就已经出现于四川地区。在安岳卧佛院的唐代刻经窟中，第109、110窟刻的就是这部经，而据卧佛院第46窟中的《经目序》可知，卧佛院刻经来源于大唐东京大敬爱寺，即唐代东都洛阳的大敬爱寺。这是佛教中国化过程中中国儒家孝道思想融入其中的结果，在宋代的其他考古材料中，孝也是重要的表现内容，这是时代大背景下的造像题材。

第15号巨幅雕刻底层已残损，现存部分最宽处13.44米，最高处6.76米。内容分上、中、下三层雕刻，最上层是一排七尊大佛半身像，他们是过去七佛。中尊佛像下方正中刻了一对夫妇在佛前求子的场景，配有文字说明"投佛祈求嗣息"，

图151　重庆大足宝顶山大佛湾15号摩崖雕刻——父母恩重经变故事

图152 重庆大足宝顶山大佛湾15号　图153 重庆大足宝顶山大佛湾15号龛局　图154 重庆大足宝顶山大佛湾15号
龛局部——远行忆念恩　　　　　　部——怀胎守护恩　　　　　　　　龛局部——哺乳不尽恩

下面配上"知恩者少，负恩者多"，讲述世间父母子女间的恩报实情。整幅雕刻以求子为中心内容，中层雕刻从母亲十月怀胎到抚养过程中的各种护持，长大后辞亲远行，每个情节都有文字描述，将父母对子女的恩德一一展现，堪称孝道教育的教科书，也将巴蜀民间各种生活场景——哺乳，小儿尿床，年轻人交友及成长、出行、婚嫁等内容以图画的形式一一呈现，生动有趣，超越了佛教说教内容，是宋代巴蜀民间市井生活的真实写照。第三层大部分已经残损了，但还是可以看出刻的是各种地狱场景，这是教化的重要内容，劝人向善、莫作恶，其中还讲了父母为了子女婚嫁，不惜杀猪宰羊犯下恶业，也讲了"三千条律令，不孝罪为先"，劝大家"天网无逃处，常应悔在前"，不要事后后悔（图151—图154）。

第16号雕刻是一处过渡崖面，内容接第15号龛，上层雕刻风雷雨电四神，中层刻遭雷劈报应的场景，下面配以"古圣雷音霹雳诗"。巴蜀两地山区，夏季农村常有人遭雷击的意外发生，民间老百姓认为是不孝所致。这幅雕刻提醒我们，巴蜀两地很多地方宋代雕刻的风雨雷电四神，应该与宋代对孝道的强调有关（图155）。

第17号龛是讲佛报父母恩的故事——以佛为榜样，告诫大家要行孝、如何行孝。中间是佛的巨型半身像，佛像下面是"三圣御制佛牙赞"铭文。佛头顶上方刻

图155　重庆大足宝顶山大佛湾16号龛雨神

的是佛陀母亲所在的"忉利天"，两侧分三层雕刻佛陀行孝的各种故事，有很多与
中国的二十四孝故事特别相似。如佛左侧下方一男子挑着老年父母行走的情节，表
现的是"六师外道"嘲笑佛不孝，而佛用行动回答，中国二十四孝故事中有"江革
负母逃难"故事，艺术表现出的画面情节与此类似，雕刻这一故事的文化工匠在川
南泸州延福寺等也雕刻了类似画面，而当地人则说是"儿挑娘"题材。画面中佛祖
养亲、事亲，最后亲自为父亲抬棺材、起塔等种种场面，无不呈现出巴蜀地区市井
生活的场景。无论僧俗老少，还是中国人、外国人，均形象生动，其中左侧的"吹
笛女"曾被无数艺术家称颂，也是今天学习美术创作的学生观摩学习的重要范本
（图156—图158）。

　　第18号是一幅巨型西方净土变雕刻，有天宫楼阁、九品往生等内容，还刻出
了"大宝楼阁""珠楼"等名称。这种以大量建筑分层表现"西方净土变"内容
的图像从唐代开始大量流行，从川北的巴中石窟到川南的乐山摩崖造像、川中的
内江、重庆的大足等，到处都有，从未间断，只是表现的内容多寡有异而已，这
是"往生净土"成为佛教各宗及民间老百姓追求的终极目标的表现。北山245窟是
大足最美、最精致的唐代西方净土变雕刻，这龛是南宋雕刻，最大的区别就是场
面更宏大，因而展现出的各类建筑更真实，且配有特别清楚的文字说明；其次是
北山245窟着重表现西方净土的各种美好，两侧还配以十六个禅修观想的故事，

即"十六观"。而这里直接表现往生净土的途径——九品往生，简单来说就是信奉阿弥陀佛，死后可以往生西方净土，往生的方式根据人在生时的德行分为三个等级，三个等级中又分上、中、下三个等级，每个等级往生时的画面都用图像表现出来，并配上文字说明，清清楚楚，所以有学者认为整个大佛湾就是佛教宣传教化众生的场所，是一部图像化的佛教经典，画面中莲花宝池、亭台楼阁生动真实、引人遐想（图159—图162）。

第19号是一幅摩崖刻画，画面较小，题名"缚心猿，锁六耗"，两侧竖刻落款"弥勒化身，傅大士作"，简称"六耗图"。傅大士，即前述南朝梁武帝请到建业定林寺居住的傅弘，也是转轮藏的发明者。"六耗图"，寓意佛教禅修时心理活动与修行效果的关系，与禅宗《达摩多罗禅经》等相关，认为修行时应该专心致志，不能"心猿意马"，要把心"束缚"好，专其心，锁住"心猿意马"导致的"六耗"。上层以"缚心猿，锁六耗"铭文开始，中层中间为一尊禅定像，禅定像左边是"乐福善"，右边是"苦祸恶"，两种行为两种结果的铭文，下层以六种动物表现修行时要克服的"心猿意马"的状态（图163）。

第20号是巨幅地狱十王雕刻，画面最高处12.75米，最长处18.75米，分四层两组雕刻。上面两层为一组，中间是毗卢遮那佛结跏趺坐像，两侧两层造像；上层左右各为五尊结跏趺坐佛像，都有圆轮形大背光，他们是十方佛，即东、南、

图156　重庆大足宝顶山大佛湾17号龛"佛因地修行舍身济虎"组雕

图157　重庆大足宝顶山大佛湾17号龛"释迦因地割肉供父母"组雕

图158　重庆大足宝顶山大佛湾17号龛

图159　重庆大足宝顶山大佛湾18号龛西方净土变

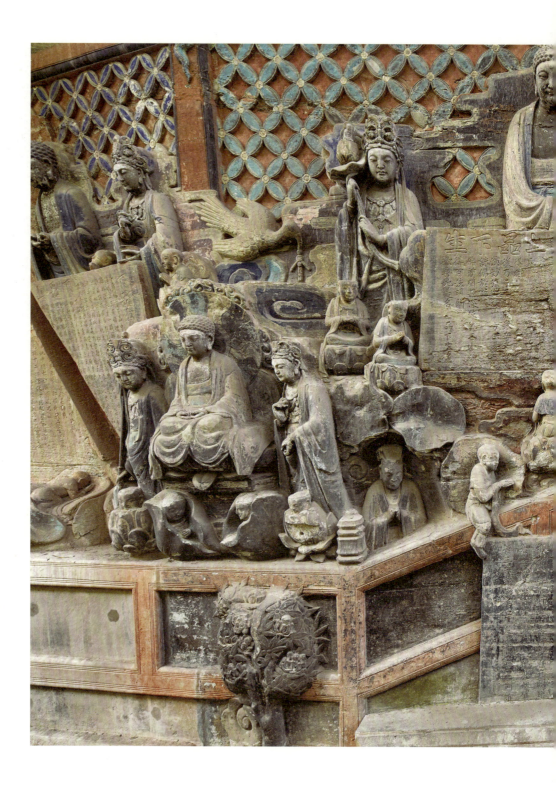

图160　重庆大足宝顶山大佛湾18号龛西方
净土变局部

图161　重庆大足宝顶山大佛湾18号龛西方
净土变局部（上）

图162　重庆大足宝顶山大佛湾18号龛西方
净土变局部（下）

图163 重庆大足宝顶山大佛湾19号龛"缚心猿，锁六耗"图

西、北、东北、东南、西北、西南、上、下十方佛；下层是地狱十王审判场景，左右各五个场景，两端各配上"现报司官""追报司官"，合十二个场景。下面两层为一组，分别雕刻人在生时所犯各种罪孽，死后应该去往的各种地狱，雕刻出传说中的寒冰地狱、刀剑地狱、饿鬼地狱，以及下油锅、被截肢等场景，阴森可怖，让人望而生畏，不敢作恶。地狱十王造像在四川晚唐时期已经流行于摩崖造像中，五代、宋有大量雕刻，绵阳、安岳、内江、资中等区域内至今仍有大量

图164　重庆大足宝顶山大佛湾20号龛地狱变

图165　重庆大足宝顶山大佛湾20号龛地狱变"截膝地狱"

图166　重庆大足宝顶山大佛湾21号龛柳本尊十炼图

图167　重庆大足宝顶山大佛湾21号龛柳本尊十炼图局部

晚唐至宋代的龛像存留。其中雕刻于唐代大历年间的邛崃磐陀寺1号龛侧壁的观音、地藏并坐像下方就有下油锅的地狱画面，这是一种被广泛宣传并流行至今的题材，内在的核心思想就是佛教的因果观念。这组地狱图下层中间的"养鸡女"形象曾令无数艺术家惊叹，造像头发高高盘起、侧身端着鸡笼、两只鸡站在鸡笼上争食蚯蚓，鸡笼内还有小鸡探出头来，形象真实生动，将在家劳作的邻家少女劳动场景雕刻在恐怖的地狱组图中，对比鲜明，特别醒目（图164、图165）。

第21号雕刻是巨型连环画雕刻，内容是唐末四川的佛教僧人柳本尊的十种修行图，叫"柳本尊十炼图"。上部主要分两层分组雕刻柳本尊十种苦修场景，除了立雪外，都是直接伤害身体的修炼方式，有立雪、炼指、炼心、炼踝、炼膝、炼阴、炼心、断臂、剜眼、割耳十个场景，表现"炼某处"就是用一团火烧某处，断臂、剜眼、割耳则是割掉身体的这一部分；这些修炼方式本是为了表现修行者的决心，但太过残忍，为历代政府所不允许。下面是护法的十大明王像。下层为地狱，地狱下方还有一层造像，保存不太完整，本身也没有雕刻完成，是各种明王像。明王是菩萨的愤怒化身，大多青面獠牙，三头六臂或八臂，形象恐怖，表现他们可以震慑恶魔，保护修行者（图166、图167）。

柳本尊的这些修炼方式我们在文献中可以找到多例相似行为，在成都地区晚唐五代时期似乎比较流行，是一种表现恒心与决心的佛教修行方法，多被称为行菩萨行。《佛祖统纪》就有多处记载，如"侍者思悟，钱塘人，侍慈云讲最久，善持咒法，加水以愈人疾……乃绘千手大悲像……随焰而化"，这些记载表明，燃指焚身供养的事情各代都有，唐宋时期很流行。在《往生西方净土瑞应传》中也有类似记录："后周朝僧崖，住益州多宝寺……于城西烧左手五指，道俗千万拥之而哭，师曰：但守菩萨心，我无哭也……人问其故，答曰：缘诸众生不能行忍，今观不忍者忍，不烧者烧。又告众曰，末劫轻慢嚣薄，见佛像故木头，闻经如风过马耳，烧手灭身，欲令信重佛法。谓弟子曰，我灭度后，好供养病人及丑陋者并畜生，凡斯之徒，多是诸佛菩萨权化。"

整个大佛湾的造像，题材大多与禅宗有关，而禅宗的终极追求往往也是希望往生净土，因此有大量净土内容杂糅其中。

其他造像

石篆山位于大足城区西南25千米三驱镇佛惠村石篆山上，山形如一"篆"字，因此得名。山上共有13个造像龛，题材儒、释、道三教均有。宋代，一位叫严逊的当地人在元祐年间（1086—1094）在这里开凿了14龛造像，现在我们还能看到的有13龛，分两个区域，一是子母殿造像区，一是罗汉湾造像区。元祐五年（1090），在子母殿造像区共造9龛，雕刻毗卢佛、文殊、普贤、地藏菩萨等佛教造像，孔子及十门人等儒教造像，老君、圣母等道教造像。

第1龛，被称为圣母龛，主尊为一个凤冠霞帔的贵妇像，实为佛教中的诃利帝母像，后来演化成了民间的送子娘娘，被尊为"圣母"（图168）。

第2龛为圣僧像，刻有"梁武帝问志公和尚药方"铭文，可知刻的是南朝志公和尚（图169）。

第3龛，是一尊戴冠着袍的官员造像，根据今存于此地的《严逊造像碑》记载，是土地神像。

第4龛，是药王孙思邈，碑中称为"孙贞人"（图170）。

第5龛内雕文殊普贤二菩萨像（图171），是晚唐至宋最流行的两尊大菩萨像。

第6龛，是孔子与他的十大弟子雕像，并有题名；中间是孔子坐像，左侧从内至外依次侍立颜回、闵损、冉雍、言偃、端木赐；右侧由内至外依次侍立仲由、冉耕、宰我、冉求、卜商；他们与佛龛同列，为儒释融合的证明（图172、图173）。

第7龛，为佛教中的三佛题材，毗卢遮那佛、释迦佛、弥勒佛及他们的胁侍（图174）。

第8龛是一龛道教造像，中间为太上老君，两侧各立七尊像，分别是太乙真人、正一真人、妙行真人、定光真人等（图175）。

这处摩崖造像开凿时间、功德主明确，造像内容清楚，反映了宋代巴蜀地区民间信仰的典型状态——儒释道及一些民间神祇共处一地，同被信奉，但孔子及十大弟子处于非常突出的位置，说明他们很重视读书，同时非常注重子嗣。

石门山位于大足城区东南约20公里的石马镇石门村石门山上。造像雕刻于三方大石上，共十余龛，其中有北宋绍圣二年（1095）、南宋绍兴六年（1136）造像题记，内容有五显大帝、炳灵太子、三皇（伏羲、神农、轩辕）、无量寿佛、如意轮观音、正法明王观音等，是集儒释道及民间神祇于一处的造像（图176）。

第1龛主尊为佛教中的药师佛，左右侧有佛弟子、菩萨侍立，还有供养人，下方有十大药叉大将护法。

第2龛为道教的玉皇大帝龛，主尊玉皇大帝戴冠着袍，端坐于方座上，左右侍者持象征身份的长柄羽扇，龛下方刻民间传说中的千里眼、顺风耳两位大神（图177）。

第3龛为佛教造像，主尊为佛像，左右一僧一菩萨侍立，铭文为"释迦佛与香花菩萨龛"。

第4龛是宋代特别流行的水月观音像。

第5龛为佛教造像，是阿弥陀佛与观音、大势至二菩萨龛，即西方三圣像（图178）。

第6龛，也是西方三圣像，但两壁刻了十身等身菩萨像，为"西方三圣与十圣观音"题材，即两壁的菩萨像全部是观音的变化身。根据手中所持法器，可知是净瓶观音、宝蓝手观音、莲花手观音、宝镜手观音、宝珠手观音、甘露观音、如意轮观音、数珠手观音、宝扇观音、宝经手观音等（图179、图180）。

第7龛，居中雕一尊武士像立于风火轮上，题名为"五通大帝（即五显大帝）龛"，是一尊民间信奉的神祇。

第8龛，是根据《佛母大孔雀明王经》雕刻的大孔雀明王经变龛，画

图168　重庆大足石篆山1号龛圣母像

面中有官员、三头六臂的阿修罗、树木中出蛇、莎底比丘、阿难等，形象丰富、内容复杂（图181），与安岳孔雀洞、大足宝顶山大佛湾同题材表现内容相同。

　　第9龛是凤冠霞帔被当作"送子娘娘"的诃利帝母像（图182），她在佛教故

图169　重庆大足石篆山2号龛志公和尚像

图170　重庆大足石篆山
4号龛药王孙思邈像

图171　重庆大足石篆山5号龛文殊、普贤菩萨像

图172 重庆大
足石篆山6号龛
孔子与十大弟
子像

图173 重庆大
足石篆山6号龛
孔子与十大弟
子像局部

图174　重庆大足石篆山7号龛三佛像　　　　　图175　重庆大足石篆山8号龛道教像

图176　重庆大足石门山全景

事中是一个吃小孩的人，被佛教化后，变成了保护小孩的神。

　　第10龛，为中国民间信仰中的"三皇像"，即天皇、地皇、人皇，在古代文献中又往往指燧人、伏羲、神农。他们分别是教会人们取火、人文、耕种及用草药的人。（图183、图184）。

　　第11龛，是东岳大帝与皇后像，与之相配的内容也有地狱场景，与佛教的地狱造像表现相似（图185）。

图177　重庆大足石门山2号龛　　　　　　　图178　重庆大足石门山5号龛局部

南山位于大足城区以南2公里的玉皇观，是纯粹的道教造像，共6个窟龛。2002年被国务院公布为全国重点文物保护单位。其中，三清古洞中的方柱正面设龛，雕玉清、太清、上清像，龛左右雕六位道君像，洞壁浮雕天尊220身。圣母洞，正壁雕坐于龙首椅上的三圣母，左右雕九天监生、送生娘娘。造像年代为南宋绍兴年间（图186—图188）。

图179　重庆大足石门山6号龛　　　　图180　重庆大足石门山6号龛右壁局部（上）

图181　重庆大足石门山8号龛（下）

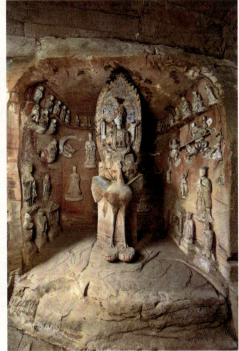

图182　重庆大足石门山9号龛

图184　重庆大足石门山10号龛左壁

图183　重庆大足石门山10号龛

图185　重庆大足石门山11号龛

图186 重庆大足南山石窟近景（局部）

图187 重庆大足南山三清洞全景

图188 重庆大足南山圣母洞

石刻世家

在我国浩如烟海的史籍中，很难见到历代工匠的名字，石刻造像、泥塑艺术自然是工匠之事，似乎上不得台面，很少见到正式的记载。当然也不是完全没有，比如东晋的戴逵、元代的阿尼哥就是少有的能够见诸记载的雕塑家、铸造佛像的高手，不过首先因为他们是名流，对于他们擅长雕塑的记载，很有点附会的意思。属于绘画艺术的佛教绘画、壁画，在传统的叙述当中显然比雕塑艺术高一个档次，所以记载就多一些，比如南朝的陆探微、张僧繇，唐朝的吴道子、尉迟乙僧、卢楞伽、孙位、周昉等等，都是佛教绘画与壁画高手，许多名寺中都有他们的作品。

但是，所有文献中几乎都找不到关于开凿石窟或者雕刻摩崖造像者的记载，就连伟大如敦煌、龙门、云冈石窟中也极少有匠人或艺术家的名字出现。也许开凿石窟、雕刻摩崖造像只不过是粗笨的活计，按照一定的程式进行开凿，这些工匠可能也没啥社会地位，在世人的眼中算不得艺术家，不值得以文字进行记载吧。又或许开窟造像首先强调的是庄严的敬奉，可以以文字注明原因、记下敬奉者的名字，造像者似乎就显得多余了，所以我们面对这些辉煌的作品，总是难以找到创作者的蛛丝马迹（图189—图192）。

巴蜀两地山间河谷中大大小小的石窟和摩崖造像出自何人之手呢？幸运的

图189　四川安岳塔坡造像全景（雷玉华／摄）

是，到了两宋时期，石刻工匠自身也有了艺术自觉，在人文精神浓厚的时代氛围下，突破传统题材与程式，开始大胆融入个性化的创作理念，并在作品上面正式签上了自己的名字，为我们留下了珍贵的记录。考古工作者将他们留下的这些零碎信息拼凑起来，重建了两宋时期石刻艺术最具代表性的家族传承谱系，为我们了解石刻艺术家提供了珍贵的资料。

其中，文氏家族是最具代表性的，他们活跃于重庆大足，四川安岳、资中、泸县等地，根据石刻信息可以重现文氏一族连续六代人的传承谱系，时间跨度长

图190　四川安岳塔坡造像主尊局部　图191　四川安岳塔坡造像局部
（雷玉华／摄）　（雷玉华／摄）

图192　四川安岳半边寺大佛（袁蓉苏／摄）

达一个半世纪。若以雕刻作品的风格、细节特征等推测，一些不具工匠姓名的作品显然也可归属于这个家族的创作，则其时间跨度可达七代人以上，近两个世纪。近二百年时间，这一家族以其卓越的艺术技艺稳稳屹立于川东、川南佛道摩崖造像艺术的巅峰，他们的作品极具艺术魅力，堪称绝唱。

普州文氏

在大足大钟寺遗址中曾出土过一件残损的石幢，石幢身上刻有题记文字："皇祐四年（1052）……镌作文昌，男惟简、惟□"，据他处题刻可以确认残损的文字是"一"。这位名叫文昌的石刻工匠是现在所知普州（今安岳）文氏工匠中最早留下名字的。公元1052年，他与儿子文惟简、文惟一共同雕造了这座石幢，并自豪地在上面留下了自己的名字，这也是目前巴蜀石窟中发现得最早的宋代工匠题名，从此开启了宋代石刻题名的风气。

大钟寺遗址还出土了雕刻的石残像51件，雕造于宋代咸平至嘉祐年间（998—1063），大足石刻研究院的学者们根据大足石刻中大量文氏家族石刻作品的风格特征，推测这51件残石像应该是由文昌父子三人所镌刻。

大足石刻，始凿于唐，兴于宋，以宝顶山大、小佛湾为中心的宋代石刻遗址群已经被列入《世界文化遗产名录》。在大足石刻的雕造过程中，最先留下姓名的就是安岳的文昌父子三人。调查资料显示，文昌于1052年带领两个儿子文惟简、文惟一造作了大足大钟寺经幢及石像后，文惟简、文惟一兄弟二人又各自带领自己的儿子镌造了大足石篆山与石门山两处石窟，时间主要集中在北宋皇祐至元符年间，可见此时安岳的文昌及其子孙三代在大足宋代石刻造像活动中比较活跃。其中，文惟简与儿子文居安、文居仁、文居用、文居礼于1082至1096年间雕刻了大足石篆山造像。文惟一与儿子文居道于1094至1095年间雕刻了石门山造像。他们的造作主要以华严三圣、三身佛、释迦、观音、地藏十王、诃利帝母及老子、孔子等为题材。由此可见，文氏一族在石刻造像方面声誉卓著，是功德主们开凿大型造像首先考虑邀请的工匠，所以留下了大量作品，也成为文氏家族传承技艺的动力所在。

从文昌开始到居字辈这个阶段，文氏雕刻的佛尊均为螺发，肉髻高凸，与头顶自然融为一体，面露笑意，头饰以如意头对称云纹（如石篆山佛像所见），常见圆形火焰纹（如石门山佛所见），无背光。溜肩、衣褶扁平方折，特征明显。偶见戴手镯者（如石篆山佛尊）。佛座以三层束腰仰莲座和宣字座最常见，束腰处饰蟠龙、狮子或桃形壶门等。菩萨戴"凸"字形双层卷草纹花冠，花冠内层高耸与发髻齐高，冠前多刻小坐佛，外层低矮，呈"山"字形，冠带垂后，有内圆外桃形头光（如石门山菩萨像），发束绕过耳部从双肩垂下。披袈裟或饰披帛，戴长穗状耳珰、花纹手镯，满身璎珞，常见手捧花果一类奉献。这一阶段的文氏造像明显吸收了晚唐五代时期当地造像风格，比如山丘状佛顶、扁平的衣褶，装饰华丽的菩萨等特点，完全可以在大足北山石窟（北山石窟中多晚唐、五代造像）中找到源头。横长方或圆筒形龛、尊像不雕出身光、龛外设护法等是本阶段的重要特点。

文家第四代文仲璋于1144至1151年间雕刻了大足妙高山、玉滩造像，安岳净慧岩大佛像。文仲宁、文仲渊兄弟与他们的父亲（居字辈，佚名）一起参与了资中东岩的部分造像雕刻，但是时间已不可考，文仲宁、文仲渊也是现在已知有作品存世的第四代文氏工匠。文家第三代文居礼的儿子参与了泸县延福寺的雕刻，其中的"儿挑娘"题材其实就是大足宝顶山大佛湾"六师外道谤佛不孝"的内容，形象完全一致。

文家第五代文玤、文珠参与了1144至1151年间大足妙高山造像的雕刻，文琇参与了1148至1157年间大足玉滩造像的雕刻，文恺参与了1148年大足玉滩造像雕刻，文玠参与了1132至1167年间大足佛安桥、峰山寺、石佛寺、佛儿岩等摩崖造像的雕刻，文玿于1192年雕刻了安岳千佛寨部分造像并在28天之内改刻了一窟唐代大像（图193）。

文家第六代文孟周于1159至1172年雕刻了大足石佛寺、佛安桥的佛像，文孟通与文玠的儿子于1167年雕刻了大足佛儿岩（在今邮亭镇）造像，文师锡、文师□参与了1192年文玿领导的安岳千佛寨雕刻工作。文艺于1193年雕刻大足灵岩寺石刻时，留下题刻铭文——"文惟简玄孙文艺刻"。

图193　四川安岳千佛寨第8龛右侧菩萨（四川大学考古文博学院白彬教授团队提供）

根据这些资料，文氏家族的技艺传承谱系就很清晰了。

第一代，文昌。

第二代，文惟简、文惟一，文昌之子。

第三代，文居安、文居仁、文居用、文居礼，文惟简之子；文居道，文惟一之子。

第四代，文仲璋、文仲宁、文仲渊。

第五代，文琇，文仲璋之子。文珀、文珠、文恺，文仲璋之侄。文玠，文珵。

第六代，文艺，文惟简玄孙。文孟周、文孟通、文玠之子、文师锡、文师口。

从1052年文昌留下题名开始，到1193年文艺留下"文惟简玄孙文艺刻"题记止，文家世代传承，并将作品有序陈列于巴蜀大地的山间河畔，实属罕见，是华夏石刻史上难得的奇观。

巴蜀石窟和摩崖造像数量之巨，占全国半壁江山，隋唐五代及之前造像题记中虽有镌匠留名，但并不普遍，像文氏家族这样，有名有姓、有明确纪年作品传承长达141年者史所未见，仅此一族。宋代越来越多的工匠将自己的名字刻在龛壁，同时也为出钱的功德主家所允许，这可能与宋代以来手工业高速发展，手工艺人阶层社会地位的提升有关，又或许是因为文氏家族技艺超群，功德主也希望他们打上款识，仿若一种品级认证，宋代本就商品经济发达，行业组织和商号名称繁多。普州（今安岳）文氏家族六代人专营石窟雕刻，可谓宗匠辈出，冠于

诸家，文家历代匠师在长期实践中所形成的"文家样"，对当地石窟整体风格的变革与发展起到决定性的影响，而文氏家族也对自身的技艺极为自豪，在署名前往往加上籍贯和称谓，如玉滩观音洞刻的是"大宋东普攻镌文琇丁丑仲春记"，佛安桥三教造像题刻的是"东普攻镌处士文孟周记"。籍贯署"岳阳""东普""普州"等。也就是说，文氏一族是安岳的石刻世家，活跃于大足、安岳、资中、泸县等地，六代专攻一艺，另外在他们的署名前往往加上"镌作""攻镌"一类的称谓，一方面是对自身专攻石刻的身份认证，另一方面也包含了一份职业自豪感吧。

位于大足石刻核心区域的宝顶山石窟现存宋代碑铭两万余字，未发现只言片语提及开窟年代、供养人及工匠等信息，开凿这些洞窟的钱款来源、粉本出处以及创建者赵智凤的下落等都没有留下线索，原本喜欢留下姓名的工匠在这里也没有留下信息。根据后人所立唐柳本尊传碑记推测，赵智凤是大足米粮里人，大约在南宋孝宗淳熙六年（1179）时20岁，从川西弥牟（今成都青白江弥牟镇）学佛归来。返乡后，开始传习他学习的晚唐五代柳本尊所创的一派佛教，并于大、小佛湾等营建石窟，大约1249年去世，用了大约70年时间营建了以大、小佛湾为中心的大三足石窟（摩崖造像）群，有些地方还没有完工，不知是因为他的去世，还是因为别的原因。

宝顶山营建之前及营建过程中的1052至1193年间，文氏工匠不仅早已活跃于周围区域，且留下大量题名作品，为什么始凿于1179年之后的宝顶山石窟雕刻中没有了他们的身影呢？与他们同一时期的其他工匠也没留下名字，这是一桩"悬案"。如此，大足的学者们有种猜测，他们利用文氏题名作品中的一些细节特征与大佛湾的佛、菩萨、装饰图案等进行对比，认为文氏工匠的第六代应该参与了宝顶山大佛湾的营建，可能还有第七代参与其中，比如文氏第五代文玿领导第六代文孟周等于1192年在安岳千佛寨改刻唐代大窟，其中菩萨宝冠的形状、佛的袈裟披着样式、内衣系带呈"八"字形的表现形式等与大足大佛湾的同类造像有诸多相似之处。

宝顶山造像的内容与形式体现出很多原创性元素，并不见于文氏家族历代工匠雕刻的造像中，例如毗卢遮那佛拱手式印契、大像顶现柳本尊像的设计，半身的佛、菩萨像，手执各类法器、宝冠上多达48尊坐佛的千手观音像等，均不见于传统佛教典籍和图像志中，也不见于文氏各期作品，堪称孤例。但若仔细观察比较，你会发现宝顶山的某些新样式在文氏作例中并不是毫无踪影，比如不注重龛形样式，而是以倚崖壁形态、连环画的构图方式来雕刻各类造像和场景、人物头部上方出现化像以及大量世俗日常生活画面等等，在文氏工匠雕刻的泸县延福寺等石窟中早有尝试，虽然并不普遍，也不典型，但至少证明与文氏工匠有着或多或少的关联。大佛湾的石刻造像完全有可能受到文氏家族石刻技艺的影响。若如此，第七代文氏工匠的作品应该有可能存在于大、小佛湾之中。

伏氏间出

大足、安岳等地在北宋徽宗大观、政和、宣和，钦宗靖康年间石窟开凿活动比较频繁，尤其是宋室南渡之后的建炎、绍兴年间最集中，是川东南开窟造像活动的鼎盛时期。这一时期，留下姓名的工匠逐渐开始增多，除普州文氏之外，昌州伏氏等也脱颖而出。完成于绍兴中期的文氏造像较之同期伏氏及其他杂姓工匠或未署名工匠的作品，尽管会有细节的差别，但整体显露出统一的时代特质。

12世纪前半叶，造像出现了新的特点，佛像最明显的变化就是肉髻渐趋平缓，微笑特征继续保留，有了内圆外桃形头光与圆形素面身光，一些佛、菩萨像头顶出现对称的毫光，毫光呈带状翻卷向上直达龛顶。衣褶既有前期的扁平方折，又出现了扁平圆棱表现方式。佛、弟子、罗汉等像普遍佩戴手镯。佛座变化不大。菩萨像以戴"凸"字形双层花鬘冠为主，部分有化佛，冠饰出现缠枝牡丹、莲花、蔓草等，冠带下垂或呈牛角状上扬。花冠纹饰变化较多，相邻菩萨间很少重复。总体看，较之前期雕刻更加细致，装饰更加繁复。菩萨像总体延续了前期的华丽风格，身披袈裟的菩萨像成为普遍流行样式。

这一时期，昌州伏氏是文氏之外的另一个石刻世家。伏氏工匠留下了至少三代工匠共计6人的信息。他们的代表作有大足北山伏元俊父子镌第155、176、177号龛窟，伏小八镌第168窟等。

从石窟中留下的铭文信息中，能看出伏氏第一代有伏元俊、伏元信。伏元俊在1126至1152年先后开凿了大足北山佛湾、舒成岩造像，伏元信于1152年参与了大足舒成岩造像的雕刻。

伏氏第二代伏世能于1126年在大足北山佛湾雕刻佛像。另有辈分不明者伏忠靖，1143年参与了大足舒成岩雕刻。

伏氏第三代伏小六、伏小八。伏小六1154年参与大足观音坡佛龛雕刻，伏小八1119至1154年参与大足北山佛湾、多宝塔佛像雕刻。

伏氏工匠与文氏第四、五代处于同一时期，主要活跃于12世纪前半叶，即两宋之交、南宋初年，这是川东、川南开窟造像活动的鼎盛期，也是留下工匠姓名题记数量最多的时期。其他工匠如：胥安参与了北山第136窟的开凿，蹇忠进雕刻了石门山第1龛，蹇清雕刻了江津石佛寺泗州龛等，时间也大多在绍兴中期。造像题材承接前期一些先例外，无量寿、十圣观音的组合较流行。十圣观音组合，也是大足宋代石刻的代表性题材，它的流行与唐末五代以来民间大量出现观音的各种变化身有关。新增了北方少见的"回首微笑佛像"（即"拈花微笑"）题材，如文仲宁、文仲渊造资中东岩立佛像，主尊作侧身行走回首状，"瞬目扬眉"微笑回首看着左侧下方合十礼拜的弟子，被认为是表现禅宗的拈花微笑故事。这一题材北宋时在巴蜀地区颇为流行，资中重龙山第1龛（北宋）、安岳圆觉洞第10龛（北宋）、安岳高升封门寺（南宋）、仁寿冒水村（北宋）等都有例证，也与南宋时期禅宗在巴蜀两地一家独大的时代背景相符。

12世纪下半叶，对应南宋的绍兴后期至庆元年间，伏氏及其他姓氏工匠在绍兴二十四年（1154）后再不见留名，只有文氏工匠继续留下题名，但个别造像与"文家样式"明显不同，说明当时还有文氏之外的其他工匠在活动。

这一时期，文氏的代表作有大足石佛寺、佛安桥、灵岩寺、安岳千佛寨等，造像题材以佛教造像为主，兼有儒释道合龛者，造像风格与前期变化不大。佛教题材中"华严三圣""西方三圣"的一佛二菩萨组合最多，与前期相比有所变化的是本阶段佛两侧随侍弟子减少，其他变化不多。佛像肉髻不明显，头浑圆如球状，面容愈益饱满，笑意略有收敛，戴手镯，体态更加丰腴，以素面圆形或内圆外桃形背光为主。衣褶一改此前一直流行的扁平方折式，变为以水波纹状为主，富于写实感，这也是宋金时期陕北、山西、甘肃等地石窟或寺院造像流行的衣褶表现方式，从此成为南宋中后期巴蜀石窟和摩崖造像的主要表现方式。佛座变化不大，基本延续前期样式。菩萨前期凸字形双层花冠被单层缠枝卷草纹冠代替，但依然以缠枝为骨架，回旋绕成一个个圆圈，圆圈内枝上附以小小的逗号形叶纹。菩萨身上少璎珞装饰，常常无耳坠，戴素面无纹手镯，普遍身披袈裟。

据统计，在文氏工匠活跃的宋代川东地区有19处石窟或摩崖造像中发现工匠题记43则，署名匠人超过43人，有的名字已经漫漶难辨，能辨识的工匠题名中文姓约25人，伏姓6人，母姓4人，其他姓氏8人。其中文、伏、母姓为传承有序的家族班底，主要以川东地区人氏为主。其中最大、传承最久的文氏为普州（今安岳）人氏，伏姓为昌州（今大足、荣昌一带）人氏，母姓来自潼川（今三台县），其他有来自符阳（今合江县）、赖川（大足境内）等地。这些工匠大多为私家之工，少数属于寺院僧人，也有隶属路州"作院"的匠师。"作院"，相当于州厢兵军工作坊的"都作院"，用今天的话说，就是国有企业。从题名的分布看，主要出现在大足、安岳、泸县、资中、江津等地石窟和摩崖造像中，尤以大足最为集中，境内14处石窟和摩崖造像中有镌匠题记35则、匠师约30人。邻近县域只是零星偶见。根据题记中的纪年，他们主要活跃于11世纪中叶至12世纪末。

由此可见，巴蜀地区宋代石窟和摩崖造像集中分布的大足、安岳、合川等地，一直活跃着一群以镌窟为业的工匠群体，这些工匠大部分是当地人士，多以家族形式传承雕刻技艺，不断积累精进，成就了不少技艺卓越、传承久远的石刻世家。

空谷余音

普州文氏连续六代人技艺传承，一方面为我们提供了川东南地区宋代石刻造像难得的技艺传承谱系，另一方面也为我们提供了石刻造像艺术演变的重要资料。

从北宋仁宗皇祐四年（1052）文氏第一代文昌留下题名开始，直到文氏居字辈这一代，在这50年左右时间里，文氏开风气之先，在以川东安岳、大足为中心的石窟和摩崖造像雕造中留下了名字。

从宋徽宗大观年间到宋高宗绍兴年间（12世纪上半叶），是战火纷飞的时代，人们更加虔诚地祈求和平，渴望安稳的生活。川东南开窟造像活动的鼎盛时期，也就是文氏家族第四代、第五代活跃的时期，造像题名成为潮流，各姓工匠活跃，匠人队伍壮大。以大足石刻为代表的巴蜀宋代石刻更加丰富多彩，题材内容更加繁富，明显出现来自北方中原地区的元素。

宋高宗绍兴后期至宋宁宗庆元年间（12世纪下半叶），川东南造像活动过了鼎盛期，造像题名现象突然不再流行，其他姓氏工匠已不见了行踪，只有文氏工匠仍然坚守着题名的传统，活跃于山野之间。从保存至今的造像作品可以看出，仍有其他姓氏工匠在从事开龛造像工作，但显然又回到了文氏一家独大的境况。大足宝顶山大佛湾于12世纪下半叶开始雕刻，虽然无留名工匠，同期别的地方亦无工匠留名，而距此时间最近的留名工匠文氏家族，极有可能参与了大足宝顶山大佛湾造像的雕刻工作。

在规模宏大的宝顶山造像开始开凿之后，也许是这一规模巨大的工程吸纳了大批工匠，消耗了巨量的资财，吸引了大量的信徒，除这一标志性的工程之外，很少再见其他开窟造像活动，从这个意义上说，大足宝顶山石窟堪称巴蜀地区石刻造像的压卷之作。

除石刻造像之外，墓葬石刻是另一种值得重视的现象。南宋时期，大足与泸州的宋代石刻墓最多，其中大足宋墓中往往以雕刻戏台、各类人物见长，雕檐斗拱与北方山西金代壁画墓中同类题材很相似，其间人物所持骨朵为辽人的武器，形状为顶端有圆头的长棍，这些都不是巴蜀地区的传统。同时大量墓葬石刻还突然集中出现在南宋时期的川南泸县，与大足宋墓石刻有许多相似之处，但内容更着重于表现东南西北四神及守护墓室的武士等。

泸州（特别是泸县）、大足短时间之内（南宋）集中出现这类墓葬，这些墓葬雕刻中的一些元素明显来源于北方中原地区，这一方面与两宋之间中原战乱，宋失长江以北江山，大量中原人士南迁有着密切的关系。这些逃避战火南迁的家族，或因家族关系、或因地缘关系，相对集中居住，所以墓葬中出现了北方丧葬传统元素。另一方面，也表明当时的川东南地区是中原人士躲避战火的主要迁徙地之一，北方的石刻工匠也可能随着逃离故土的人流来到了这里，留下名字的"伏"姓工匠，可能原本就来自中原，其他如雕刻北山136窟的胥氏工匠等，似乎突然出现、且水平极高，虽号称本地人，但他们的出现或许就与宋室南渡有关。而雕刻了大足佛教石窟和摩崖造像的文氏工匠或许也是同时期墓内装饰的雕刻者、墓室营建的参与者吧。

南宋末，在宋金对峙、宋元对峙的长期战乱当中，巴蜀之地从后方变成了前线，官宦之家为躲避战火大多东迁南移，元军入川，巴蜀百姓又大量逃亡，加上死伤，十存一二，大足石刻造像活动最终停止，巴蜀开窟造像工匠也消失在了历史的长河之中。

值得注意的是，2023年最新的考古调查发现宋以后荣昌境内有文姓工匠，他们应该是宋元战争时文氏家族迁往川南的证据。还有付姓工匠，是否"伏"的误读，还有待进一步辨识。同时，安岳大般若洞中的明代造像是荣昌的胡姓工匠所造，远在川南乐山马边县城边明代修建的明王寺中也有荣昌石匠的雕刻作品，不知此"胡"是否为彼"伏"的后代。乡下人姓氏因"音"同或相似，写错后将错就错的现象并不鲜见。这个问题留待学者们继续研究。

第三章

中华各民族共同书写：
西蜀文华，梵影儒宗

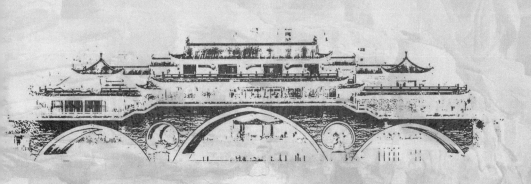

意大利历史哲学家克罗齐说："每一个历史判断的基础都是实践的需要，它赋予一切历史以当代史的性质，因为无论与实践需要有关的那些事实如何年深日久，历史实际上总面向着当时代的需要和实际。"

"过去的历史本身并不彰显，因为它已经消失在时间中，而由书籍、文物、遗迹构成的历史，却总是被当下的心情、思路和眼光暗中支配着……""从不同的位置、立场和时段出发的'往事回忆'，往往对往事有不同的叙述"[1]。历史，就是我们站在自身的位置、立场和时段对于前尘往事的追述。特别是在思想观念已经有了异质化的时代，对于已经过去的异质的往事的回溯，会呈现出更加不一样的色彩，也更能告诉我们，从哪些地方出发，我们已经走得有多远。

今天，我们追怀宋时，有浩如烟海的史籍，有个人留下的无数生动记录，有哲人学者卷帙宏富的文字，宋时故事似乎是那么的生动，然而观念的真实与实物的在场一起，更能激发我们的想象。好物总是易朽，留存于世间的实物总是难得，幸运的是有成千上万的宋代造像保存了下来。更为难得的是，这些造像并不是简单的程式化的图像资料，而是生动的思想图式、有趣的文化图像、鲜活的生活图录，赋予了一个远去的时代真切的在场感，让我们可以真切地追述一个时代，更好地感怀一个时代。

今天，我们在说宋时故事时，我们说的是宋时的故事呢，还是我们自身的希望以及我们的遗憾？其实，我们的回溯恐怕是面向未来的。因此，我们的宋时故事不仅是故事，还是一种样式、一种态度、一种视角，是一种独特的丰富。

---

1 葛兆光：《中国思想史》，第二卷，第 32 ~ 33 页，复旦大学出版社，2000 年。

说到中国思想史，大家最为熟悉的应该是两汉经学、魏晋玄学、隋唐佛学、宋明理学的说法。

有唐一代，蜀地作为唐王朝坚实的后方，得到朝廷悉心经营，唐代的宰辅大臣大多有出任蜀地官员的经历。安史之乱、黄巢起义之时，蜀地成为皇室的避难地。唐代，成都相对于长安有"南京"之称，文教发达、人文荟萃、佛学兴盛。自唐安史之乱直到北宋开宝年间雕刻《大藏经》时，巴蜀地区是中国唯一连续不间断开凿佛教石窟和摩崖造像的地区，也是佛教经典保存最完整的区域，皆因这里聚集了大量来自唐代二京（长安、洛阳）地区的佛教高僧和画家、艺术家，蜀地实际上成了中国这一时期的佛教中心、艺术中心，也可以说是华夏世界主要的思想中心。

隋唐时期最为重要的思想资源在佛学，而宋代理学正是在消化隋唐佛学之后兴起的思想浪潮。蜀地的文化变迁、佛学演化、思想演进，正好处于隋唐佛学到宋代理学演进的浪潮当中，见证了儒释道在思想上完全合流并形成新思想的时期，蜀学资源成为宋学最为重要的一个源流。

巴蜀地区声势浩大的造像运动，则以图像志的形式生动见证了这一过程。

世殊时异

佛教传入中国的过程，正是华夏世界经历剧烈变革的时期。

两汉的崩解，一方面，是政治秩序的崩解，北方活跃的游牧民族不断进入黄河流域，中原政权南迁与南方民族接触，形成一种十分广泛的文化互相影响的态势。南方，华夏族群深入长江流域以南的热带地区，与东南亚以及印度洋周边的联系也开始频繁起来，越南人、占城人、柬埔寨人、僧伽罗人、印度人、伊朗人纷纷通过海路进出华南及长江流域，这也是佛教传播的海上道路。北方，来自中亚的商人穿行于华北城市之间，主要有吐鲁番人、龟兹人、于阗人、疏勒人、撒马尔罕人、布哈拉人、大夏人、白沙瓦人、伊朗人、克什米尔人、印度人，这也是佛教传入中国的主要路线。

另一方面，受到权力规制的思想图式也因为政治秩序的崩解而进入一个断裂时代，特别是观念世界的断裂既深且巨。重新组织世界秩序、天人关系，重新确定人的位置、安顿人的生死……无疑是这个混乱时代最为重要的主题。在急剧动荡的时代，对生命短暂、人生无常的悲叹，对生死存亡的关注、哀伤成为一种时代气息，所谓"生年不满百，常怀千岁忧""人生寄一世，奄忽若飙尘"……另一方面又充满对人生执着的眷恋，"昼短苦夜长，何不秉烛游""不如饮美酒，被服纨与素"……曾经坚信的政治秩序、社会法则和人伦原则变得可疑——"绕树三匝，何枝可依"，以蔑视礼教、崇尚自由、热爱自然、远离政治、厌恶习俗为主旨的魏晋玄学成为一时主流。儒学所不言的"天道性命"反倒成为最为核心的命题，在失去了权力规制的同时，成就了华夏世界思想史上最丰富、最复杂、最具活力的时期之一。思想文化生活更加多元化，道家成为重要的思想派别，佛教也借此进入了主流知识的视野，逐渐成为最为活跃的思想舞台。佛教传入中国之后激起的巨大宗教热情，在4世纪末到8世纪末的华夏世界里掀起了轩然大波，直到11世纪完成了中国化的佛教彻底融入华夏思想图式当中，深刻地改变了两汉以来的传统，在华夏世界及其周边地区留下了持久而又深刻的影响。

佛教传入中国的过程，既是其教理、教规、教仪不断中国化的过程，也是一种全新的观念维度不断内化为中土观念、激化中土观念的过程。因果报应与华夏世界的"命""分"概念的汇流，佛教的"空"与玄学"有""无"之辩的契合，佛教的利他主义精神与道德要求与华夏传统道德的协调，寺院生活与远离政治、崇尚自然的时代情趣的混合，佛家法术与本土术数传统的融会……佛教正一步一步从异质性的宗教转化为华夏世界的佛教。另一个维度是，秦汉知识、思想、信仰传统的内核是权力主导的天人世界及其等级秩序，魏晋玄学试图从权力那里逃离，而佛教本质上是个人性的宗教，讲的是每一个人的烦恼、每一个人的觉悟、每一个人的涅槃，讲的是众生平等、利乐有情，在某种程度上说是对权力秩序的否定，因此具有十分强大的吸引力。

自佛教传入中国开始，儒、佛、道三教便开始了斗争与磨合的进程，同时在磨合中相互吸收、融合，达成隋唐佛学的成就。唐代佛教造像中，就已出现大量佛道合龛形象，两宋时期三教造像合为一处的情况已经比较常见，佛教深度融入了普通百姓的生活。从初传时的以佛经翻译开始，到南北朝隋唐时期的中国佛学理论建设、讲经说法为主的传播方式，完成了佛教中国化的全过程。

佛教活动场所也逐渐成为重要的公共活动空间，传统士大夫阶层常常出现在这一空间当中，成为主要的角色，恢宏壮丽的唐诗、别具一格的唐代传奇当中，就充满了佛教的比喻、故事和观念，唐宋文人、士绅的活动中往往也能够看到佛教的影响。佛教寺院极其注重典籍收藏，成为讲学中心与知识传播中心。佛教聚众讲学、刊印佛经、传播教理的形式作为知识传播的一种重要形式，吸引士大夫阶层、普通民众等加入其中，成为宋时书院的滥觞。

这样，华夏佛教从占据主流的思想战场，至宋代最终演化为全新的民众普遍接受的民间佛教，不过佛教的思辨创造能力也在这个过程中慢慢弱化了。民间佛教更加深入地融入社会生活当中，某种程度上成为社会文化层面的风俗习惯，影响了生老病死等日常生活的方方面面，甚至产生了专事服务民间需求、满足事主需要，与佛学研究、佛教修行均无关系的"应赴僧"——以做法事为职业的僧人。

佛教的这些发展变化，一方面是不断与天下体系的官方意识形态儒家思想相调适，吸收其中"君君臣臣""父父子子"的忠孝节义观念，同时又为儒家思想提供了超越性思辨的思想维度和思想资源，催生了宋代理学思想。另一方面是与华夏世界传统的追求长生不老、无为而治的道家、道教融合，推动了道教作为宗教的体系化、理论化。

这是个漫长的过程，也是充满传奇的过程，呈现出不同的面向，从官方意识形态到民间风俗信仰、外来宗教与本土文化、日常生活传统与外来信仰仪轨……交织成了思想文化交流与变迁、日常生活传统变迁的壮阔图景。这一过程，生动地反映在佛教造像活动中，从天山一带到河西走廊，从华北平原到华南大地，再到西南巴蜀的石窟遗迹，凝结为规模宏大的石刻图像。

以权达变

佛教传入中国之前，华夏世界关于世界的基本预设是以天人感应作为基底，以阴阳五行等术数概念为基本框架，以"君君臣臣""父父子子"等所谓三纲五常为基本伦理规范。这套观念体系主导着王朝的政治实践，主导着王朝时代的社会生活，主要以儒家经典的阐释方式进行表达，并以历史叙述的方式进行印证。

佛教认为，世间的万物皆因缘而生灭，"缘起缘灭"所以"无常""无我"，因此有四圣谛、八正道和十二因缘的说法。佛教专注于自我的解脱，与中土世界将人置于天人感应的人伦秩序中的基本观念，本来是格格不入的。因此，从根本上说佛教与华夏本土思想是矛盾的，佛教要想在中国站稳脚跟、获得发展，首先需要人们从思想上接受它。

佛教从进入中国那天起，就因为它的异质性不断受到以儒家为代表的本土传统的剧烈排斥，并与本土宗教——道教——展开了持续争论。正是在冲突、排斥和争论的过程中，佛教通过不断调整，以适应华夏世界本土思想与风俗习惯，不断吸取道教特别是儒家的内容，开启了佛教中国化的进程。其中，最为核心的是怎样与王朝的核心观念——"君君臣臣"的政治观念及"父父子子"的血亲观念——协调。从"沙门不敬王者"的争论到"皇帝即佛"、从出家断绝血亲关系到《佛说父母恩重经》的出现和倡导读《孝经》，彻底改变了佛教拒绝政治权威、斩断血亲关系的"无父无君""不忠不孝"的形象，最终彻底吸收了王朝的政治原则和社会生活原则，消解了与权力和社会风习的紧张关系，最终成为本土化的宗教。另一方面，通常底层民众身处朝不保夕、生死无定的战乱境况下，对佛教的"人生苦海"之说无疑会产生极大的认同，这也就奠定了佛教扎根本土的根基。可以说，"佛祖西来"，恰恰是在帝国权力主导的天人世界、信仰秩序、神人关系的宏大观念体系中，确立了"人"的神——只关心人自身的

"业""缘"和自身的解脱。于是在权力主导的"神道设教"之外，有了超越权力，视帝王和贩夫走卒一律为需要拯救的平等众生的宗教，拒绝帝王权力的绝对主宰，声称是"不敬王者"的方外之人，这对于秦汉以来的帝国意识形态来说，无疑是革命性的。

佛教的传入与流布，恰逢汉代以后的动荡时代，契合了不同阶层的关切，逐步融入华夏世界，深刻影响着华夏世界的社会、政治、经济等各个方面，丰富了宗教、哲学、文学、艺术等，并成为华夏思想世界的基本成分之一。

佛教传入中国，又与中原王朝对西北的开拓紧密相关。伴随着由塔里木盆地经河西走廊与关中以及中原地区贸易的发展，佛教也随之进入了中国，游走于这条路线上的安息人、粟特人等是佛教早期最重要的传播者。

汉语文献中关于佛教的记载，最早的是《后汉书·光武十王列传》的记载：

（楚王）英少时好游侠，交通宾客，晚节更喜黄老，学为浮屠斋戒祭祀。八年，诏令天下死罪皆入缣赎。英遣郎中令奉黄缣白纨三十四诣国相曰："托在蕃辅，过恶累积，欢喜大恩，奉送缣帛，以赎愆罪。"国相以闻。诏报曰："楚王诵黄老之微言，尚浮图（屠）之仁祠，洁斋三月，与神为誓，何嫌何疑，当有悔吝？其还赎，以助伊蒲塞桑门之盛馔。"因以班示诸国中传。英后遂大交通方士，作金龟玉鹤，刻文字以为符瑞。

"八年"即东汉明帝永平八年（65）。"伊蒲塞"，梵语优婆塞的异译，指在家受五戒的男性佛教徒。桑门，为沙门的旧译，在印度泛指出家修苦行、禁欲，或因宗教的缘故过乞食生活的人。这是我国汉语文献中关于佛教的最早记载。楚王英是我国文献记载的最早的佛教徒，楚王英的封地在江苏北部的彭城（今徐州）。后来，楚王英因为"大逆不道"的罪名被贬到安徽南部的丹阳泾县，不久就自杀了。但是，这时佛教的影响显然已经渗入以彭城为中心的淮北地区、河南东部、山东南

天下毉刻
石上大宋

部和江苏北部，佛教活动在楚王英之后仍然延续下来。随后，就是著名的洛阳白马寺的兴建（据传，兴建于东汉永平十一年，即68年）。

根据早期汉语文献的记载，在公元3世纪末（290）以前，进行佛教经典传译与教义解释的主要是来自西域的月氏、安息、康居、天竺佛教徒，佛教的影响主要局限在外国人聚居区，佛教信仰主要存在于这些外来的家庭、群体和聚居区当中。应该说，这时候的佛教还带有鲜明的"胡人"印记，并且借助中土本身的"道教"学说，以"老子化胡"的形式加以合理化，并已经开始渗入普通百姓的生活当中。"佛祖西来"之后，经过差不多两个世纪，华夏世界不再仅仅满足于接受，也开始主动探求。三国时魏国僧人朱士行成为西行求法的第一人，开了法显、玄奘等西行求法的先河。魏嘉平二年（250）印度律学沙门昙柯迦罗到洛阳译经，在白马寺设戒坛，朱士行受戒成为中土受戒沙门第一人，他于魏景元元年（260）从雍州（今长安区西北）出发，通过河西走廊到敦煌，经西域南道，横渡流沙，直抵于阗国，晋太康三年（282）派弟子弗如檀等把抄写的佛教典籍送回洛阳，自己仍留在于阗，后来在那里去世。

晋室南渡，风气为之一变，"渡江以来，则王导、周顗，宰辅之冠盖。王濛、谢尚，人伦之羽仪。郄（郗）超、王坦、王恭、王谧，或号绝伦，或称独步，韶气贞情，又为物表。郭文、谢敷、戴逵等，皆置心天人之际，抗身烟霞之间"（《弘明集》第十一卷，《答宋文帝赞扬佛教事》），"至过江，佛理尤盛"（《续晋阳秋》）。出生于中土的僧侣开始见于记载。据《世说新语》记载，谢安、许询、孙盛、殷仲堪、郗超、孙绰、王坦之、王修……等皆热衷于谈论佛理，于是以汉语理解佛教教义的"格义"之学兴起，一经多译又兴起了"合本子注"，佛教义理开始在汉语中生根。东晋时期，佛教开始在权贵与知识阶层中流行开来，并且逐渐得到权力的加持，成为具有活力的思想资源。

东晋十六国时期，佛教取得了迅速发展。这时，主导北部中国的统治者多崇信佛教，后赵政权的石勒、石虎尊僧人佛图澄为国师，佛教在北方中原地区得到极大发展，一时名僧辈出，最著名的有佛图澄、释道安、鸠摩罗什，他们的译经和传法活动对中国佛教的发展影响巨大。

佛图澄，西域人，在晋怀帝永嘉四年（310）来到洛阳，时年已79岁，于后赵建武十四年（348）去世，享年117岁。佛图澄弘扬佛法、广建佛寺，据传他所建佛寺达893所，前后门徒多达万人，而且门徒中高僧辈出。作为北方佛教的领袖，努力宣扬佛教，被后赵政权尊为国师，在华夏世界首次将佛教纳入国家最高权力保护之下，成为国教。他不仅成功传教，更是培养了一大批在中国佛教史上发挥过重要作用的人物，如道安、法和、法汰、法雅等，均是一代名僧，对佛教的发展和传播发挥了重要作用。佛教宣扬的慈悲戒杀和轮回报应不仅对缓和当时的各种矛盾、稳定社会秩序有一定作用，还成为后世中国佛教的重要内容。

释道安，常山郡扶柳（今河北省冀州区）人，12岁出家，24岁至邺城，成为名僧佛图澄的弟子。释道安是佛图澄死后中原地区佛教的领袖，他的贡献主要有：精研佛学理论、宣讲佛学，特别是对义学的研究和发展有很大影响；组织并领导中外僧人译经、发展翻译理论；整理东汉以来近两百年译出的各种佛经，编写成《综理众经目录》（又称《道安录》），后来的佛经目录，大都吸取了《道安录》的经验；成功组织僧团传播佛教，他制定的戒律，为中土佛教僧团的管理奠定了基础，提出僧人出家后应以释为姓，为后世所遵循；培养了一批对佛教发展起到过重要作用的人才，最著名的当数庐山慧远。

鸠摩罗什，他的母亲是龟兹国公主，父亲是印度人，精通多种语言文字。16岁时，鸠摩罗什来到了讲汉语的凉州（今甘肃武威一带），后来到长安。他最重要的贡献是在凉州与长安译经，他译的经典多为中国后代佛教各派立宗的重要依据。如《成实论》是成实学派的主要经典，《中论》《百论》《十二门论》是"三论宗"的主要经典，《法华经》是法华宗的主要经典，《阿弥陀经》为净土宗的主要经典等。他所译的佛教典籍对中国佛教有极大影响，是与唐玄奘齐名的大翻译家，中国的大乘佛教由他翻译的佛经奠定基础，南北朝至隋唐时期几乎所有的大乘学派或宗派都与他所译的佛经有关（图194）。

东晋十六国时期，佛教已得到社会各阶层尤其是上层绝大部分人的认可，同

图194　新疆克孜尔石窟前的鸠摩罗什像（雷玉华／摄）

时伴随着激烈的佛道之争、华夷之辨，特别是围绕沙门"敬不敬王者"问题进行了反复激烈的论争，这涉及佛教如何处理中国政治实践中"忠君"这一最高原则问题，作为佛教内在的问题一直持续到唐代。

东晋十六国时期，东方、北方少数民族——当时汉族士大夫眼中的"胡""夷"——入主中原后，对同样被认为是外来的佛教更容易接受，因此，当时中原政权多接受并信奉佛教，其中后赵政权更是以佛教为国教，使佛教在北方中原地区得到广泛传播和发展。而被后赵视为国师的佛图澄为了传教，使用中国民间流行的法术为石勒、石虎判断吉凶，并提供咨询。

到了南北朝时期，以皇室为代表的上层人士普遍信奉佛教，佛教高僧往往受到极高礼遇，甚至有帝王和皇室成员成了最忠实的信徒，佛事活动影响越来越大，甚至对国家政治、经济造成了影响。如南朝梁武帝笃信佛教，禁断酒肉，绝房事，四次舍身于寺院，让大臣们用巨资为其赎身。北齐皇帝高洋崇敬高僧僧稠，自己断肉禁酒，并将国储的三分之一用来供养三宝。皇亲国戚常在宫中或家中设斋，僧尼出入宫中或显贵们家中，成为当时常态。"南朝四百八十寺"，说的便是江南佛教的盛况。

而北朝直接受到皇室保护，以帝王为佛的状况，是这一时代佛教深深嵌入华夏世界中的表现。北朝北魏灭北凉，可以说是一个标志性事件，崇尚佛教的北凉有许多僧人死于灭国事件当中，那些死里逃生的僧人被掳掠到了北魏都城平城，开启了北朝佞佛的传统。而北魏太武帝发动的中国历史上第一次灭佛运动，则使佛教徒深感"不依国主，则法事难立"，必须寻求皇权的庇护。于是从北凉被掠至平城的高僧法果提出了以皇帝拟佛的观点——"我非拜天子，乃是礼佛耳"；昙曜更是在云冈开凿五座大石窟，石窟中的佛像即按照北魏建国以来的五位皇帝的模样来雕刻。他们直接提出了皇帝就是佛、拜皇帝就是拜佛的思想，彻底解决了与皇权的矛盾，从此佛教开始正式成为统治者的工具，与中国传统的治国理论儒家思想在政治实践中开始结合，成为北朝的传统。——儒家只不过认为"君权神授"，皇权神圣不可侵犯而已，而佛教中佛就是神，而且是最高神，在改革了的佛教理论中，将皇帝当成佛，也就是以皇帝为最高神。从此，华夏世界帝国时期，短暂的灭佛运动从来没有能够阻止佛教发展的步伐，佛教从思想上开始了适应中国化的发展历程。

这一时期，佛教僧侣活动十分活跃，到处建起了佛塔和寺院，开窟造像也风行起来，融入华夏的佛寺、石窟的建造开始改变华夏世界的人文景观，甚至地理风貌。寺院和僧团的发展，形成了独特的寺院经济。佛教的一些重要宗派形成并开始发展起来。在激烈的佛道之争、华夷之辨中，佛教思想逐渐融入华夏思想的主流，并且深深地融入华夏世界的生活，佛教开始真正"征服"中国；实际则是中国彻底改变佛教，佛教与华夏文化渐渐融合，逐渐成为本土化的佛教、中国的佛教。

从公元2世纪到6世纪的400年间，佛教故事、佛教仪式以及观念，慢慢渗入民众的世俗生活，礼佛、奉佛成为除厄兴福的途径。于是捐纳布施建寺建塔造像，一时之间蔚然成风，石窟的开凿、佛寺的营建、佛像的雕塑开始兴盛起来，"所以作佛像者，但欲使人得其福耳"（《道行般若经》）。佛教寺院，开拓了一个极具世俗意味的开放的公共空间，相应举办的斋会、行道仪式以及佛教节日活动等等，又成了极具吸引力甚至具有娱乐性的公共活动，不断开拓着世俗生活的公共空间。如《洛阳伽蓝记》记载长秋寺四月四日行像，"观者如堵，迭相践跃"；景乐寺的乐舞杂艺，"士女观者，目乱睛迷"。另一方面，捐资抄经、造寺建塔、开窟造像、诵经念佛、供养僧人成为潮流，无不包含着对现世生活的期许、对个人命运的关注、对家庭家族事业的牵挂。这些都被记录在了流传至今的造像题跋、写经题识、发愿文、忏文等等当中。

进退消息

　　隋唐时代是极为开放的时代，8世纪辉煌的唐帝国尤为开放。

　　那时，东方的大唐吸引着世界的目光，唐帝国的版图上居住着来自中亚、东亚、东南亚的外国人，而且通过西北、西南乃至海道与遥远的异邦建立起了密切的联系。开元天宝之际，长安胡风盛极一时，来自塔里木盆地、帕米尔高原之外，东亚、东南亚诸国的使节，僧侣，商队络绎不绝。来自异域的新鲜事物目不暇接，上层阶级醉心于殊方异域的各种新鲜事物，包括舞蹈、音乐、游戏、烹调、服饰、住所等等。

　　汉代开始就在帝国版图内的甘肃、陕西、河南、广州等地设立侨民区。隋唐时期，朝廷并不歧视侨居的外国人，"自古皆贵中华，贱夷狄，朕独爱之如一"（唐太宗语），侨民区分布更为广泛。外国人做官、带兵的现象也是常见，特别是在当时最为繁华的国际大都市——长安，可以见到突厥人、粟特人、于阗人、库车人、克什米尔人、波斯人、阿拉伯人、印度人、朝鲜人、日本人、僧伽罗人等外国人的身影，极盛时旅居长安的"胡人"在5万人以上。他们带来了异域的畜禽、植物、食物、香料、珠宝等异国风物，同时也带来了中亚及印度的舞蹈、音乐、绘画等艺术形式，极大丰富了人们的审美趣味。人们追求的是极致的炫人眼目、摄人心魄的耳目口腹之欲，强调的是奔走天下、远赴边塞、开拓事功。这时的长安充满了舶来品和异国情调，引领着时尚潮流，"慕胡俗、施胡妆、着胡服、用胡器、进胡食、好胡乐、喜胡舞、迷胡戏，胡风流行朝野，弥漫天下"[1]。开元天宝之际的皇室宫廷也十分热衷于此，胡乐、胡舞、胡戏、胡服……成为宫廷时尚。如唐中宗、唐玄宗很喜欢当时流行的"泼寒胡戏"，"冬月，为海西胡

1　尚刚：《隋唐五代工艺美术史》，第4页，人民美术出版社，2005年。

人裸体，寒水泼之"（胡震亨《唐音癸签·乐通三》），爱之者以为生气淋漓，批评者则说它"裸体跣足，盛德何观；挥水投泥，失容斯甚"（《旧唐书·张说传》）。蔑视礼法，注重事功，是盛唐时代的豪情。从"一别两宽，各生欢喜"的夫妻关系到仗剑天涯立不世之功的士大夫理想，无不充满一种追求极致生活与成功的热望，反映在绚烂的佛教石窟艺术、绘画、塑像当中的也是健壮的肉体、绚烂的色彩，充满了蔑视节制的豪迈。

这种极致的炫人眼目、摄人心魄的感官追求能成为当时社会一种主流的风潮，一方面是由于北朝非汉族政权，本来就有试图弥缝华夏世界的华夷之辨、文野之别的传统；而本于鲜卑的隋唐政权自然也弱化了华夷之辨、文野之别，唐人的自信豪迈无所禁忌地得到表现；另一方面则是沉潜深思似乎显得不合时宜。正是在这种日益外化的繁荣与热闹中，隋唐中国化了的佛学成了思想的主阵地，进而诞生了繁荣的佛教石窟艺术。

隋文帝杨坚建立隋朝，在经历了北周武帝废佛灭道之后，隋文帝撤销了禁断佛教和道教的政策。杨坚本人在般若尼寺长大，小名"那罗延"（那罗延，佛教护法力士），因此杨坚称帝后，自称"佛以正法，咐嘱国王。朕即人尊，受佛咐嘱"（《辨证论·卷三·十代奉佛篇上·隋高祖文帝》），积极弘扬佛教，自己带头在宫中受菩萨戒，在宫廷中建立诵读、斋会、讲经、行道的内道场，在位期间建造佛寺多达3792座，剃度僧尼23万人。

唐代隋而起，皇室虽然自称道教始祖李耳的后代，尊崇道教，宣布道法在佛教之上，道士、女冠居僧尼之前，但并不排斥佛教，采取的是儒佛道三教并行的策略。唐代宫廷仍然沿袭隋代宫廷佛教活动的传统，并且逐步完善了僧人管理的"僧统"制度。唐建立之初，高祖志在统一，有抑制佛教的政策，到了太宗时就已采取了弘扬佛教的政策，诏令全国普度僧尼，恢复了隋代设在大兴寺的佛经译场。唐太宗对佛教的态度虽有反复，但总的说来是支持佛教的，特别是晚年，对于求法归来的玄奘法师大加礼敬，对于玄奘法师所译经典给予极高评价："朕观佛经，譬犹瞻天望海，莫测高深。法师能于异域得是深法，朕比以军国务殷，不及委寻佛教。而今观之，宗源杳旷，靡知涯际，其儒道九流比之，犹汀滢之池方溟渤耳！而世云三教齐致，此妄谈也"（《大慈恩寺三藏法师传》卷六），而佛教对于统系西域的作用令唐太宗对佛教更加重视。

高宗武后时期，皇室开始大肆崇信佛教，特别是武则天当政之后，她自视为弥勒转世，置佛教于道教之上，佛教发展进入鼎盛期。武则天在位之时，兴寺塔、造大像、组织译经、迎奉佛骨、设无遮大会等，佛事活动极频繁。武则天之后的中宗、睿宗，虽然恢复了道教在佛教之上的地位，但实际上他们自己就是佛教信徒，在位期间佛事活动频繁。唐玄宗是有名的崇奉道教的皇帝，特别是晚年，崇道活动到了可笑的地步，但他并不抑制佛教，亲自为《孝经》《道德经》《金刚经》作注，并颁行天下，以帝王的权威统系三教，是权力主导下三教融合的一种尝试。

玄宗之后，除唐武宗崇道，发动了中国历史上第三次"灭佛运动"外，其他皇帝均崇信佛教，而且从高宗、则天时代起，分别在长安、洛阳宫中设内道场、做法事。从玄宗之后的肃宗朝开始，每朝的内道场极多。皇室宫廷崇奉佛教，达官显贵大多也是佛教信徒，皇室成员和显贵出家者屡见不鲜，舍宅建寺之风大行。到了8世纪末的中唐时代，佛寺之盛，"十族之乡，百家之间，必有浮屠为其粉黛"（舒元舆《唐鄂州永兴县重岩寺碑铭并序》）。尽管还有道佛之争、夷夏之争，但总的说来，唐代对于宗教采取的是兼容并包的态度，儒佛道之外，所谓"三夷教"之称的摩尼教、景教、祆教也得到广为传播。中外文明交流互鉴、中华各民族之间的交融，在唐代开放包容的世界里结出了丰硕的果实。

自东晋十六国时期开始，渐渐中国化的佛教在权贵与知识阶层中流行开来，佛教成为最具活力的思想资源。官僚士大夫阶层、诗人、艺术家开始与僧人频繁来往，至唐宋时期成了一种传统。一方面，佛教内容相关的题材成为画家、诗人、雕塑家表现的重要主题，出现了一批绘制佛画的著名画家。另一方面，有的僧人本身也是出色的画家、诗人。寺院成了官僚文人学士嬉游宴集问学等的重要活动场所，有名的寺院，往往名人云集，寺中壁画、塑像多出名家之手，当时成都的大慈寺就是这样一处所在。佛教的影响渗入各阶层，尤其唐代，底层信众众多，偏远的山村也出现了寺庙，最底层的人也成了信徒。佛教在民间的发展，使它已经不再需要统治者的特别扶持了，因此短暂的武宗灭佛，对于民间佛事活动的影响非常有限，更何况当时河北等地并未执行，石窟寺也不在毁废之列。

隋唐时期，对于亚洲广大地区来说，华夏世界是佛教最为耀眼的中心，是佛教的第二故乡。特别是对于朝鲜、日本来说，唐代中国就是佛教的故乡，华夏大地的佛教遗迹、传说、寺宇、圣地、高僧……就是佛教的典范。峨眉山已经是普贤菩萨的道场，五台山是文殊师利菩萨的道场……在这一时代，佛教已经成为华夏世界政治、经济、社会文化和制度的主要组成部分，寺院成了世俗文化与僧团文化、华夏传统与佛教文化的中心，饱学的僧人与虔诚的以居士自居的士大夫积极互动，构成重要的思想景观。

隋唐时期，典型的中国化佛教蓬勃发展起来，中国佛教的重要宗派也在这一时期成型。在权衡佛教所谓的"无父无君""不忠不孝"问题的过程中[1]，佛教不断妥协、吸收、融合政治实践的原则和社会伦理的核心。在儒家所不言的"性命与天道"之处，正是佛教所深言、长言、繁言之处。所谓"周孔所言，略示近迹，至于释教，则备极幽微"（《高僧传》卷一，康僧会语），所以成为华夏思想的重要资源，而吸引思考者的关注，所谓"殷中军（殷浩）见佛经，云理亦应阿堵上"（《世说新语》），东晋之后逐渐引起士大夫知识群体的兴趣，最后在

1　佛教徒"不拜君亲"，是佛教作为一种教团形式出现在华夏世界起就一直存在的问题。东晋南朝时期，关于这个问题就发生了两次大争论，公元 340 年庾冰与何充的争论，公元 402 年桓玄与慧远等的争论；而胡人统治下的北地、北朝所持的则是"我非拜天子，乃是礼佛耳"的态度。不过，到底怎样看待世俗的帝王权力问题，一直存在。到了唐玄宗开元年间，朝廷颁布诏书，要求必须拜君亲，试图将佛教彻底纳入君臣父子的礼制秩序中，佛法必须遵从王法。唐玄宗甚至要求在寺观内置真容像，开元二十九年（741）将皇帝真容像置于开元观内，天宝三载（744）将今上等身天尊像和佛像分别置于开元观和开元寺内。"天宝三载三月，两京及天下诸郡于开元观、开元寺，以金铜铸玄宗等身天尊及佛各一躯。"（《唐会要》卷五十）

隋唐成为重要的思想阵地。

从佛图澄利用法术获得后赵统治者信服开始，与政治实践原则相协调就成为佛教生死存亡的关键。"王者之刑赏以治其外，佛者之祸福以治其内"（黄庭坚《江陵府承天禅院塔记》），可见，佛教的发展总是主动与中国传统的儒、道思想相融合，尤其注重协调与权力的关系。北魏僧人法果倡言"我非拜天子，乃是礼佛耳"、昙曜以北魏五位皇帝为模型开造云冈五窟的大佛像，主动靠近统治者、靠近儒家思想。佛教净土宗的奠基人昙鸾，他也吸取了道教思想，华严宗的澄观、华严宗与禅宗大师宗密站在佛教立场鼓吹三教合一。唐代名僧中如义净、一行，创立法相唯识宗的玄奘、玄奘弟子窥基，创立律宗的道宣，天台宗第九祖湛然，创立华严宗的法藏，禅宗五祖弘忍，禅宗六祖神秀（北宗代表），禅宗南宗创始人慧能，慧能之下分三系荷泽神会、南岳怀让、青原行思，传净土宗的善导，传密宗的开元三大士善无畏、金刚智、不空等都有丰富的学识，在他们的传法过程中都结合了中国传统思想，他们所传之教与起源于印度的佛教已经完全不同，完全是中国化的佛教。

从南北朝到盛唐时代，佛教的义理之学一直受到重视，成就不凡，成为最为重要的思想资源，甚至主导着思想潮流和思想趣味。这种对于超越性、理论性的追求在玄奘法师身上达到极致，玄奘可以说"是唯一成功地掌握了广博而复杂的佛教哲学庞大领域的中国人"[1]。但是，中唐以后，经过安史之乱的摧毁性战乱，随着贵族传统的衰落以及战争对城市和寺院的摧毁，构成佛教义理之学根基的译经、讲经、辩论、疏解失去了支持系统。唐元和五年（810），朝廷终止了官方主持的译经活动，佛教义理之学最终失去了吸引力，衰微了。专注于经典义理的"法师"渐渐边缘化，而受戒习律的"律师"、注重禅定与个体心灵体验的"禅师"最为活跃，也最具影响力和吸引力。最后，最有代表的是融合了中国传统思想的佛教禅宗成为主流，被称为"中国禅宗"，其"不立文字、直指人心"的

1　[法]谢和耐：《中国社会文化史》，第248页，湖南教育出版社，1994年。

理论，与古代中国强调经验与感觉世界直接领悟宇宙与人生问题主导的知识、思想、信仰直接关联，接续的是秦汉魏晋的本土思想理路。这一理路，具有鄙弃经典、轻视像教、否定义理的倾向，于是开窟造像活动随之衰微。

"佛不远人，即心而证，法无所著，触境皆如，岂在多歧，以泥学者"（权德舆《唐故洪州开元寺石门道一禅师塔铭并序》），顺着禅宗的思路，从"即心即佛"到"非心非佛"，再到"佛法无用功处，只是平常事。屙屎送尿，着衣吃饭，困来即眠"（临济义玄语），"一切时中，视听寻常，更无委曲，亦不闭眼塞耳"（沩山灵佑语），终于释迦创教时旨在超越人生的相对与无常、拯救人至绝对之境的追求，在华夏语境中演变成了对于现世生活的确认。

> 最终，它给信仰者设计了一个平常的，但在现实生活世界中又很有魅力的，只能在心灵中由于自我调整而得到的轻松境界。它把日常生活世界当作宗教的终极境界，把人所具有的性情当作宗教追求的佛性，把平常的心情当作神圣的心境。于是，终于完成了从印度佛教到中国禅宗的转化，也使本来充满宗教性的佛教渐渐卸却了它作为精神生活的规训与督导的责任，变成了一种审美的生活情趣、语言智慧和优雅态度的提倡者。于是尽管它深入了中国的人生与艺术世界，却在很长时间里渐渐淡出了中国思想和信仰的世界。[1]

顺应佛教在民间发展的需要，佛教俗讲事业发达，出现了许多适于俗讲的经本、佛画和俗讲僧人，对于文学形式的变迁影响显著。众多寺院，往往成了重要的社会活动场所，超级大寺院随之出现，成为城市社会经济文化活动中心。对于俗世社会来说，"释氏以往生西方极乐净土、上升兜率天宫之说诱之，故愚夫愚妇相率造像，以冀佛佑，百余年来，浸成风俗……综观造像诸记，其祈祷

1　葛兆光：《中国思想史》，第二卷，第 173 页，复旦大学出版社，2000 年。

之词，上及国家，下及父子，以至来生，愿望甚赊。其余鄙俚不经，为吾儒所必斥。然其幸生畏死，伤离乱而想太平，迫于不得已，而不暇记其妄诞者"（清代王昶《金石萃编》卷三十九《北朝造像诸碑总论》）。捐资建寺、开窟造像盛极一时，佛教深入社会各阶层，影响社会生活的各个层面。到了佛教鼎盛的隋唐时期，佛教对社会生活和中国思想文化等各方面均产生了巨大影响，佛教彻底成为中国人的佛教。佛教与道教、儒学成功融合，反对佛教的呼声逐渐消失，佛教最终融入了华夏世界的政治实践和社会生活。

人间佛教

佛教传入中国，一方面是佛教适应并渗入政治经济社会文化引起华夏世界思想信仰激变的过程，另一方面是华夏世界与印度文明不断交互的过程，佛祖西来与西行求法、译经传法与本土阐释的积极互动，引发了蓬勃的思想动力。佛教吸引了不同阶层的人，"在城市附近地区、商业最为兴旺的街道、乡村和山区，到处都建立了无数的小佛堂，广大民众在节日间汇集于那里赶庙会……主要活动是举行斋供和交纳自己的捐助份额，我们由此而看到了农民们古老生活的实际情况。在另一个完全不同的阶层中，也就是在上层阶级的信徒中，我们又可以看到佛教虔诚与吉祥的传说和一种与巨额开销的显著习性有联系。政治和经济兴趣、宗教习惯和美学爱好，所有这一切都在那些挥金如土者们身上聚为一体，同时也体现在有这些倾向的所有复杂表现中。我们可以从中窥见他们热衷于皈依佛门的原因"[1]。佛教已经成为华夏世界的一个部分。这一切，在从天山一带到河西走廊、华北平原、华南大地、西南巴蜀的石窟遗迹，以及佛寺记载中，鲜明地反映出来。

南北朝以来，佛教大规模石窟造像主题的变迁可分为三个时期：云冈石窟造像以释迦、弥勒佛像为主，定光、多宝造像也占据一定位置，释迦是降临"此土"的人间世界的佛，定光、多宝、弥勒都是这个世界释迦佛传中的尊像，表现的主题是"印度的悉达太子是如何成佛的"，即以释迦牟尼佛本生故事为中心；龙门北魏石窟造像，以释迦、弥勒、观世音为主，重点表现的是"印度的释迦佛说了什么法"，体现了宽泛的往生天上诸佛诸菩萨乐土的愿望；到了唐代造像，阿弥陀佛、观世音菩萨造像占据绝对位置，佛教造像重点表达的是"在中国的我

1　[法]谢和耐：《中国 5—10 世纪的寺院经济》，第 4 页，上海古籍出版社，2004 年。

们要如何才能获救"，如何才能进入阿弥陀净土，说明此时的佛教已经完全成为中国本土化的佛教。[1]南北朝时期的造像，更强调佛的悲悯与佛前世今生以及舍身救世的故事，有一种舍弃尘世、离尘脱苦的韵味，呈现出无限的悲悯情怀；然后，就是侧重于强调佛教对于美好世界的许诺和想象，开始描绘不同于尘世的天上诸佛诸菩萨乐土，有一种充满想象、离尘脱俗的气韵；到了隋唐时代，佛教对于往生净土的描绘转化为对美好生活的想象，造像雄壮、威猛、艳丽、热烈，犹如盛唐时代无与伦比的极致感官追求。

雄壮、威猛、艳丽、热烈的唐帝国，其威望在盛唐时代达于极盛，遍及整个亚洲，影响及于中亚、蒙古、朝鲜、日本、东南亚等广大地区，这种影响部分要归因于它作为佛教伟大的策源地之一。

但是，这一切似乎都在安史之乱后改变了。公元800年左右，华夏世界开始对来自外国的影响采取敌视态度，一种回归古老传统的思潮开始占据主流，惨烈的安史之乱是这一转变的重要原因。安史之乱后，唐人引以为傲的来自北方草原部落的军队力量却成为北部边疆尾大不掉的军阀集团，藩镇割据各霸一方。公元783年，在泾原节度使姚令言的拥戴下，朱泚曾短时间窃据长安；日益壮大的吐蕃势力于763年兵临长安城下，随即占领了河西走廊，阻断了唐帝国通往西域的道路[2]。另一方面，攻击外来侨民的事件频繁发生，公元760年，田神功率领的暴动队伍在扬州杀死了几千阿拉伯、波斯商人。

据《资治通鉴》记载，唐代宗大历年间，"回纥留京师者常千人，商胡伪服而杂居者又倍之"，针对这种情况，唐朝政府颁布诏令，规定"回纥诸胡在京师

---

1 [日]砺波护：《隋唐佛教文化》，第58页，上海古籍出版社，2004年。此书之《唐中期的佛教与国家》部分对于北魏云冈石窟、北魏龙门石窟、唐代龙门石窟的主题进行了深入的分析。

2 佛教在中国的兴盛，与印度佛教息息相关，是中外文明交流互鉴的结果。从释迦创教，经历了部派佛教、大乘佛教的演变，密教在7世纪兴起于波罗王朝时期的东印度，很快成为印度后期佛教的主流，但是八九世纪的印度再度成为印度教的天下，佛教开始式微，到13世纪末，佛教在印度消失了。8世纪，来自印度密宗的开元三大士善无畏、金刚智、不空将密教带到中土，这是华夏佛教与印度佛教最后的重要互动。

者，各服其服，无得效华人”，并且严禁胡人诱娶汉人妇女为妻妾，或者以任何方式冒充汉人。唐文宗开成元年（836），卢钧担任岭南节度使时，还曾经强迫广州的外国人与汉人分处而居，禁止他们通婚（禁止，说明当时有，且较常见），不许外国人占田和营建房舍。之后，朝廷又进一步禁止中国人与外国人私自“交通、买卖、婚娶、来往”。随后，是唐武宗时期对佛教的严厉打击，六七世纪佛教最荣光的时代终结了，一种存在了几百年的庄园式寺院形态也随之衰落。

这个时候，一种“文化民族主义”的情绪正在蔓延、壮大，于是极致炫人眼目、摄人心魄的感官追求成为堕落的象征，曾经豪迈不羁、开拓事功的雄心壮志变成了无所统系、战乱不断的烽烟废墟，超越沉潜的佛学理论思辨变成了与治世无涉的空疏之学。在文化民族主义的氛围中，试图重新恢复帝国中央王朝权威和秩序成为时代命题，恢复支持王朝权威的传统道统和知识谱系的浪潮正在涌起。

开始，华夏世界对于佛教一直就有一种本土主义的排斥倾向，“西域胡者……人面而兽心……贪逆之恶种”“佛生西方，非中国之正俗，盖妖魅之邪气也”（《破邪论》载傅奕语）。在唐代强盛的荣光下，佛教似乎并不是问题，但是安史之乱后情况就不一样了。这时，一批文人士大夫试图站在华夏文化的立场进行文化重建，他们并没有将中国化了的佛教当作异族宗教，与僧侣之间保持着交往与友谊；他们关注的是要重新确立传统的意识形态，重塑政治社会秩序，他们试图通过构建正统意识的历史谱系、中央与四夷的帝国空间秩序，再次确立华夏立场的知识、思想与信仰。中唐时期的韩愈是一个标志性人物，韩愈的努力主要集中在重新确立神圣的道统以及道统的传承，再次申明夷夏之防。韩愈是这种“文化民族主义”大潮初起的代表，在某种程度上说，韩愈的声誉正与日后的宋代文化浪潮有关。

唐宋之间的这一时期，华夏世界各方面都在经历着巨大的变化，通常又被称为“唐宋变革”，而从取向上说又被称为“中国转向内在”，社会变革的根本在于思想的变化，“文化民族主义”正在主导着这一变化。

唐末至五代，北方陷入长期的战乱，社会经济面临重创，文化凋敝，寺院与经像受到相当大的破坏，佛教凋零。南部中国则相对比较安宁，尤其巴蜀地区基本未受战火波及，从安史之乱最后到黄巢大军席卷半个中国，蜀地成为唐时的大后方、唐文化的避难所。唐代文人士大夫纷纷避难入蜀，社会文化延续了唐时的气韵。《花间集》散发出唐诗的余韵，开宋词之先河，唐末五代蜀地填词风气最盛、成就最高。唐代一直香火鼎盛的大慈寺，不仅是一座寺院，还是荟萃了唐代壁画、绘画艺术大师之作的艺术殿堂，最后还培育了一批声誉卓著的绘画艺术家。蜀地翎毛绘画（代指花鸟画）开宋代绘画的先河……唐代，成都还是重要的印刷中心，佛教经文、日用历书、术数类书籍等等得到大量印刷，印品远销敦煌、长安。在这种背景下，蜀地佛教文化得以延续，佛教寺院未被破坏，佛教典籍得以保存，开窟造像传统也延续了下来。

这个时期，佛教本身虽然还是宗派林立，但是禅宗已经占据主导性地位。佛教内部宗派之间相互融合，形成你中有我、我中有你的状态，许多小宗派被融合吸收了，各宗派之间已没有了明显的界限。其中，最具影响力的是禅宗、天台宗、华严宗和净土宗等，宗派相比唐代已经大大减少，其中禅宗发展最为壮大，并衍生出许多派别，在不同地区得到发展。佛教已经彻底完成了与中国儒、道的融合，在民间信仰中呈现出三教完全合一的形态。从皇权的角度说，从唐玄宗亲自为《孝经》《道德经》《金刚经》作注到宋孝宗提出"以佛修心，以道养生，以儒治世"（宋孝宗《原道辨》），彻底完成了皇权体系对佛教的定位。

佛教本身也已经深深地融入中国社会，"从公元五世纪末开始，中国的大城市和乡下的风景中又遍布了大大小小的寺庙、高高矗立的佛塔、戒坛、佛堂和兰若"[1]。佛教以及佛教场所本身又是重要的商业活动场所，通过经济活动更加深入地影响社会生活的各个层面。同时僧侣还为世俗社会提供占卜、行医、传授神咒、为死者超度等服务而深度介入日常生活，佛教作为重要的慈善组织也发挥着重要功能。寺院作为公共场所，不仅是聚会和游乐的公共空间，也具有旅舍的作用，为人

---

1 [法]谢和耐：《中国5—10世纪的寺院经济》，第6页，上海古籍出版社，2004年。

员的流动提供了方便，也促进了商业的发展。同时，因为佛教经、律、论的收集，寺院又成了最早的民间书院，是读书的场所。可以说，佛教传入中国之前，帝国的宫廷官方礼仪场所并不对普通人开放，佛教以其普度众生的主旨提供了一个向各个阶层开放的空间，适应了社会的各种需求，从帝王到底层民众都在这个空间里活动，同时也为社会提供了权力控制之外合法的社会组织形态。宋代，佛教作为一种知识背景已经融入华夏知识图景中，佛教本身已经成为影响巨大的基本信仰形态融入国家各阶层的日常生活，完全可以称之为"人间佛教"了。

宋代的知识图景中，佛教已经是不可缺少的部分，宋代居士信仰流行，两宋文人多以居士为号，在他们的著述文集当中，鲜有不涉及佛教的，佛学已经成为一种基本的知识、思想和信仰背景。本来，佛学本身的理论性、哲学性需要严密的论证，因而是需要通过经典的学习辩论进行传授的，这是隋唐佛学的成就。但是，一旦进入禅宗，就是诉诸经验感受和顿悟，因此是不可讨论、论证传授的，于是就成为一种个人化的独特的无法定义的体验，禅宗佛教也就从一种高度理性化哲学化的体系，转而化为一种纯粹的经验性、体验性和内在化的学说了。于是，在两宋时期，佛学因为这种个人性经验性审美性，特别是超越权力秩序的平等性、对于权力的疏离性，大受文人士大夫群体的欢迎。

宋代儒家接受了道家的思想，深受佛学影响，形成了新的儒学——理学。理学是在三教融合的基础上形成的新的学术思想，是华夏帝制时代后期的统治思想。

宋朝，吸取唐代及五代割据的教训，强化君主专制的中央集权，这种专制制度由于辽、金、西夏等少数民族的内入而受到拥护。国家至上、君主至上，化作"忠君报国"，成为意识形态的主旋律。南宋时宋金对立，形成我国历史上第二次"南北朝"对峙的局面。

宋代，又由于社会经济的发展，寺院经济重新发展起来，特别是随着印刷术的发展与普及，刻经和印经开始流行。开宝年间我国第一部完整雕刻的大藏经《开宝藏》雕版完成，因其雕版在益州完成，又称《蜀藏》，从此宋代官私雕刻大藏络绎推出，这是中国佛教史上的大事。印刷佛经价廉且便于携带，不易出错，其流通，使佛教在民间得到灵活发展，形式多样的水陆忏法在偏远的乡村也广为流行开来。佛教主动接受君臣父子的核心伦理观念，北宋僧人契嵩作《中庸解》《孝论》等，将儒家伦理置于佛教戒律之上，承认儒家在国家社会生活中的至高地位，适应了君主专制社会的需要，成为佛教遵循的原则，是当时社会思想的集中体现。道家也在吸收儒、佛中得到改造，道士王重阳（1112—1170）倡导读《孝经》，他创立的全真教，其教义主张儒、释、道三教合一，识心见性，独全其真。与三教合流同步的是佛教内部各宗派会通的潮流，宗密《禅源诸诠集都序》把禅的各宗、教的各派会通一致，提倡"以教照心，以心解教"，从心性论的角度把禅与教两大体系一起来。

因为地狱思想及往生净土思想的流行，早在唐宋之间的社会变革中，就已出现"禅净合一，万宗归禅"的趋势，不管是禅宗僧人还是在家信徒，他们的人生最终目标往往也是往生净土。因此，这个时期另有一股潮流，就是禅宗、天台宗、华严宗、法相宗等都成为净土思想的弘传者。净土普及于佛门，又通过佛门普及于民间，成为民众宗教的砥柱，形成取代大乘佛教的态势。南宋高宗绍兴初年，还新兴起了白莲宗，作为净土宗之一派，认为禅、净一致，弥陀即众生本性，净土即在众生心中，只要信愿念佛，即可往生净土。

宋代皇陵区设置皇家禅院，就是这种禅、净合一观念的典型表现，现存于河南巩县的北宋四个皇陵区旁均设有皇家寺院，名为禅院，但其目的却是表彰孝道。据于皇陵区发现的法照大师碑记载："本朝建寺，追奉陵寝，以昭圣孝，讲诵有常，负荐无已。"——可见这些寺院虽名为"禅院"，而实际是为了"荐福"，既是祈愿去世帝王往生西方净土，又彰显皇家标举"孝道"、以孝治天下。中国人一向重死，有事死如事生的传统，早在南北朝时期的造像题记中就常常有为亡者祈愿造像的记载，"若存托生，生于天上诸佛之所。若生世界，妙乐自在之处。若有苦累，即令解脱。三途恶道，永绝因趣"（《牛橛造像记》），"直生佛国"（《一弗造像题记》）。唐代大慈寺沙门藏川口述《佛说地藏菩萨发心因缘十王经》（后文简称《佛说十王经》），对佛教冥界思想进行系统化，表明佛教已体系化地深度介入中国人的生死，并成为皇室的信仰。

北宋皇陵外的"禅寺"为死去的皇帝服务，一般老百姓的生死大事自然也不例外，在佛教"禅净合一"的观念里，对于现世生活的礼赞与往生净土的愿望结成一体，成为主流信仰。往生净土不再是虚无缥缈的想象，从唐代极尽想象的华美的净土世界进而转化为了对现实生活的礼赞。佛教最后的大规模造像——安岳、大足石刻，生动地反映了这种倾向，"把日常生活世界当作宗教的终极境界，把人所具有的性情当作宗教追求的佛性，把平常的心情当作神圣的心境"，不再追求超越的、绝对的解脱。于是，现世的一切都在君王政治的天下秩序中统一起来，孔子、道教始祖与佛祖一起出现在龛窟造像当中。

正因禅宗的胜利，它那鄙弃经典、轻视像教、否定义理的倾向，致开窟造像活动衰微，巴蜀地区安岳、大足石刻造像成为佛教造像最后的高峰。

宗唐启宋

唐代中期，面临9世纪开始的"文化民族主义"浪潮，盛唐时代引以为豪的一切似乎都成了负面的象征，极致炫人眼目、摄人心魄的感官追求成为堕落的象征，曾经豪迈不羁、开拓事功的雄心壮志变成了无所统系、战乱不断的烽烟废墟，超越沉潜的佛学理论思辨变成了与治世无涉的空疏之学。韩愈著名的《谏迎佛骨表》，是对唐宪宗元和十四年（819）迎佛骨于宫内供养三日的激烈批评，称：

> 夫佛者本夷狄之人，与中国言语不通，衣服殊制；口不言先王之法言，身不服先王之法服；不知君臣之义，父子之情。假如其身至今尚在，奉其国命，来朝京师，陛下容而接之，不过宣政一见，礼宾一设，赐衣一袭，卫而出之于境，不令惑众也。况其身死已久，枯朽之骨，凶秽之余，岂可令入宫禁？……今无故取秽朽之物，亲临观之，巫祝不先，桃茢不用，群臣不言其非，御史不举其失，臣实耻之。乞以此骨付有司，投诸水火，永绝根本，断天下之疑，绝后代之惑。

文中处处华夷对举、以儒排佛，但韩愈并没能够阻止宫廷供奉佛骨，倒是差点为此丢了性命，最终被贬潮州。而韩愈此前参与平淮西撰写的记功碑《平淮西碑》、被贬潮州后的《祭鳄鱼文》，皆是处处标举天命正统、君君臣臣的天下秩序，尊华夏而贬夷狄，试图重建曾经主导帝国的儒家主流意识形态，重建知识、思想和信仰的世界。

在晚唐五代的战乱之中，知识的世界、思想的世界、信仰的世界似乎也随之崩解、沉寂了。世道越艰难，外来的事物似乎越危险；战乱越频仍，强大的军队越是可怕；曾经多奢靡，虚浮的言辞就显得多堕落。在文化民族主义的氛围中，恢复帝国中央王朝权威和秩序成为时代命题，恢复支持王朝权威的传统道统和知识谱系的浪潮正在涌起。

这一文化民族主义浪潮，在宋代古文运动和儒学复兴中开花结果。儒学在充分吸收了佛道二教精致的理性思辨与存心养性的功夫之后进入了崭新的发展阶段——宋学阶段。一种彻底的转向处处得以体现，"一别两宽，各生欢喜"的美好转为"饿死事小，失节事大"（程颐语）的礼法，豪迈开拓的雄心转为内省沉浸的省思，极致炫目的感官追求转为精致内敛的情趣，肆意征伐的武力转为控制武力的意志。

经过唐王朝的训练，北方游牧民族似乎都学会了帝国的组织机制，曾经凌驾于北方的优势似乎已经不存。两宋时期，总是处于战争冲突之中而又致力于削弱军队，致力于驯服武力的宋朝，却面临传统华夏疆域的缺失，南北对峙的局面使天命的王朝显得不那么气壮。于是政治的合法性、文化的合理性成了整个大宋朝始终存在的心结，进一步激化了"文化民族主义"，最终从唐代的开放走向强调孔孟道统的理学之路。程颐、程颢兄弟开创的"洛学"，可以说是这一趋势的代表。传说二程之学也与蜀地很有渊源，程颐、程颢兄弟就是在大慈寺获授易学的——"伊川在成都，一日游大慈寺廊下，有治篾者口《易》书。伊川疑异人，就问，俯而不答。祈之再三，乃得其未济三阳失位之义"（度正《性善堂稿》卷十）。另有记载说："程颐兄弟侍父游成都，至大慈寺，见治篾篓桶者挟一册，就视之，《易》也。篾者曰：'若尝学此乎？'因指'未济男之穷'以发问，二程逊谢。篾者曰：'三阳皆失位也。'兄弟恍然有省。翌日再过之，则去矣。后闽人袁滋问《易》，颐曰：'《易》学在蜀，盍往求之。'"（曹学佺《蜀中广记》卷九一）

唐代，佛教寺院与京城国子监是主要的知识中心，寺院是知识学习的重要场所。这一传统在蜀地得以保存，随着宋代立国平蜀，"乾德三年，蜀平，命左拾遗孙逢吉，收蜀法物，其不中度者悉毁之"（《宋史·仪卫志》）；"乾德三年，平蜀，遣右拾遗孙逢吉往收其图籍，凡得书万三千卷"（《文献通考·经籍考》），"平蜀，得锦工数百人，冬十月丙辰朔，置绫锦院以处之"（《宋史·太祖本纪》）。"宋初，诸州贡赋皆输左藏库，及取荆湖，定巴蜀，平岭南、江南，诸国珍宝金帛尽入内府"（《宋史·食货志》），各地财富蓄积，尽入宋廷。一方面，大批人才汇集汴京，蜀地高僧、佛教艺术家、佛教典籍被朝廷征召，集中于东京汴梁，提升了宋代宫廷和京城的佛学水平，在某种程度上又孕育了宋代宫廷绘画艺术，主导了宋代的审美情趣，开辟了艺术新境。另一方面，因为官方资助的削弱、帝国京城（特别是宫廷画院）对艺术人才的虹吸现象以及思想信仰的变迁，尤其是南宋末年蜀地常年的战争，辉煌于唐宋的蜀中佛教义学、佛教艺术逐渐成了过去式。这时，受佛教丛林制度、典籍收藏传统和知识传播模式的影响，到了11到13世纪，官学私塾与藏书楼林立，特别是私人主持的书院成为最为重要的知识传播中心，遍布各地，尤以长江下游及长江以南地区为盛。从此开始，直到17世纪，书院一直是重要的知识传播中心，也造就了长江下游及长江以南地区学术繁盛的局面。[1]

蜀地可以说是这一转型的别样范例，特别是在文化方面，延续唐代文化命脉，开启宋学，且在宋学中独树一帜。"蜀士之多奇"（朱熹语），蜀地"文学之士，彬彬辈出焉"，以儒学为根底的蜀学进入鼎盛期。与以程颢、程颐为代表的"洛学"相比，以苏洵、苏轼、苏辙父子为代表的蜀学融合三教，视野更加开阔。

1 [法]谢和耐：《中国社会文化史》，第304页，湖南教育出版社，1994年。

蜀学儒宗

自"文翁化蜀"以来，蜀中文教隆兴，"学者比齐鲁"（祝穆《方舆胜览》），"巴蜀自古多奇士，学问、文章、德慧、权略，落落可称道者，两汉以来盖多"（黄庭坚《跋秦氏所置法帖》）。到了两宋，绵绵不绝，宋代吕陶《经史阁记》称："蜀学之盛冠天下而垂无穷者，其具有三，一曰文翁之石室，二曰高公之礼殿，三曰石壁之《九经》。"（《成都文类》卷三十）"高公之礼殿"，是东汉后期蜀守高眹，因石室建礼殿奉祀历代圣贤，追尊儒林正统，为天下孔庙之先声；"石壁之《九经》"，就是五代后蜀所刻的儒家经典。蜀中虽历经变迁而圣迹犹存，既是蜀中稳定的标识，也是蜀中文化绵绵传承，学术未经中断的标识，可以说两汉魏晋学术在这里得到了很好的延续。

三国魏晋，蜀地文教绵延，史学独盛，谯周、陈寿、常璩等最为杰出。唐代，陈子昂、李白、薛涛等名表天下，以至于后世有"自古诗人例到蜀"之说。概括诗人流寓蜀地的盛况，奇才异能之士独多，"信蜀士之多奇也"（朱熹《与夏亚夫》），治术数方技者如袁天罡，制琴者雷威……文教之盛，甲于天下。

晚唐五代，蜀地更是天下大乱时代华夏文明的安全岛，成为宋人共识。一方面，有"天下将有变，而蜀为最安处"[1]"世行乱，蜀安，可避居"[2]之说，儒家经典之学、道家学说在蜀地得以传承；花间派词人沿唐代诗风之余绪，开宋词之先声；画家黄筌、黄居寀开工笔花鸟画之先河。入宋黄居寀为翰林待诏，是北宋初年画院的中心人物。另一方面，佛教传入中国之后，也在蜀地扎下根来，成为普遍的信仰。特别是到了宋代，佛教深度介入世俗社会的日常生活，从宰辅大臣到

1　〔宋〕杜大珪：《名臣碑传琬琰之集》中卷十六，范镇《石工部扬休墓志》。

2　〔元〕托克托：《宋史》，卷四百三十三，《列传》第一百九十二。

官僚士大夫、诗人、学者都热衷与僧人交往。僧侣也十分注重儒家等传统经典的学习，融合了中国传统的佛学已经成为重要的知识基础，蜀学也不例外。今天，我们还能够从巴蜀地区分布广泛的石窟造像、记载中的佛寺分布，窥见隋唐两宋时期这一地区佛教影响的巨大，特别是在大足、安岳一带，石窟寺院分布之密集足以说明佛教影响之深远。

宋代，巴蜀一地今天能够统计到的两宋进士达4000余人，蜀地学术之盛，冠于天下，名家辈出，眉山苏氏自不必说，铜山三苏（苏易简、苏舜钦、苏舜元），华阳范氏（范镇、范祖禹、范冲）三代修史，阆中陈氏"一门四进士二状元三宰相"，绵竹张氏父子进士，蒲江魏氏、高氏"九进士三宰执"，仁寿虞氏"一门七进士"，井研李氏"一门四进士"，盐亭牟氏"一门四柱"，井研牟氏、丹棱李氏……蜀学兴盛，产生了许多影响巨大的学术传承家族，极一时之盛。"蜀多文士""蜀人多能文"，是宋代从上至下对蜀人的整体评价。有学者曾对宋儒中蜀儒列名者进行过统计，列名者有五十七人[1]，可称极盛。他们的特点之一就是不固守儒家道统思想，兼收并蓄，力倡三教融合，佛学就是他们重要的知识基础。蜀学图南学派创始人陈抟，就曾以麻衣僧人为师，而他对道教的贡献似乎更大，常被称为"道士陈抟"，民间有很多关于他在道教炼丹、修行方面的传说，四川安岳圆觉洞就有"图南仙迹""希夷炼丹处"等遗迹。

眉山苏氏可以说是宋学的代表，也是蜀学的代表，而眉山苏氏一门身上佛教佛学的影响也最具代表性，苏轼的父母、兄弟、妻妾、姻亲文同全都崇信佛教。

苏洵夫妇就是虔诚的佛教信徒，按照苏轼的说法，"昔予先君文安主簿赠中大夫讳洵、先夫人武昌太君程氏，皆性仁行廉，崇信三宝"（《齐州长清真相院释迦舍利塔铭》）。苏洵年轻时喜壮游，遍访青城、峨眉寺观，平生喜与道士、僧人交游，自称"尝于天圣庚午重九日至玉局观无碍子卦肆中见一画像，笔法清奇，乃云张仙也，有感必应，因解玉环易之。洵尚无子嗣，每旦必露香以告，逮

---

1 胡昭曦、刘复生、粟品孝：《宋代蜀学研究》，第9页，巴蜀书社，1997年。

数年既得轼，又得辙，性皆嗜书。乃知真人急于接物，而无碍子之言不妄矣。故识其本末，使异时祈嗣者，于此加敬云"（苏洵《题张仙画像》）。苏轼、苏辙兄弟也深受影响，苏轼六岁入天庆观以道士张易简为师，"君少与我师皇坟，旁资老聃释迦文"（苏轼《子由生日，以檀香观音像及新合印香银篆盘为寿》）。可见苏氏一门对于儒家经典、道家文章、释迦学说并无畛域之见，抱有一种追根究底、探究知识的精神。

崇信佛法贯穿苏氏一门的生活当中，治平二年（1065）五月苏轼发妻王弗去世，殡于京城之西；治平三年（1066）苏洵去世，苏轼、苏辙兄弟从京城运送王弗及父亲灵柩归葬故乡眉州。效法苏洵为苏轼兄弟母亲程夫人塑佛像的做法，为父亲立了一座庙，庙中安放了父亲的画像和他从凤翔求得的四张吴道子画菩萨像，苏轼"敬舍亡母蜀郡太君程氏遗留簪珥，命工胡锡采画佛像，以荐父母冥福"（《阿弥陀佛颂》）；齐州长清真相院建舍利塔，苏轼又"追述（父母）遗意，舍所爱作佛事……泰闻踊跃，明年来请于京师，探箧中得金一两、银六两，使归"（《齐州长清真相院释迦舍利塔铭》）。

苏轼，自号"东坡居士"，曾戏称自己是吃肉的行脚僧，实为禅宗佛眼清远禅师的法嗣。苏轼的妻子王弗崇信佛教，他的小妾朝云也是佛教信徒。朝云本是他与妻子买来的侍女，12岁时来到苏家。苏东坡把朝云培养成了一名佛教徒，他称朝云为"天女维摩"，而维摩是佛教中有名的在家居士。朝云跟了苏东坡后，曾正式向比丘尼义冲学佛，朝云死后苏东坡将她葬在了两侧都有佛寺的地方，附近庙中的和尚出钱在她墓顶建了一座塔。塔在佛教里本是墓的意思，宋代的信徒死后多有葬于塔中者。

苏轼好交友，平生朋友遍天下，不论儒释道，只讲真性情。他的朋友中，既有黄庭坚、秦观等著名的大诗人，也有一般人不太知道的广东道士何德顺、来无影去无踪的怪道士吴复古，还有道潜、佛印等诗僧。这些人大都思想开明，儒释道兼通。

在与朋友们的交往中，苏轼与僧人的交往最为有趣。年轻时候，苏轼、苏辙兄弟即与成都大慈寺和胜相院住持宝月大师惟简交往甚密，惟简俗姓苏，字宗古，眉山人，被苏轼、苏辙兄弟认作宗门兄长，苏东坡与宝月大师惟简堪称一生的朋友。

苏轼出任杭州通判时，与杭州上天竺寺58岁的辩才法师结为忘年之交，辩才称"杜子美不云乎：与子成二老，来往亦风流"。

苏轼与道潜的故事，更是见证了朋友间的深情。元丰元年（1078），苏轼任徐州知州时初次结识道潜，苏轼被贬谪黄州后，道潜跟随相从，居留黄州一年多。苏轼再贬海南，道潜打算渡海相随，苏东坡写诗劝阻。

苏轼与佛印交往的故事，更是被视为宋代文化儒释交融的典范，广为流传，甚至成为后世佛教开窟造像表现的主题。

佛印禅师的事迹在佛教典籍中多有记载。他生于1032年，卒于1098年，是宋代禅宗云门宗和尚，法名了元，字觉老，俗姓林，饶州浮梁（旧属江西省鄱阳郡，今属江西省景德镇市）人。曾师从云门宗四世延庆子荣，嗣善暹之法，历住江州（今江西九江市）承天寺，淮上斗方寺（在湖北省浠水县境内），江西庐山开先寺、归宗寺，丹阳（今江苏镇江）金山寺、焦山寺，江西大仰山等知名古刹。前后四十余年，德化广被，为人称颂。曾四度住南康云居山，接待四方云衲。宋神宗曾敕赐金钵，以旌其德。元符元年（1098）一月四日，佛印禅师示寂，享年六十七岁，法腊五十，朝廷赐号"佛印禅师"。《续传灯录》中这样描述他：

> 南康军云居山了元佛印禅师，饶州浮梁林氏子。诞生之时，祥光上烛；须发爪齿宛然具体，风骨爽拔孩孺异常；发言成章，语合经史，同里先生称曰神童。年将顶角，博览典坟，卷不再舒，洞明今古；才思俊迈，风韵飘然。志慕空宗，投师出家，试经圆具，感悟夙习。即遍参寻投机，于开先法席，出为宗匠。九坐道场，四众倾向，名动朝野。神宗赐高丽磨衲金钵以旌师德。

宋代，佛印是含容三教、与官僚士大夫常相往来的名僧，宋代之笔记小说及佛教史料中常有他的逸事记载，其中他与苏东坡的交往逗趣尤为脍炙人口。流传最广的有三人游西湖的故事。一天晚上，苏东坡邀请黄庭坚游西湖，船上备酒菜，游船离岸。苏东坡笑着对黄庭坚说：佛印每次聚会都要赶到，今晚我们乘船到湖中去喝酒吟诗，他无论如何也来不了。谁知佛印早就躲在船舱底下了。苏东坡把酒吟道："浮云拨开，明月出来，天何言哉？天何言哉？"黄庭坚对道："莲萍拨开，游鱼出来，得其所哉！得其所哉！"佛印从船舱底下爬出来，对道："船板拨开，佛印出来，憋煞人哉！憋煞人哉！"

苏轼、黄庭坚、佛印的故事，成为后世创作的题材，明人魏学洢《核舟记》记载："尝贻余核舟一，盖大苏泛赤壁云""船头坐三人，中峨冠而多髯者为东坡，佛印居右，鲁直居左。苏、黄共阅一手卷。东坡右手执卷端，左手抚鲁直背。鲁直左手执卷末，右手指卷，如有所语。东坡现右足，鲁直现左足，各微侧，其两膝相比者，各隐卷底衣褶中。佛印绝类弥勒，袒胸露乳，矫首昂视，神情与苏、黄不属。卧右膝，诎右臂支船，而竖其左膝，左臂挂念珠倚之——珠可历历数也。"

佛印禅师与苏东坡过从甚密，两人应酬文字很多，后人乐为传诵。南宋时期就有题为苏轼撰的《东坡居士佛印禅师语录问答》，所记皆为苏轼与佛印禅师往复之语。林语堂著《苏东坡传》中讲佛印禅师是富家子，其母三嫁，他并没有打算出家，因东坡先生带他到皇帝面前，皇帝对佛教有好感，愿听佛教徒言，佛印表现出对佛教的信仰，皇帝就给了他一张出家的度牒，他只好出家。他出家后仍然喜欢喝酒吃肉，因此被林语堂称为"花和尚"。但因他机敏、有才智，常作精妙的禅机应对，故关于他有很多趣事流传，因而成了一位有名的禅师。

苏东坡、佛印、黄庭坚三人的交往在宋代已传为佳话，明代便以图像的形式表现出来，《核舟记》表现的正是三人游西湖的场景，而四川大邑药师岩第15号龛的明代摩崖造像龛中的雕像又是另一种表现形式。

药师岩的第15龛，是一个明代改造唐代佛龛形成的长方形平顶龛，龛内坛上雕三身坐像，左起第一身像，着广袖长袍，肩覆帛带，腰束革带，革带下系袍带，衣摆下露出长裙，脚着尖头鞋，双手执笏板于胸前，倚坐；第二身，着双领下垂式袈裟，披云肩，胸部可见裙腰，裙腰上束带，结跏趺坐，露右脚，结禅定印，袈裟下摆呈三片悬垂座前；第三身，着广袖长袍，腰束袍带，下摆垂至座前，双手持佛珠于腹前，倚坐，袖摆呈"八"字形垂于两边，着云头鞋。龛旁题记"子瞻鲁直佛印遗像修能识"，子瞻即苏轼，鲁直即黄庭坚，修能是出钱开凿这龛像的和尚。

据史籍记载，苏轼是著名的佛教徒和佛学家，明代人朱时恩撰辑的《居士分灯录》著录了佛教史上的大居士，苏轼即名列其中。

除了在佛学方面颇有建树外，苏轼还是继欧阳修之后北宋文坛的领袖人物，在当时享有很高的声誉，与之交游或接受他指导的文人甚多，其中最有名的称为"苏门四学士"——黄庭坚、秦观、晁补之和张耒，这些人也都崇信佛教。

苏轼之后，北宋还出现过一位著名的居士张商英。张商英与苏轼又不一样，从年轻时的"无佛论"到后来的"护法论"，张商英的佛教态度是自觉选择的结果，也是宋代文人佞佛的另一种样本。

张商英（1043—1122），新津人，字天觉，号无尽居士，少警敏强记，治平二年（1065）登进士第。由章惇推荐入朝，任"以光禄丞权检正中书礼房公事兼编修中书条例"。在神宗、徽宗朝身居高位，在党派斗争中历经沉浮，被称为"安石鹰犬"。蔡京把他列入"元祐党籍"之中，时论以为"商英慷慨敢言事，然诡谲不常""大观之政，矫革时弊，天下称之，平生学浮屠法"[1]。

张商英年少时并不信佛，宋代僧人正受编著的《嘉泰普灯录》曾记载其故事："年十九，入京赴春闱，抵向氏家。向预梦神人报，明日接相公，凌晨公至，向异之，劳问勤腆，后妻以女。"这里说到的"向氏"，指的是宋真宗时担任过宰相的向敏中的后人，张商英进京赶考，借宿向敏中后人家，向家人很欣赏

1　〔宋〕杜大珪：《名臣碑传琬琰之集》，下卷十六《张少保商英传》。

张商英，后来把女儿许配给他。向家世代笃信佛教，张商英慢慢受到了影响——

> 一日，入寺，见僧拂拭藏经，梵夹肃庄皆金字。公乃怃然曰："吾孔圣之教，反不如胡人之书。"夜坐书室，吟哦至三鼓，向呼曰："夜深何不睡去？"公以前意对曰："正此著无佛论。"向曰："既无佛，何用论之。"公疑其言，遂已。后访一同列，见佛龛前经，乃问何书，云《维摩诘经》。公信手开阅，至"此病非地大亦不离地大处"，叹曰：胡人之语能尔耶。"因借归读之。向问："看者何书？"公曰："维摩诘所说经。"向云："可熟读，然后著无佛论。"公知其为诮，始留心祖道。

从记载可以看出，年轻时候的张商英是孔圣之教的坚定捍卫者，立志要撰写《无佛论》排佛，然而在向家人的佞佛氛围中，想法有了改变。

> 元祐六年，奉使江左，由东林谒照觉总禅师，叙论久之，乃曰："南昌诸山，谁可与语？"曰："兜率悦，玉溪喜。"公下车，至八月按部过分宁，诸禅迓之。公请俱就云岩寺升堂，有偈曰："五老机缘共一方，神锋各向袖中藏。明朝老将登坛看，便请横矛战一场。"悦最后登座，其提纲语要，尽贯穿前列。
>
> 公大喜，遂入兜率，抵拟瀑亭。
>
> 公问："此是甚处。"
>
> 悦曰："拟瀑亭。"
>
> 公曰："掀转竹筒，水归何处？"
>
> 悦曰："目前荐取。"
>
> 公伫思，悦曰："佛法不是这个道理。"
>
> 及夜话，悦曰："某无梦十年矣，前五夜梦身立孤峰顶，有日轮出于东方，而公之来，岂东方慧轮乎？"徐以所见真净及素首座事语公，

公周措，悦因举德山托钵话令熟究之。

公怅然不寐，至五鼓，忽垂脚翻溺器，猛省，即造悦寝，召曰："某已捉得贼了也。"

悦曰："赃物在甚么处？"

公叩门三下，悦曰："且去，来日相见。"

翌旦，投偈曰："鼓寂钟沉托钵回，岩头一拶语如雷。果然只得三年活，莫是遭他受记来。"

悦首肯，书长偈付之，嘱曰："参禅为命根未断，依语生解，如是之法，公已深知，然有至微极细之魔，使人不觉不知，堕在区宇，更宜著便。"

据引文可知，元祐六年（1091）经过与住于隆兴兜率院的从悦禅师一番悟对，张商英已经完全被视为佛门中人了。自此之后，更是深入参与佛教内部活动，还应请撰写了大量与佛教有关的文章，自称"唯吾学佛，然后能知儒"。著《护法论》，言"儒者使之求为君子者，治皮肤之疾也；道书使之日损，损之又损者，治血脉之疾也；释氏直指本根，不存枝叶者，治骨髓之疾也"，为佛教辩护。

苏轼家族及张商英的经历，大抵代表了当时蜀地文人士大夫对佛教的态度，借此也得以窥见彼时文人士大夫对佛教的普遍态度。蜀地文人士大夫崇信佛教，研究佛学，佛学成为他们学问的根底之一，三教融合、视野开阔、无所不包成为蜀学最重要的特征，这也是蜀学兴盛的原因所在。特别是与以二程为首的宋代另一个重要学派"洛学"相比，这种特征更加明显。

这种开放的气象，对于世俗生活的礼赞，也深深地影响了蜀地的佛教造像活动。本来，宋代因为禅宗的兴盛，有一种摒弃"像教"传统、传世佛典、寺宇坛塔的趋势，但是"像教"传统、传世佛典、寺宇坛塔却在蜀地延续了下来，成就了佛教石刻造像最后在安岳、大足的华丽篇章。

名寺高僧

蜀地佛寺之滥觞，传说很多，比如所谓石犀寺建于李冰兴建都江堰时，万佛寺建于汉延熹年间（158—167）等。四川多地都有汉代建寺的说法，然而全都考无实据。

据统计，西晋时蜀地有三座寺院而寺名不可考。东晋十六国时期，巴蜀地区见诸记载的寺庙并不多，如成都安乐寺、龙渊精舍、三贤寺，郫县（今郫都区）中寺等。南北朝时期，巴蜀地区见于记载的寺院逐渐多了起来。总的来说，巴蜀之地寺院之兴建，应兴起于两晋时期，南北朝时期开始兴盛，主要分布在成都、德阳、绵阳一线，以及渠江、嘉陵江、涪江流域和乐山、雅安一带。寺宇建筑从以塔为中心的塔院形式转向楼阁式寺院，寺院开始有台榭园林等建筑，寺院之宏丽、楼阁之壮观，令人叹为观止，唐代仍能睹其旧观——

其寺盖梁大同年中所建，地分彭蜀，岭对岷峨。凭广汉之遗墟，籍犍为之旧壤。西驰峭崿，山连白雉之郊；东赴长川，江走黄牛之峡。崇墉却峙之势，庭衢四会；胜里九曲之分，闾阎万积。危冠祛服，参差轩盖之前；露渚风畦，隐轸亭皋之望。是惟先镜，实启香城，焕若神明，恍同化出。绀坛烟属，疏绝阁而三休；紫殿云深，彻回廊而四注。重峦复栋，雾绨霞张；绣栭雕甍，鸾伸鹤跂。珍台控景，羲和获练缦之因；绮榭裁氛，屏翳得停镳之所。连甍积翠，交玉锁于星衢；洞户流丹，缀金铺于月窦。垂珠网露，傍倾汉浦之琛；列铎吟飙，上合钧天之乐。固以轮奂之美，冠真宰以先鸣；雕范之奇，告灵基而得隽。乃造弥勒下生像一座，相好端足，华姿朗备。贞观末年，灵晖继发，房栊匝曜，疑连不夜之城；户牖皆明，似出重昏之境。自非理参幽赞，道叶冥机，宣佛镜于无方，演慈灯于已绝。岂能写丹青于实相，妙色长存；图铣鎏于真容，神光不昧。

若乃时暄福地，低落照于晴晖；候肃禅房，泛初华于霁景。千千宝树，若在双林；一一妙香，仍清八味。山翚僄脱，跂叶屿而相鸣；野燕迎晨，拂花帘而自乐。松楢秀蔓，曲成萝薜之衣；砌石生莲，直起芙蓉之座。则有施身童子，戾止岩扃；忍辱仙人，来仪涧户。都人野彦，希梵席而投裾；赵美燕姝，望齐庭而继屦。莫不青蚨委贯，俱欣不舍之坛；紫贝兼明，共化无缘之力。故能使雕形画塔，象设年滋；彩帙瑶箱，龙编月久。岂西周之道备，南国之风成者乎?（王勃《梓州通泉县惠普寺碑》）

到了隋唐时期，巴蜀佛教繁兴，寺院多了起来，建筑规模更为宏大、建筑装饰更加精美，据统计"隋唐五代时期巴蜀寺院有名可考者至少应在336座以上"。两宋时期，巴蜀佛教达于极盛，佛教寺院众多，有名可考的巴蜀宋元寺院达到551座（其中少量为元代兴建）[1]。两晋南北朝以来的寺院不断延续，新建寺院不断增多。特别是在晚唐五代两宋时期，作为佛教、佛学、佛教艺术中心的蜀地，影响巨大的名寺、名僧众多，宋时成都所辖之地有名可考的寺院就达80余座，实际数量可能更多。北宋嘉祐年间（1056—1063），宦蜀的徐仲谋称，"郫县七十寺，碁布于郊坰"（《留题郫县西禅院古调诗》）。由此可见佛寺之盛，其中两晋南北朝隋唐延续下来的多是影响巨大的寺院，佛事之盛，极于一时，足见蜀地佛学之影响，"仅次于长安与洛阳，其余诸州皆不及"[2]。28名隋唐五代时期益州高僧载于《续高僧传》《宋高僧传》。两宋时期更是造就了一批影响巨大的禅宗高僧，"言禅者不可不知蜀，言蜀者尤不可不知禅"。蜀地僧尼众多，嘉祐年间（1056—1063），全国共有僧尼39.7万人，巴蜀地区即有5.6万人，其中"成都，

---

1 段玉明：《巴蜀佛教文化史》，第303页，宗教文化出版社，2021年。另，寺院兴建、数据统计参考此书《兴建篇》。

2 段玉明：《巴蜀佛教文化史》，第51页，宗教文化出版社，2021年。

西南大都会也，佛事最胜"（苏轼《大悲阁记》）。

宋代西蜀寺院，最有名者莫过于大慈寺、净众寺等成都名寺。大慈寺，自唐玄宗赐名以来，一直为天下名寺，宋代又迭经翻建改造，特别是南宋时期的两次改造，拓基扩址，兴修池垣，添置园林，"迨今绍兴十有一祀，岁在辛酉，比丘秉信，谓阁虽雄而不靖深，降阶逾阃，地窄文墨，有来供设，敷座迫拘。阁瞰大池，窅旷沉灌，夏潦翻波，势若吞嗛，有来游者，反生怖罳。乃蔓檰题，荫蔽延密，碧瓦参差，鸠欲飞去。乃梁池央，樜楯相属，僟阁窈窕，引绳直趋。乃筑短垣，障池三面，黑月经行，了无忧轸"[1]，更加适于游赏，备受各界喜爱。

净众寺，南朝时已存在，曾名安浦寺、净因寺，后更名万佛寺。位于成都西郊，虽经宋初战火影响，但在田况出任成都太守时寺宇楼阁已经恢复，"千骑出重闉，严祠净宇邻。映林沽酒旆，迎马献花人。艳日披江雾，香飙起路尘。韶华特明媚，不似远方春"（田况《二十八日谒生禄祠游净众寺》）。在范镇的眼中，净众寺"似仙境"，"金寺西郊外，一来烦恼摅。凡逢似仙境，鲜不属僧居。岸绿见翘鹭，溪清无隐鱼。残阳已周览，欲去几踌躇"（《净众寺新禅院》）。清代光绪年间以来，净众寺遗址出土了大量历代佛像。

圣寿寺、昭觉寺、圣兴寺、信相院、中兴寺、长松寺等，都是成都当时著名的寺院。巴蜀名寺广布，绵州大匡山上的中和大明寺，因为李白年轻时在此寺读书十年而名声大噪，经过宋代不断兴建，成为一方名寺。潼川大雄寺、遂州南禅寺、遂宁广利禅寺、果州福胜院、资州法华院、资州梵业院、普州白塔院、合州定林禅院、通江嘉祐寺、简州奉圣寺、夔州报恩光孝禅寺……都是巴蜀一地当时的著名寺院。

巴蜀一地，自佛教传入并逐渐开始传播以来，至两晋时期，中原、凉州、西域高僧开始进入蜀地。僧生，西晋蜀郡郫人，是蜀地见于记载最早的僧人。

法和，是与僧生同时代的入蜀高僧，佛图澄弟子，与道安是同学。慧持

1　龙显昭：《巴蜀佛教碑文集成》，赵者《增修大悲阁记》，第 165～166 页，巴蜀书社，2004 年。

（337—412），名僧慧远胞弟，东晋隆安三年（399）入蜀，驻锡龙渊精舍弘法。

此时，凉州、西域高僧也纷纷入蜀，凉州僧人贤护入蜀，驻锡广汉阁兴寺。还有来自高昌的僧人法绪，来自罽宾的僧伽难陀等。

南北朝时期，西北、中原战乱频仍，避乱入蜀的高僧络绎不绝。本土僧侣也有外出求法的传统，据义净《大唐西域求法高僧传》记载："那烂陀寺东四十驿许。寻弶伽河而下，至蜜栗伽悉他钵娜寺，去此寺不远有一故寺，但有塼基，厥号支那寺。古老相传云，是昔室利笈多大王为支那国僧所造，于时有唐僧二十许人，从蜀川牂牁道而出，向莫诃菩提礼拜。王见敬重，遂施此地以充停息，给大村封二十四所。于后唐僧亡没，村乃割属余人。现有三村入鹿园寺矣。准量支那寺，至今可五百余年矣。"外地高僧入蜀、本土僧侣外出求法，有力地提升了巴蜀之地的佛学水平，也进一步扩大了佛教在蜀地的影响。

南北朝时期，昙弘、僧隐、法成、慧览、道法、法瑗、超辩纷纷入蜀弘法；还有一批通过甘肃、青海进入蜀地的西域僧人，如来自罽宾的昙摩密多，来自西域的畺良耶舍、康居人明达，来自犍陀罗国的阇那崛多；另外由于战乱，汉地僧侣西行求法多取道巴蜀，有的干脆移住蜀中。巴蜀本地名僧开始多起来，如昙凭、宝渊、宝海、智方、僧渊、邵硕、妙善、普恒、道房、法凝、法建、法泰等，还有以神异著称的僧崖、宝彖、植相等，也有一些巴蜀本地成长起来的僧侣扬名域外。

到了隋唐，入蜀传法的高僧与本土名僧一时际会，延及两宋时代，成就蜀地佛教义学中心的大名，影响至大——"大宋国里只有两个僧，川僧，浙僧。其他尽是子，淮南子，江西子，广南子，福建子。岂不见道，父慈子孝，道在其中矣"[1]。

智炫，隋文帝视其为"一代国师"。益州成都人，俗姓徐，据《续高僧传》

1　《应庵昙华禅师语录》，卷三。昙华（1103—1163），南宋临济宗著名禅僧。俗姓江，号应庵。有《应庵和尚语录》二十卷传世。

记载，"初生室有异光，少小出家。入京听学数年，遂擅名京洛。学众推崇，请令覆讲，若泻瓶无遗"。后会周武帝废佛法欲存道教，智炫力辩，周武帝最终宣布废佛道，"仍相器重，许以婚姻，期以共政。法师志操逾厉，与同学三人走赴齐都……盛为三藏，名振东国"。后武帝破邺灭北齐，"待遇（智炫）弥厚，与还京师"。"隋文作相，大弘佛法，两都归趣，一人而已。岁景将秋，怀土兴念，又以蜀川迥远，奥义未宣，援首西归，心存敷畅。蜀王秀，未之知也。时长史周宣明入朝赴考，隋文帝谓之曰，炫法师安和耶？宣明惊惶莫知所对。文帝曰：一国名僧，卿遂不识，何成检校？宣明稽首陈谢死罪，及还，先往寺参礼。寺旧在东，逼于苑囿，又是鄱阳王葬母之所。王既至孝，故名孝爱寺。宣明移就今处，供养无阙。至大邺，改为福胜寺。法师宣扬，觉倦，入隐三学山，触目多感，遂游山诗曰：秀岭接重烟，欹岑上半天。绝岩低更举，危峰断复连。侧石倾斜涧，回流写曲泉。野红知草冻，春来鸟自传。树锦无机织，猿鸣讵假弦。叶密风难度，枝疏影易穿。抱帙依闲沼，策杖戏荒田。游心清汉表，置想白云边。荣名非我顾，息意且萧然。年一百二岁，不病而卒。"（《续高僧传》卷二十三）

隋代，蜀地名僧有慧恭、慧远、法进、德山、道积、宝琼等。

隋唐之际，以及唐玄宗、唐僖宗避乱入蜀，"蜀中丰静，故四方僧投之者众"（《大慈恩寺三藏法师传》），精于佛教教义学说的高僧大德纷纷入蜀，本地僧侣外出求法，互相激荡，推动了蜀地佛教教理研究的深入，巴蜀之地一跃成为隋唐佛教义学的中心，名僧辈出，高僧云集。

唐初，巴蜀阐扬《摄论》的有灵觉、道卓、道基、道因、慧景、宝暹等；弘阐"三论"的高僧有慧棱、灵睿、慧震、慧嵩等；《法华》义学的代表有玄续、智通；律学高僧有僧晃、智诜、慧主、道兴、昙逞等。蜀地佛学的昌盛，也吸引中原僧俗问道巴蜀，其中最著名的当数玄奘法师兄弟"游蜀受业"。

智诜（609—702），创立剑南禅派（又称"剑南净众保唐禅派"），是禅宗五祖弘忍"十大弟子"之一，后回到资州德纯寺传法。武则天万岁通天二年（697）召智诜入京，供养于内道场。后以疾求归，回到资州德纯寺，武则天厚加赏赐。据《历代法宝记》记载，赏赐之物包括著名的达摩传法袈裟。智诜禅师传法弟子处寂（648—734），处寂门下名僧有无相、马祖、承远、梓州赵大师、陵州王律师、巴西表法师等。

无相禅师（684—762），俗姓金，人称"金和尚"，新罗王族。开元十六年（728）入唐，后于资州德纯寺拜处寂为师。晚年，驻锡净众寺，嗣法弟子有净众神会、长松山马（马祖）、遂州李（遂州克幽）、通泉县李（无住）等。

通泉县李（无住禅师，714—777），于乾元二年（759）入蜀，据传无相禅师将达摩传法袈裟传与无住。无住禅师，俗姓李，凤翔郿县（今眉县）人。永泰二年（766），受入蜀平叛的宰相兼山南西道剑南东川等道副元帅、剑南西川节度使杜鸿渐之请，移锡成都空慧寺，后移锡保唐寺，世称"保唐无住"。无住反对读经、念佛、礼佛等等传统仪行，"释门事相一切不行，剃发了便挂七条，不受警戒。至于礼忏、转读、画佛、写经，一切毁之，皆为妄想。所住之院，不置佛事"（宗密《圆觉经大疏钞》）。弟子有超藏、超然、超寂、法轮等。

南宗禅也于盛唐时代传入巴蜀，而巴蜀一地走出去的马祖道一、德山宣鉴、圭峰宗密堪称禅宗史上标举一派的泰山北斗级人物。马祖道一开其端。马祖（709—788），俗姓马，名道一，世称"马祖道一"，汉州什邡人。在什邡罗汉寺出家，后于资州德纯寺处寂处削发。开元年间，游于南岳衡山，投慧能嫡传弟子怀让门下习南宗禅法。后于福建、江西一带弘法，积极投身佛教丛林建设，禅林有"马祖建丛林，百丈立清规"的说法。马祖道一及其弟子智藏在巴蜀地区有一定影响力，唐宪宗元和年间（806—820）赐马祖谥号"大寂禅师"。宗密（780—841），华严宗五祖，因常住圭峰兰若，世称"圭峰禅师"，俗名何炯，果州西充（今属四川）人。德山宣鉴（782—865），俗姓周，简州人，时称"周金刚"，后皈依禅宗，嗣澧州龙潭崇信。

法真禅师（834—919），唐末五代南岳派僧人，梓州（今三台）人，俗姓王。三台慧义寺出家，受具足戒后即南游参学，先后礼谒过道吾圆智、云岩昙晟、洞山良价、沩山灵佑等大禅师，后来止于大沩座下，成为长庆大安法师的嗣法弟子。法真禅师后来回到四川，住天堋口（位于今彭州关口镇）中龙怀寺，在路上煮茶施舍三年。入天彭内大隋山，看见山中有一棵树围四丈多的大树，树南面自然有门，中间空虚，像一座天然的庵堂，于是取名"木禅"。法师入于其中，坐禅十余年，蜀王多次派使臣来召，他都以年老为由婉谢，乾德元年（919）坐逝于禅庵。今彭门大隋山中木禅寺仍存，有《大随开山神照禅师语录》一卷传世，后人为撰《大随开山神照禅师行状》。

晚唐，巴蜀义学重新得到弘扬，唐僖宗赐号"悟达国师"的知玄，成为标志性人物。

知玄（809—882），眉州洪雅人，俗姓陈，法名知玄，字后觉。十一岁出家，两年后在成都大慈寺受丞相（杜元颖）之请升堂说法，当时缁素人众日计万余，都倾心专注听法，赞叹不已，尊称他为"陈菩萨"。知玄在净众寺从辩贞律师受具足戒，出蜀，游荆湘，而后到长安资圣寺。又随安国寺信法师学《唯识论》，研习外典，博通经籍百家。唐武宗灭佛，返回四川，再游湖湘。宣宗时奉诏入京，赐紫袈裟，署为"三教首座"。大中八年（854），上章乞归，驻锡彭州九陇故山。广明二年（881），唐僖宗避难入蜀，赐号"悟达国师"。唐中和二年（882）圆寂于彭州三昧水。知玄创"三昧水忏"，影响巨大。至今彭州三昧水遗址犹存。故寺旁有唐、五代摩崖造像龛。

重念诵、习禅定是南北朝以来巴蜀佛教修持的一个重要特点。隋唐时代仍然有沿袭，代表性的僧侣有慧聪、绍阇梨、清虚等。舍身侍佛也是两晋南北朝以来巴蜀佛教修持的一种传统，隋唐时期以定兰、柳本尊等为代表。唐末，柳本尊将舍身侍佛发挥到极致。柳本尊（855—907），本名柳居直，嘉州（今乐山）龙游人，信徒遍及巴蜀，安岳、大足有专门以柳本尊为主题的宋代石刻。南宋时赵智凤习柳本尊法，在大足宝顶山大佛湾开凿"柳本尊行化道场"，尊之为"唐瑜伽部总持王"。

宋代，佛教义学、经诵，仍为巴蜀一地佛教主流，直到圆悟克勤先后两次住持成都昭觉寺，分灯禅宗才在巴蜀地区流行起来。

以成都大慈寺为中心的蜀地寺院注重解经说法。大慈寺楞严院，惟中、继舒、文照、居逸等讲经说法，声名远播；大慈寺承天院，宝梵大师昭符，圆明大师敏行及其弟子法灯，名著当世。苏轼、黄庭坚对于宝梵、敏行尤为激赏，"西蜀世多名僧，而魁奇秀杰者尤见于近代，有如宝梵大师昭符者，弘经解义，足以增光佛日，太史黄公称之曰：'知文知武，染衣将相者也。'嗣承其学有如圆明大师敏行者，家声辩才，足以舟航苦海，内翰苏公称之曰：'能读内外教，博通其义，以如幻之三昧，为一方首者也。'两公今朝第一等人，意所与夺，天下从之，而宝梵、圆明特被赏识，两川讲徒，增气四海，缙绅想见风裁也"（《鹿门灯禅师塔铭》）。圆明大师敏行，彭州人，俗姓张。彭州张氏一直保持唐代以来的绘画传统，文同对此极为推崇，称"凡出于张氏之手者，观赏殆遍，信乎他人之不能相与较其后先矣"，敏行法师继承家法，擅长古法绘画。其法嗣中亦有多位佛法大师、禅林领袖，如禅宗大师法灯禅师，成都昭觉寺祖师圆悟禅师等。敏行法师在成都大慈寺"以大枏檀作千手眼像"，像成，苏轼为其写文纪念，其文流传至今。

两宋时期，大慈寺一直是巴蜀解经说法、传承义学的中心，"大慈（寺）号四川学海"（《僧宝正续传》卷第六《鼓山圭禅师》），至有所谓"习于教者，则之成都大慈寺兰若"（《宋富乐山兴教禅院塔名》）之说。

北宋初期，有一批名僧致力于重建恢复寺院，平润法师、保聪法师前后重建、扩建彭州龙兴寺就是典型。唐代彭州官寺龙兴寺，宋代仍名龙兴寺。根据佛教典籍记载，宋代初年，彭州龙兴寺凋败，平润法师寻得土地修建堂宇，讲《圆觉经》，有奇效，因此将讲经之院命名为"圆觉院"。下传二僧，到保聪法师，保聪法师又将其邻近的僧屋若干归入其院。保聪法师曾在京师汴梁求识誉满天下的大文学家苏洵。保聪从京师归蜀后，"布衣蔬食以为其徒先，凡若干年，而所居圆觉院大治"，圆觉院在他手中得到很大发展。后来他又跟苏洵谈及他的先师平润法师，苏洵有感于他对先师的忠诚与尊敬，专门写了《彭州圆觉禅院记》来记述他们师徒的事迹。保聪法师，出生于彭州，光大其先师平润法师讲经的龙兴寺圆觉院之同时，还往来于彭州其他知名寺院，广结官绅名士，大兴佛事。今存的关口镇国寺塔即是他向同乡人耿符提议修建的，塔成，当时高官王素为他们撰写《彭州堋口镇新修塔记》，并刻碑传世，《金石苑》等文献录有此碑文。从塔铭内容看，塔成于嘉祐五年（1060）十月，当时他号净慧禅师，住福昌禅院，往来于堋口时就住镇国寺。而前述他去京城求见苏洵事当在1058年至1060年之间，因苏洵于1057年去京城，次年才知名于世，1060年出京城做官，1066年去世。可见，光大龙兴寺圆觉院与修建镇国寺塔几乎是同时进行的。该塔名"无垢净光法舍利塔"，从1054年开始修建，到1060年完工，历时六年，耗费极大。碑后罗列了一大批从成都府到彭州的各级官员、施主及僧人名字。当时"知彭州"（即彭州级别最高的官员）的范微之的名字都只能刻在碑阴最后一行。撰文者王素，是太尉王旦之子，除知成都外，官衔很多，《宋史》中有传，法师之影响力可见一斑。从碑文还可知，法师负责州城内龙兴寺圆觉院事时，实际还住福昌禅院。碑阴在施主姓名之后，还讲述了塔的建造过程，塔基之下安放经、像的内容和方法，落款为法师名"资圣禅院主掌塔赐紫净慧大师保聪"。从所列佛名、菩萨名及经名看，均是当时民间流行信仰的内容，对研究宋塔的建造及禅宗的经像内容、流行情况等有极高价值。此塔至今仍存，位于旅游景区丹景山镇，今名"关口白塔"，所在位置叫"白塔坪"，是全国重点文物保护单位。

圆悟克勤，则是巴蜀弘传禅宗的标志性人物，建炎元年（1127），宋高宗赐号"圆悟禅师"，故世称"圆悟克勤"。两宋之间，圆悟克勤先后两次住持成都昭觉寺，将临济宗杨岐派弘传到巴蜀地区，此后，临济宗杨岐派成为巴蜀地区主导性的佛教宗派。

克勤（1063—1135），俗姓骆，字无著，彭州崇宁（今郫都区唐昌镇）人，世宗儒学。出家后不久即拜敏行法师学习《楞严经》。后因病，悟诸佛涅槃正路不在声色文句中，转而向真觉惟胜学习禅法。真觉惟胜鼓励他出蜀参学，当时治理蜀地的范镇也建议他行脚游方。出蜀之后，他沿长江东下，参谒了荆州玉泉寺承皓禅师、潭州大沩山真如寺慕哲禅师、洪州黄龙山晦堂祖心禅师、庐山东林寺常总禅师等。黄龙祖心禅师称"他日临济一派属子矣"（《嘉泰普灯录》），对他寄予厚望。

宋崇宁年间（1102—1106），克勤以母老返回四川，受成都知府翰林郭知章礼请，住持成都大慈寺六祖禅院，开坛说法，被信众视为"佛陀出世"。不久，他奉请住持成都昭觉寺，在此传法八年，临济宗杨岐派在巴蜀大地传播开来。在此期间，还曾于大观三年（1109）住持过新都宝光寺，宝光寺祖堂一直供奉着克勤牌位，咸丰年间还在罗汉堂为他塑像。

宋哲宗元祐年间（1086—1094），在舒州太平寺参谒临济宗杨岐派五祖法演禅师，得其心印，与法演门下佛鉴慧勤、佛眼清远一起被誉为"丛林三杰"，世称"演门二勤一远""演门三佛"。随后，住持澧州夹山灵泉禅院，对云门宗雪窦禅师所著《颂古百则》详加批注，辑为《碧岩录》10卷，被丛林称为"宗门第一书"。而后住持潭州道林寺，声名益盛。经枢密使邓洵武的奏请，宋徽宗赐紫衣，加"佛果"称号。政和末年（1118），住持金陵蒋山太平兴国寺。宣和六年（1124），奉诏住持京城开封天宁万寿寺，曾受到宋徽宗召见，皇亲国戚、朝臣权贵纷纷请他说法。据载，其间他曾应邀为宋徽宗第九子赵构说法三次，曾以诗偈对赵构——"善因招善果，种粟不生豆。大福德人修，大福德人受。"靖康之难，克勤离开汴梁。南宋建炎元年（1127），经宰相李纲奏请，克勤住持金山龙游寺，宋高宗赐以"圆悟"法号。随后，住持云居山真如禅寺。建炎四年（1130），克勤回到成都，住持昭觉寺，绍兴五年（1135）病逝，宋高宗赐谥"真觉禅师"。

两宋时期，无论是来巴蜀之地学习还是走出巴蜀之地求法，均是宋代巴蜀之地佛教影响巨大的一种表现。从巴蜀之地走出去的禅僧，如雪窦重显、泐潭文准、五祖法演、泉法涌、灵隐慧远、白杨法顺、破庵祖先等，还有东渡日本的兰溪道隆禅师，都是禅宗史上的重要人物。他们独立自信、不事依附、标新立异、桀骜不驯、离经叛道的精神，让他们能够独树一帜、开拓新篇，受其影响，后来的禅宗文献中出现了一个专门形容巴蜀禅僧的词——"矗苴"，"盖蜀地山川险阻，自古记之矣。惟山峻水湍，故其人类性刚而果决，坚忍耐苦劳，以之向道，则勇往易于入作，殆亦风土使然"[1]。

总的说来，两宋时期，巴蜀之地延续了隋唐佛学，使其更加世俗化、社区化，对两宋佛教的影响可谓巨大。

1　〔明〕道忞：《布水台集》，卷十三《天童林野奇禅师塔铭》。天童林野奇禅师，明末清初人。由此可见，此说由来久而传之远。

岁华风影

蜀地游赏之风，自古称盛，所谓"成都游赏之盛，甲于西蜀。盖地大物繁，而俗好娱乐。……宋朝以益州重地，尝谋帅以命宋公祁。宰相对曰：'蜀风奢侈，祁喜游宴，恐非所宜。'宋朝不从，卒遣之"（元费《岁华纪丽谱》）。由此可见，蜀地游宴之风，非一时好尚，乃是天下共识，甚至影响到朝廷地方官的委派。"成都自唐代号为繁庶，甲于西南，其时为之帅者，大抵以宰臣出镇。富贵优闲，岁时燕集，浸相沿习"（《四库全书总目提要》、《岁华纪丽谱》提要）。

当时，寺院作为最重要的公共空间，成了宴集游乐的重要场所，而寺院举办法会、开办庙会、高僧升座讲经也是聚集广大信众的重要活动，于是寺宇楼观就格外繁华、热闹，这是佛教的一种传统。《洛阳伽蓝记》记载了北朝洛阳寺宇作为公共空间的盛况。唐宋蜀地繁庶，游赏之风特盛，寺宇楼观自然成了重要的公共空间。同时，佛寺不仅仅是宗教活动场所，还兼具博物馆、艺术馆、图书馆的功能，也是商业中心、游乐中心。从宴集游乐到办庙会开法会，在某种程度上说，当时的寺院已具备了现代市政广场、公园的性质。

唐宋时的佛寺本身就是十分重要的经济单位，擅长财富管理，寺院经济实力雄厚，同时也乐于承担民间组织的角色，积极举办具有浓厚商业特色的各类活动。宋人胡叔豹撰写的《温江龙兴寺无尽圆通会记》[1]，就记载了一座非官方寺庙的重建过程，文章开头是"湔江之东有大宝刹，高踞一隅，榜曰龙兴"，南宋绍兴十年（1140），有一位长者觉得龙兴寺金壁剥落，想化缘装修寺院，于是组织信徒二百多人，每一年设一次"圆通大会"，用大会的余财装修寺院。其中，有一位名叫祖元的信徒，是一位大导师，他以"如幻修三摩提，焦心劳形……见者皈依，所化如

---

1 〔明〕杨升庵：《全蜀艺文志》。

响"，很快募集资财修好了大殿、云堂等；为了改善僧侣们居住的寮房状况，又化来寺旁田地，新修了舫斋、经阁等建筑。所有工程完成之后，"人天和会，相与纵观，踊跃欢喜，叹未曾有"。祖元又考虑到将来修行僧侣们的供给，于是扩大了之前法会的规模，叫"圆通无尽道场"，又将其余所得用来买稻田，作为长久的供给，让修行的佛子们"身心安稳，增长菩提"。当时有一位居士，见而随喜，并作偈语，说自己是佛灭度时所封的大菩萨，化现成各种身份来救度世人，告诉大家修观音大士之法及修此法可得之功德，暗示自己就是观音大士化现。这个"圆通无尽道场"，其实就是为化缘举办的法会，实际是宋代佛教组织涉足经济社会活动的重要形式。

唐代寺院具有显著的庄园式经济特点，晚唐两宋则具有很强的地租经济特点。一方面，宋代成都的大寺院经济实力相当雄厚，如宋初成都昭觉寺有常住[1]沃田300亩，还有自己的果园，舟航大贾输流水钱；成都圣寿寺有上好水田600亩等。成都的寺院中还有商品交易市场，圣兴寺利用临街优势，于山门两旁造18间房屋出租给商人为店，月租入常住。另一方面，以公共空间经营寺院，除了有利于吸引信众而外，也是借信众布施增加财富的重要手段。大慈寺周围则有药市、花市、农市等各种市场兴起。

正是在这种背景下，寺院实际上成了博物馆、艺术馆、图书馆、文化中心、商业中心、游乐中心和慈善机构，而地方官员则将重要寺院当成了市政广场或公园，乐于在这些地方举办官方活动和节日游宴等。据《岁华纪丽谱》记载，宋元时期成都地方官员定期举办的游宴活动，常常以寺院为重要活动场所——

> 今以元日为始而第其事。
>
> 正月元日，郡人晓持小彩幡，游安福寺塔……。
>
> 二日，出东郊，早宴移忠寺（旧名碑楼院），晚宴大慈寺。

---

1 常住，指佛教、道教拥有的寺舍、田地、什物、钱财等。

五日，五门蚕市。盖蚕丛氏始为之，俗往往呼为蚕丛太守，即门外张宴。

上元节放灯。……宋开宝二年，命明年上元放灯三夜，自是岁以为常，十四、十五、十六三日，皆早宴大慈寺，晚宴五门楼，甲夜观山棚变灯。其敛散之迟速，惟太守意也。如繁杂绮罗街道，灯火之盛，以昭觉寺为最。

二十三日，圣寿寺前蚕市。张公咏始即寺为会，使民鬻农器。太守先诣寺之都安王祠奠献，然后就宴。旧出万里桥，登乐俗园亭，今则早宴祥符寺，晚宴信相院。

二十八日，俗传为保寿侯诞日。出笮桥门，即侯祠奠拜，次诣净众寺邠国社丞相祠奠拜。毕事，会食，晚宴大智院。

二月二日，踏青节。初郡人游赏，散在四郊。张公咏以为不若聚之为乐。乃以是日出万里桥，为彩舫数十艘，与宾僚分乘之，歌吹前导，号小游江。……晚宴于宝历寺……后以为故事。

八日观街药市，早宴大慈寺之设厅，晚宴金绳院。

三月三日，出北门，宴学射山。……晚宴于万岁池亭，泛舟池中。

九日，观街药市，早晚宴如二月八日。

二十一日，出大东门，宴海云山鸿庆寺，登众春阁观摸石。……既又晚宴于大慈寺之设厅。

二十七日，大西门睿圣夫人庙前蚕市。……太守先诣诸庙奠拜，宴于众净寺，晚宴大智院。

寒食，出大东门，早宴移忠院，晚宴大慈寺设厅。

四月十九日，浣花佑圣夫人诞日也。太守出笮桥门，至梵安寺谒夫人祠，就宴于寺之设厅。

五月五日，宴大慈寺设厅。医人鬻艾，道人卖符；朱索彩缕长命辟灾之物，筒饭角黍，莫不咸在。

天下蜀刻
石上大宋

六月初伏日，会监司；中伏日，会职官以上；末伏日，会府县官，皆就江渎庙设厅。

七月七日，晚宴大慈寺设厅，暮登寺门楼，观锦江夜市，乞巧之物皆备焉。十八日，大慈寺散盂兰盆，宴于寺之设厅。宴已，就华严阁下散。

八月十五日，中秋玩月。旧宴于西楼，望月于锦亭，今宴于大慈寺。

九月九日，玉局观药市，宴监司宾僚于旧宣诏堂，晚饮于五门，凡二日。

冬至节，宴于大慈寺。后一日，早宴金绳寺，晚宴大慈寺。

从这份成都地方长官年度"市政官方活动"清单可以看出，官方主导开展的活动大都与佛教寺院有关。一方面固然是因为寺院提供了"市政活动"的场所，另一方面也说明寺院本身已经完全融入一国的政治实践原则中，成为官方活动的重要背景和内容，同时也反映出佛教信仰、佛教学说、佛教仪节已经深深嵌入一国的政治经济文化生活当中。

成都大慈寺，在唐宋时期一直是成都最大的商品交易市场之一，也是成都最热闹的游乐玩赏之地，是城市重要的经济文化活动中心。"寺据一府要会，每岁春时，游人无虚日"（洪迈《夷坚志》丙卷六《富陵朱真人》），以至于寺僧倦于接待，只有高级官员来寺院才备礼迎接，其他官员到寺院均不出迎。大慈寺作为游冶场所，是人们听经礼佛、购物看戏、聚餐饮酒、品茶闲话、观灯赏月、登楼远望、纳凉避暑等的好去处，寺中丰富的藏书也吸引了不少文人到此读书看经（详见"大圣慈寺"一节）。

唐宋时期，寺院已经成为人们家庭生活之外最为重要的活动场所。大城市是这样，小城市、乡村也是这样。在成都这样的大都市，佛教以大寺院为中心发挥影响力；在蜀东川北，佛教则是以摩崖石刻以及相关寺院为中心发挥着其影响力。

唐初四川分属剑南道、山南道和江南道，玄宗时四川分属剑南、山南东、山南西、黔中四道，肃宗时又分剑南道为东、西两川。唐中期以后，受佛教影响最大的区域主要是以成都为中心的西川和以梓州（今三台，是剑南东川节度使所在地）为中心的东川。剑南东川范围广大，辖梓州、绵州、渝州、泸州、普州、昌州、龙州、陵州、合州、剑州、荣州、遂州12州，北连广元、南达泸州、东至重庆、西接成都，是唐中期以后整个佛教开窟造像活动最活跃的区域，囊括了从广元到安岳、大足最重要的唐宋石窟造像，由此可见这个区域社会经济之繁荣，艺术品位之高不下于成都，而佛教信仰氛围也不减于成都。宋代地方行政区划基本依照唐制，但改"道"为"路"，宋初在四川地区置西川路、峡西路，到宋真宗时分为益州路、梓州路、利州路、夔州路，总称为"川峡四路"，简称"四川路"。"川峡四路"中，益州路、梓州路最为繁庶，梓州路领梓州、遂州、果州、资州、普州、昌州、叙州、泸州、合州、荣州、渠州、怀安军、广安军和富顺监，守涪江水运之便利、扼成都东部之门户，物阜民丰，人口稠密。

宋代时的梓州路，是佛教开窟造像活动仍在大规模进行的区域，留下了辉煌的安岳、大足石刻。

在唐代的东川、宋代的梓州，沿着巴蜀古道，一座座寺院在崇山峻岭、激流险滩之间，在官方驿站之外矗立着，为了修筑这些寺院，人们将偏僻危险的道路变成了可住宿、有供给、有安全保障的通途，一寺一亭，成为地标性景观，长亭更短亭，一程又一程。

在这种背景下，佛寺作为社会经济、文化活动的重要场所，作用更加凸显。巴蜀地区开创的最为有趣的佛教题材如地狱十王、报父母恩重经、最为丰富的观音形象……等，分布在从广元到安岳、大足等地的山间田野，雕饰着巴蜀河山，成为佛教在巴蜀地区独具影响力的历史见证。

位于山崖河畔、田间地头的佛龛的供养人们与游冶于大慈寺等城中寺院的人们一样，他们出钱雕刻佛龛或佛像，或为歌颂佛之法力、祈求往生净土，或为阖家平安，为自己当官发财，为死去的亲人值佛闻法……他们大大小小的心愿被工匠们刻写在了山间河畔，被定格在了某个时刻，无以计数的功德主以这样的方式留下了他们的信息，透过千年尘封，他们又鲜活起来。

我们可以从这些造像及碑刻题记中，触摸到那个时代人们生活的脉动，感受和理解那个时代人们生活的现实以及他们对于生活的想象。这些造像已经不再是早期造像对于神的虔敬，也不再是隋唐时代对于佛教学说的痴迷，甚至于已经不再是执着于佛教的轮回解脱的苦海之说，我们能够感受到的是现实生活的美好，虔诚祈求保护这份美好的深情，以及父死子及的生命之流中延续这份美好的愿力。

　　这些宋代大型龛窟造像以及题记告诉我们，开窟造像活动的主导者有寺庙主持僧人、有信众供养人、各色资助者，参与者包括当政的各级官员、退休官员、信众、僧侣等各阶层人员，说明宋代佛教信徒众多、阶层分布广泛。佛教观念和仪轨已经融入各阶层人们当中，成为当地人们生活习俗的一部分，甚至主导着人们的社交、交游，特别是人们的精神世界。千百年来供养人的心愿与故事，俨然一部鲜活的人类社会生活史，使巴蜀大地的人文历史不再只存于枯燥无味的故纸堆里，仿佛从佛龛中跃出，以它们的方式讲述着过往，这是一本别样的史书，值得慢慢品读、深入品读，然而却鲜有读者。

梵华蜀脉

唐代安史之乱后，藩镇势力兴起，地方军阀各自为政。唐代天宝以后的唐王朝，除了武宗外，各代帝王多信奉佛教，在位时间最长的几个帝王尤其如此。代宗宝应元年至大历十四年（762—779）在位，德宗建中元年至贞元二十一年（780—805）在位，宪宗元和元年至元和十五年（806—820）在位，懿宗大中十四年至咸通十五年（860—874）在位，他们的礼佛活动最具代表性。其间，有唐武宗灭佛，这次灭佛石窟不在毁废之列，但北方洛阳等地的开窟造像工程早在安史之乱后就不再延续，大规模开窟造像早已停止。

公元781年，青藏高原的吐蕃王朝占领沙州（敦煌）；848年，张议潮收复伊、西、瓜、肃、甘、凉等十一州，奉表归唐，敦煌进入200多年的归义军统治时期。公元1036年、1227年敦煌又先后被西夏和元占领。敦煌洞窟的营建虽然未曾停止过，但随着不同民族间统治政权的更迭，洞窟中出现了多民族风格的元素。而元朝帝国疆域的扩展、海上丝路的兴盛、陆上丝路的衰落，又使敦煌失去了中西交通中转站与西域门户的地位，莫高窟随之衰落。

晚唐五代，蜀地鲜受战乱之祸，儒家经典的传承、道家典籍的研习绵绵不绝，佛教传统基本得以延续。安史之乱和晚唐五代时期，避地蜀中的高僧大德延续了佛学的香火，"蜀因二帝驻跸，昭宗迁幸，自京入蜀者，将到图书名画，散落人间，固亦多矣。杜天师在蜀，集道经三千卷，儒书八千卷。（赵）德玄将到

天下蜀刻
石上大宋

梁、隋及唐百本画，或自模榻，或是粉本，或是墨迹，无非秘府散逸者，本相传在蜀，信后学之幸也"（《益州名画录》）。寺庙建筑、佛教经典、塑像造像得以传承，辉煌的佛教艺术得以延续，佛教进一步渗入社会各阶层，成为普遍的信仰。这时候的蜀地，成为中国乃至东亚佛教文化和佛教艺术的中心。

从安史之乱至五代，兵燹战乱之余，佛教经典损毁殆尽，以至于吴王钱镠、钱弘俶等试图弘扬佛教时，已经找不到佛教经籍，不得不派人去日本等国求取佛经，导致女真等国都认为中国佛教已经后继无人。北宋建国之初，号召恢复中原地区被毁坏的佛教寺塔，开宝初年朝廷派人至蜀中收集佛教典籍，开雕《大藏经》而后运往都城汴梁（今开封）印刷，这就是佛教史上著名的《开宝藏》。《开宝藏》的雕刻，振兴了中原已经衰微的佛教，很快日本、女真、高丽等国遣使来求《开宝藏》。

唐代天宝之后，以成都大慈寺为中心的佛教艺术影响极大，在这里创作或改造的一些佛教绘画和雕塑题材成了中国民间喜闻乐见的内容，并在民间广为流传，如水陆忏法、地狱与十王、明王等题材的内容与流行形式均与四川有很大关系。相传，梁武帝因梦六道四生受苦而创水陆大斋以济之，周隋之际，此仪不行。唐咸亨中，西京法海寺英禅师又复此法。又言东川有杨谔水陆仪、蜀中有杨推官仪文盛行于世；宋元祐八年（1093），四川眉山人苏轼绘水陆法像，作赞十六篇，世谓辞理俱妙，因此被称为"眉山水陆"。到两宋时期，各地水陆大法非常盛行，这与蜀地的水陆法仪文和图像有很大的关系，也是大足宋代石刻的重要题材之一。

到了宋代，佛教已经深度介入世俗社会的日常生活，从宰辅大臣、官僚士大夫到诗人、学者都热衷与僧人交往，僧侣也十分注重儒家等传统经典的学习，佛学已经成为重要的知识基础。同时，两宋时期，由于佛教基本禅宗化，禅宗又有鄙弃佛教经典、"像教"传统、寺宇坛塔的倾向，整个佛教界开窟造像活动基本停息。巴蜀地区则由于延续了隋唐佛学的传统，开窟造像活动仍十分活跃，成就了石窟造像最后的辉煌，留下了一部石刻的大宋风情史。

大圣慈寺

秦汉以来，蜀中基本未经重大战乱，社会稳定、经济繁荣、人民富足、文教隆兴。到了唐代，蜀地是帝国重要的农业、手工业、文化中心，有"扬一益二"的美誉。佛教传入中国以来，佛寺不仅是宗教活动场所，还兼具博物馆、艺术馆、图书馆功能，又是商业中心、娱乐中心，是帝制时代中国最为重要的公共空间，唐宋时期号称"震旦第一丛林"的大慈寺无疑是其中最重要的代表。

公元755年，安史之乱爆发。唐天宝十五载（756），安禄山攻陷长安，在长安陷落前，唐玄宗仓皇出逃，最终抵达四川成都。此时，关中官僚士大夫"追扈大驾"，长安城高僧大德、佛教艺术家、文人墨客各色人等纷纷南下，大批进入蜀地，其中很大部分到了成都。这批逃难者中的很多人留在了蜀地，再也没有回到中原。

唐玄宗避乱入成都时，听闻僧人英干在街头施粥济众，救济贫困百姓，并为国家祈福。唐玄宗深受感动，赐田千亩建寺，敕书"大圣慈寺"匾额。据志磐《佛祖统纪》卷四十记载："上皇驻跸成都，内侍高力士奏城南市有僧英干，于广衢施粥以救贫馁，愿国运再清，克复疆土，欲于府东立寺为国崇福。上皇悦，御书'大圣慈寺'额，赐田一千亩，敕新罗全（金）禅师为立规制，凡九十六院，八千五百区。全禅师后往池州九华山坐逝，全身不坏，骨如金锁，寿九十九。"又传此全禅师实为地藏菩萨，其坐化之所即为其道场。

此次大慈寺扩建，规模宏阔，占地千亩，建成九十六院，八千五百区，殿宇林立，楼阁峙列，壁画辉煌，穷其精妙，妙像巍峨，仿佛诸天。按照唐代一亩等于今天0.871亩计算，大慈寺占地达到871亩，直观地说，现在的故宫占地面积约为1080亩，唐代营建的大慈寺相当于故宫的4／5，可见其规模之宏阔。

唐德宗贞元年间，大慈寺普贤阁破败，剑南西川节度使韦皋奉旨重修，"遂

天下蜀刻
石上大宋

南迁百余步，度宏规，开正殿。因诏旨谕群心，千夫唱，万夫和。奋颙员，岑穹崇，横絪运，巨力拔，始雷殷而地转，欻云旋以山回。面西方而圣教攸归，镇坤维而蠢类知向。于是平坎窞，翦蒙笼，横空准绳，审曲面势。连廊霭以云属，三桥揭其虹指；廓广庭之漫漫，增重门之巘巘，是知至道默存于浊劫，元功必启于康时。不然，何神像巍巍，冠诸有相，久而弛废，将有待而兴乎？观其左压华阳之胜，中据雄都之盛；岷江灌其前趾，玉垒秀其西偏，足以彰会昌之福地，弘一方之善诱"（韦皋《再修成都府大圣慈寺金铜普贤菩萨记》）。

唐武宗灭佛，大慈寺因是唐玄宗敕建，成为成都唯一没被毁的寺院。成都从南朝以来就最有名的万佛寺也在毁废之列，寺中大钟等重要物品被藏于大慈寺才得以保存。大慈寺成为蜀地佛学中心、佛家典籍收藏地。这次"灭佛"运动中，石窟寺和摩崖造像不在毁除之列，所以蜀中石窟寺和摩崖造像得以延续开凿，未受到灭佛的影响。晚唐摩崖造像数量有增无减，尤以唐懿宗咸通年间开凿小龛为最多，且多有纪年。今天，在巴山蜀水的山间峭壁上还可以窥见消失了的唐代大圣慈寺壁画风采。

晚唐五代，大慈寺没有受到损坏，规模仍极宏大，建筑极精美，佛事极盛大。前蜀贯休和尚以"水晶宫殿"誉之——"玉节金珂响似雷，水晶宫殿步徘徊……百千民拥听经座，始见重天社稷才"（贯休《蜀王入大慈寺听讲》）。后蜀时，长和国（现在云南的地方政权）宰相段义宗作为使臣入蜀到过成都，据记载，段义宗"不欲朝拜，遂秃削为僧，号曰大长和国尤街崇圣等赐紫沙门银钵"，以僧人形象出使。到了成都，还是没有逃脱朝拜之礼，"僧有佛法，宜令礼拜"。成都的佛教盛况给他留下了深刻的印象，写下《题大慈寺芍药》——"浮花不与众花同，为感高僧护法功。繁蕊夜铺方丈月，异香朝散讲筵风。寻真自得心源静，观色非贪眼界空。好是芳馨堪供养，天教生在释门中。"并在成都三学院经楼题诗两首，大赞殿宇辉煌、佛法精深——

鹫岭名园不可俦，叨陪龙象喜登游。玉排复道珊瑚殿，金错危栏翡翠楼。尚欲归心求四谛，敢辞施绕满三周。羲和鞭挞金乌疾，俗网无由肯驻留。

当今积善竞修崇，七宝庄严作梵宫。佛日明时齐舜日，皇风清处接慈风。一乘妙理应难测，万劫良缘岂易穷。共恨尘劳非法侣，掉鞭归去夕阳中。[1]

到了宋朝建立之时，大慈寺建筑部分毁于战火，但很快陆续重建，规模更见宏阔，建筑愈加富丽。

到了北宋政和二年（1112），大慈寺又遇火灾，府帅席旦请于朝，重建大慈寺，"颁缗钱改建超悟、宣梵、严净三刹，使学禅者居超悟、学律者居宣梵、学讲者居严净"，分寺院为禅、律等类，一改旧时禅僧、律僧等混住的格局。其中，属于禅院的超悟院在名僧文英的主持下，"灰烬之余，鸠工庀徒，创建禅宇，凡为屋千楹，且阐龙宫以藏贝叶，规模恢敞，气象雄特"。自唐玄宗敕建大慈寺，直到宋末，中间虽经火厄，但寺宇气象不减，堪称蜀地繁荣的象征，成都繁华之所在。[2]

唐代两宋时期，大慈寺一直是佛学传承中心。一直保持着解经说法的传统，从无相禅师、晚唐悟达国师到宋代圆明大师敏行，一直坚守佛教义学，"号四川学海"，"习于教者，则之成都大慈寺兰若"。可以说，这个时期的大慈寺典籍收藏宏富，名僧辈出，官僚士大夫出入，是佛典保存、佛学研究、学问交流的重要场所。一有高僧讲经说法，则信众踊跃，知玄法师"升堂讲谈于大慈寺普贤阁下，黑白众日计万许人，注听倾心，骇叹无已"（《宋高僧传》卷六《唐彭州丹景山知玄传》）；每逢宗教法事活动，则信众云集；平时烧香拜佛、节祭活动等，也是非常热闹。

————————

1 〔后蜀〕何光远：《鉴诫录》卷六，"布燮朝"条。

2 段玉明：《唐宋大慈寺与成都社会》，《宗教学研究》，2009年第2期。

大慈寺还是首屈一指的艺术馆、博物馆。这里汇聚了无数佛教艺术家、文人墨客，他们或将京城的艺术再现，或与时俱进创造新样，使得辉煌的佛教艺术得以延续。寺中有壁画万余壁，雕、塑、铸像百千尊，成为晚唐两宋佛教壁画和龛窟造像的模板与范式，影响远达敦煌。明宣德十年（1435），大慈寺遭火焚毁，十年后虽重建，但大慈寺宏富的收藏，精美的壁画、塑像荡然无存。如今，我们可以通过唐代张彦远的《历代名画记》，宋代黄休复的《益州名画录》（又名《成都名画记》）、范成大的《成都古寺名笔记》等画史著作窥其大概。大慈寺艺术品之宏富，从李之纯的《大圣慈寺画记》的记载可以想象其一斑。李之纯在成都任职时，对于大慈寺十分留心，花了些工夫，清点了大慈寺的建筑、壁画等，为我们留下了详细的统计数据。

举天下之言唐画者，莫如成都之多，就成都较之，莫如大圣慈寺之盛。仆昔监市征，历二年余，或晚暇与朋僚游，所观者才十一二，比将漕七年，亦屡造焉，而未及见者犹太半。今来守是邦，俾僧司会寺宇之数，因及绘画，乃得其详，总九十六院，按阁殿塔厅堂房廊无虑八千五百二十四间，画诸佛如来一千二百一十五，菩萨一万四百八十八，帝释、梵王六十八，罗汉、祖僧一千七百八十五，天王、明王、大神将二百六十二，佛会经验变相一百五十八堵，诸夹纻雕塑者不与焉。像位繁密，金彩华缛，何庄严显饰之如是。昔之画手，或待诏行在，或禄仕两蜀，皆一时绝艺，格入神妙。至于本朝，类多名笔。度所酬赠，必异他工，资费固不可胜计矣。其铸像以铜，刻经以石，又不可概举，此有以见蜀人乐善向福不吝财施者，盖自古而然，非独今日之侈。自至德以后，写从官府尹监司而下僚属真，迨今凡三百九十人，有经数百年而崇奉护持无毁者，又以见蜀人尊长敬贤之心，虽久不替。噫，其可尚也哉。四方之人至于此者，徒见游手末技憧憧凑集，珍货奇巧，罗陈如市，只以为嬉戏街鬻之所，而不知释子隶学

诵持，演说化导，亦无虚日。故以藏经大部、律僧长讲之数兼列云，诸
院为国长讲计七十三座，诸院大藏经计十二藏。

根据这一记载，北宋时期，大慈寺有诸佛、菩萨、神灵、祖僧以及帝王将相
地方官吏等人物画像14000余壁，佛会经变等故事画158壁……数量巨大，如此规
模，似可比肩敦煌；大多是名家名作，又是唐宋艺术的典范，"皆一时绝艺，格
入神妙"，这是总体的印象。黄休复《益州名画录》所载自李唐乾元初至北宋乾
德岁五十八人，都是画史中的一时名家。

大慈寺于官僚士大夫、文人学子、艺术家而言极具吸引力，苏轼也将其父收
藏的吴道子画送到大慈寺收藏，并记下这几幅画的传奇经历：

始吾先君于物无所好，燕居如斋，言笑有时。顾尝嗜画，弟子门
人，无以悦之，争致其所嗜，庶几一解其颜。故虽为布衣，而致画与公
卿等。长安有故藏经龛，唐明皇帝所建，其门四达八版，皆吴道子画，
阳为菩萨，阴为天王，凡十六躯。广明之乱，为贼所焚。有僧忘其名，
于兵火中拔其四版以逃，既重不可负，又迫于贼，恐不能全，遂窃其两
版以受荷，西奔于岐，而寄死于乌牙之僧舍，版留，于是百八十年矣。
客有以钱十万得之，以示轼者，轼归其直而取之，以献诸先君。先君之
所嗜，百有余品，一旦以是四版为甲。治平四年，先君没于京师。轼自
汴入淮，溯于江，载是四版以归。既免丧，所尝与往来浮屠人惟简，诵
其师之言，教轼为先君舍施必所甚爱，与所不忍舍者。轼用其说，思先
君之所甚爱，轼之所不忍舍者，莫若是版，故遂以与之。且告之曰：此
明皇帝之所不能守，而焚于贼者也，而况于余乎！余视天下之蓄此者多
矣，有能及三世者乎？其始求之若不及，既得，唯恐失之，而其子孙不
以易衣食者，鲜矣。余惟自度不能长守此也，是以与子，子将何以守
之？简曰：吾以身守之，吾眼可霍，吾足可斫，吾画，不可夺，若是足

以守之欤？轼曰：未也。足以终子之世而已。简曰：吾又盟于佛，而以鬼守之，凡取是者，与凡以是予人者，其罪如律，若是足以守之欤？轼曰：未也。世有无佛而蔑鬼者，然则何以守之？曰：轼之以是予子者，凡以为先君舍也。天下岂有无父之人欤，其谁忍取之。若其闻是而不悛，不惟一观而已，将必取之然后为快，则其人之贤愚，与广明之焚此者一也，全其子孙难矣，而况能久有此乎！且夫不可取者存乎子，取不取者存乎人，子勉之矣，为子之不可取者而已，又何知焉。既以予简，简以钱百万度为大阁以藏之，且画先君像其上。轼助钱二十之一，期以明年冬阁成。熙宁元年十月二十六日记（苏轼《四菩萨阁记》）

大慈寺的收藏中还有玄宗书"大圣慈寺"四字、唐僧大辩修功德碑、唐韦皋碑二、苏轼游大慈寺中和胜相院时的题刻、大慈寺普贤像、大旃檀菩萨像、蜀后主王衍铜像、白金香炉、宋版藏经等。

据传，大慈寺还收藏了"佛掌骨"，据刘泾《大圣慈寺圆通院佛掌骨记》记载，乃是刘泾送藏圆明大师大悲像重阁。大慈寺佛掌骨与相国寺佛牙、陈留佛指、天清寺佛舌、歧阳法门寺佛骨合为佛陀"五宝"。

大慈寺作为佛学中心、佛教艺术中心，犹如今天的博物馆、艺术馆，其宏丽的建筑、精美的壁画、繁富的收藏吸引着大批士庶官商的关注，成为游观必到之所。

大慈寺，也是唐宋时成都最繁华的商业中心。"成都大慈寺……地居冲会，百工列肆，市声如雷"（宋代郭印《超悟院记》）。"佛以静为乐，故凡塔庙皆洁精谨严，屏远俗纷。独成都大圣慈寺据阛阓之腹，商列贾次，茶炉药榜，篷占筵专，倡优杂戏之类，坌然其中"（宋侯溥《寿宁院记》）。大慈寺商业繁华程度由此可见一斑。

宋代，大慈寺还兴起了按月设置主题的临时市场，"正月灯市，二月花市，三月蚕市，四月锦市，五月扇市，六月香市，七月七宝市，八月桂市，九月药市，十月酒市，十一月梅市，十二月桃符市"（《成都古今记》）。宋代田况以诗记录了当时的盛况，"高阁长廊门四开，新晴市井绝纤埃。老农肯信忧民意，又见笙歌入寺来"（《三月九日大慈寺前蚕市》）；也有热闹的夜市，"万里银潢贯紫虚，桥边螭蜡待星姝。年年巧若从人乞，未省灵恩遍得无"（田况《七月六日晚登大慈寺阁观夜市》）。宋时大慈寺，"四方之人至于此者，徒见游手末技于憧憧凑集，珍货奇巧，罗陈如市"（《大圣慈寺画记》），可见大慈寺商业氛围之浓厚，逛大慈寺购物，是当时的时尚。

唐宋时期，大慈寺也是成都最有名的宴集游乐中心。各阶层都喜欢在大慈寺游乐，主要游乐形式包括购物看戏、聚餐饮酒、品茶闲话、观灯赏月、登楼远望、纳凉避暑等，大慈寺俨然唐宋时期成都的"购物中心""游乐中心""市政广场""市政公园"。

崖上壁画

佛寺与龛窟造像、石窟寺的开凿之间，存在着一定的对应与互补关系，都是诵经、礼佛、修行的道场。从形式上说，城市区域的佛教道场，以寺宇楼阁、雕塑铸造佛像、绘制壁画为代表；而山野佛教道场，在建设寺宇楼阁、雕铸佛像、绘制壁画以外，最具标志性的是大规模开窟造像，营造极具视觉冲击力的摩崖造像与龛窟。

唐代中期以后，除了战乱的原因造成开窟造像活动停息外，佛教的转型是更为根本的原因。唐代中期禅宗开始成为佛教主流，禅宗对于佛教经典、佛寺坛庙、摩崖造像的鄙弃相当彻底，"释门事相一切不行，剃发了便挂七条，不受禁戒。至于礼忏、转读、画佛、写经，一切毁之，皆为妄想。所住之院，不置佛事"（宗密《圆觉经大疏钞》卷三之下）。于是中原地区佛教不再热衷于佛教造像的制作、寺院壁画的绘制、佛教经典的汇集。但是，作为唐代文化的安全岛，巴蜀地区则仍然延续了盛唐时代佛教义学的传统，重视佛教经典的学习传承、寺宇楼阁的兴建、龛窟造像的开凿。

唐宋时期，巴蜀地区佛教道场的建设盛极一时，其中以大慈寺为代表的城区寺院，寺宇楼阁建设、佛像雕铸、壁画绘制都是煊赫至极，炫人眼目；与之相应的则是山野之间的佛教道场建设，不断开造大规模摩崖造像。以画笔绘制的壁画题材与龛窟造像题材之间经常是相通的，可以说壁画是用画笔绘就的龛窟造像，龛窟造像是斧凿开造的崖上壁画。唐宋时期的大慈寺早就不在了，幸运的是，古代文献记载了大慈寺壁画的主要内容，也记录下了它的盛况。但是，与之相辉映的广布于蜀地山间的摩崖造像，却能得见其仿佛。随着考古工作的展开，通过深入研究巴蜀大地山野间的龛窟造像，我们发现，大慈寺早已不存的辉煌的唐宋壁画以石刻的形式留存在了崖壁之上。

唐代中期以后，巴蜀大地上开窟造像活动从数量上看，比之前是有增无减，有的地方甚至遍及各个村落。许多小龛一般高、宽只有30～40厘米，深1～2厘米，像更小，有的不到10厘米。同时，由于与吐蕃和南诏的战争影响四川，使这里造像内容发生了较大变化，出现了与战争相关的单独的毗沙门天王像。同时密宗在玄宗、肃宗、代宗时期达到鼎盛，密宗大师不空等深受崇敬。密宗宣扬立世成佛，缩小了佛与现实的距离，使人们觉得成佛不再是今生可望而不可即之事，受密教经典影响的造像题材大量出现，如十一面观音、六臂如意轮观音、地藏菩萨、观音与地藏、千手观音等。

　　唐末，据有蜀地的军阀王建名义上始终坚持忠于唐王朝，在中原藩镇军阀纷纷建国称制后仍然沿袭唐王朝年号，执行唐王朝政策制度。事实上也是如此，唐最后的朝廷经费供给多从蜀地输入。直到唐哀帝时唐朝灭亡，北方辽国已经兴起，王建始称帝，建立蜀国。五代时期，蜀地一直延续了唐代的佛教政策，佛教寺院建设、开窟造像与壁画创作等一点也没有受朝代更替的影响。

　　所以，唐末至北宋初年，四川的佛教摩崖造像开凿活动仍然十分活跃，并在很大程度上保留了唐代以来的传统。除了延续保存下来的出自中原的题材外，还流行蜀地僧人创造的新题材或者是经过蜀地僧人大量改造的题材。最流行的是晚唐时产生于四川的地藏十王题材，新出现了罗汉群雕、善财童子五十三参故事、各种观音救苦救难等适应世俗需要的内容，与唐代中期前的题材相比有了很大的不同。最为流行的经文及图像主题是地狱十王、水陆法会、柳赵川派禅宗造像、报父母恩变故事等，这些题材成为四川佛教石窟寺和摩崖造像的重要创作主题。安史之乱后出现的地藏与六道轮回、观音与地藏并立、阿弥陀佛与观音和地藏并立、毗沙门天王、大量的观音变象、文殊和普贤像等也格外流行，以天宫楼阁、宝池、飞廊、塔幢等来表现"西方净土"主题。到了宋代，这些主题的龛窟造像还创造性地通过连环画的形式、以故事性图示的方式将经文直观地表现出来。

　　唐代，巴蜀地区的石刻造像广布于嘉陵江、岷江河谷的古蜀道沿线。五代至宋代，造像数量和分布区域锐减，前期造像最多的广元、巴中等区域已经极少见到五代造像。目前，所见的五代造像以嘉陵江支流涪江流域的安岳境内最多且多有纪年，主要有圆觉洞、庵堂寺、卧佛院、灵游院等处，以及岷江流域的蒲江飞仙阁、沱江流域的乐至报国寺、大足北山等。北宋造像，则主要集中在安岳、大足地区，附近的仁寿、资中有少量造像，巴中等地偶有龛像。五代至北宋初期，主要流行双层长方形浅龛、外方内佛帐形龛，但内龛顶部多为半月形平顶，顶壁交接处明显，底部有的变为梳背形。龛型大多简单，少装饰。造像的主要题材有释迦、毗沙门天王、双观音、菩提瑞像、经幢、单尊观音、单尊地藏、地藏与六道、地藏与观音、四臂观音、天宫楼阁的西方净土变、十六罗汉、地藏十王、千手观音、五十三佛、千佛、千菩萨等。除了大量单尊或双尊立像外，造像的组合形式有一佛二弟子二菩萨二力士、一佛二力士等组合，还有三佛二弟子二菩萨二力士等较为复杂的组合。这个时期的观音造像，流行水月观音、千手千眼观音、白衣观音、救苦观音、数珠手观音等形象，还出现了一批新的题材和形象，如解冤结菩萨、花聚菩萨、观音救八难图画等。

安岳、大足石刻是佛教石刻最后的宏大篇章，可以与大慈寺宏丽的壁画媲美。今天，我们还可以从这些佛教石刻中看到最为辉煌绚烂的大慈寺壁画的风采。安岳县境内有较高文物价值的文物点239处，其中国家级重点文物保护单位10处，省、市、县级文物保护单位48处，绝大部分是石窟与摩崖造像，有各类造像数万尊，以圆觉洞、毗卢洞、茗山寺等处最具代表性，这里的图像大多与大慈寺的图像有着同样的渊源。

大足石刻，则最为集中体现了宋代石刻的宏大瑰丽。大足县（现大足区），一座远离都市的山间小城，出城不远便到了北山脚下，抬头看见葱茏中一条青石板路从山顶延至脚下，拾级而上十几分钟，掩映在青瓦长廊下的北山造像便呈现在眼前。首先映入眼帘的是唐末节度使韦君靖在这座山上建立永昌军寨时建造的大型毗沙门天王像，之后是十八罗汉、千菩萨、地藏菩萨、菩提瑞像、数珠手观音、转轮藏……数百个龛窟，数千尊造像，完全不同的内容，顺次出现在眼前。壁面中间编号第245号的石窟是一个巨型西方净土变造像龛，西方三圣阿弥陀佛与观世音、大势至二菩萨各坐于莲台上，身后天宫楼阁仙气缭绕，飞廊相连；空中香花飘浮，乐器不奏自鸣；两侧人们不断向上，希望上升天界；下方莲花宝池中，人类从莲花中无痛化生；两侧"十六观"雕刻，雕出佛教宣说的十六种观想修行场景……站在这个高达数米的佛龛前，观赏着龛中栩栩如生的雕刻，我们确信成都大慈寺唐代西方净土壁画应当就是这个样子。

其实，在成都周围的邛崃、蒲江、夹江、乐山、仁寿、安岳、资中、内江等区域，数以千计的唐代石窟和摩崖造像地点为我们保存了大量出自大慈寺等成都寺院的图像样式，它们以石刻的形式呈现于我们面前。当时，产生于成都的一些经典和图像早已在民间广为流行，如绵阳北山院的"地狱十王变"雕刻，就是根据成都大慈寺唐代沙门藏川所叙述的《佛说十王经》和《佛说阎罗王授记四众预修生七往生净土经》（后文简称《佛说预修十王生七经》）雕刻。地藏王菩萨居中，其旁坐着观音菩萨，二菩萨两侧——雕出地狱十王，并刻出十王的姓名和供奉时日，这与从宋代以来直到今天一直流行在民间的人死后一七日、二七日以至七七日、百日、周年祀奉等习俗几乎相同，并且此十王名姓及顺序至今流传于民间，并无多少改变。

这些经典和图像，还影响了中国其他地区，并对日、韩等国的佛教文化和艺术产生过重要影响，如地狱变、水月观音、八大明王、地藏、各种圣僧等图像，成为日韩佛教重要的题材与图像。今天，透过日本宫内厅收藏的蜀中高僧贯休创作的《十六罗汉图》，还可以直观感受到当时蜀地佛教绘画的魅力及其影响力。

天下蜀刻
石上大宋

石上风云

李泽厚先生论述佛教艺术时说："在宗教雕塑里，随着时代和社会的变异，有各种不同的审美标准和美的理想。概括说来，大体（也只是大体）可划分为三种：即魏、唐、宋。一以理想胜（魏），一以现实胜（宋），一以二者结合胜（唐）。"[1]

宋代石刻造像正是这种世俗化的趣味，不再是南北朝时期超越世间与对世间的否定的想象，也不再是隋唐时代立足世间而又超于世间的宏大幻境，而是对于世间的肯定、依恋与赞颂，"欢歌在今日，人世即天堂"[2]。

正是这种世俗化的创作，将视角拉低到了现实生活的日常状态，表现题材甚至涉及行旅、耕作、饲养等生活小景。题材的世俗化、人物造型的世俗化、场景的世俗化以及观念的世俗化，反而为我们提供了反映宋代社会面貌、衣食住行、审美倾向、思想观念的历史现场，表现的是宋代艺术的趣味，展示的是宋人的审美追求。巴蜀地区的宋代石刻造像就是这种典范，他们是以石刻的形式书写宋代社会的生活百科全书，打造了一座令人眼花缭乱的宋代艺术博物馆。

巴蜀地区的宋代石刻造像主要集中在安岳、大足、合川、仁寿等四川中部地区，尤以安岳、大足两地最为集中。安岳、大足两地的造像宛如一对姊妹花，盛开在广袤的丘陵浅坡上。两地造像以自称六代祖师传人开凿的造像最具特色，关于它们的性质，最初被认定是佛教密宗造像，现在已经确认，这是已经完全中国化、世俗化并且已经融合成为一种即心即佛、尘世即净土的人间佛教，这些造像实际上就是佛教各宗与中国儒道深度融合后的产物，而不单单是密宗造像。

1　李泽厚：《美的历程》，第 126～127 页，生活·读书·新知三联书店，2009 年。

2　李泽厚：《美的历程》，第 123 页，生活·读书·新知三联书店，2009 年。

这个时期的佛教，早已完成了中国化的进程，完全变成了中国的佛教。无论是佛或是菩萨，他们的衣服、相貌都是完全写实的中国人特征，是完全世俗化、民间化的样式，民间生活情景与人物形象成了表达佛教思想的主要形式，其情趣和审美也完全是中国的。禅宗、净土、华严，早已没了界线，号称本土发展起来的川渝密教造像，也是融会了诸宗内容，道场内禅、净、密、华严甚至表达忠孝节义的图像也随处可见。"三千条律令，不孝罪为先"，本是中国儒家伦理的核心观念之一，此时也成为安岳卧佛院佛教刻经中《佛说父母恩重经》《大方便佛报恩经》的核心思想，出现在大足宝顶山大佛湾佛教道场造像中。

从分布上说，安岳县县域佛教龛窟造像散若繁星，两百多处（最近又发现了200多个点位，但资料还没有公布）龛窟、数万尊造像遍布乡村。佛教龛窟造像当中，全国重点文物保护单位就有8处，然而却极少有访客，仿佛山野间的隐者，独自安闲。不过，这里的石刻造像虽然分布零散，但座座精雕细琢，饱含宋代审美理想，其中尤以毗卢洞紫竹观音最为典型。

安岳石羊镇旁厥山上毗卢洞紫竹观音，又名水月观音，最为精美。这尊造像实为一尊等身观音菩萨像，形象已经完全女性化，带有明显的地方特色，全镂空的化佛宝冠，薄如蝉翼的长裙，袒胸露臂，游戏坐于高高的山石上，在身后的紫竹、宝瓶映衬下更显自在美艳，著名作家韩素音誉之为"东方维纳斯"。人们去毗卢洞往往就是只为看这尊韶华绝伦的紫竹观音，可以说这尊观音像代表了宋代石刻造像的审美追求——面部线条柔和，表情亲切动人，十分娴雅秀丽。

石刻造像的安排，往往出人意表，刚刚看完紫竹观音，回头往外走，马上看到的却是让人触目惊心的摩崖雕刻连环画——柳本尊十炼图，一幅反映唐末四川地方佛教祖师柳本尊十种自残式修炼场景的巨型雕刻。图画中人物略大于真人，以柳本尊成佛形象居中，两侧对称展现他剜眼、断臂、割耳等苦修情节，每个场景旁都有碑文叙述其事迹。"假使热铁轮，于我顶上悬。终不以此苦，退失菩提心"，这是安岳、大足这类地方佛教造像中常见的口号之一，这十种苦修方式，又岂止是热铁轮可以比拟的。

云居山圆觉洞、茗山寺石刻造像……各有各的美好，而石羊镇箱盖山的华严洞又是另一种风采。华严洞窟前有木结构建筑，所以当你走近寺院大门，并不能看到造像，洞中雕刻华严三圣和十尊十地菩萨，十地菩萨姿态各异，雕刻极其精美，十地菩萨上方以连环画形式浮雕善财童子拜访五十三位圣人的故事，即善财童子五十三参故事，这是宋明时期寺院壁画中最流行的题材。其中的十尊十地菩萨雕刻最为精美，是安岳佛教摩崖石刻的代表作，也是四川雕刻水平最高的作品之一。看了它，你再将它与游人如织的大足宝顶圆觉洞中的雕刻比较，你会惊奇，为什么这里完全没有游客。

重庆大足毗邻安岳之东南，70余处石刻造像地点主要开凿于唐末到南宋，以北山、宝顶为代表，造像集中，气势磅礴，且头顶"世界文化遗产"桂冠，早已蜚声海内外，游人如织。今天看到的宝顶山造像，即是南宋淳熙六年（1179），柳本尊的后继者赵智凤去川西学成回来后在大足一带弘法，清苦70余年，竭其一生精力营造的佛教道场。道场以一幅巨大的牧牛图开始，到圆觉洞、华严三圣、千手观音、释迦涅槃、毗卢道场、西方净土之九品往生、父母恩重经变与地狱变、柳本尊十炼图与成佛等，将佛教各宗宣讲的主要内容集中雕刻于一座山湾中，以巨型连环画形式展开，洞窟设计巧妙，摩崖造像布局精心。画面中喝酒的男子、喂奶的妇女、尿床的婴儿与母亲、得意的少年、养鸡女、吹笛女等形象宛若市井人物，亲切动人，其人物与场景的世俗化、本土化让观者仿佛置身于安乐和谐的世外桃源，乐而忘忧，完全忘记了是在看宗教图像，而是对现世生活深情的赞颂。

宝顶山第11窟"释迦牟尼涅槃圣迹图"，主体是一身雕刻于南宋的大卧佛，独特之处是这尊31米长的卧佛只是半身像，横卧于宝顶山大佛湾东岩，右肩深陷入地表之下，双脚隐没于南岩之中，仅仅雕出佛身的一部分。躬身肃立在佛前的14尊菩萨、弟子像，也如同从地下涌出，仅露出上半身，给人以无限遐想，似乎画外有画。令人感觉卧佛之大，难以度量，千百年来民间以"脚踏泸州，手摸巴县，身在大足"夸赞这尊大佛之大，也足以显示雕刻者的匠心。在这尊半身卧佛的头侧是九龙浴太子像，脚下方转折的崖壁上有太子出游四门图，它们与横卧的大卧佛一起，简明扼要地概述了释迦佛的一生。这个故事从佛教图像产生时就流行于中亚地区的造像中，今天川渝地区丧葬礼仪中的"游城"也是这个故事部分内容的再现。卧佛上方，摩耶夫人及眷属等天界大众与卧佛周围的举哀众弟子，烘托出了佛临入灭时人天共悲的场面。只是可惜，出游四门雕刻已风化殆尽，而九龙浴太子因为龙嘴里巧妙地引走了山顶的水流，对大卧佛起到了巨大的保护作用，成为文物保护工程足资借鉴的典范。这尊气势恢宏、意境深邃的卧佛造像，把佛教修行的最高境界之坚定永恒，以辉煌的艺术形式在世间完美呈现。而宝顶山石刻最后未完成的半成品，仿佛在诉说着一个即将完结的时代未了的心事、未尽的才情。

除"柳本尊十炼图"外，安岳很多散落各处的造像与大足赵智凤在大佛湾造像的内容与构图如出一辙，如石羊附近的华严洞与大足宝顶山的圆觉洞、孔雀洞与北山孔雀明王窟。安岳这些造像单尊或单窟体量也是极其巨大，只是没有如宝顶山那般集中大规模凿造。比之宝顶大佛湾造像，安岳这些默默无闻的石窟造像雕刻线条看上去更加自然流畅，似是出于同门工匠之手，而雕刻者似乎技高一筹，历来学者也多有如此认为者，但是证据还不够充分。行走在安岳和大足，许多题材相似、面貌相同的石窟常常会让人在时空交错中恍惚。

特别值得一提的是，嘉陵江汇入长江处有一座举世闻名的山城——合川钓鱼城，是宋元战争中南宋王朝最后的阵地，一座坚守了十年之久的孤城。宋军曾于此击毙了被欧洲人惊呼为"上帝之鞭"的蒙哥汗，在世界战争史上堪称奇迹。在山城临江的崖顶上有一尊唐代的卧佛，佛身长约11米，右手托腮，侧卧于悬崖上，下方崖壁风化悬空，大佛仿佛被祥云托起，冉冉飘向西方。大佛表面风化严重，面部早年被毁。2018年6月的一天，我们上山观看正在进行保护施工的大佛，一直倾心于合川文物保护的刘智先生告诉我们，1986年成立文物队，当地石匠李永财、吴永模在1986年底至1987年间参照附近佛像面貌对大佛进行了修补。到了近处，我们看到了三块镶入面部的石块。石块改变了大佛的样貌，故而我们一直认为它不是唐代的造像。今天，正在对大佛进行保护的中国文化遗产研究院孙延忠先生对是否去除这些石块，重新以唐代佛像样式来维修，则不敢擅自做主。对此，学者们也有不同意见。大佛旁边还有千手观音、千佛造像，也许是他们庇佑了南宋不屈的将士，在举国沦陷后尚可在强弩包围中固守十年。

"柳本尊十炼图"表达的"假使热铁轮，于我顶上悬。终不以此苦，退失菩提心"的决绝坚韧，与钓鱼城大宋军民坚守孤城的卓绝悲壮，让我们见识了宋人文弱动人审美之外的刚健激烈，将对现世生活的赞颂转为对现世生活无比的执着与坚守，崖山蹈海、孤城坚守就是大宋这份最后的孤绝。

第四章

中华各民族共同繁荣：
汴京遗梦，石上临安

巴蜀文化在宋代扮演着极其奇妙的角色。蜀中虽历经变迁，汉代"文翁化蜀"以来，两汉魏晋学术得以延续。唐代，有南京之称的成都，堪称唐代文化的后花园，同时又是佛教文化的中心，特别是晚唐五代时期，蜀地更是天下大乱时代中华文明的安全岛，儒家经典之学、道家学说得以传承。花间派词人沿袭唐代诗风之余绪，开创宋词之先声。后蜀孟昶在成都首先创设的皇家画院——翰林图画院，延续晋唐时代绘画传统，是宋代皇家画院的班底。宋代立国，大批蜀地高僧、佛教艺术家、佛教典籍被朝廷征召，集中于东京汴梁。某种程度上说，蜀地文化起到了重要的接引作用，主导了宋代初期的文化建设、审美趣味和生活情趣。

蜀地本身则延续着文教兴盛、学术繁荣、佛学兴旺的局面，"文学之士，彬彬辈出焉"，以儒学为根底的蜀学进入鼎盛期。宋代开拓了历史上最为开放的城市生活公共空间，成为时代的象征。寺庙，则是宋代世俗生活最重要的公共游乐空间，成都大慈寺内太守的盛宴、观画、喝茶、吟诗的游人仿佛并未走远，寺周的花市、药市、农市记忆犹存，热闹的市声仿佛还在耳畔。摩肩接踵的热闹场景已经远去，只有凭我们去想象了。

石窟和摩崖造像，是寺院的另一种形式，巴蜀两地山崖河畔、田间地头的佛龛里繁多的造像，与唐宋时期的大慈寺瑰丽的壁画一样，沿用着同样的图样传统，讲述着当时人们的心愿与故事。只是释迦创教时那种超越人生的相对与无常、以绝对之境拯救人的追求，在宋时的语境中演变成了对于现世生活的确认，此时，"担水砍柴，莫非妙道"。

这种时代精神，直接把日常生活世界当作了宗教的终极境界，导入的是一种审美的生活情趣，在山水林泉之间的生活样式，优雅自在的生命追求。宋时的石窟和摩崖造像尽情地展示着对现实生活美好的确认，龛窟造像里有他们的生活器具、生活空间与生活场景，以及他们的衣食住行方式，还有他们热爱的花草树木，俨然一部烟火味十足的社会生活图像史。

石刻造像中，温婉动人的部分，令人心生亲切；华美夺目的部分，令人艳羡；壮怀激烈的部分，令人为之激昂；田园耕作侍弄家禽的部分，恰似令人怀想的桃花源。一草一木，投注的都是宋人对于世间的肯定、依恋与赞颂，"大足石刻、晋祠宋塑以及麦积山的著名宋塑，都创造了迥然有异于魏、唐的一种雕塑美的典范……是世俗的神，即人的形象。它比唐代更为写实，更为逼真，更为具体，更为可亲甚至可昵。大足北山那些观音、文殊、普贤等神像，面容柔嫩，眼角微斜，秀丽妩媚，文弱动人"[1]。在两宋期间的危局中，巴蜀之地又是从北宋过渡到南宋的桥梁，"成都游赏之盛，甲于西蜀。盖地大物繁，而俗好娱乐"，昭示着临安半壁河山中烟雨蒙蒙的生活姿态。

巴蜀宋代石刻造像，恰似凝固在山崖石头上的大宋词章。

有了它们，宋时人们的生活不再只是一堆一堆枯燥无味的故纸，而是从石刻中跃出，为我们讲述过往的一部别样的史书。

1　李泽厚：《美的历程》，第 126 页，生活·读书·新知三联书店，2009 年。

人间烟火

世情百态

佛教将提供资金开凿石窟或造像的人称为"功德主"，开凿洞窟与雕造佛像的工匠受雇于功德主，功德主的愿望决定了雕造内容，功德主提供钱财的多少决定了洞窟或者造像的规模，甚至精美程度。巴蜀大地的山间河谷，开凿的大大小小的佛龛，是千百年来，生活在这里或者因故往来于这里的人们心愿的表达。

俗话说，人上一百形形色色，从汉代乐山麻浩崖墓上的佛像开始，到今天，巴山蜀水间有数不清的佛龛，数不清的佛像，也有数不清的供养人的心愿与故事。他们当中有皇族、高官、世家大族、地方长官、乡绅、小吏、军阀、士卒、戍边军士、客居某城某街的某人、李家的子息、张家的小娘子……，他们大都没有留下形象，即便在龛窟中雕出了自己的身形容貌，也仅存在于佛龛的某个角落，在不显眼的位置虔诚站立或跪着，而大多数情况下则是只有他们出钱雕成的佛龛或佛像。而他们的心愿与诉求，决定了我们今天所看到的内容，他们或为歌颂佛陀之法力，祈求往生净土，或为祈求国家社稷太平、皇帝陛下安康、天下风调雨顺，更多的则是祈求阖家安康，祈求死去的父母值佛闻法，为自己的婚姻、为生病的亲人、为战乱中的离散与再聚、为子嗣延续……祈求，他们所遇之事与今人一样，一切心事犹如今日众生。

到了宋代，巴蜀地区出现了一个潮流，人们更愿意把自己的形象与心愿一起刻在龛窟造像当中，或者是在出资雕造的佛像旁刻出自己的形象，或者是刻下自己的名字和愿望。今天，虽然很多题记、铭文已经风化漫漶了，但是从中能够看到的人名、造像的目的等功德主的信息，远远多于以造像点位取胜的唐代，这让我们能够看到更加真实的宋代社会生活。

安岳县城边圆觉洞的第7号龛是由一大家子人出资开凿，时间比前揭介绍的14号龛晚了将近50年，这时开凿14号龛的那家人不知如何了，反正近50年后另一家人选择重要位置开窟造像。第7号龛与第14号龛对称雕刻，也是一尊高达6.8米的华丽菩萨像。龛中右壁雕了供养人一家中的4人，他们是当地姓孙的一户人家，从外到内，第一身像是这家的主人，他是一个和尚形象，双手执香炉，头上方内侧刻榜题说他原来是州都孔目官，任职期满后出家了，并在绍兴二十三年（1153）九月二十二日完成了这窟龛像，中间是他的大儿子孙衍、二儿子孙衡，最外面的妇人像是黄氏小寿娘，应该是他们当中某位的妻子，他们所有人的生辰也都刻在名字后面。

龛中左壁雕造了3位供养人，最外面那身未完工，仅刻出轮廓，中间是一位着宽袖交领长袍的男子，最里面雕刻的是一位穿合领对襟窄袖褙子、衣摆长至脚背的女子；第二、三身供养人之间雕了一只仙鹤，仙鹤昂首，右爪踩于半球状莲台上，左爪踩在第二身供养像的脚上，尖嘴上托起长方形榜题框，框内刻铭文3行，但是大多不可识读了，不知道他们与右壁的供养人是什么关系，按唐宋以来佛龛中雕供养人的习惯，他们应该是一家人。

主持开凿圆觉洞第7号龛的这家男主人很有意思，这是一位从孔目官位置上退休的官员，任职期满后出家了，然后出资开凿了这个规模宏大的龛，显示家资不菲。那么，"孔目官"是个什么官？他又是如何积聚起如此多的财富的呢？

孔目，原指档案目录，唐代始在州、镇中设"孔目官"，掌呈覆纠正本案文书之事，属于官吏当中的"吏"，按照胡三省的解释，"孔目官，衙前吏职也。

唐世始有此名，言凡使司之事，一孔一目，皆须经由其手也"[1]。由此可见，"孔目官"虽为僚属吏员，然而一州一府之"一孔一目皆须经由其手"，可以说是权力巨大的实权派。特别是在宋代官员权力分置非常严格的情况下，官员流动性较强，并且受到任期考核约束，而作为僚属吏员的孔目官，则多由本地人充任并能够长期任职，这类人可以说是官场的专业队伍，比官员还要熟悉地方实际情况和各类政务，于是就有机会利用专业能力聚敛财富了。

这位孙姓"孔目官"如何致富，不得而知，不过能够耗费巨资建造如此规模的大龛，至少是善于聚集财富。很有意思的是，这位"孔目官"一退休就剃度出家了。

资财雄厚能够开凿大型龛窟的毕竟是少数，还有很多则属于温馨小家庭的故事。

大足北山121号龛，是唐代天宝以来巴蜀地区特别流行的观音与地藏题材造像，观音因救苦救难深受欢迎而被民间老百姓广泛供养，地藏菩萨因发誓救度堕入地狱之人——"地狱不空，誓不成佛"而广为流行。巴蜀两地将观音与地藏放到一起，生死的事情似乎都能够一起得到解决了，所以深受民间喜欢，因而特别流行。到了五代两宋时期，这种题材往往还与地狱十王等组合雕刻在一起，有些雕出了地狱场景，而北山则更多是以简单、但老百姓乐于看到的场景表现。北山121龛的宋代造像中，地藏与观音并坐于正壁，左右壁分别雕出了替观音持瓶的胁侍菩萨、替地藏持锡杖的弟子，然后再雕刻供养人一家；左壁父子二人立于持杖僧像旁，右壁妻子与女儿立于持瓶菩萨旁，未成年的女儿也穿着直领直摆窄袖衣，紧靠着妈妈站立。特别的地方在于，左右壁上方空中祥云里各有一座亭子，亭子中各有一人躬身向下方的亲人作别，似乎正在升空而去，去往西方极乐世界，夫妇俩带着一双儿女向逝去的亲人永别，整个场景

1　《资治通鉴》唐玄宗天宝十载："（安禄山）有轻中国之心。孔目官严庄、掌书记高尚因为之解图谶，劝之作乱。"胡三省注。

虽然表现得庄重肃穆，但却似乎又表达出看到亲人能够达成所愿往生西方的喜悦。而云中亭子里的亲人着长袍、束腰带，完全是现世日常生活中的样子，与"死亡"似乎完全没有关系。本来，观音、地藏二菩萨头光之间有一方题记刻着这家人的信息，可惜风化了，已经完全不能识别，但他们一家人沐手正装为逝者祈佛送别时的"肖像"，让我们看到了宋代一个小家庭的瞬间，看到了他们对于死后世界的想象和这种想象带给他们的慰藉。

大佛湾第17号龛，雕刻的是《大方便佛报恩经》中的一个故事，可以让我们更好理解这幅"生死拜别"中人物的心情表达。雕刻中有一幅夫妇抚着儿子骨骸痛哭的画面，旁边经文描述了这个场景，说佛曾经是萨埵太子，为了修行，舍身喂虎，父母听到后跑去看，儿子只剩下了一堆骨头，肉已被虎吃尽，"扶其头足，哀号闷绝"。萨埵太子因为舍身济虎的原因，转世生于兜率天中，他在天上看见前世父母那么伤心，就从天上下来告诉其父母自己的去处，父母方醒悟。大足北山有很多类似121龛这种题材的造像，表现已逝的亲人因为功德主雕刻、供养佛像的功德而得以往生极乐（被祥云托起的亭子表现的就是逝者往生极乐的景象），所以无须伤心。

当然，有的家庭也许也曾一地鸡毛。安岳县千佛寨第30～43号龛，大多是宋代开凿的小龛，这些龛规模很小，离城镇也比较远，但造像题记却比较多，让我们可以比较深入地了解安岳农村当时普通百姓的愿望与信仰，当然还有他们家里的零星信息。例如其中第31龛开凿于南宋庆元二年（1196），龛内佛像倚坐，两侧各雕一身供养人像侧身向佛而立，左侧为男子像，着圆领直袖长袍，腰束带，叉手置胸前；右侧为女子像，披大衣，内着抹胸长裙，抹胸上束带打结，双手持条带状物；外龛左壁，刻莲座托起的造像题记。

从题记记载可知奉佛弟子王天麒和妻子邹喜娘在庆元二年七月中元节，也就是鬼节，为了先祖和他们的亡女"岑□"镌造的这龛无量寿佛像完工了，完工时还顺便祈愿活着的母亲及他们夫妇两人安康，膝下的儿女能得圣贤加护。这里，只刻下了他们夫妻俩的形象，没有刻出他们铭文中提到的母亲及儿女，不像前面圆觉洞的杨家，连死去的伯父、伯母都刻出来了。

31号龛旁边的第33龛，也雕刻于庆元二年，龛中一尊菩萨像倚坐于束腰方座上，束发的缯带垂至肩后飘向两侧，着双领下垂式袈裟，戴联珠纹项圈，两肩后各雕一朵云彩。左右壁下部各开一个拱形小龛，龛内各雕一身供养人面向菩萨而立，左侧为男性，似戴帽，着长袍；右侧者为女性，绾高发髻，着长裙。从常见的造像布局看，小龛中的男女应是供养人夫妻，从龛正壁的造像题记得知，此龛与31号龛是同一家人所造，但男主人相同，女主人却不同。

铭文说"奉佛弟子王天麟同室三娘，谨发心镌造解冤结菩萨一尊，永远供养"，目的是祈愿过去先代宗祖、父母等早登佛地，现存的夫妇长寿延年，膝下子女有圣贤加护等，时间是庆元二年七月一日，与31号龛完工时间只差了14天，可以视作是同时、同一家人出资开凿，但是两个龛的女主人名字不一样，并且专门造了一尊解冤结菩萨，是不是这个王天麟的家庭关系有些复杂呢？"同室"，这里应该是指王天麟的妾，造"解冤结菩萨"像，显然是与人有矛盾，且同一家人造像中，没有叫"三娘"的妾，但男主人又单独与此"三娘"一起造了这龛解冤结菩萨像，同样是为父母子女祈福，宋代安岳人王天麟的家庭关系可能是巴蜀地区很多家庭的一个缩影吧。

安岳圆觉洞第39号龛，正壁造一佛二弟子二菩萨五尊像，五尊像两侧及两侧壁各分两层雕十六罗汉像，每尊像前还有罗汉的排位及名称，这一龛是由许多人共同出资建造的。佛坛正面有一则装彩题记，记录了北宋绍圣四年（1097）八月，女信徒宇文小二娘得了眼病，因此来给这龛像装彩，祈乞所患早愈。

安岳圆觉洞第40号龛也是同样的十六罗汉造像龛，每尊罗汉像旁有榜题，比如有："第五尊者弟子郭行章造""第六尊者弟子张海全造""第七尊者弟子杨孟汤造""第十三尊者弟子张岌造"等，证明是多人共同出钱完成了这龛造像，这是安岳绝大多数龛像的筹款方式。北宋绍圣四年，一名生病的男子把第40号龛的造像记磨掉，刻上了记述自己装彩一事的文字，好在这尊罗汉像旁原来的题记

天下蜀刻
石上大宋

还有部分保存，让我们知道了部分罗汉及部分出钱者的名字。这种现象，可以说是在祈佛的同时又掩饰不住地耍了个小心机，冒他人之功，不知道是虔诚呢还是投机！

安岳毗卢洞，有一座洞窟叫万佛堂，洞窟利用自然石包开凿成一个四壁合围，北面凿通道的无顶大洞窟，洞内三壁设高坛。正壁（南壁）坛上供主尊佛像，两侧壁坛上供罗汉像，环壁坛面及入口通道壁面上刻满小千佛。每尊小千佛都坐于一个月轮形小龛中，像旁刻有功德主姓名，大多为女性，名字多以"妙善""信女"等打头，很多没有名，仅是"×氏""××娘"等，因小佛像众多，被称为"万佛堂"，也是众多信众集资开凿的。

从大型造像到集资开窟，反映的是佛教信仰的深入程度，家资雄厚者到家资菲薄者抱着对现实的满意或者不满，以及对未来的希望与恐惧，竭力表达自己的虔诚，当中有得意、有窘迫，有失落、有希冀，有虔诚、有心机……认真品读，简直就是一篇篇世情小说。直到今天，我们还能够真切感受其间饱含的酸甜苦辣，领略其间的世情百态。

衣饰器用

从衣着方面讲，唐代的鲜衣怒马，对于色彩的极致追求与对衣服样式多样性的热爱，到了宋代完全变了。从衣饰方面也能够直观感受到服装样式趋于保守，色彩样式不再如唐代那般夺人眼目，也不再像唐代那般通过衣饰直接表现对人体的赞赏，追求的是一种典雅优美的情趣。从色彩缤纷的唐三彩到清淡高雅的宋瓷，从辉煌瑰丽的唐代壁画绘制到情趣娴雅的宋代山山水水……全都体现着这种转变。这种特点也反映在宋代石刻造像的形象中。

宋代，佛龛中菩萨、飞天、护法将军等衣饰代表了上层贵族的服饰，以飞天为代表的天人像长裙飘逸、衣带飞舞，是人们结合现实中舞者的形象创作出来的。菩萨满身的珠宝璎珞、层层镂雕的宝冠，来源于统治阶层的"礼服"。诃利帝母——佛教中原先吃小孩的女人，后为小孩的保护者，则是一身"凤冠霞帔"的行头。各种供养人像，一般来说就应该是普通人庄重时刻的穿着打扮，最有生活气息的是《报父母恩重经》《地狱变》等场景中表现的人物以及出现的器具，完全是当时真实生活的写照。

巴蜀宋代佛教造像中，最华丽的部分当数随处可见镂空雕刻的大日如来佛和大菩萨们的宝冠。佛与菩萨的宝冠，基本样式来源于当时皇族或最高级贵族才能拥有的冠式，异常华丽复杂。以大足宝顶山大佛湾第5号龛的华严三圣像左侧菩萨的冠饰为例，宝冠罩在高高的发髻周围，宝冠底部饰以珍珠串和珍珠编成的穗饰，珠串上方由镂空雕刻的三层缠枝花重叠组成，底部宽，顶部小；底部以正中一尊佛像为界，两侧花枝各绕了三圈，花枝上饰四尊佛像；第二层两侧各绕两圈，花枝上饰两尊佛像；第三层各绕一圈，顶部还有一片卷曲的花叶，宝冠后部有冠带固定，耳侧可以看到垂下的冠带。

佛典中有七佛冠、五佛冠等记载，宝冠上共有两层七尊佛像的，称为七佛冠。这类冠饰最具代表性、最复杂的是宝顶山大佛湾第8号龛千手观音的宝冠，冠上有五层48尊佛像，现实中这种样式的冠应该不会用那么多佛像来装饰。这些造像头上所戴的宝冠，样式来源于人间帝王后妃们的宝冠，只不过帝后们的宝冠多饰以珠宝，不会以那么多的佛像来装饰，而这种复杂的宝冠即便是帝后恐怕亦只会在出席最重要的场合时才佩戴。

释迦牟尼佛本是王子，所以他着菩萨装时常是珠光宝气的贵族模样，但是唐代及以前的菩萨像一般都少有上衣，仅以一条长长的帛带装饰上半身，哪怕珠宝璎珞严身，也没有上衣。到了宋代，巴蜀两地的菩萨像的衣饰变了，穿上了厚厚的雍容华贵的衣服，配以雍容华贵的饰品。大足北山转轮藏、安岳茗山寺、安岳圆觉洞、安岳华严洞中的宋代菩萨造像，大多披着厚而华丽的袈裟，袈裟就像一件华贵的外衣，除了头戴饰以珍宝的宝冠而外，袈裟内常常露出胸前网状的珠宝璎珞，甚至袈裟下摆处也不忘露出身上佩戴的层层珠串宝石。虽然，大多数菩萨的面相与衣饰都是以当时贵妇为模板，但是像安岳圆觉洞7号龛和14号龛中的大菩萨像那样，高高的宝冠、昂贵华丽的衣饰、双腿上刻意露出的层层珠串，显然不是一般贵族所能拥有，有想象创造的成分。

宝顶山大佛湾"六道轮回盘"中的人物，涵盖了芸芸众生的一切形象，如"轮回盘"中第三圈中有一个牵马的马夫，头发在顶上挽成一个球形，没有任何装饰，窄袖衣，衣长过膝盖，这是劳动者的形象。马夫虽然身份地位低下，但并不是普通家庭都可以有马夫的，通常马夫也不是下田劳作者，应该代表了当时大户人家仆佣的衣着。第三圈中另有一对拉扯在一起的男女，女子的球状发髻上没有任何装饰，上衣下露出的短裳（下裙）长不及膝，背上用背篓背着婴儿；男子头上亦只是简单挽着发髻，着圆领窄袖袍，袍长及小腿，露出裳（下裙），这大概是最普通、最常见的乡村夫妇的日常装束吧。

"轮回盘"第四圈中，有一位被裹着去投胎的男子像，头戴直角幞头（老百姓称的乌纱帽），着广袖长袍，袍长盖住了双脚，他应该是老百姓口中常说的"官人"形象；同样是第四圈被裹着去投胎的一身女像，头上挽着高髻，髻上有装饰，着广袖衣，下裳覆住脚背，一看就是家境殷实、不用在田间劳作的女主人。

"轮回盘"第二圈，左下方饿鬼正抓着人在吃，正被吃的人和等着被吃的人被扒光了衣服，穿着三角裤，与今天的内裤几乎没有差别。"轮回盘"还雕刻了居家洗脚的、调情的、抱小孩的、服侍老人的等等各种状态、各色人等形象，仿佛那个时代的众生相、人间万象图，认真看过去，宋时的人间风情就浓缩在了里面，令人目不暇接。

宝顶山大佛湾第17号龛，《大方便佛报恩经变》巨幅摩崖雕刻中，佛前世用挑子挑着父母的形象，就是巴蜀地区当时农家挑夫的样子，肩上的扁担、父母所坐的竹筐，也是巴蜀两地一直到今天还在使用的工具，就连挑夫行走的动作与姿态也都与当代挑夫一模一样。他们一家三口，老年夫妇与壮年的儿子穿戴一样，头上包着头巾，身上穿着交领衣，腹前用布带系着，这是普通人家的穿着，非常简单，直到20世纪中叶，川渝乡村百姓大都如此穿着。

宝顶山大佛湾第15号龛中"投佛祈求嗣息"的夫妇，男子戴的是宋代成年男子喜欢戴的冠，着圆领广袖长袍；女的挽高发髻，以珍珠串编成的发饰束髻，髻间还装饰着宝穗、珠花，身着广袖交领衣，从穿着看家境殷实。后来女子怀孕、生子、喂奶、睡儿子尿湿的床、送长大后的儿子远行等等场景中，她再没有戴过这些头饰。出现在画面中的接生婆、挽着两个小髻的小丫鬟，也都没什么头饰，可见头饰在乡间普通人生活里并不常见，即便你不是直接的劳动者，也不会常常佩戴。画面中，母亲袒胸露乳奶孩子的情景，过去在巴蜀农村很常见，孩子穿的短上衣、开裆裤（当地叫"叉叉裤"），在二十年以前的当地还十分流行。

事情总有例外，比如宝顶山大佛湾第17号龛中的吹笛女，只有半身像，没有任何装饰品，但她显然不是当地一般女子，因为她的长发呈条状层层盘旋向上，高高盘起的头发下面还有一条长长的粗辫子，这在唐宋及以前的艺术品中并不多见，也不是巴蜀地区常见的发式，这么多头发，不知道是不是有假发。

安岳县华严洞中的仿木大供桌上的装饰，可以看作宋代人家具装饰的代表。洞中正壁的桌子，是开窟时预先留出崖石，用圆雕手法雕成，仅底部与山体相连。供桌长5.15米、宽0.85米、高1.45米，看上去与真实木制家具一模一样。桌子周边雕饰有卷云、牡丹、桃、石榴、鸟、莲花、莲叶、水禽、水波等，看起来就像一个雕花大木桌。卷云形如如意，是吉祥的表达，而这些花卉、水果与同时代宋墓石刻中的品种一样，表现的是当时现实生活中真实的花卉水果，是人们最喜爱的象征祥瑞的符号。这与宋代流行文人花鸟画，人们喜欢插花的时代大背景密切相关，反映了当时人们的生活情趣和审美趣味，即使华严洞深藏山野，亦受到了时代流行风尚的影响。左右壁，仿木雕花供桌分别长7.20米、高1.35米、宽0.55米，正面有六至七组精美的雕刻，左侧桌前高浮雕瑞兽和各种花卉、果实，高度写实，有鹿、猴、葵花、菊花、莲叶、牡丹、桃、石榴等，除此之外还雕刻了六组情节连续的人物故事画，画面中人物、山石、建筑等仿若绘画，可以看出内容有宋代流行的二十四孝故事。右侧供桌和雕刻与左侧对应。

据沈从文先生的研究，"大足石刻第二十号摩崖上层第三段开笼放鸡和第四段老夫妇与幼儿。放鸡妇女衣着具一般性，惟发式似略有地方性，是宋代中等人家妇女家常穿着打扮，妇女椎髻为常见。……一般社会通常衣着式样，贯串两宋约三个世纪，乡村平民衣着变化却不太多。而且下及元、明……。特别是男子交领衣的应用，上起商、周，下及元、明，延长应用时间极长久（唯唐代例外，圆领衫子有独占情形）。宋、元除少数上中层官吏衣着还常服圆领，有意仿古缝掖大袖直裰及有意趋时表示退隐的'道服'为士大夫经常采用外，一般城乡便服交领，已不分南北，为大多数人所袭用"[1]。衣着固然有时代地域的一些不同，但总的样式具有普遍性，也具有比较稳定的延续性。从生活用具方面看，一方面是地方特色浓厚，比如竹编工具的大量使用，一直是巴蜀地方的传统；另一方面来说，千年以来，大多数农具、运输工具基本没有变化，也可以看出技术的停滞。

1　沈从文：《中国古代服饰研究》，第428页，上海书店出版社，2002年。

乡村偶像

从学理上说，关于儒佛道总是有深奥的道理可以说它们的相同与不同，可以是界限分明，可以是融合无间。从国家政治实践的层面讲，则以确立政治权威绝对性为前提。神道设教，"以佛修心，以道养生，以儒治世"（宋孝宗《原道辨》）。国家的权威至高无上，国家之所以涵容三教，主旨就是这个，儒以"三纲五常"治世，道以"天人合一"养生，佛以"息心静虑"治心。所谓"世出世恩有其四种，一父母恩，二众生恩，三国王恩，四三宝恩，如是四恩，一切众生平等荷负"（《大乘本生心地观经》），恰恰是对应"三纲"的教条。对于普通信众来说，三教之间的界限不是问题，问题的核心是如何安顿现实的人生。

在国家的无上权威之下，儒释道都在认同国家政治秩序的基础上融合发展，不过在世人的眼里它们还是有区别的，至今大多数地方佛教寺院与道教宫观之间的分别也是清清楚楚的。读书人尊敬祭拜孔子的场所与佛道供奉尊神的场所也是分开的，至少佛教和道教信众就是不同的群体。但是，在宋代巴蜀地区的民间社会生活中，这种区分和界限似乎并不是确定的，信仰的表达还有另外的形式。

大足石篆山现存有编号的造像龛有14个，这里的造像是佛教、道教还是儒教的偶像呢？似乎都是，又都不全是。现存的14个造像龛，元丰五年（1082）开始建造，完成于绍圣三年（1096），耗时10余年。出资开凿造像龛的大足当地人严逊，他"以钱50万购所居之乡胜地石篆山"，按照他的规划进行开凿。据他完工后刻的碑文说，这14个龛的内容分别为——毗卢释迦弥勒佛龛、炽盛光佛十一活曜龛、观音菩萨龛、长寿王龛、文殊普贤菩萨龛、地藏王菩萨龛、太上老君龛、文宣王龛、志公和尚龛、药王孙贞人龛、圣母龛、土地神龛、山王龛、常住佛会塔，"元祐五年，诸像既就"。这些内容与现存造像龛正好可以一一对应。按照龛窟造像的题材判断，严逊到底算是佛教信徒还是道教信士呢？严逊自己撰写的碑记算是独白吧，很有意思——

　　释迦如来灭度于今二千三十九年，其教流于中国几千年矣。中间为建后立宗多古复引，所斥似是而非，因以废兴而终不至于泯灭者，其教能使人愚者避恶，趁善息贪；能使贤者悟性达理，不昧因果，是于先王致治之礼法，盖有所补而不可一日亡也。予读佛书，年体修行，持斋有日矣。生佛末法，不亲佛会，不与劝请，去佛时远，思作佛事而莫之能也。于是称力复斯，以钱五十万购所居之乡胜地曰石篆山，镌崖刻像，凡十有四，曰毗卢释迦弥勒佛龛，曰炽盛光佛十一活曜龛，曰观音菩萨龛，曰长寿王龛，曰文殊普贤菩萨龛，曰地藏王菩萨龛，曰太上老君龛，曰文宣王龛，曰志公和尚龛，曰药王孙贞人龛，曰圣母龛，曰土地神龛，曰山王（龛），曰常住佛会塔记。凡龛堂塔前后左右并植松柏及花果杂木等。元祐五年，诸像既就，所植亦皆长茂，春时节日，往往为乡人瞻礼游从之所。予渐老，不及见予身之后子孙智否，有能成予之智而常切护念者，因书予志，以告于人。

　　一者，凡龛堂塔像所作示（不）以财货为吝，精择奇工，不计时日，及金彩妆绘襥每亲拂拭，人或不思，妄加毁破，及痴小嬉戏，不为告谕。二者，龛堂塔前后各十丈地，不架屋宇而专植松柏及花果者，盖以谓屋宇之庇，久不葺则颓弊，而松柏之茂，愈久而阴覆愈密，人或不思，妄加折伐。三者，游礼之人皆善知识，其有不善之人，肆很（狠）恃强，侵侮凌辱，或肆酒博塞，以致争竞。

　　如是三者，实非予所造像志。苟不知所戒，则恐种福之地，亦长祸根，且地狱天堂，不过一念之间，而报应分明，犹形影声响，人所宜觉知者也。若今所造龛堂塔像，同为爱护。龛堂塔之前后左右各十丈地，松柏乔木，得无折伐。游礼之人各生欢喜心，共起慈悲行，共成佛事，以毕予志，乃幸。

予本遂州润国人，父应役小溪，因舍县之北隅。天圣中予九岁，父以避役居昌元。今赖川宅且病，是时小溪方买房居人宅以广公宇，既卖宅又闻父病，寻来寓于此，因置古村铜鼓石篆庄，各种松柏数十万余。辛酉年辄以三处庄均付三子，且岁贮二千斛以充斋粥汤药之具，凡造像所费皆其余也。子孙勿以付田畴园林为不均，与今龛堂塔前后左右十丈地内松柏花木为未分而折伐之，以自取祸。近岁，镇州得古铁塔，其间造塔人姓名一一皆今时人。又今知灵泉县傅奉议者于长松山沿梦寻佛像，削土石上，得唐大历年造佛像碑记亦官姓名，因略记本末，安知百千年之后不睹于此。

很难见到这种不分教别、众神杂沓而又规模巨大的龛窟，而且还有一篇关于造像缘由的记述，所以全文录下。显然，从出资者的角度看，完全是严逊单独出资，也明确说是"思作佛事"，造的是佛龛。然而他却把自己知道的所有觉得重要的、有用的神佛圣人都刻在了里面。雕刻了如此庞杂、数量众多造像的同时，还对环境进行了美化，"凡龛堂塔前后左右并植松柏及花果杂木等"。

所开凿的造像中，读书人崇奉的儒家圣人孔子及其十弟子像占据了重要位置，体量非常大，同时佛教的释迦、道教的太上老君等佛道主要尊神一个都不少。另外还特意雕造了民间信奉的送子娘娘诃利帝母、药王孙思邈等，以及佛教中行化人间的志公和尚、掌管聪明与智慧的文殊菩萨，土地、山神也厕身其间，这很可能囊括了当时当地村民所知道的或者经常祈求的全部神佛贤圣。难怪今天川渝地区丧葬道场画中孔子、太上老君与地狱十王并列，这应该是从宋代就传袭下来的民俗了。其中，最有意思的是"炽盛光佛十一活曜龛"，生生地把佛教中的"炽盛光佛"与中国传统中的天文概念"十一曜"放在一起，这么看来，仅仅用佛龛或者用道龛来命名石篆山龛窟就完全不适合了，这也是巴蜀宋代及以后民间信仰的实情。

严逊能一次性拿出50万钱买地，同时开凿出14龛规模不小的造像，且请的是

天下蜀刻
石上大宋

当时当地最有名的石刻"大师"——安岳文惟简团队——进行雕刻，显然在北宋时期的农村他算是有钱人了，并且是社会活动能力极强的人，积聚了大笔财富，可以说是远近相识之人眼中的"能人"。这类人的看法一般具有相当的号召力和代表性，他们的信仰代表了当时当地普通人家的信仰状况，其核心理念是"只管有用，无论来源"。这种实用主义的态度，已经不再仅仅是超越性的宗教信仰，而是基于人们面对命运的不可捉摸与现实生活的反复无常，试图寻求神秘力量的支持以应对现世生活的考量。研究石篆山独具特色的龛窟造像，有助于我们理解遍布巴蜀大地的融合三教的造像点。

记述中说，"龛堂塔前后左右并植松柏及花果杂木等"，给我们描绘的是当时当地乡村世界的日常景观，房舍、林盘、花果树木、农田错杂分布，这种乡村景观在巴蜀大地上一直延续到今天。

其实，自唐代开始，巴蜀之地就出现了大量佛、道合龛造像，或者将佛道造像雕在同一地点的情况，造成了巴蜀两地佛道和合共生的局面。虽然作为僧人或道士或儒生，他们知道佛道儒是有别的，但作为供养人的老百姓大多数时候可能也不清楚佛道儒有什么区别。开元年间，安岳县的一位名叫黎令宾的小官，请当地的一位名叫玄应的"上座沙门"领头（寺院里地位最高的和尚叫"上座"），在安岳县城边的圆觉洞为他的父亲造了一龛道教天尊像，请一位佛教高僧去造道教的神像，这似乎不可能，但是在唐代的开元年间却发生了。同样是这个玄应和尚，在另一个离城稍远的地方——千佛寨，又为黎令宾造了一龛佛像，玄应和尚还在卧佛院第46号窟口刻了一段佛经。可见，这个玄应和尚与道教宫观有往来，不然别人不会让他在那里造像，而他的朋友或者信徒黎令宾及其家人既信佛又崇道。正是在这个时候，首都长安的"佛道之争"还在激烈进行中，甚至在开元之后很久，柳宗元还写过一篇长长的、反对佛教的谏文。

总的来说，在巴蜀地区的信仰世界里，特别是在民间信仰中，"灵验"才是最为重要的核心观念。决定民间信仰的，常常不是教理是否精深、学理是否周全，而是"灵不灵"，就是说是否有求必应。因此在民间信仰中，常常有将神灵官僚化的倾向，仿佛帝国人世间的官僚组织体系，分工明确、功能明确、指向明确，只要是人间的需求，总要得到照拂。于是不同功能的仙佛圣贤全都被组织起来，加入这个体系，大足石篆山摩崖造像就是这一观念最直观的图像化、体系化表达。

最有意思的一个现象是，佛教进入禅宗占据主流的时代，禅宗鄙弃像教、经典、塔庙的态度更为决绝，而民间信仰对于造像的要求就更加混杂，这也是佛教造像进入尾声的标志吧，毕竟开凿大规模的造像，不仅是经济问题，更主要的是信仰问题。

殿阁园囿

　　宋代壁画、龛窟造像中，山水楼阁多了起来，它们不再仅仅是壁画主题的可有可无的背景，而是可游可赏的景观，更是净土世界的主要图景。

　　巴蜀两地宋代的建筑实物仅存四川江油窦团山飞天藏，这个飞天藏是道观里藏书的地方，与佛教的"转轮藏"功能相同，并非道观的主要建筑。今天，要找到宋代建筑与其环境一起被完整保留下来的实例，即使在拥有古建筑最多的山西省境内也很难。

　　巴蜀地区宋代石窟和摩崖雕刻则为我们保存了大量的宋代建筑图像，且与环境融为一体。大量的寺院、亭台、楼阁，以及塔、幢、山水、道路、山石、花园等雕刻，为我们构建出了生动的宋人活动空间。这些图像中，"西方净土变"中最高等级的大殿建筑可与人间皇宫建筑比肩，"善财童子五十三参"故事中善知识们居住的房子、园林或许就是宋代大地主、文人士大夫居住环境的真实写照，而墓塔则是一些人的最终归宿。

　　从这些石窟和摩崖雕刻的建筑物中，我们可以一窥宋代人们真实的居住情况和居住环境，以及他们眼中最为华丽、最舒适宜居的建筑与园囿布置。

天宫楼阁

巴蜀佛教造像出现建筑，最早发现于南朝时期的造像上。在成都出土的南朝造像碑上刻有寺院建筑，寺前有莲花宝池，寺内正殿坐佛，两侧为听法弟子像。另，在弥勒菩萨等造像中有"屋形"佛帐，佛帐就是供佛像的龛，南朝时已做成了中式房屋的样子了，与印度圆拱顶草庐样式的佛龛不一样。屋形佛帐龛，在唐代巴中南龛的造像中最多，也最突出。

唐代天宝年间开始，巴蜀两地的"西方净土变"造像中出现了大量佛殿及塔、幢、飞廊等雕刻。到了唐代中后期，往往将寺院格局完全呈现——寺前是莲花宝池，正殿位于正中，后面高高的楼阁式建筑与两厢之间有飞廊相连，正殿前与两厢建筑之间有双幢，正殿两侧与两厢建筑之间有双塔，有的门两侧还有高高的阁楼。

大足北山第245窟是晚唐"西方净土变造像"的代表，以平面的方式，雕刻出了寺内纵深结构，寺院前是莲花宝池，经过宝池上"凸"字形高台进入寺院，正中是阿弥陀佛与观世音、大势至二菩萨三尊大像，他们及身后的建筑象征寺院的佛殿；二菩萨像身后各有一座楼阁式高塔，高塔后各有一座殿，阿弥陀佛身后是五开间的大殿，与二菩萨身后大殿呈"一"字形排开；三座大殿后又有三座佛殿型建筑呈"一"字形排开，形成寺内中轴线上第三排建筑，且中间大殿与左右大殿之间有廊道相连。从中间大殿与两侧殿之间连廊略带转折的雕刻方式看，两侧的殿表现的应该是寺院第三排建筑位于转折处两边。窟内左右壁还有楼阁式建筑，这与敦煌壁画中表现的寺院布局基本一致。

到了宋代，"西方净土变"中不再将寺院布局完整雕出，而是放大局部，突出不同等级往生场景，并配以文字，这使我们能清楚看到宋代建筑的更多细节，建筑形态也更加丰富多变，修砌与装饰细节都得到清晰呈现。大足宝顶山大佛湾第18号巨型摩崖雕刻是迄今所见最大的一幅"西方净土变造像"，它没有像唐代那样雕出寺院内所有建筑，但是它雕出了三等九种往生西方的场景，从莲花宝池通往佛殿的途中，是大的高台、栏杆，不同建筑前、不同楼层上栏杆的装饰都与真实建筑无异。左侧五开间的"大宝楼阁"被祥云挡住了右侧，殿右侧的半身菩萨大像、房前露出的佛殿顶、房侧的树木，让我们对宋代寺院的布局、寺内绿化装饰亦能有所了解。此殿底层中间是双扇开的大门，每扇门上下对等分，上半装饰钱纹，下半是实心木板，中间以刻出壶门的横木条分隔，中间吊着两个方便关闭的门环；上层隐约可见，为三开间。右侧的"珠楼"，底层则是三开间建筑，房周有栅栏，中间双扇大门上半装饰钱纹，中间隔木和下半截均以如意云纹装饰，楼上是单开间，却雕刻出了右侧的结构。主尊后方左右侧是两座三开间的小佛殿，柱头、斗拱外，左右次间上部的白墙红柱，下部的仿木夹壁墙非常逼真。三尊大像前，高台与通道上的护栏、护栏板、栏柱、柱头均似仿真雕刻。与北山245窟相比，这里的天宫楼阁更真实反映了宋代寺庙布局的变化——其中最突出的变化就是建筑多样化，除莲花池外，寺院内比唐代有了更多树木种植，中轴线之外，应该有更多的园林等其他空间。

安岳县华严洞、卧佛院都有善财童子五十三参的故事，故事中善财童子从童子时期开始在文殊菩萨的指导下拜访各类有善知识的人，直到老年。善知识们的居所向我们一一展示了寺院、亭台、楼阁等不同的建筑和所处环境，除了云气缭绕外，常常还有长长的山路或石梯通向目的地，云岩、树木是最多的点缀，芭蕉、假山似乎比较受欢迎。即便表现坐在佛殿中的佛像，也多有附属亭阁、院落等建筑陪衬，且表现出侧面及外部空间，善财所走之路，仿佛我们循着大足、安岳的乡间小路寻访一处处石窟和摩崖造像一样。四川邛崃龙兴寺遗址，在宋代部分的中轴线外考古发掘出了罗汉殿、藏经楼等建筑，还发掘出了有多个天井相连、各自独立的几处院落式建筑。这些建筑有的明显是普通僧人的生活场所，有水井、灶，还出土了大量碗、盘等生活用器。有的地方碗、盘出土量极大，可能有做大法事或大量饭僧的情况；有的则精巧雅致，生活器具少而精。其中一处院落还出土有高级瓷器，有独立的水井、水池，独立的排水设施，多重天井结构，井灶小，但有三四个，极有可能是高等级僧人生活并接待高等级信徒的地方，也反映出宋代寺院中有讲究的饮茶场所，这是唐代寺院中所不见的。巴蜀两地的考古发掘还证实，从五代开始至宋代，文人雅士、大地主家里往往有很大的园林，有院门、围墙，园中有水池、假山等。比如五代后蜀有名的大将孙汉韶墓中即出土了整套园林模型；成都市通锦桥万佛寺遗址中也有园林、水池等设施。这表明，由唐至宋，私家与公家园林已蔚然成风，宋代摩崖造像中大量山石、树木雕刻，应该来源于现实。寺院往往是最大的地主，园林已然成了寺院的重要组成部分，也是重要的公共游览场所。

塔亭经幢

今天，地面上保存的塔较多，很多是寺毁塔存，一般人不会多去想它的作用。而摩崖石刻中的塔，却呈现出了不同的类别。

安岳圆觉洞第4号龛崖壁上，是一座宋时雕刻的四面十三层楼阁式方塔，完全按照用砖石修砌的佛塔形状进行雕造，但它与常见的砖塔完全不一样，它位于石壁上开出的一个平底圆弧形龛中，从塔基、塔身至顶部的相轮，全部是在崖壁上雕刻出来的。塔顶有三重相轮，塔的背面与崖壁相连，相轮杆与龛顶相接，塔通高达810厘米，是四川崖壁上雕刻的最高的佛塔。塔基，为上窄下宽的梯形；塔身，从下至上的第一层，正面及左右侧面各开一个方形小龛，正面小龛中浮雕坐佛像一尊，第二层至第十三层，每层三面各开一个圆拱形小龛。这些都与我们今天在巴蜀各地看到的真实的砖塔无异。

塔，最早就是埋藏骨灰的墓，印度早期石窟中以塔代表佛。在我国新疆克孜尔石窟壁画中有很多以"八王争舍利"故事为主题的壁画，其中重要的画面就是八座覆钵式塔——八个国家的国王把佛火化后得到的舍利分成八份，各领一份葬于塔中，那是中国境内现存最早的墓塔图样，也就是舍利塔。到了河西走廊及中原地区，覆钵式塔变成了中国的楼阁式塔，就是我们今天所见的大多数塔的样式。楼阁式塔，顾名思义，就是像楼阁一样，有的塔檐很密，被称为"密檐式塔"。塔到了中国，不仅样式变了，作用也多样化了，很多塔的作用是藏经，也有的塔是为了供佛，但作为墓葬的塔仍然占大多数。宋代，中国有特别多的舍利塔，常常被冠以"释迦真身舍利宝塔"之名，大足宝顶山大佛湾上方即有一座宋代建的"释迦真身舍利宝塔"，邛崃市高何镇也有一座这样的塔。宋代，将残损的佛像等物也都视为佛舍利，建塔进行掩藏，所以到处都建有佛舍利宝塔，同时一些高僧、信徒火化后的骨灰也会产生舍利，因此建塔掩藏，所以墓塔得以在民间大量流行。

安岳卧佛院第37号龛是一个依岩壁凿成的单口方形平顶龛，上部深，下部浅，龛壁满布凿痕，龛高135厘米、宽82厘米、深3～47厘米。龛内有一座塔，束腰方形基座，束腰处刻壸门一个，壸门内无装饰，基座下方有一个圆形孔洞。塔身方形，三层圆形相轮，翘角小顶，塔顶有宝珠。塔身高43厘米、宽27厘米。塔身正面刻有淳熙十年（1183）铭文，文中有"伯母胡氏幻身既谢，前程之苦乐难……送□无逢塔中……"句，说明这是一座墓塔。一位姓胡的女人死后被侄儿送到了这座刻于崖壁上的塔中——这则题记让我们搞清楚了几乎每处摩崖造像旁开凿的这类小塔的作用，除了僧人外，它们也是很多在家信徒的归所，同时也证明了宋代巴蜀地区偏远山村也已接受了随着佛教传入的火葬方式。在大足北山南北两个摩崖造像区域之间，还有两座晚期墓塔，它们是清代北山寺院中僧人的墓塔。

安岳孔雀洞后山顶上有一座"经目石塔"，石塔形状殊为特别，由塔基、塔身和塔顶三部分组成。八角形塔基，三层塔身，每层由八根立柱组成，塔高15米。每根立柱六个面，每面上均浮雕小佛像和佛经名称，共有144部佛经目录，字迹古朴，书法流畅。三层立柱上部浮雕结跏趺坐小佛像，共计24尊。此塔虽残，在摩崖雕刻中却能发现大量同类型的塔，这些塔原来应该是有中心柱的亭阁式塔。另一座位于大足宝顶山小佛湾的经目塔，则完全是楼阁式，除了刻满佛经之外，还刻了佛像。楼阁与亭子除了外形上的区别外，楼阁的使用空间更大，保存至今的宋代塔已远不止作墓葬或藏舍利之用，藏经、刻经、供像，甚至还出现了为了改变风水修建的风水塔。

宋代大足宝顶山大佛湾雕造的塔最为精美。第5号龛，华严三圣中左右二菩萨手持之塔完全写实，可视为宋代两种塔的真实模型。左侧菩萨手捧的塔为亭子式，塔身如一座亭子，塔顶莲花座上方葫芦宝瓶实为印度塔覆钵的遗形，塔身八角形，塔心柱各面开佛龛，塔心柱外有一周廊道可以绕行，廊柱柱头与柱础均仿真雕出。右侧菩萨所举之塔为七层楼阁式塔，塔身方形，每面开龛，塔顶葫芦形宝瓶，此塔与安岳圆觉洞第4号龛中宝塔一样，为宋代非常流行的密檐式楼阁高塔。

华严三圣像右侧雕刻了一座五层楼阁式塔，方形塔身，每层四角的塔柱都不相同，每根柱子都有仰莲柱础、覆莲柱头，柱身有束腰方柱、宝瓶柱、圆柱等几种，工艺考究，装饰精美，是宋代建筑实际存在的样式。最可贵的是，这座塔每层的瓦笼、瓦当、滴水都是一丝不苟、精雕细琢而成的，并且每层略有不同。第一层为佛像纹瓦当，配以莲花纹等花卉纹滴水，第二层为佛像纹瓦当配以如意云头纹滴水，第三层为佛像纹瓦当配以各种花卉纹滴水，第四层为佛像纹瓦当配如意云头纹滴水。考古发掘中，确实发现了佛像纹瓦当，但是极为少见，这座塔的瓦当、滴水反映出唐、宋之间塔的形制发生了巨大变化，同时也极其精致华丽。

瓦当，最初仅仅是高等级建筑才能使用，虽然寺院比拟人间宫殿，也并不是有寺院就一定有用瓦当的建筑，考古发掘的一些小寺庙并未使用瓦当。佛教是一种自上而下传播的宗教，其从上至下传播的过程，也就是瓦当这种原本在高等级建筑上使用的建筑构件随之广布到佛教所至的区域的过程。成都，作为巴蜀两地古代的中心城市，从目前瓦当的发现情况看，南朝时期益州地区的佛教活动亦十分兴盛，分布在今成都市区内西北部的寺院尤多，历年来万佛寺、商业街、西安路等地点出土了相当数量的南朝佛造像，在其中一些造像的题记中还记录着寺院的名称，瓦当也主要出现在这些区域。到了唐代，佛教流布几乎遍及巴蜀乡村，使用瓦当的建筑也随之流传开来，如三峡明月坝遗址、邛崃龙兴寺遗址，都出土了瓦当。邛崃龙兴寺还被发现使用了琉璃瓦，且有"官"字文瓦，并且能在史书中找到关于这座寺院的记载，这一切都表明了它从唐至宋都是官寺，其等级有别于安岳卧佛院、毗卢寺等小寺院。蜀地许多州县城市内的民居建筑至宋代仍然是以茅茨草屋为主，因此成都市域以外出土的瓦当更多用于寺院建筑，尤其是琉璃瓦及瓦当，其他建筑不大可能使用。正是佛教向城市以外发展，佛教寺院建筑向民间深入，使得瓦当这种高等级建筑上使用的构件拓展到了乡村。可以说，瓦当在乡镇的出现是佛教深入民间的重要标志之一。

大足这座塔上有如此精美的瓦当与滴水，说明此塔的等级最高。但各地发现的瓦当，唐代及以前多以莲花纹、云气纹为主，即使在石窟中，莲花、云气纹所占比例也很大，唐代增加了不少宝珠纹，但佛像纹并不多见。大足宝顶山大佛湾的这座仿真宝塔大量使用佛像纹瓦当，在宋代以前也并不多见。

在大足石刻中北山136窟和宝顶大佛湾第14号窟中的转轮藏，是宋代流行的藏书阁，真实形状就是一座可以转动的塔。北山136窟转轮藏转动的轴心——塔心柱——也被清晰地雕刻了出来。宝顶山大佛湾的14号窟中的转轮藏靠着窟壁雕刻，八面只雕出了七面，仍为塔形，分为三层：底座边几尊大力士用力转动轮藏，力士上方为底层平底，平底上雕刻各种佛传故事，还可见到两座三开间的城门楼，其中一座门楼上题额"建头城"；第二层为塔身，塔身位于平座上，雕出三面，由两根盘龙柱分隔，正面毗卢遮那佛结跏趺坐，上面檐下雕出仰阳板、雀替，使立面看上去形如欢门，欢门底部平座上雕饰钱纹与手持花绳的童子，上方雀替上雕饰祥云、童子，雀替上方仰阳板上雕饰莲花、莲叶及五尊佛像；左右两侧欢门中各雕三列、每列六个方格，每个方格中雕一尊佛像，上下装饰与正面同，唯仰阳板上为四尊小佛像；第三层即塔顶，为藏书的空间，仿真雕出七座两层天宫楼阁，每层每面各为三开间，中间雕一尊佛像。此天宫楼阁式藏书楼与山西大同下华严寺中保存至今的辽、金时期薄伽教藏殿中的藏书柜相同，它们属于同一时期、同一性质的流行的藏书柜，一为实物，一为仿真雕刻的模型；一为壁藏、一为轮藏。今天津蓟州区独乐寺中有一座辽代建筑，其中最有名的就有一座转轮藏。今存于西南民族大学民族博物馆中的刘文辉捐赠文物中，有一堂民国时期藏经柜，其样式即是这种天宫楼阁形，但属于壁藏，而非轮藏。可见宋代的藏经柜，也就是书柜也影响了周围民族地区，并流传至今。宝顶山大佛湾这座转轮藏高540厘米，体量大小堪比真实转轮藏，比保存下来的同时代大同下华严寺的藏书柜及刘文辉为母打造的金丝楠木藏经柜都要华丽、繁杂许多，显示出当时安岳、大足地区民间石刻匠人精湛的技艺，真可谓"高手在民间"。

"亭台"经常被古人记录，直到今天在公园等公共活动空间人们还喜欢修建亭子，宋人也不例外。宋人设计和建造了各种样式的亭子，在安岳、大足这类题材的石刻非常多。大足北山121号窟中左右壁上方空中祥云里就各雕刻有一座亭子，亭子中各有一人躬身向下方的亲人作别。这两座亭子檐角轻轻翘起，亭柱修长，下有可供人倚坐的横栏，这是宋代以来我国南方地区路边或一些公共区域最常见的亭子样式，至今仍然流行。我国建造亭子的历史十分悠久，早在春秋战国时期就已开始，秦汉时在乡村十里设一亭，置亭长，掌治安，捕盗贼，理民事，兼管停留旅客。"大率十里一亭，亭有长，十亭一乡"（《汉书·百官公卿表》），所以有"十里长亭送别"之说。南朝时期亭子开始出现在庭院中，唐代开始亭子成为园林中不可缺少的建筑。大足北山121号窟造像表现的虽是人死后升天的情景，但完全取材于现实场景，除围绕亭子外的祥云外，完全就是普通人拜别的情形。大足、安岳两处宋代石刻中有无数个表现类似真实场景的雕刻。

经幢，外形与塔相似，只是幢身只有一层，且幢身上刻佛经；塔，最初用于掩藏舍利，后来也用来供像、藏经。我国最早的经幢，应该是北凉石塔，北凉石塔塔身上主要是刻经文，但其经文内容与后来兴起的石幢有所不同。盛唐时期，经幢开始流行，并且主要立于通衢大道等处，上刻佛经。佛教大开方便法门之后，开始流行一种观念，认为经幢上的尘埃掉落到人的身上，此人所获功德就如同念了幢上所刻佛经经文一样，而造幢的人因他人念经而功德更大，因此经幢得以广为流行，并多立于通衢大道旁。

晚唐五代，寺院中往往都建有一对塔、一对幢。幢上所刻经文，主要是《佛顶尊胜陀罗尼经》，所以又被称为"陀罗尼经幢"，佛龛中亦往往有此类雕刻，至今仍流行。

园囿景观

　　造园，原本是皇家的传统，汉代王公贵族开始兴建私家园林，南北朝时期清谈玄远的时代风气落实为寄情山水、退隐山林的情趣，于是民间园林、寺观园林开始兴起。历隋唐而后，园林建设在宋代被提升到一个新的境界，融宋代绘画的山水意趣、文人士大夫娴雅清逸的情趣于园林景观之中，形成寺观园林、民家园林、官署园林、皇家园林同步发展的局面，其中寺观园林最具特色。而寺观楼宇的建设中，山间寺院的建设十分注重风景地势的选择，城市中则注重其开放性、游乐性，于是寺院的园囿布置也有了新的变化。宋代寺院园囿景观的实物已经少见，然而寺院建设碑记与游乐的篇章记载了寺院的格局与园囿的盛况。北宋李畋在《重修昭觉寺记》一文中对昭觉寺雄厚的财力以及新修寺院的格局等进行了描述。

　　昭觉寺，成都福地，在震之隅。先是眉州司马董常宅，旧名建元，其缔搆招嗣之由，具萧相国遗碑悉之矣。……兹寺有常住沃土三百廛，涤场敛稬，岁入千稆，并归寺廪，与众共之，有舟航大贾，输流水之钱；山泽豪族，舍金穴之利。五铢一缕，悉归寺府，无一私者。由是构朴免刑斫之材，较班输之技，而兴修之议于是集矣。

　　寺之殿宇，旧且百间，今广而增者三百。建正殿，塑金释迦像一躯，为黑白扳足之地；修经藏，挟唱梵之堂四屡，为权实转轮之所。广方丈之室，传达摩心；备水陆之仪，宣梁武教；及罗汉、六祖，翊善、大悲，各立一堂。又分千部经为东西龛，继建纪天列宿堂一所，仍加壮丽。以至安衋侣，供公庑，局次有叙。厨仓、寮库、斋厅、浴室，重门挟屋，启闭以时。上缝瓦以如鳞，下密砖而若砥。左瞻右顾，俱是道场；一起一居，无非佛事。

寺之旧址，复于颓垣，鞠为茂草，仅百年矣，以至悖蹊樊圃，可
畏其邻；认牛忘羊，莫分其主。美公一旦竖版筑以绳之，兴百堵，胗旧
封，葺墙五百余间。周匝园圃，而诸邻相让，无一违者。凡供食之丰
洁，法席之华焕，时一大会。朝饭千众，累茵敷坐，如升虚邑，未有一
物，爰假外求。

按照这个描述，昭觉寺的建筑有正殿、藏经殿、方丈室、水陆殿、罗汉堂、
六祖堂、大悲观音堂。然后翊善堂大约是彰善，而纪天列宿堂则与敬天有关，这
是主要的殿堂建筑，然后是客堂（安毳侣）、餐厅（供公庖）、厨仓、寮库、斋
厅、浴室、园圃等等。

由宋代巴蜀之地的各种寺院碑记可知，这时寺院的基本格局与此前时代的寺
院的格局相比，增加了僧堂、客堂、经藏、浴室、方丈、仓库等等建筑，功能更
加完备。前面提到的邛崃龙兴寺遗址，则采用了城市寺院的典型格局，殿阁院落
的布置，生活设施的配备均与昭觉寺很接近，最有意思的是龙兴寺还有很讲究的
专门的饮茶场所。

“钱如蜜，一滴也甜”（《冷斋夜话》卷八），寺院作为经济实体，寺院里
的僧尼总是千方百计赚钱，在这种氛围之下，“宋代的某些寺庙却变成了商人、
冒险家发财致富的乐园。北宋时期的开封大相国寺，‘乃瓦市也，僧房散处，而
中庭两庑可容万人，凡商旅交易，皆萃其中，四方趋京师以货物求售、转售他物
者，必由于此’。很显然，相国寺乃是当时全国的商品集散中心之一，也是都城
开封最有名的商贸市场，商贩来往非常繁忙”[1]。赵明诚、李清照夫妇喜收金石古
物，常逛大相国寺的市场。开封大相国寺、成都大慈寺等就是这样融入了商贸大
潮当中，并影响了寺院的格局。这类情况恐怕不在少数，在重要的城市、水陆要

1　游彪：《宋代寺院经济史稿》，第188～189页，河北大学出版社，2003年。

冲的寺院，"市场规模也极为可观"[1]。

宋代寺院也是重要的客栈、举子读书处，宋代史籍中记载了许多官僚未及第之前在寺庙寒窗苦读的情况，寺院环境幽静，典籍丰富，适合苦读。据统计，宋代福建地区的名人如黄非熊、许将、林迥、苏钦、李纲、李弥逊、张浚等等，都有寺院读书的经历。及赴科考，寺院又是极好的住所，"列郡校试，寓于浮屠之馆者，十有七八"[2]。大名鼎鼎的范仲淹在寺院读书的经历还衍生出一个"划粥断齑"典故，范仲淹两岁丧父，随母改嫁，发奋于醴泉寺苦读，"惟煮粟米二合粥一器，经宿遂凝，以刀划四块，早晚取二块；断齑十数茎，酢水汁半盂，入少盐，煖而啖之，如此者三年"（《事实类苑》）。寺内住持慧通学问精深，常为范仲淹讲解经史，这也从另一个方面反映出宋代寺院大和尚多学通儒释，也能理解官僚士大夫常常与高僧大德交往，所以很多官员迁官赴任的旅途中也常常以寺院为旅店。甚至寺院还成了科考的场所。《聊斋志异》中多有书生与寺庙的故事，亦源于此。

总之，寺院的楼堂园囿布置，除了满足寺院本身的各种需求外，作为重要的经济实体，因为所处位置、经济实力等关系，也对寺院格局造成了深远影响，巴蜀地区的寺院也不例外。

1 游彪：《宋代寺院经济史稿》，第 190 页，河北大学出版社，2003 年。
2 〔南宋〕魏了翁：《眉州创贡院记》，《鹤山集》卷四八。

石上华章

蜀中文华之盛，可以说是有源有绪，"吾州之俗，有近古者三，其士大夫贵经术而重氏族，其民尊吏而畏法，其农夫合耦以相助。盖有三代、汉、唐之遗风，而他郡之所莫及也。始朝廷以声律取士，而天圣以前，学者犹袭五代文弊，独吾州之士，通经学古，以西汉文词为宗师。方是时，四方指以为迂阔"（苏轼《眉州远景楼记》）。而宋时称为极盛，世家星罗、名流辈出，彪炳如苏东坡者，宋孝宗称之曰，"朕万几余暇，绅绎诗书，他人之文，或得或失，多所取舍；至于轼所著，读之终日，亹亹忘倦，常置左右，以为矜式，信可谓一代文章之宗也欤"，天下敬仰，其余者如过江之鲫。

宗唐启宋，一世风华，浸染巴蜀，蜀地花间词人开辟宋词风流；搜集刊印大藏经，招蜀地高僧进京，恢复佛教义学的弘传，名扬天下的大相国寺简直就是隋唐以来成都大慈寺的京城版本；蜀地朝廷率先设立皇家画院，延续唐代绘画艺术的精髓，而通过组织性的建构，将之推向一个新的阶段；大宋王朝将之移至京城，开启了宋代绘画艺术，而它们的原本，则散落在石刻造像当中，成为后世追溯大宋的浩繁图像文本。

巴蜀石窟和摩崖造像既继承了唐代的模范，又自出机杼、别开生面，衍生出新的情趣。在龛窟的营造过程中又留下了各类题记，题记内容有的是歌颂佛法、祈求往生净土，有的是祈求国家安泰、天下太平，有的是祈求皇帝陛下安康、风调雨顺、五谷丰登，而更多的则是为了阖家平安，为亡父母值佛闻法，为自己的婚姻，为生病的亲人，为战乱中的离散与再聚，为求子嗣……

祈求之外，还留下了大量与游览有关的诗词，从这些石上词章中，我们走进了他们的精神世界，有悠闲的生活与无尽的烦恼，有深深的失落和无限的希望，当然也少不了日常生活的零零碎碎、一地鸡毛。

所有这些，总归说来都是凡世生活的烦恼和心愿，以及尘世生活的情趣和理想……

国泰民安

两宋之间，宋金对峙，而后宋元对峙，巴蜀一地先为后方，后成战争前沿。一时之间，巴蜀之地物阜民丰、兵戈偃息的局面变了，帝国安宁的大后方，变成了宋金对峙、宋元对峙的前线，兵戈扰攘的气息，自然也就出现在龛窟造像之中。其间的家国情怀，刻于石上，不可磨灭，令人怀想。

大足北山第149号龛，是"奉直大夫知军州事"任宗易与妻子出资开凿的。"奉直大夫"，是宋代的一种文职散官，即享受待遇而无权的官职，"知军州事"简单说来就是任宗易是州里部队里管事的，但没有实权。他在南宋建炎二年（1128）四月，与妻子杜氏在北山开凿了一个高、宽、深各达3米多的大窟，雕刻精美，应该花了不少银子。

窟内，正壁刻的是如意轮观音大像，左右壁刻了很多天众，造像铭文直接体现出任宗易夫妇的家国情怀。就在前一年，北宋钦宗靖康二年（1127）四月，金军攻破了宋王朝都城汴梁（即今天的河南开封），在城内搜刮数日，掳走了北宋徽宗、钦宗两位皇帝和后妃、皇子、宗室、贵卿等数千人，京城中公私积蓄为之一空，北宋灭亡，史称"靖康之难"。宋徽宗第九子康王赵构，在北宋的南京城——应天府（今天河南商丘）——继承大宋皇位，直到绍兴八年（1138）才正式定临安（今杭州）为行都，史称"南宋"。也就是说建炎二年（1128）四月，作为军人的任宗易在大足北山完成这窟大规模造像时，宋王朝其实正陷入战火烽烟之中。刚即位称帝的宋高宗连都城都还没有最后确定，就是说皇帝也还没有稳定的落脚地，所以任宗易与夫人杜氏造完这窟所作的像记，并没有长篇大论的歌功颂德或赞美佛法之辞，而是直接说，"镌造装銮如意轮圣观音一龛，永为供养""为一方瞻仰，祈乞国泰民安，干戈永息"。也许，他们在计划开凿这窟造像时，并不知道他们的佛窟将要雕刻完成时，北宋就已经灭亡，因此这里的"国泰民安，干戈永息"对任宗易夫妇来说绝对不只是一句口号，他们在这宁静的乡村里也感受到了国破家亡的气息，以及新建立的南宋王朝还不知将何处安身的窘境。

从1127年靖康之难开始，在南宋时期的宋金对峙中，南宋军队已经无力匡扶中原，巴蜀地区渐渐临近宋金征战的前线。金灭亡之后，又进入了宋元长期对峙的局面，巴蜀从后方变成了最为惨烈的前线，以致最后，巴蜀人口十不存一二。因此，从任宗易他们开始，祈乞"国泰民安，干戈永息"几乎成了大足石刻中最为常见的文字，直到南宋开凿工程停止前，在宝顶山大、小佛湾中到处都可以看到。这是当时巴蜀人民面临的时局，是他们最真实的祈愿。

在小佛湾毗卢庵洞外后壁中心镶有宽2米多的一方碑，碑额题"释迦舍利宝塔禁中应现之图"，碑身雕刻分为上下两个部分。上半部分，中央上方雕刻的是有双层圆轮背光的释迦佛坐像，下方为一座方形宝塔，两侧各刻一列铭文——"上祝皇王隆睿等，国安民泰息干戈"；下半部分，转刻嘉定十年（1217）四月一日庆元府阿育王山广利禅寺主持僧道权刊石时的文字，两边竖刻——"须弥寿量俞崇高，雨顺风调丰稼穑"。祈愿"国泰民安""永息干戈""风调雨顺"……，是从北宋末年到整个南宋风雨飘摇的时局中人们最普遍的心愿。

今天，临地凭吊，仿佛还能感受到当年的惨烈。巴蜀大地宋金对峙的遗迹，特别是宋元对峙中巴蜀大地上一座座坚固的城堡，是巴蜀大地坚守的最后见证。据史料记载，为了对抗元骑兵，南宋名将余玠在巴蜀地区建造了坚固的城堡进行防御，城堡分布于从汉中进入巴蜀的战略要地，见诸记载的城堡达100余座。今天还能见到30多座城堡遗迹，其中最为要冲的要数通江得汉城、蓬安运山城、苍溪大获城、南充青居城、剑阁苦竹寨、金堂云顶城、奉节白帝城、合川钓鱼城、泸州神臂城。"宋臣余玠议弃平土，即云顶、运山、大获、得汉、白帝、钓鱼、青居、苦竹筑垒，移成都、蓬、阆、洋、夔、合、顺庆、隆庆八府州治其上，号为八柱，不战而自守矣。蹙蜀之本，实张于斯"（元代姚燧《中书左丞李忠宣公行状》）。余玠深得后人敬仰，"玠死之后，不特蜀非宋有，而国祚亦从可知矣"（明代冯琦原《宋史纪事本末》）。最后的钓鱼城之战，孤城十载，更是令人怀想。由此可见，南宋时期，巴蜀战事之频仍，战火之惨烈，那时的人们对于和平的热望是多么强烈。

在这一背景下，我们才能更深刻地感受到刊刻于崖壁间的"国安民泰""永息干戈""风调雨顺"背后的烽火血泪，更深地体会到残酷的战火烽烟中人们的焦虑、恐惧、勇气与希望，更能理解在美好生活破碎在即时代的人们信念的坚定与热烈。

山间游乐

寺宇的分布，自然与经济的状况息息相关，"寺观所在不同，湖南不如江西，江西不如两浙，两浙不如闽中"，宋代福建路的寺院数量独占鳌头。然而具体到局部区域，宋真宗天禧年间，巴蜀地区僧尼人数为56000余人，后分此地为四路，平均下来并不算多，但是大部分僧人集中在成都府；至宋神宗时期，全国僧尼数量大大减少，仅200000余人，比宋真宗时期少了250000人左右，成都就有僧侣10000人，仅成都一地即占了全国的二十分之一[1]；而川东佛事亦盛，"东蜀地险且隘，非山即川，间有平原，随其陆之大小以建郡邑，故土地广阔比之它路盖为少矣。然土民信饷释学，多喜其教……由是僧居禅律相半，亦何盛耶"[2]；游赏之风，盛极一时。

山水秀丽、风光独异之处，也是寺院比较多的地方，所谓"世间好语书说尽，天下名山僧占多"，宋代很多名山胜景之地也修建了大量的寺院。"王图侯国，商关农井，苟有生聚，必为浮图。大抵南方富于山水，号为千岩竞秀，万壑争奇，所以浮图之居，必获奇胜之域也"[3]。于城市中建寺观楼宇，注重其开放性与游乐性，甚至不惜耗费巨资对寺院进行改造。如秉信在大慈寺大悲阁进行的改造，"迨今绍兴十有一祀，岁在辛酉，比丘秉信，谓阁虽雄而不靖深，降阶逾阃，地窄文墨，有来供设，敷座迫拘，阁瞰大池，窅旷沉灌，夏潦翻波，势若吞噬，有来游者，反生怖罭。乃蔓榱题，防蔽延密，碧瓦参差，鸠欲飞去……"（赵耆《增修大悲阁记》）。

1　游彪：《宋代寺院经济史稿》，第213页，河北大学出版社，2003年。

2　游彪：《宋代寺院经济史稿》，第222页，河北大学出版社，2003年。

3　〔宋〕余靖：《武溪集》，卷八《韶州白云山延寿禅院传法记》。

　　山间寺院的建设，则十分注重风景地势的选择，花草树木的栽培，往往一座山，因为寺院的经营，原本树木阴森的山头，顺着蜿蜒山路的开通，道路两侧树木的刻意选择，一院一亭的布置，变得十分宜于游观。城市寺院游观之盛，如《洛阳伽蓝记》有记载，而山寺游观之趣，则多见于诗文，是文人士大夫的雅趣。然而，山寺之间名流之士与普通人物的游赏题刻，则为我们留下了另一种踪迹，记下了游乐的情趣与心境。如苏轼在庐山西林寺写下的"横看成岭侧成峰，远近高低各不同。不识庐山真面目，只缘身在此山中"（《题西林壁》）。在黄州作《安国寺记》，则说，"城南精舍曰安国寺，有茂林修竹，陂池亭榭。间一二日辄往，焚香默坐，深自省察，则物我相忘，身心皆空，求罪垢所从生而不可得。一念清净，染污自落，表里翛然，无所附丽，私窃乐之。且往而暮还者，五年于此矣"，则又别有怀抱，记下他对于一座寺院的深情。因为异地做官的回避制度和半生的流离，苏东坡出仕为官之后很少有机会亲临蜀中山水禅林，实为憾事，然梦寐难忘，而有七夕"乘槎归去，成都何在"的深情浩叹，苏轼早年游大慈寺中和胜相院时的题刻则成了他留在成都大慈寺的胜迹。

　　关于蜀中游赏的这类文字，数不胜数，我们这里不说它们，只将重点放在龛窟崖壁之间的游赏。

　　苏轼的从表兄文同任职邛州期间，也非常喜欢出游，在邛崃、大邑等地留下了大量的画作，创作了一批诗文。文人学者，往往在山寺崖壁间留下诗作墨迹，成为一地景观，吸引人们寻访游历，已成为宋代的一种风尚。宋代蜀学隆兴，世守家学的名家大族层出不穷、名扬天下，但大多出仕离蜀后就很少留下踪迹，偶有题刻，弥足珍贵。

　　大足宝顶山大佛湾的圆觉洞门口左侧的"宝顶山"、毗卢洞洞口的"毗卢庵"，就是蒲江魏了翁书写的题刻，是安岳、大足石刻造像之外难得的胜迹，背后是蜀中理学大师与大足石刻的一段渊源。

　　魏了翁的家族是蜀学的代表性家族之一，被誉为"诗书持家理学名门"的蒲江魏氏、高氏，人才辈出。魏高两家互相过继子息，实难分开。魏了翁（1178—

1237）在理学、易学、史学方面都有大成就，官至吏部尚书，就是掌管着国家官员资料及人事任免权的最高机构的最高长官。官高且有学问，"拜资政殿学士，参知政事"，书法"不循古人格辙，自有一种风味"，与眉山苏轼家族一样，靠家学一举成名，是当时的学术名人。庆元五年（1199），魏了翁参加科考，列进士第三名。从魏了翁开始，蒲江魏、高两姓人才辈出——"九进士三宰执"。

魏了翁到大足石刻留下题刻，与同榜进士杜孝严有关，"同榜进士"就是同科考取进士的人。杜孝严（1178—1237），安岳人，嘉定十六年（1223）九月，迁兵部侍郎兼翰林院侍讲、兼国史院编修官、兼实录院检讨官，后迁礼部尚书。大足大佛湾"广大宝楼阁"图下方的"宝顶山"三字，下署"朝请大夫权尚书兵部侍郎兼同修国史兼实录院同修撰杜孝严书"。据此可知，应是嘉定十六年九月之后的某日，在杜孝严家乡，两位同年出生的同榜进士一起游观，并在大足宝顶山留下手迹。据史书记载，魏了翁、杜孝严都是朝廷一时俊彦，正合苏轼所说，蜀中"士大夫贵经术"，多有澄清天下之志，信然。然而，魏氏、高氏家族与其他蜀学大家族一样，很多人去了杭州等地做官，经过宋元战争之后，大多数人没能再回到巴蜀，且许多家人亦随迁，蜀学的辉煌不再。

大城市的人们好游乐，随着社会稳定、生活富足，这种风气早就突破城墙的包围，延及社会各阶层，游山玩水已经成为宋代的一种生活方式。巴蜀摩崖造像区域往往也是人们与家人、朋友一起游乐的地方，时常可以看到普通人的游记或诗词题刻，石窟和摩崖造像处大概已是乡间游的重要场所。

大足北山第176窟左侧门框外有一则南宋淳熙四年（1177）的题刻，说的是两兄弟在此游乐的事情。居住在大足北山附近的吕氏兄弟于酷暑时节，"吕元锡同弟元牧，数来此避暑，煮饼论茶、弈棋赋诗、□为终日留，淳熙丁酉夏"，避暑游玩，品茗、弈棋、赋诗……，不知不觉之间度过了一个美好的夏日。这则题记虽然简略，却难得地简约勾勒了巴地小城外兄弟两人一起在酷夏游北山的场景，煮饼、论茶、弈棋、赋诗，很有些文艺青年范儿。宋代的北山，可能比山下城镇凉爽得多，于是这里留有关于"逃暑""避暑"的题记。这在当时恐怕也是一种时尚吧。

天下蜀刻
石上大宋

安岳卧佛院第48号龛有一处题刻，是一位名叫冯运之的人陪着他老丈人来卧佛院游览时写的一首诗，当时卧佛院住持悟宣把这首诗刻在了卧佛院最中间的大窟门前，诗名《肩舆来卧佛》——

山路苦崚层，好鸟喧采树，寒岩缚古藤，路偏难欸客，酒贱正宜僧，可笑荒庐地，何缘我亦曾。

落款"潭云翼挽其婿冯运之、其子轸、辙来游，运之留诗而去，戊子至前二日，住持悟宣刻石。"

来游卧佛院的主角名叫潭云翼，作诗的人是他的女婿冯运之，从卧佛院的环境及诗中关于"肩舆"的描述看，几位是坐着滑竿来的，寺里的僧人接待了他们，他们还在寺里喝了酒。诗中描写卧佛院环境——"路偏难欸客""可笑荒庐地"，说卧佛院路难行、寺院荒僻，还说人家酒也不咋的——"酒贱"，诗中饱含一股寒酸清苦之气，其背后更有一种寺庙败落的感觉。

在四川宜宾流杯池边的摩崖题刻中，有一则与冯运之有关的题刻，题刻内容是，"□子长自淮南沂至古戎，冯运之□过涪岩，爱其奇诡，相与裴□□□去，前数日，鸾适以醉至过，运之以□摄得太守事，即随冥为处，及是，固于岩巅观平安□□□庆元丙辰清明子长书"。冯运之自称"摄得太守事"，看来是有一定地位的地方官员，交游广阔，喜欢游赏。庆元丙辰，即宋宁宗庆元二年（1196）。如果此人即是游卧佛院的那位冯运之，那么游卧佛院的戊子年当是南宋初年孝宗乾道四年（1168），那时的冯运之应该还是一位风华正茂的青年才俊，南宋初年的卧佛寺已经败落，悟宣和尚应该是对冯运之一行的到来很是感觉荣耀，把这首诗刻在了卧佛院最中心最重要的洞窟门口[1]。

潭云翼和他的女婿、俩儿子坐着滑竿来游，又没有提到他们在此留宿，他们

1　张雪芬、李艳舒：《安岳卧佛院第 4 号龛题记与相关问题》，《四川文物》，2011 年第 6 期。

住得应该不远。唐宋时期距卧佛院最近的乡镇，就是今天卧佛院对面的东禅村，稍远的有八庙乡和遂宁的安居区，从他们坐着滑竿来，又满口的"路偏""荒垆地"，可能他们不是当地人，可能住在前述某一城镇的旅店或官舍中。但是也是一地名人，寺僧或许也想借以显示寺院的人气吧。

崇文慕道

大邑县药师岩第12号唐代的大佛窟中刻有一首文同的诗，诗名《文公与可学士题后崖诗》——

> 此景又奇绝，半空生曲栏。蜀尘随眼断，蕃雪满襟寒。涧下雨声急，岩头云色干。归鞍休报晚，吾待且盘桓。

诗下方刻的是文同的"超级粉丝"程绩的题跋——

> 文公学士自皇祐间以郡掾吏来摄邑事，凡历诸胜，至则题咏，或戏作墨竹怪木于壁，今鹤鸣、上清、毗卢、崇寿俱在，独凤凰后岩之诗石刻不存，惟山中耆旧类能诵之，嗟遗音磨灭，故再命菁崖摩刻，以广其传。昔东坡先生尝称，与可所至，诗在口竹在手，盖见竹而叹也。绩既得其诗，钦仰风流，愧生之后，不及追陪杖屦以聆其绪，余之论益太息云。绍兴甲戌秋八月晦日，邑丞眉阳程绩谨跋。

这首文同的诗与他的"粉丝"程绩的题跋，刻在窟内右壁刻出的一方碑上，碑边饰缠枝卷草纹。碑上端刻诗名，中部刻诗正文，下段刻题跋。从药师岩第12窟中这首诗下的题跋中可以看出后人对文同诗的推崇，"绩既得其诗，钦仰风流，愧生之后，不及追陪杖屦以聆其绪，余之论益太息云"。文同任邛州通判时，摄大邑县令，创作了许多与邛州、大邑等地有关的诗，题邛崃鹤鸣寺、毗卢寺等寺庙的诗大都流传了下来，且大多刻于石壁，独这首为考古调查新发现。

程绩来到这里的时候，文同在大邑凤凰山后岩的题诗已经看不到了，只有山中的老人还能背诵，"文公学士自皇祐间以郡掾吏来摄邑事，凡历诸胜，至则题咏，或戏作墨竹怪木于壁，今鹤鸣、上清、毗卢、崇寿俱在，独凤凰后岩之诗石刻不存，惟山中耆旧类能诵之，嗟遗音磨灭，故再命斸崖摩刻，以广其传"。

前辈文人的一首诗，四十个字，百年之后山民还能够吟诵，地方官员生怕其遗失再将其刻在崖壁之上，珍视之如此，由此可见宋人浓厚的崇文风尚。另一方面呢，又是宋人酷爱游览寺庙、频繁与僧人互动的真实写照。宋代文人除了出仕行道，生活中的他们更乐于写诗、作画、游山玩水，并且形成一种通过名士游览、题记、作文，为山川胜迹建立人文尺度的时尚。

确实，宋代是一个崇文的朝代，蜀中崇文慕道之风更盛，人才辈出，蜀学之盛，甲于天下，"某某读书处""某某一游"成为巴蜀大地上耀眼的人文地标。蜀中风气，好学深究成为时代的记忆，不断被人提及，甚至成为官方史书里面的定论。

> 川、峡四路，盖《禹贡》梁、雍、荆三州之地，而梁州为多，天文与秦同分，南至荆峡，北控剑栈，西南接蛮夷，土植宜柘，茧丝织文纤丽者穷于天下。地狭而腴，民勤耕作，无寸土之旷，岁三四收。其所获多为遨游之费，踏青药市之集尤盛焉，动至连月。好音乐，少愁苦，尚奢靡，性轻扬，喜虚称。庠塾聚学者众，然怀土罕趋仕进。
>
> 涪陵之民，尤尚鬼俗，有父母疾病，多不省视医药，及亲在，多别籍异财。汉中巴东俗尚颇同，沦于偏方殆将百年。
>
> 孟氏既平，声教攸暨，文学之士，彬彬辈出焉。[1]

那时，这里的人们好学深思，庠塾聚学者众，努力工作，好好生活，却不太喜欢做官，蜀地之人也自觉地认同这一定位，不断说到读书风气之盛。"眉之

---

1 〔元〕托克托：《宋史》，卷八十九《地理志第四十二》。

士大夫修身于家，为政于乡，皆莫肯仕者。天禧中，孙君堪始以进士举，未显而亡，士犹安其故，莫利进取。公（苏辙伯父苏涣）于是时独勤奋问学，既冠中进士乙科，及其为吏，能据法以左右民，所至号称循良，一乡之人欣而慕之。学者自是相继辈出，至于今，仕者常数十百人，处者常千数百人。"[1]《宋史》所载隐逸独以四川为多，而出仕者不以区区于功名为务，甚至有归去之思，益州华阳人彭乘就是典型。

> 彭乘，字利建，益州华阳人。少以好学称州里，进士及第，尝与同年生登相国寺阁，皆瞻顾乡关，有从官之乐，乘独西望，怅然曰："亲老矣，安敢舍晨昏之奉，而图一身之荣乎！"
>
> 翌日，奏乞侍养，居数日，授汉阳军判官，遂得请以归。久之，有荐其文行者，召试，为馆阁校勘，固辞还家，后复除凤州团练推官。……恳求便亲，得知普州，蜀人得守乡郡自乘始。普人鲜知学，乘为兴学，召其子弟为生员教育之。乘父卒，既葬，有甘露降于墓柏，人以为孝感。服除，知荆门军，改太常博士。……既病，仁宗敕太医诊视，赐以禁中珍剂。卒……。
>
> 初，修起居注缺中书舍人，而乘在选中，帝指乘曰："此老儒也，雅有恬退名，无以易之。"及召见，谕曰："卿先朝旧臣，久补外，而未尝自言。"对曰："臣生孤远，自量其分，安敢过有所望。"帝颇嘉之。乘质重寡言，性纯孝，不喜事生业，聚书万余卷，皆手自刊校，蜀中所传书，多出于乘。[2]

彭乘科举及第，京城为官，人以当官为乐，彭乘却怅然西望，念念都是还

---

1 〔宋〕苏辙：《栾城集》，卷二十五《伯父墓表》。

2 〔元〕托克托：《宋史》，卷二百九十八，《列传》第五十七。

乡。本来，朝廷一直以蜀为重地，又对蜀士颇存疑惧，所以一直不用蜀人守乡郡。仁宗天圣八年（1030）彭乘以集贤校理知普州，彭乘执着还乡的愿望居然改变了朝廷的"潜规则"。彭乘在普州期间，热衷于兴办教育，推动一方风气改变，从此普州（治所在今天安岳县）文教勃兴。另外，他还热衷于典籍收藏、图书刊校，推动了蜀中图书印刷业的繁荣、出版质量的提升。然而夙愿所在，念念不忘，却没能得偿所愿，最终病逝于京城。

总的说来，蜀地盛行好学之风，当时已成普遍的共识，甚至留下许多传奇故事，如程颐之问学于成都"治篾箍桶者"悟易学。后来，袁滋向程颐请教易学，程颐告诉他："易学在蜀。"于是袁滋入蜀访问，久无所遇，最后在眉州、邛州间的一个地方，见到了一位卖酱的老翁，得解疑惑[1]。这样的说法，给人的印象自然是蜀人好学，贩夫走卒引车卖浆者都满腹经纶，这也许与实际情况有点不符，不过蜀人好学却是事实，今天的考古调查中，巴蜀许多摩崖造像区旁边都有个"点易洞"，如邛崃的鹤鸣山、涪陵的北山坪等，多少都应该与易学在蜀中兴盛有关。

好学慕道，自然要以典籍为据，"以诗书为业""其民……以故家文献为重"[2]，所以热衷于搜求典籍，热衷于传抄刊印典籍，因此蜀中既是出版中心、又是图书收藏中心，典籍极为繁富，"犹如一个图书的聚宝盆，藏书十分丰富，取之不尽"[3]。有记载可考的藏书家很多，前面说到的彭乘就家藏万卷书，成都郭友直"喜藏书，书至万余卷，誊写校对，尽为佳本。伯龙（郭友直字伯龙）无不读，人问之者，伯龙无不知，所以人多与之游。……治平诏求遗书，伯龙所上凡千余卷，尽秘府之未有者。（《通考》云：熙宁七年，命三馆秘阁编详成都府进士郭友直及其子

1　〔元〕托克托：《宋史》，卷二百九十八，《列传》第二百一十八。

2　〔南宋〕祝穆：《方舆胜览》，卷五十三引《修谯楼记》。

3　程民生：《宋代地域文化史》，第111页，安徽文艺出版社，2017年。

天下蜀刻
石上大宋

大亨所献书三千七百七十九卷内五百零三卷，乃秘阁所无）"[1]，可见郭友直藏书之富、之精。荣州荣德（明代以后改"荣德"为"荣县"）杨处士，"赖远别业，为一郡之冠，其林峦之秀，涧谷之异，围拥列位，若设图画。君于其间，筑室百楹，裒辑古今书史万卷，引内外良子弟数十人，召耆儒之有名业者教之"[2]。

蜀地有搜集典籍、汇藏图书、刊印的传统，后蜀宰相母昭裔，"性好藏书，在成都，令门人勾中正、孙逢吉书《文选》《初学记》《白氏六帖》镂板，守素赍至中朝，行于世。大中祥符九年，子克勤上其板"[3]。母昭裔刊刻的印版被他儿子带到了汴京，后来他的孙子将印版献给了朝廷。

游宦他方的蜀地官员，也醉心于收集图书，宋仁宗时官至兵部尚书的普州人刘仪凤，"奉入半以储书，凡万余卷，国史录无遗者。御史张之纲论仪凤录四库书本以传私室，遂斥，归蜀"[4]。"刘韶美（刘仪凤，字韶美）在都下，累年不以家行，得俸，专以购书，书必三本，虽数百卷为一部者亦然。出局，则杜门校雠，不与客接，既归蜀，亦分作三船，以备失坏。已而行至秭归新滩，一舟为滩石所败，余二舟无他，遂以归普慈，筑阁贮之"（陆游《老学庵笔记》卷二）。到底是痴爱图书，还因此被贬了官，每书还要有三本，可见其痴迷之程度，亦可见典籍之难得。

这种崇文慕道的传统，这份对于知识的执着，再加上一种别有情趣的生活态度，还有无限风光，自然给人以无限的安慰。宦游巴蜀的官员或游历流寓巴蜀的诗人，为我们留下了无数的篇章，从王勃盛赞巴山蜀水"宇宙之绝观"，到杜甫的一咏三叹、陆游的绵绵诗情……记录下了他们在巴蜀之地的温暖经历和美好体验，以及无限的心事。"看尽巴山看蜀山，子规江上过春残"（陆游《鹧鸪

1　〔宋〕文同：《丹渊集》，卷三十九《龙州助教郭君墓志铭》。

2　〔宋〕文同：《丹渊集》，卷三十八《荣州杨处士墓志铭》。

3　〔元〕托克托：《宋史》，卷四百七十九，《列传》第二百三十八。

4　〔元〕托克托：《宋史》，卷三百八十九，《列传》第一百四十八。

天·看尽巴山看蜀山》），尤其是陆游羁旅古寺、游历观光，有寺院胜景如《天中节前三日大圣慈寺华严阁燃灯甚盛游人过于元夕》之"万瓦如鳞百尺梯，遥看突兀与云齐"，也有无限的感怀，如"谁能伴此老，溯峡听猿叫。锦城得数公，意气如再少。偷闲访野寺，系马追一笑"（陆游《游大智寺》）。据统计，单在《入蜀记》里，陆游就在60余座寺院留下了足迹。对于宋代文人士大夫来说，寺庙不单是提供了住宿那么简单，很少有宋代文化人没有僧侣朋友或者没进过寺院，在穿越崇山峻岭的蜿蜒蜀道上，陆游在寺院里与数十位和尚进行了深入的交流[1]，这也说明了宋代僧侣的文化素养和学识水平之高，寺院在某种程度上成了学识与文化的象征。

巴山蜀水，见证了这里的人们崇文慕道的传统，他们留下了无数篇章，所谓"自古诗人例到蜀"，羁旅者已将"但逢新人民，未卜见故乡"的飘零之感化作了"隔篱呼取尽余杯"的温暖故事。一方面是山水盛景的吸引，另一方面也是崇文慕道的人文情怀带给他们的安慰吧。

天下蜀刻
石上大宋

1　张聪：《行万里路——宋代的旅行与文化》，第 139 页，浙江大学出版社，2015 年。

第五章

中华文明多元一体：
自在天府，宛若天开

唐代文化较为开放，宋代文化则开始了内在转向，唐宋之间独特的文化景观则是巴蜀地区文化的包容性、延续性发展。石刻造像的图像志，诉诸文字的描述史，都是这一文化景观的见证者。

隋唐以来，特别是安史之乱以后，北方世家大族与重要文化人物进入蜀中，巴蜀之地又成为隋唐文化的避难地，唐文化在蜀地发扬光大，使得蜀地文化更加厚实而开放。而在宋代，文化内在转向过程中，巴蜀之地仍然坚守了自身有坚守而又开放乐观的文化特质，有宋一代，名家辈出，蜀地学术之盛，冠于天下。

蜀地文人士大夫的文化自觉，是一份独特的自信与坚定。苏轼对于眉州一地的概括说的就是巴蜀之地的精神——"吾州之俗，有近古者三，其士大夫贵经术而重氏族，其民尊吏而畏法，其农夫合耦以相助。盖有三代、汉、唐之遗风，而他郡之所莫及也。始朝廷以声律取士，而天圣以前，学者犹袭五代文弊，独吾州之士，通经学古，以西汉文词为宗师。方是时，四方指以为迂阔"（苏轼《眉州远景楼记》）。眉州，"其民以诗书为业，以故家文献为重，夜燃灯诵声琅琅相闻"[1]"惟是四蜀之封疆，重在三苏之乡国。然好文而慕权势，至今余西汉之风。其事守如古君臣，近世异北埔之记"[2]。好文而慕权势，好文是一种文化自觉，慕权势是一种对于权力与秩序的强调。而男女平等，重视做人的尊严，则是蜀中独此一份，"吴越饶贡妓，燕赵多美姝，宋产歌姬，蜀出才妇"（后蜀何光远《鉴诫

1 〔宋〕祝穆：《方舆胜览》，卷五十三引《修谯楼记》。
2 《永乐大典》卷之一万八千四百三，十八漾状，谢状四，引《大守谢史丞相状》。

录》）。蜀地的女子大多接受过教育，当时就以才能智慧名扬天下，宋真宗赵恒在做襄王时，"一日谓左右曰，蜀妇人多材慧，吾欲求之"[1]。这种独树一帜的地方风习，似乎是一种传统，到了近代还给人留下深刻的印象，19世纪晚期游历成都的德国人李希霍芬对此印象深刻——"妇女在这里的地位整体比中国其他地方要高，她们在这里不必裹小脚，但做的活很多，也不躲着人，忙生意，常管账，遇有人说话便大大方方地出来应话"[2]。这种独特的男女平等观，也是蜀地开放自然、乐观豁达精神的表现，深刻塑造着一方人文，即使在宋代以后经济重心移向沿海，即使历经宋元之间明末清初的毁灭性打击，文化经济或有所衰息，而内在的精神却依然在焉。在华夏文化世界，巴蜀文化的独特存在，可以说是体现了天工、地利、人力的独特组合之功，独特的九天开出的天工、水旱从人沃野千里的地利、胸襟开阔执着探究的人文，造就了巴蜀之地的这份独有的文化自觉。

渊源于汉代活泼陶塑形象的宋代造像，那一尊尊以生动写实的手法塑造的一个个活泼动人的形象，宛如一幅幅时代写真，记录了人世间美好生活的场景，记录了人们对于政治实践原则的理解，记录了人们不屈不挠的开拓之功，记录了人们骨子里的精气神——坚韧、乐观、积极、幽默、有趣……

1　〔宋〕李焘：《续资治通鉴长编》，卷五十六。

2　〔德〕费迪南德·冯·李希霍芬：《李希霍芬中国旅行日记》，第716页，商务印书馆，2018年。

存亡续绝

晚唐五代以来，成都一直处于比较安宁的局面，地方政权重视民生，蜀中安乐。

宋军攻蜀，乾德二年（964）"十一月甲戌，命忠武军节度使王全斌为西川行营前军兵马副都部署，武信军节度崔彦进副之，将步骑三万出凤州道；江宁军节度使刘光义为西川行营前军兵马副都部署，枢密承旨曹彬副之，将步骑二万出归州道以伐蜀。乙亥，宴西川行营将校于崇德殿，示川峡地图，授攻取方略，赐金玉带、衣物各有差"。"三年春正月……乙酉，蜀王孟昶降"（《宋史·太祖本纪》）。

宋军攻占蜀地后，军纪败坏，造成的破坏十分严重，"王全斌、王仁赡、崔彦进等……违戾约束，侵侮宪章，专杀降兵，擅开公帑，豪夺妇女，广纳货财，敛万民之怨嗟，致群盗之充斥"。按照宋廷要求，"发蜀兵赴阙，人给钱十千，未行者，加两月廪食。全斌等不即奉命，由是蜀军愤怨，人人思乱"（《宋史·王全斌传》）。宋军克扣军费，公私之积被搜刮殆尽，激起蜀兵反抗，反抗虽然随即被镇压，却没能够安定民心。

晚唐以来武人为祸，因此宋王朝十分注重对属地军事力量的控制，故宋廷对蜀地更是深怀疑惧。"初，蜀人官蜀，不得通判州事"[1]，平定蜀国之后，治蜀不用蜀人。对于入蜀官员，也是严加管控，"成都重地"（宋太宗语），"国初西蜀初定，成都帅例不许将家行。蜀土轻剽，易为乱，中朝士大夫尤以险远不测为惮。……自庆历以来，天下乂安，成都雄富，既甲诸帅府，复得与家俱行，无复曩时之患矣"[2]。宋朝一开始控制蜀地的时候，确实对于蜀地的管控极为严格，选择出任蜀地的要员自然是慎之又慎，"故事，近臣还自成都者将大用，必更省府，不为谏官"[3]，就是说治理成都的官员必被重用，"卿（汪应辰）久在蜀，宽朕西顾忧"[4]。

在这种管控理念下，几经反复，直到宋真宗年间"澶渊之盟"后，蜀地局势才稳定下来。

虽经反复，但蜀地的社会基本面未受影响，随即进入更加繁荣的时期，蜀地经济逐渐成为宋廷财政的重要支撑，也成为宋代经济文化事业最为繁荣的区域。宋代，吴、蜀两地是经济文化最发达的区域，以人口论，蜀地又胜于吴，成都平原行政建制多，人口密度大。据《元丰九域志》《宋史·地理志》所载户籍计算，成都府及蜀州、彭州的人口密度均在200人／平方千米以上，远远超过苏、湖、常、秀诸州。到了南宋时期，成都府路的人口密度为337.7人／平方千米，南宋时期成都府、蜀州、彭州的人口密度都在300人／平方千米以上，再次超过太湖平原。

成都平原仍然是全国农业最发达的地区，成都平原与江浙之地是最具特色的精耕农业区。"蜀人治田之事，方春耕作将兴，父老集子弟而教之曰：田事起矣，一年之命系于此时，其毋饮博，毋讼作，毋嬉游，毋争斗，一意于耕。父兄

1　〔元〕托克托：《宋史》，卷二百九十八，《列传》第五十七。

2　〔宋〕叶梦得：《石林燕语》，卷七。

3　〔元〕托克托：《宋史》，卷三百一十六，《列传》第七十五。

4　〔元〕托克托：《宋史》，卷三百八十七，《列传》第一百四十六。

之教既先，子弟之听复谨，莫不力。布种既毕，四月草生，同阡共陌之人通力合作耘而去之，置漏以定其期，击鼓以为之节，怠者有罚，趋者有赏。及至盛夏，烈日如火，田水如汤，薅耨之苦尤甚，农之就功尤力，人事勤尽如此，故其熟也常倍。"[1]这番景象，正是巴蜀百姓辛勤劳作的景象，而非不分时节的好侈靡、好游乐的景象。川中与川东开发程度较弱，宋代官府鼓励川中、川东的开发，人口增长比较快，有部分梯田，以旱地农业为主，特别到了南宋时期，川中川东经济得到了快速发展[2]。

总的说来，宋时巴蜀之地经济得到了进一步发展，成为两宋重要的经济支撑，南宋四川负担川陕驻军的军粮即达一百五十万石，占全国军粮总数的三分之一。而盐业、茶业、纺织业、制糖业、酿酒业、造纸业、印刷业发达，贡献了大量的商业税收。

在经济繁荣的局面下，巴蜀之地社会文化事业更加繁荣。从文化的角度来说，安史之乱、广明之乱、五代时期，关陇、中原衣冠入蜀的三次浪潮，为宋代巴蜀文化的发展注入了全新的活力；衣冠世家注重文教，积极兴建藏书楼；宋代巴蜀地区又兴起了办学热，据不完全统计，各地所建庙学100处——成都府路46处，潼川府路35处，利州路11处，夔州路8处；各地所建书院共计二十余所（主要建于南宋时期）；巴蜀科举之盛，名闻两宋，两宋320年，开科118次，共有进士10万左右，能够搜罗到资料的近5万人，巴蜀一地4000余人。仅眉山一地能够统计到的两宋进士就有909人[3]，安岳县[4]宋代进士有256人，所以有"西眉东普"的说法。

---

1 〔宋〕高斯得：《耻堂存稿》，卷五《宁国府劝农文》。

2 韩茂莉：《中国历史农业地理》，"巴蜀地区农业生产与农业地理"部分，北京大学出版社，2012年。

3 "两宋眉山进士群体研究"课题组《两宋眉山进士群体研究》，载《巴蜀史志》，2015年第1期。宋代眉州包括眉山县、彭山县、丹棱县、青神县、洪雅县，其中洪雅县在宋太宗淳化四年（993）隶嘉州。这里的统计范围仅仅涉及眉山县二十乡、六镇，大约二万多户。

4 宋代普州辖境包括今天四川安岳、乐至及遂宁西部，安岳县为普州治所。

巴蜀之地对于宋朝来说，既是汉魏及唐文化的接引之地，又是宋代文化繁兴的代表，后虽因宋元对峙，大量巴蜀人物迁居江南，以及经济重心转移而有所衰息，然其精神仍在。

与佛为盟

宋朝面临的局面比较独特，在经历了晚唐五代的动荡之后，北宋政权建立，号称要延续"六合为家"的天命正统，却一直面临着北方的辽、西北的夏、后来的女真与蒙古强有力的挑战。所谓"六合"一直也缺少"幽燕之地"那一角。卧榻之旁的忧虑一直是宋朝帝王的心腹之患，没有了雄视天下、睥睨四方、无远弗届的帝国气派，以"五星二十八宿，与五岳四渎，皆在中国，不在四夷"[1]的说法自证正统，帝国有了边界。

面对这种局面，大宋王朝似乎一直都不那么心雄气壮，总是面临着合法性与合理性的焦虑。宋朝建立之初，即致力于塑造皇权的至上权威，杯酒释兵权、撤销宰相座位、分割地方权力……试图消灭一切危及皇权的可能。同时通过传统的天降天书、天尊托梦、比附赵家乃人皇后裔轩辕子孙等说法，造作正统，建立起自身的合法性。另一方面，刻意通过对知识、思想与信仰的引导、塑造和控制，优待文人士大夫，称宋太祖立下祖训"不得杀士大夫及上书言事之人"，扭转晚唐五代强权与武力对于知识阶层的蹂躏之势[2]，重建在帝国势力局促基础上的文化自信，从思想信仰层面赢得知识性的合理性承认。

宋代，已具有巨大影响力并完成了中国化的佛教，自然也成为宋王朝特别重视的资源。北宋建国前，后周世宗于显德二年（955）发动了中国历史上的第四次灭佛运动，赵匡胤经历了那时的毁佛过程，在黄袍加身之前，就开始利用佛教谶言制造舆论。宋代著名僧人释志磐在《佛祖统纪》中收集了各类文献中的相关记载：

---

1 〔宋〕赵普：《论彗星》，《宋文鉴》卷四十一。

2 晚唐五代，知识阶层的地位卑下，甚至时常受到刀兵威胁。唐文宗大和九年（835），宦官田全操扬言："我入城，凡儒服者，无贵贱当尽杀之！"（《资治通鉴》唐纪六十一）

建隆元年（庚申）正月甲辰，周恭帝逊于位。初，上受诏北征，宿陈桥驿，将士推戴拥入京师。时太夫人杜氏（太祖母昭宪皇后）同王夫人（太祖后孝明皇后）方设斋于定力寺为祈福，闻变，王夫人惧。太夫人曰：吾儿平生多奇异，人言，当极贵，何忧也？（杨文公《谈苑》）

初是后唐明宗于禁中焚香祷天曰：臣本夷狄，不足以王中原，愿早生圣人以安天下。天成二年二月十六日，上降生于洛阳太内甲马营，神光满室，异香不散，体被金色，三日而变。人知其为应明宗祷云。（《皇朝景命录》）。

以天命神异之说神化赵匡胤的出生，不断编造神化身世。

上未仕时过泾州长寿镇寺，沙门知非凡人，阴使人图上容于寺壁。后以其寺有御容，遂为官所护。及在洛阳尝过长寿寺，枕殿砥昼寝，僧守严见赤蛇出入上鼻，上寤，严问所向，上曰，欲往澶州见柴太尉，未有贵（周世宗）。严曰，贫道有驴，可乘以往，复赠之钱。及见，太尉奇之，遂留幕府。晋开运间，宋城有异僧状如豪侠，挟铜弹走草莽上，指州地曰，不二十年当有帝王由此建号（杨文公《谈苑》，太祖在周朝为归德军节度使，归德在唐为宋州，及受禅遂以宋建国）。

先是，民间有得梁志公铜牌记云，有一真人起冀州，开口张弓在左边，子子孙孙保永年。江南李主名其子曰弘冀，吴越钱王诸子皆连弘字（弘倧、弘俶、弘亿），期应图谶。及上受禅，而宣祖之讳正当之（太祖皇考，上弘下殷，追谥宣祖。赵普《皇朝龙飞记》）。

赵匡胤通过陈桥兵变建立宋朝之后，为了安抚人心，实行了与前朝完全不一样的政策，全面恢复佛教，停止毁坏佛像，修复寺塔。建隆元年"六月，诏诸路寺院，经显德二年当废未毁者听存，其已毁寺所有佛像许移置存留，于是人间所藏铜像稍稍得出。赞曰：自有佛法以来，有道之国未尝不隆笃佛教以劝天下。太祖初见周朝毁像，伤之曰，令毁佛法，大非社稷之福。及登大宝，亟下兴复之诏，可谓有道之君必隆佛教"（释志磐《佛祖统纪》）。

另一方面，刚经受了周世宗打击的佛教界以赞宁等为首的高僧，为了佛教利益，尊宋高祖赵匡胤为"现在佛"，皇权与佛教达成了互惠互利的同盟，并借此不断神化宋代建国故事，《佛祖统纪》里面以此为主题的文字特别多："处士陈抟隐居华山闭门卧，屡月不起。显德末，乘白骡将入东都，中道闻太祖即位，大笑曰天下自此定矣"。将皇帝比之为"表觉帝""应轮王"——

诏以二月十六日圣诞为长春节，赐百官宴于相国寺。宰相范质制祝圣斋疏云：素虹纪瑞，表觉帝之下生（佛下生有白象贯日，灭度有白虹十二道。今范公用事，恐别有所出），绀马效灵。应轮王之出世（金轮王出时七宝自至，绀马宝即其一也），非夫威震四天，则不足感自然之宝（金轮王统王四天下）；非夫位尊三界，则孰能致希有之祥（佛为三界大师），寿命同百亿须弥，德泽被三千世界，恒沙可算，天禄难穷，墨海虽干，皇基益固云云。是日以庆诞恩，诏普度童行八千人（《国朝会要》）。

在重开寺院的同时，开宝四年（971），命内官高品、张从信赴益州主持开雕大藏经版事，"敕高品、张从信，往益州雕大藏经版"。经版雕刻完成于太宗太平兴国八年（983），前后耗时12年，最初刻成佛经五千多卷，后又增刻一千多卷，雕版共13万块。宋代雕刻大藏经以此为开端，此后宋代官方多次主持雕刻大藏经，能够收入大藏经的经典须经皇帝批准，宋徽宗以后朝廷对于大藏经的雕印管制才开始放松。

种种神化皇权的说法以及赵匡胤对于佛教的实际行动，或许有借助佛教影响力造作说明赵宋政权合法性的意思，但是从关于赵匡胤母亲、妻子的说法看，在普遍信奉佛教的社会背景下，赵氏一族大约也是崇信佛教的，这也说明了五代时期佛教已经具有深入的影响力。大量从佛教角度神化赵匡胤的故事，也说明佛教巨大的影响力与佛教对于赵宋政权的期待。宋代开国皇帝赵匡胤对于佛教的态度，至少沿袭了隋唐以来帝国权力对佛教的态度，基本的路线是尊崇佛教，并且对于佛教修饰皇权的作用毫不怀疑。

宋太宗时，大局已定，对于佛教采取提倡的态度，政策框架也基本完善。建寺塔、造佛像、规范化剃度僧侣，中外佛教交流络绎不绝，在宫内滋福殿安立佛像作为宫内道场。建立官方译经院翻译佛经，命赞宁撰写《大宋僧史略》。宋太宗还声称，"我宿世曾亲佛座，但未通宿命耳"，将自己塑造为"佛弟子"的一员，既彰显了佛教巨大的影响力，也表明皇权对于佛教影响的重视。宋太宗声称：

> 浮屠氏之教，有裨政治，达者自悟渊微，愚者妄生诬谤，朕于此道，微究宗旨。凡为君治人，即是修行之地，行一好事，天下获利，即释氏所谓利他者也。庶人无位，纵或修行自苦，不过独善一身。如梁武舍身为寺家奴，百官率钱收赎，又布发于地，令桑门践之，此真大惑，乃小乘偏见之甚，为后代笑。为君者抚育万类，皆如赤子，无偏无党，各得其所，岂非修行之道乎？

总之，宋太宗时代奠定了两宋佛教的基本政策，扶持佛教的政策成为宋代政策的基本路线。同时加强了对佛教的控制，据安岳卧佛院碑文记载，北宋末年安岳卧佛院慈海的师父法宗就是官府派来的住持，随他到卧佛院上任的小师慈海后来也成了住持。宋代，除了设立机构管理佛教事务外，还专门设立和尚衙门，处理涉及僧人的案件，邛崃天台山的宋代和尚衙门遗址保留至今。

宋代完善了帝国政权对佛教的管理，完善了专门的管理机构，由朝廷任命僧官负责管理之责，出家当和尚必须通过政府审批颁发度牒。加强对寺院的控制，寺院住持须得到官方认可甚至由官方委任。建立"紫衣师号"制度，由帝王权力系统评定僧侣地位，佛教独立于权力控制之外的历史彻底结束了。"世俗政权已经无可置疑地凌驾于佛教之上，并通过一系列的管理措施，把这样的关系固定了下来"[1]，这是权力方面的管控。与佛结盟，反过来说就是佛教依附权力，随着印度本土佛教的衰微，本土佛教的域外权威来源消失了，终于不再有皇权之外的权威来源，于是只能回归绝对皇权的控制之下，认同权力秩序的绝对性。这种控制是相当彻底的，可以说宋代政权彻底将佛教置于国家政权控制之下，纳入国家权力体系控制当中，也就将国家皇权彻底置于佛教之上了。

1　闫孟祥：《宋代佛教史》，第 41 页，人民出版社，2013 年。

万宗归禅

两宋时代，佛教及佛教文化极盛，文人士大夫皈依佛教，自称居士者比比皆是，有所谓"儒门淡泊，收拾不住，皆归释氏"[1]之说。宋代文人士大夫热衷佛教，其本质是对"性命与天道"问题的关注，用现在的话说即对生命本质问题的求索。"性命与天道"，非但孔子不言，华夏语境中也几乎不涉及这个领域，释教则处处都说性命与天道，南北朝以来，已经是士大夫讲求"性命与天道"的依归。

释教，产生了一个组织性的以超越现世生活为目标的群体，这是传统的华夏世界所没有的。秦汉以来编户齐民，帝国的一切都被编织进了权力体系的控制之中，所谓知识人也只不过存在于帝国官僚系统当中，除此之外几乎没有生存空间。然而，释教则以自立于皇权之外的身姿，将全副身心放在解决攸关人的生命本源与意义以及意义的实现之可能方面。如果说魏晋玄学试图以清谈的方式逃离绝对权力体系，那么佛教提供的是另一种选项。佛教的觉悟是每一个人的觉悟，烦恼是每一个人的烦恼，涅槃是每一个人的涅槃，并且宣称不敬王者，以一种"无父无君"的形象颠覆了传统的命题。这种纯粹的独立于权力之外的以关注自身为终极目标的组织或者说群体，对于受控于权力牢笼的读书人、士大夫来说，无疑是搭建了一个权力控制之外的舞台，吸引力之巨大，自不待言。特别是在传统的制约皇权的谶纬之学被禁绝之后，隋唐佛教甚至成了知识、思想与信仰的核心舞台。（另外，佛教的众生平等说，对于深受权力体系贬低和礼制体系压制的

---

1 〔清〕潘永因《宋稗类钞》卷二十八记载："王荆公尝问张文定，孔子去世百年生孟子，亚圣自后绝无人，何也？文定言，岂无，只有过孔子上者。公问是谁。文定言，江南马大师，汾阳无业禅师、雪峰岩头、丹霞云门是也，儒门淡泊，收拾不住，皆归释氏耳。荆公欣然叹服。"

女性来说，更是一种解放性、革命性的信仰。上至宫廷、下至平民百姓，女性对佛教的信仰更加热烈，武则天依附佛学执掌天下，宋太祖的女眷笃信佛教，眉山苏氏一族女眷崇信三宝，在佛教石窟中也处处可见女性虔诚的身影。）

唐代中期以后，随着佛教的进一步本土化，净土、禅宗成为主流，佛教成为彻底的中国人的佛教。佛学本身的理论性是需要严密论证的，因而是可以学习教授讨论的。但是一旦进入禅宗之境，就是诉诸经验、感悟和直觉的个人体证，于是呈现出直觉化、感性化、个人化的禅宗吸引了大批文人士大夫。晚唐五代，佛教的重要观念已经完全融入华夏语境，崇信佛教已经成了普遍的社会现象，宋代文人士大夫就是在这一背景下走上历史舞台的。

宋代的士大夫塑造了晚期官僚帝国官员的典型形象，他们的视野集中于国家事务与社会福利两大领域，他们扮演着处理帝国日常事务的角色。但更为重要的是他们是帝国道德、品位与文化成就的化身，对于广泛的社会事务、人文艺术等领域有着应担的责任，也有强烈的兴趣。国家宏观政策形势、道德哲学、文学艺术、社会福利与文化教育事业等无不涉及。

大宋朝廷则刻意塑造着与文士共天下的形象，然而帝国通过权力对经典进行确认，通过科举对士人进行筛选，通过权力的制衡捆住他们的手脚。日益强大的皇权通过表面上的谦逊，小心翼翼地塑造了对士大夫群体强大的控制力，代表着士人试图影响帝王的经筵制度，也在宋仁宗撤去了讲经者的座位改为站立而变得微妙起来。

在某种程度上说，士大夫扮演着官僚系统里面按部就班的角色，煞有介事的表演和亦步亦趋的认真界定了他们的日常形象。他们在实际事务的技术性、专业性方面总是保持着一种道德性的矜持，尤其是在遇到两宋之间的剧变之后，在自我保护的背后是不断地自我强化，试图规制帝王，塑造士大夫作为"道"的形象而与"势"的代表——君王——共治天下，"为与士大夫治天下，非与百姓治天下也"[1]。

在个人层面，对所谓"道"（真理性）的执着、人生的安顿，以及艺术品位等层面则维持着隐微的自我意识和个性化的部分，影响着官僚系统内更加广泛的人际网络，必然在人际层面形成不同的集团，试图影响和主导帝国的政策倾向，塑造和主导帝国的利益分配。个人层面的这个部分，受佛教的影响尤甚，从批评者的眼中更能看出其影响的深远，"近来朝野客，无坐不谈禅"[2]，"比来京都士大夫顾不自信其学，乃求问于浮屠之门，其为愚惑甚矣。臣访闻慧林法云，士大夫有朝夕游息其间，而又引其家妇人女子出入无间，参禅入室，与其徒杂扰，昏暮而出，恬然不以为怪"[3]。程颐的看法最具代表性，也说出了其中的关键，程颐参加了一次日常聚会，他的观感是——

> 昨日之会，谈空寂者纷纷，吾有所不能。噫，此风既成，其何能救也。古者释氏盛时，尚只是崇像设教，其害小尔。今之言者，乃及乎性命道德，谓佛为不可不学，使明智之士先受其惑。[4]

文人士大夫醉心佛学，是时代的风气，也是学理使然。我们今天很难用数字统计的方式考察宋代佛教对文人士大夫的影响，但是可以从简略的记载、相关文章等大约得出一个时代的倾向性风尚。有学者针对宋真宗、高宗两朝的宰相与佛教的关系进行了梳理，宋真宗时期共有十二名宰相，分别是吕端、吕蒙正、张齐贤、李沆、向敏中、毕士安、寇准、王旦、王钦若、李迪、丁谓、冯拯。张齐贤、寇准与

1　〔南宋〕李焘《续资治通鉴长编》卷二二一记载了熙宁四年三月关于变法问题的争论中，文彦博的发言。彦博又言："祖宗法制具在，不须更张以失人心。"上曰："更张法制，于士大夫诚多不悦，然于百姓何所不便？"彦博曰："为与士大夫治天下，非与百姓治天下也。"上曰："士大夫岂尽以更张为非，亦自有以为当更张者。"

2　〔宋〕司马光：《传家集》，卷十二。

3　〔明〕黄淮、杨士奇等：《历代名臣奏议》，卷一一六"风俗"。

4　〔宋〕杨时：《二程粹言》，卷上"论学篇"。

佛教关系密切，王旦、向敏中是典型的佛教信徒，王钦若、丁谓参与佛经的翻译、润笔，吕端、吕蒙正也是崇信佛教的，李沆、毕士安、李迪也留下了与佛教有关的诗文。十二名宰相中只有冯拯没有留下与佛教有关的材料，可以说真宗时期的宰相与佛教关系十分紧密。宋高宗时期先后担任宰执之官的左右仆射有十六人，其中最活跃的如秦桧、李纲、赵鼎、吕颐浩等，皆与佛教关系密切。[1]

一方面，观察真宗、高宗朝宰辅与佛教的关系，并不是说简单地以官位高低来看，而是说在宋代担任宰辅者可以看作是士大夫的带头人，他们的知识、思想与信仰具有很强的代表性。另一方面，从出现在这些人文章、回忆与人生中的佛教、寺院以及僧侣来看，往往都与家族、父母、早年的家庭生活、个人成长经历以及故乡有着深切的联系。他们与佛教的内在关系，体现的是其内在的信仰层面，具有更为浓厚的个人性，更能体现他们的自我意识。特别是作为一个团体进行运作的寺院，往往能够超越一般建筑而长久延续下去，成为故乡或者是个人重要经历地的地标性记忆，更为深入地刻在个人的生活、经历与回忆之中。

宋代的成都寺院有苏轼家族的深情回忆，有一方主政官员名留寺院建筑史的文字记载，有游宦者文章中的温馨记忆；安岳、大足的石刻崖壁上，有他们参与佛事活动的记载，有他们捐资造龛的文字，有他们的祈求与愿望，其中有一类官员不仅崇信佛法且剃度出家，有的职事之余自认亲承法嗣。

从帝国政治秩序的层面上说，唐代中期开始的重塑帝国权威与思想秩序的努力，结果是宋代中央集权的加强和对于军事力量的极端警惕。意识形态方面，唐代中期韩愈等开启的非我族类、尊王攘夷的"文化民族主义"浪潮，在担当帝国意识形态使命的士大夫阶层当中慢慢生发，最后演变为南宋晚期理学的官方教条化，达成华夏伦理同一性。北宋时代，可以说是一个士大夫群体积极进取的时代，也是思想勃发的时代，"韩愈以及九世纪的那一种理想主义的政治取向，追求普遍性的'道'的激进思想，重新凸显人性自觉以确立秩序的

1　闫孟祥：《宋代佛教史》，第三章"佛教在宋代的基础地位"，人民出版社，2013年。

道德思想，以及排斥异端确立主流的民族情绪，也成为一种被沉埋的历史资源，要等待宋代人的再次发掘和重新诠释，才构成新的思路。也许，思想史就是这样，在一次又一次的发掘历史资源、虚构历史谱系、重新加以诠释的过程中，知识、思想与信仰世界在渐渐地变化着"[1]。在后来以理学视角追述的历史中，又是一个"文化民族主义"重要的开端，北宋中期的周敦颐、邵雍、张载、程颢、程颐五个人被后来的"道学"奉为正统，而这些人在北宋只不过是多元化、多样性儒家传统中的少数几个人，甚至是影响并不大的几个人。但是在后来的追随者那里则成了最为重要的人物，声称孔孟以来到韩愈之后，正是他们延续了真正的儒家传统。这个派别以"道德保守主义"著称，声称政治的第一要义是德行，同时又是坚定的"文化民族主义者"，以儒家经世的立场坚决排斥外来的佛教和本土的道教。

道学坚持追述古老的传统，坚持道德至上，在追随绝对道德精神与纯粹儒家之路上，不断强调道德精神与儒家正统。尤其是在宋辽对峙、宋金对峙、宋元对峙的局面下，在华夏文化的自我保护中不断自我强化。在靖康之难后，朝廷面临尴尬的局面，京城被攻占，两位皇帝被掳，四处奔逃的南宋小朝廷好不容易安顿下来。高级官员投靠金国的大有人在，军队的组织极其无力，宋高宗不得不放下皇帝的头衔、屈从敌人的要求称臣纳贡，华夏文化的中心沦为异族之地。从文化上说，其屈辱更甚于南北朝——南北朝时期北方异族政权是以汉化为目标的，而此时的金国则强制汉人"胡化"。在这种正统性、民族性、道德性的语境下，"道德主义浪潮""文化民族主义浪潮"不断自我认同、自我保护、自我完善、自我强化，重新确立中国知识、思想与信仰的意义，就是涉及建立民族自信与自尊的问题。不过这一潮流中后来影响最大的"道学""理学"，当时却一直处于边缘地位，但是这一思潮却在正统性、民族性、道德性的道路上越走越远，并且也迎合了一种前现代的帝国架构模式。"国家权威与思想秩序的一统与优先……

1　葛兆光：《中国思想史》，第二卷，第229页，复旦大学出版社，2000年。

形成笼罩着整个社会的漫无边际的规训与绝不抵抗的服从，它由一种不需要军事力量、不需要肉体暴力与身体拘束的监视系统构成思想控制，在那种社会中，由于借助道德与舆论构成的监视系统，仿佛无处不在的目光，不仅在监督人们的实际行动，而且深入人们的心灵活动。在这种本来是人们想象和虚构的'目光'监督下，每个人都将这种监督和规训内化到自己的心灵中，使自己成为自己的监督者，每个人都这样超越着'个人'或'自身'并反过来针对自己行使着监督权。思想的'权力'就是这样普存于整个社会并维持着社会的秩序"[1]，尤其是在帝国权力肆意的作为中，士大夫在悲哀与困惑中，"不可避免地转向内省与回顾"[2]。最终，在南宋与蒙古争正统的风雨飘摇之中，1241年，朝廷正式宣布道学为国家正统，而国事却毫无进步[3]。

最后，可以看到的唐宋两代风景变化的一个现象，是在皇权所代表的国家与士绅所代表的社会双重支持下对违背主流伦理与社会秩序的异常活动的拒斥，在这种旨在强化国家权力与社会秩序的行为中，包括了对异族文明的批判、对民间宗教活动的镇压以及所有反社会行为等等的严厉限制。无疑，这与宋王朝始终处在异族压迫下的紧张有关，也与面临外在压力下的宋王朝不得不强化国家控制有关，当然更与士绅阶层对传统伦理秩序的维护与推广有关，在国家与士绅的双重推动下，一个具有同一性的国家和社会重新确立并越来越被强化。[4]

在这一背景下，佛教逐渐演变成民间的一种主要信仰形式，并从宋代士绅最

1　葛兆光：《中国思想史》，第二卷，第224页，复旦大学出版社，2000年。

2　［美］刘子健：《中国转向内在——两宋之际的文化转向》，第118页，江苏人民出版社，2002年。

3　［美］刘子健：《中国转向内在——两宋之际的文化转向》，第138页，江苏人民出版社，2002年。

4　葛兆光：《中国思想史》，第二卷，第371～372页，复旦大学出版社，2000年。

为看重的个人安身立命之处逐步退出，从知识与思想的战场退出，而成为道德指令的一个部分。这一现象，在安岳、大足石刻中与忠孝有关的主题造像中，表现得十分鲜明。

以佛治心

在光彩夺目的辉煌盛唐之后，宋代呈现出另一种繁荣，大城市兴起，商业主导下的城市活力无限，手工业技术取得明显进步。贸易繁荣，最令人惊讶的是出现了纸币……拥有当时世界上最发达的农业技术、最高产的农业，是当时世界上最富裕的农业国家。随着经济的发展，文官制度更加成熟规范，帝国"贵族化的官僚结构"开始转向"精英主义的官僚结构"，教育进一步普及，艺术成就非凡，一切都似乎预示着一个全新的时代正在来临。

然而，事实却不是这样。在不断的正统化、民族化、道德化的进程中，不断自我认同、自我完善、自我强化、自我窄化，进入了一种双重保守的困局——政治上谨守祖宗之法拒绝改革，学术上因循守旧不断收缩视野和空间。仅仅从北宋到南宋的变迁也可以看出这种趋向，北宋中期（11世纪）是多姿多彩的，开启新的充满希望的道路，乐观开放而生机勃勃；南宋（12世纪）则是保守、自省、内敛甚至是悲观的，越来越自我强化，思想文化的舞台不断塌缩，退出政治领域，退出思想文化领域……宋代的繁荣本质上是古典的，与现代无关，可以称之为华夏帝国官僚社会治理最发达、最先进、堪称典范的时代，"宋代中国有着专制的头脑、官僚的躯干和平民的四肢"[1]。

这个时代，"文化民族主义"正在兴起，"道德保守主义"才刚刚露头，儒学"未知生焉知死"的态度，留下的性命与天道问题恰恰是佛教的核心议题。佛教不仅吸引了科举制度培养的不断壮大的士大夫官绅集团，而且也已经融入社会生活的各个方面。在城市，有实力的寺院兼有图书馆、博物馆、艺术馆的功能，还是商业中心、游乐中心；在乡村，寺院担负着慈善事业、公益事业等组织者、

1　［美］刘子健：《中国转向内在——两宋之际的文化转向》，序言，第2页，江苏人民出版社，2002年。

支持者、建设者的角色，同时也是乡村文化服务中心，是知识、思想、文学、医疗等服务的提供者，深深影响着每个人的生活。

首先，深入社会生活当中的是死后事宜的处理，这是华夏世界最为核心的伦理命题。所谓"生事之以礼，死葬之以礼，祭之以礼"，佛教专注于解脱，所以一直以来扮演着能够安排人死之后各类事情的角色。对于孤寡，寺院安排公共墓地进行安葬；对于正常死亡的百姓，佛教通过相关仪式，完成安葬工作；通过参拜寺院、参加中元节活动，安抚亡魂；对于异地为官的士大夫不能及时安葬家人的，寺院受委托寄放灵柩或者代为办理丧葬事宜，并照顾宗祠、祖坟；因为缺乏经费不能下葬的也可临时安置在寺院；经济条件好的家庭，可以委托寺院举办水陆法会超度亡魂。通过组织安排死者从下葬到祭拜等各种活动，佛教与孝道联系了起来，并且也在佛教教义中不断加入孝的内容。

宋代寺院里面还因此出现了一个专门群体——应赴僧。应赴僧，亦称"假和尚""应佛僧""应福僧"等，是专门支应佛事的职业群体。佛教法事涉及的内容包括丧事、消灾除厄、祛除疾病瘟疫、祈福、祈雨、止息战争等等。大型佛事往往是寺庙主持，而涉及事主家庭的佛事则由应赴僧负责。从死亡开始，佛教就介入了社会生活当中，成为当时人们年少时代深刻的印记，成长过程中，跟随家长游观佛寺、参与各类佛事活动等，成为其生活的一个组成部分。

其次，由于佛教重视经籍与佛教之外典籍的收藏，因而形成了丰富藏书，寺院成为重要的图书馆，而致力弘传教义的僧侣本来就有利用知识捍卫信仰的传统。特别是宋代僧侣，十分注重传统典籍的学习与儒家经典的研究，许多僧侣博通儒佛，于是佛寺成为一方学子经常光顾的图书馆，而博通经史的僧侣则成了少年的良师，进而更加深入地渗透社会文化生活。宋代很多文人士大夫的文章以深情的笔调记录这种经历，在广大城乡地区，寺院以知识的形象存在，而仅仅是在寺庙接受了启蒙教育的乡村儿童数量也很多。

然后，是慈善和公益建设，慈善涉及济贫恤孤救灾等活动，对于改善社会面貌起到巨大的作用，而在公益建设方面，主要是积极参与路桥等地方基础设施建设。另外，佛教节日等重大活动和依托于寺院的集市等，也成为社会生活的重要组成部分。

总之，宋代佛家对于社会生活的影响是极为深入的，甚至可以说宋代是中国佛教的"黄金时代"。具体说到安岳、大足，这里规模巨大的石刻造像本身就说明了佛教的巨大影响，与石刻造像相关的寺院之多、分布的密集程度之高，也说明了这里日常生活中僧侣、寺院、佛教的介入程度之深，而这些都在石刻造像的题记中被保留了下来。

如果说宋代的潮流是士大夫群体普遍崇信佛法，而且大多以居士的身份修行，那么安岳、大足这一区域的士大夫群体不仅崇信佛法，有的甚至剃度出家，或者亲承法嗣。前面介绍过的安岳圆觉洞第7号龛，孙姓孔目官就是官员剃度出家的典型。而在巴蜀之间的潼南、泸州、大足等地大力出资开窟造像、建造塔寺的"从三品"官员冯楫又是另一类典型，扮演着亦官亦儒亦居士的角色，更可以看出佛教在巴蜀地区不仅深入社会而且浸入人心至深。

在宋代川渝摩崖造像中，不只大足冯楫造像龛等是这一传统的实例，民间造像中多有将功德主或其全家像雕刻出来的情况，而且一直延续至民国时期。宋代云南大理国的各种王者雕像也是这种习俗的表现。北魏开始以"帝王为佛"是为了借助世俗权力而"跻凡入神"，神化皇权。那么巴蜀地区宋代摩崖造像中出现普通人与佛像同列的现象，说明佛教进一步世俗化、民间化，世间权力的权威性进一步得到提升。而蜀地"慕权势"则是帝国权力主导一切的真实体现，也是对于世间的肯定、依恋与赞颂，"降神为凡"，欢歌在现世，人世即天堂。

然而，宋代特别是南宋末期，道学（理学）的努力，又正在挤压佛教的空间。伴随着科举制度培养的不断壮大的士大夫官绅集团，产生了更为庞大的不能进入权力体系的文人集团——儒士，自觉地承担起"收拾人心"的使命。他们将自身习得的儒学规训、观念和规则带入各个行业、各个阶层，"从城市推向乡村，从上层移至下层，从中心扩至边缘……居住在乡村的一些士绅，由于身处宗族组织中，他们的知识、思想和信仰成为影响民众的力量。特别是由他们来制定的宗谱、家礼、乡约、族规，更将上层士人以及儒家经典的思想与规则，以及历史和传统，变成了民众生活的习惯以及宗族共同生活和交往的规则"[1]，改变着社会生活的面貌。特别是自认为肩负着道德使命的道学家，自认为可以通过自己的努力以道德训导世界，面对宇宙人生及其终极意义的问题，竭尽全力在"性命与天道"方面做文章，打造儒家的形而上学。同时全力借鉴佛教的模式，开拓书院教育模式，形成一股极具魅力的潮流，日后不断壮大，同时在教育文化事业、乡村社会秩序、家族组织方面着力，成果丰硕。他们不仅挤压了佛教的空间，代替佛教"收拾人心"，也正在彻底改变社会生活、文化面貌。

这种时代风尚，不仅造就了现今所说的唐宋变革、宋代转向，并主导了日后帝国的社会文化生活——以家庭化为核心的生活模式。进而主导了人们的日常生活、审美情趣、文化艺术，日常生活场景成为人们最为关注的主题，"构建和确立了以后几百年间中国知识、思想和信仰世界的主要风景"[2]。日常生活场景反复出现在墓葬形式、墓室壁画与寺院壁画、石刻造像当中，唐代特别流行的堂皇的神佛世界、威严的官员出猎出行场景不再流行，农耕、养殖、宴饮、乐舞等日常生活场景成为关注的题材。在这种转型的过程中，佛教石刻造像传统衰息了，然而在蜀学之地，还没有受到这种过度的"道德保守主义"浪潮的冲击，寺院文化、石刻造像传统得以延续，而题材则已经更加世俗化，更加道德化、教条化。大足、安岳石刻造像中大量以这类题材为主题的造像，正是这一时代风尚的反映，但是正因为这种时尚的转变，安岳、大足石刻成了石刻造像最后的华章，最终成为绝唱。

1　葛兆光：《中国思想史》，第二卷，第 377 ~ 378 页，复旦大学出版社，2000 年。

2　葛兆光：《中国思想史》，第二卷，第 355 页，复旦大学出版社，2000 年。

一切经藏

　　我们这本书的主角虽然是巴蜀之地的宋代石刻造像，然而作为唐宋时代的佛教中心，还有一个与佛教石刻造像关系密切并且同等重要的角色——经藏，值得单独进行介绍。作为唐宋时期的佛教中心、印刷出版中心和本土化经典造作中心，蜀地经藏、造像、壁画、僧侣、寺院等互相关联，成为唐宋时期巴蜀地区重要的人文景观。

　　佛教传入汉地，始于两汉之际，两千多年来，佛教从少数统治者与知识分子的好奇开始，经历了从被排斥到几乎被全面接受，从初传时与中国思想文化、风俗习惯的碰撞、冲突，到最终互鉴、融合，成为华夏优秀传统文化的重要组成部分。佛教的哲学思想、壁画造像艺术、文化习俗等无不蕴含着多元共生、协同发展的智慧，它们是中外文明交流互通、世界及中华各民族交流、融合的重要成果，是中华各民族对世界文化的重要贡献。

　　经藏是佛教的重要载体，佛教的传入与发展离不开佛经的翻译传播。最初，佛经的翻译与流布全靠口授、誊写。随着唐代雕版印刷术的发明，开始出现刻印佛经的现象。北宋建立之初，我国第一次在成都完成了整部《大藏经》的经版雕刻，并运到首都开封印行，从此改变了佛教经典流通主要靠传抄或零星刻印的历史。这是中国对世界文化发展做出的巨大贡献，也推动了佛经更方便、更快捷地进行传播，并且极大地减少了错、漏、歧义的产生，推动佛教文化在中国加速传播、融合、发展的同时，也对东亚各国产生了深远影响。

今天，我们看到的所有《大藏经》，都与北宋的这部蜀版《大藏经》有着千丝万缕的联系。

众经汇集

佛藏，是对已译出的佛教经、律、论等典籍分门别类、系统地汇聚起来形成的系列佛教经典的统称，通常又叫"大藏"或"大藏经"。

佛教真正的传入与发展就是从佛经翻译开始的，东汉明帝遣使于月支国取回"四十二章经"，沙门竺摩腾在洛阳白马寺将其译出，开启了佛经汉译的历程，而中土汉译佛经流布全靠翻译、誊写与口授。

起初，一部佛经译出后流通的速度与范围很有限。两晋以后，由于佛教的发展，佛经被大量带到中国，并被翻译出来。同时社会各界对佛经的需求也越来越多，佛经的翻译不断增加，不但出现了专门抄经的人，还出现了专门搜集整理已译佛教经书的人。

在地域辽阔、民族众多、方言与地形复杂、交通不便的中国，对已译出经典的搜寻与整理是一件非常不容易的事情，但一直有人在做相关工作，只是进展比较慢，而且只能手写抄录。目前史籍可考的佛经目录的编辑最早见于魏晋时期，当时著名僧人释道安编写了《综理众经目录》（简称《众经目录》，又称《安录》）；稍后，南朝梁代僧祐编写了《出三藏记集》。《综理众经目录》已散佚，《出三藏记集》至今仍然是重要的佛教史籍，也是现存最早的汉文佛教经籍目录。但是，其中所列佛经，有的早已遗失，后来又有了重译。

检阅佛典，我们会发现：有的佛经有多人多次翻译，原因就与手抄方式使速度与数量受限、流通范围受限、容易产生错漏与歧义有关，许多重要经典都因后人认为前译难懂或有误而进行重译。

《众经目录》《出三藏记集》反映出佛教经典在当时已经形成系统的藏经，不过还不叫"大藏"，而是叫"众经""三藏"。唐代，有慧琳编著的《一切经音义》、四川安岳卧佛院有石刻《大唐东京大敬爱寺一切经论目序》，由此可知唐代系统的佛经汇集在一起又被称为"一切经"。为了系统地传播佛法，避免过多重复工作，晋代释道安、南朝梁的僧祐以后，一直有人接续开展搜集、编写佛教经籍工作，同样都是手抄，流行的本子也是抄本。到唐代，手抄佛经有很大的发展，抄经不但成了专门职业，还形成了专门的字体"写经体"，现在日本正仓院还保存有相当于唐时期的写本全藏。

唐代大藏的编目有很多种，有较大影响的主要有唐麟德元年（664）释道宣编《大唐内典录》10卷、武周天册万岁元年（695）释明佺等编《大周刊定众经目录》15卷、开元十八年（730）智升编《开元释教录》20卷等。这反映了当时佛教发展迅速，人们对佛经的需求量巨大，搜集藏经、编写藏经目录频繁。其中《开元释教录》影响极大，收录了佛教大小乘经典1076部，5048卷；智升又从中摘出《开元释教录略出》4卷，以千字文编号，为以后大藏经的汇编刊刻奠定了基础。唐代出现了"大藏"一词，佛典有系统、分门别类汇集在一起，从此被称为"大藏"，不再叫"众经""一切经"了。

唐朝时期，中国佛教早已走过了初传，且经历了南北朝、隋代的发展，在最高统治者带头支持下，早已深入社会各阶层，这些都与纸张的普及应用、唐代雕版印刷术出现后佛经可以大量刻印、流通分不开。随着刻印佛经的大量流通，唐代中后期偏远的乡村佛寺也出现了佛教刻经，至今巴蜀地区唐五代造像遍布，刻经亦很常见。但唐五代的佛经刻印仍是局部或单部佛经，抄经仍然是佛经传播的主要方式。

薪火相续

公元755年，安史之乱爆发，都城长安陷入混乱，后来虽然平复，但从此北方大部分地区进入藩镇割据时代，直至五代，四分五裂，战争不断。会昌五年（845），发生了唐武宗灭佛事件；后周显德二年（955），周世宗又发动了中国历史上最后一次灭佛运动，中原佛典被毁，经籍散佚殆尽。江南地区与中原一样，历经了王仙芝、黄巢起义的混战，佛教经典损毁严重。

这个时候，北方的辽国等认为中国佛教已经无人了，对中原产生了藐视心态，因为保存了佛典所以认为自己才是大唐文化的正宗继承者。佛教经典的传承已经成为"天命正统"的标识，事涉民族自信与文化自信，帝王对此自有清晰的认识，元代僧人释觉岸撰写的《释氏稽古略》中记录了辽圣宗耶律隆绪的这么一段话——

> 甲申雍熙元年，辽统和二年（984）春三月，日本国僧奝然入朝，因言其国传世八十，历年三千二百矣。帝谓辅臣曰："中国自唐末五代分裂，不但其君朝成夕败，臣亦诛死相寻。朕兢兢求治，冀上穹鉴祐，为子孙长久计，卿等亦保世禄"（出十三朝圣政录）。诏修泗州僧伽塔，加谥"大圣"二字。

巴蜀之外，佛典散佚，已成共识，"唐末教籍流散海外，今不复存"（《佛祖统纪》卷十）。

> 唐末吴越钱忠懿王，治国之暇，究心内典，因阅《永嘉集》，有"同除四住，此处为齐。若伏无明，三藏则劣"之句，不晓，问于雪居

韶国师，乃云："天台国清寺，有寂法师，善弘教法，必解此语。"王召法师至，诘焉，法师曰："此天台智者大师《妙玄》中文。时遭安史兵残，近则会昌焚毁，中国教藏，残阙殆尽。今惟海东高丽，阐教方盛，全书在彼。"王闻之慨然，即为遣国书赍币使高丽，求取一家章疏，高丽国君乃敕僧曰谛观者报聘，以天台教部还归于我。观既至，就禀学寂公于螺溪终焉。大教至是重昌矣。[1]

后来作为宋廷僧统的赞宁，也感慨"中国教藏，残阙殆尽"，可见佛典散佚之严重。所以，吴越王钱镠、钱弘俶只得遣使到日本、高丽购买、求取佛经，以图重振佛学事业。"吴越王遣使十人，往日本国求取教典……，一家教学郁而复兴"（《佛祖统纪》卷八），高僧螺溪义寂因此得以弘传佛法。"螺溪访夫旧闻，网罗天下，钱王遣使高丽日本，教观复还，再行江浙。"[2]螺溪义寂的作为，受到宋廷僧统赞宁高度评价，"先是，智者教迹，远则安史兵残，近则会昌焚毁，零编断简，本折枝摧，传者何凭，端正甚学。寂思鸠集也，适金华古藏中得净名疏而已，后款告韶禅师，嘱人泛舟于日本国购获仅足，由是博闻多识。微寂此宗，学者几握半珠为家宝欤"[3]。但是也说只有"半珠"而已。直到宋真宗咸平年间，还有日本僧侣质疑中土教法。

六年癸卯，是岁日本国师遣僧问难。本序曰，咸平六年癸卯岁，日本国僧寂照等，赍本国天台山源信禅师于天台教门致相违问目二十七条，四明（知礼）凭教略答，随问书之。

---

1 〔明〕智觉：《四教仪缘起》，引宋僧赞宁《通惠录》文。
2 〔元〕怀则：《天台传佛心印记》，卷二。
3 〔宋〕赞宁：《宋高僧传·宋天台山螺溪传教院义寂传》。

四明知礼是螺溪义寂的徒弟，真宗特赐法智大师之号，时称"四明尊者"。

五代宋初，佛学衰微到了如此地步。蜀地，隋唐佛学却一直得到了延续，隋末唐初大量高僧大德入蜀，奠定基础，年少的玄奘兄弟二人就是在此时入蜀的，《大慈恩寺三藏法师传》中讲：

> 初炀帝于东都建四道场，召天下名僧居焉，其征来者皆一艺之士，是故法将如林，景、脱、基、暹为其称首。末年国乱，供料停绝，多游绵蜀，知法之众又盛于彼。

禅宗史籍记载，唐代禅宗五祖弘忍将传为达摩留下的传法信袈裟传与了并非其正式弟子的慧能，慧能到南方发展，弘忍弟子神秀在北方发展，从此禅宗分为南北二宗。武周时期，南宗慧能所得传法信袈裟入皇宫内供养，不久武则天将之赐予四川资州纯德寺智诜禅师，智诜传处寂禅师，处寂传成都净众寺无相禅师，无相传保唐寺无住禅师。根据佛教史书《历代法宝记》记载，几代禅师门徒众多，分散各地，无论得到传法信袈裟与否，都致力于广传佛法。因此，禅宗出自智诜一系的法嗣绵绵不绝，影响广大，这是蜀地对中国佛教发展的重要贡献之一。唐代天宝之后，中原丧乱，又有大量高僧从中原入蜀，佛教和佛学中心转移至成都，与佛教相关的文学、艺术和工艺均达到当时的最高水平。

特别是安史之乱到宋初这个时间段，蜀地成为典籍的汇集地，佛教经籍自然也得到大量保存，在崇文慕道的氛围中，人们热衷于收集经典，刊刻经典，蜀地因藏书、修订图书、印书的传统深厚，藏书丰富、典籍完备，成为两宋时期的印刷中心，源源不断地向朝廷供给图书。

从佛教典籍角度看，我们今天还能在安岳摩崖石刻上面看到蜀地佛经的传承痕迹，以及早期汇编佛典的努力。安岳卧佛院有15座洞窟的壁面上布满了唐代刻经，大部的有《妙法莲花经》《大般涅槃经》《金光明经》《维摩诘所说经》等，小部的有《佛顶尊胜陀罗尼咒》《佛说报父母恩重经》《大方便佛报恩经》

《波罗蜜多心经》……，达40多万字，现在还能识读的仍有34万多字。在第46号窟内有卧佛院所刻佛经的目录，开头即为《大唐东京大敬爱寺一切经目序》，说明了这些佛经的来源是唐代东京的大敬爱寺，渊源有序。唐代智升的《开元释教录》，编于开元十八年（730），卧佛院刻经开始之时，智升此书还没有编写完成，当然也不可能流传。在卧佛院唯一接近完工的第59号窟及未完工的66号窟内，刻经中间分别有开元二十三年（735）、开元十五年（727）、开元二十一年（733）题刻，在刻有经目的第46号窟外壁上有开元十一年（723）的造像题记，说明《开元释教录》还没有编辑完成时，东京大敬爱寺的"一切经"已经在这里准备有计划地雕刻了，由此可见蜀地佛典传承之一斑。

宋太祖开宝年间开始蜀版大藏经的汇集，依据的就是《开元释教录》所录经藏。《开元释教录》与前面提到的安岳石刻佛经依据的东京（洛阳）大敬爱寺《一切经目》所录经藏的关系至今还没有人关注。卧佛院有明确纪年的刻经表明，东京洛阳大敬爱寺所藏"一切经"经过认真编排整理，并编写了目录，为天下所传抄。2007年，笔者将刻于卧佛院15个洞窟中的经文与现行《大正藏》经文进行了逐一对比，除少数有漏字或间有故意略出外，二者几无差别，说明刻于卧佛院的这些来自东京大敬爱寺的"一切经"与《开元释教录》所收经藏是相同的译本。由此可见，早在蜀版大藏经开雕两百多年之前，蜀地已经有了大规模的经典汇集编撰基础。

佛教经典在蜀地得以完整保存，成都成为当时中国的佛教中心，以成都大慈寺为中心的蜀中佛教影响力极大、影响范围至广，为汇集刊印大藏经打下了坚实的基础。另外，成都一地雕版技术又最为精良，刻印了大量单部佛经，并流传各地，因此系统搜集所有已译佛经成为可能，推动了佛经体系性、系统性的流通与传播。19世纪晚期以来，在新疆、西安、成都等地都曾出土过唐代成都印刷的佛经，其中西安、成都出土的唐代佛经是目前见到的最早的刻印佛经。所以，当中原与江南"教藏灭绝，几至不传"，唐代文化与传统丧失殆尽之时，在蜀地却得以保全，其中佛教图像与典籍尤为重要。

赵宋开国，开宝初年，宋太祖即派内官高品、张从信来到益州收集经典，雕刻经藏，历时十二年完成，第一次完成了世界上整部佛教大藏经的雕刻。因其始刻于开宝四年（971），故称"开宝藏"，又因雕刻地在益州（今成都），又称"蜀版大藏"。

太平兴国八年（983），蜀版《大藏经》经版全部刻成后，运到了当时的都城开封，放置在太平兴国寺西侧的译经院（太平兴国寺坐落于今天的鹤壁市大伾山上），正式印行，这批13万块经版陆续印刷修补，140年后经版被金人焚毁。《大藏经》一经印行，就引起轰动，日本僧人请求带回日本，"雍熙元年（984）三月，日本国沙门奝然来朝。……奝然求谒五台，及回京师，乞赐印本大藏经，诏有司给与之"。端拱二年（989），"高丽国王治遣使，乞赐大藏经并御制佛乘文集"（《佛祖统纪》卷第四十三）；天禧元年（1017），"十一月，东女真国入贡，乞赐大藏经"（《佛祖统纪》卷第四十四）；"西夏国奏，国内新建伽蓝，乞赐藏经"（《佛祖统纪》卷第五十二）。

在唐宋之际，蜀地佛学之盛，诚如苏轼在《大悲阁记》中所说："成都，西南大都会也，佛事最盛。"蜀版《大藏经》的雕版印行，就是蜀地是唐宋佛学中心的最好证明，也是薪火相续、上承大唐而后接引两宋的最好证明。

文化自信

我们发现，现在看到的佛教《大藏经》虽然版本很多，但或多或少都能从中看出蜀版《大藏经》的影子。《开宝藏》的印行，极大提振了军事上处于弱势的宋人信心，可以说宋代文人的自信心由此大振。《佛祖统纪》中就记载了发生在南宋孝宗乾道三年（1167）三月的一件事——

> 日本遣使致书四明郡庭，问佛法大意，乞集名僧对使发函读之。郡将大集，缁衣皆畏缩莫敢应命。栖心维那忻然而出，日本之书与中国同文，何足为疑，即揖太守褫封疾，读以爪掐其纸七处，读毕语使人曰："日本虽欲学文，不无疏缪。"遂一一为析之，使惭惧而退。守踊跃大喜曰，天下维那也。

四明，指明州，宋神宗元丰三年（1080），朝廷将明州定为去日本、高丽的始发港，绍熙五年（1194）升明州为庆元府，以境内四明山而有此别称，即今天的宁波市。所以，日本使臣自然只能在这里入境，先见地方官。

日本使臣炫耀学问，被栖心寺的维那（寺中统管杂务的人）当场驳倒，指出其文的七处错误。发生在宋朝特别是南宋时期的这件事，对于一直处于金国挤迫之下的南宋小朝廷而言，自然是一件值得大书特书的事情。

有宋一代，中外佛教交流频繁，在某种程度上说，佛学的兴衰也成了王朝合法性、合理性的一个表征。在宋辽对峙、宋金对峙、宋元对峙的局面下，没有了雄视天下、睥睨四方、无远弗届的帝国气派，占领文化高地也就成了正统性、合法性博弈的一个重要内容。在佛学方面的成就也就成了民族自信、文化自信的一个重要方面。《佛祖统纪》就对这类交流活动做了详细记录，做了重点记载，而蜀版《大藏经》作为重要的文化输出品，其影响之大、流布之广，可以说是当时一部最具世界性影响的佛教经藏。

今天，流布最广的佛藏版本是日本大正年间编辑整理的《大正新修大藏经》，简称《大正藏》。《大正藏》的底本是《高丽藏》，《高丽藏》是较好的大藏。而《高丽藏》是在《契丹藏》与《开宝藏》补版基础上雕成的。《契丹藏》的雕刻时间晚于蜀版大藏，是以唐代汇集的另一部大藏《随函录》为基础，结合《开宝藏》补版雕成，辽国雕印《契丹藏》，就是要与北宋在文化上一较高下。然而，无论如何，《契丹藏》开刻时《开宝藏》已经雕刻完成并流布开来，而且早已被周围所有国家认可，对宋代的民族自信、文化自信的恢复与提升发挥了重要作用，可以说这是中国历史上最重要的一次文化自信重建，且立竿见影。也可以说，今日所见各种大藏经，都与蜀藏有关系。

大宋的这份文化自信，成为后人无限追溯的源头，也成为宋文化魅力的见证。蜀地的文化传承，则是宋文化这份自信的本钱和根底，传承了两汉魏晋南北朝隋唐文化的蜀地，崇文慕道，乐于探究的精神与传统，丰厚的典籍积累，以及深情自信的姿态，为大宋的这份自信奠定了深厚的根基。

石史余歌

巴蜀地区的佛教、佛学与寺院是典型的汉传佛教，同时又有着自身独有的特点，以及独特的创制。巴蜀地区汉传佛教的这种特点在唐宋时期表现得特别突出。

隋末唐初，"时天下饥乱，唯蜀中丰静，故四方僧投之者众"（《大唐大慈恩寺三藏法师传》）。然后是唐玄宗、唐僖宗避难蜀中，大批高僧大德随之入蜀。唐代末年，据有蜀地的王建以忠于唐朝廷为号召，在中原大多数藩镇势力纷纷建国称制后仍然沿用唐王朝年号，执行唐王朝政策，为中央朝廷提供了最大份额的供给，直到唐哀宗灭亡，北方辽国已经兴起，王建才称帝建立蜀国。所以五代时期，蜀地延续了唐代的佛教政策，并且佛教寺院建设、造像开凿与绘画创作等活动并没有受到朝代更替的影响。最重要的是，中原战火连年，大量佛典被毁，佛教名僧与艺术家流失，唐代累积起来的佛教文化与艺术遭到极大破坏。富裕的江南也经历了混战，以致到了吴王钱镠、钱弘俶时，只能派人去日本等国求取佛经，女真等国认为中国佛教已经无人。宋朝建立之初，佛教在巴蜀之外的中国走到了低谷。

唐宋之际的巴蜀之地，则是另一番光景，社会稳定、经济繁荣、文化兴盛，佛教在此地得到平稳延续与发展，尤其是到了宋代，这种局面继续得以延续，成就了蜀学的辉煌，也成就了独一无二的地方文化。其间对于物质生活的创造，对于文化艺术的传承，对于儒佛道的信念，可以说是宗唐启宋，起到了十分重要的桥梁作用，甚至它独特的城市生活，在汴京、临安也能找到影子。

作为两汉魏晋南北朝以及晚唐五代华夏世界文化的安全岛，蜀中文化的隐忍、坚守、包容与发展，成就了无数的夺目奇观，而从唐宋特别是宋代社会文化的角度，可以一窥其堂奥。

天下蜀刻
石上大宋

无数珍藏

关于宋代的审美情趣、人文风貌、文化艺术，有盈千累万的文字描述，引人想象；有数量众多的宋画传世，令人惊叹；有清雅超绝的瓷器存在，夺人眼目……故虽已历千年，我们仍能从中窥得宋代独有的物质生活面貌。

宋代，吴、蜀两地是经济文化最为发达的区域。以人口论，蜀地又胜于吴，成都平原行政建制多，人口密度大，成都府及蜀州、彭州的人口密度均在200人／平方千米以上，远远超过苏、湖、常、秀诸州。到了南宋时期，成都府的人口密度为337.7人／平方千米，蜀州、彭州的人口密度都在300人／平方千米以上，再次超过太湖平原。

成都平原仍然是全国农业最发达的地区，盐业、茶业、纺织业、制糖业、酿酒业、造纸业、印刷业发达。在经济繁荣局面下，巴蜀之地社会文化事业更加繁荣。在这一时代，人们更愿意赞颂日常生活，热闹的市井、舒适的行旅、辛劳的耕作……每一幅生活小景，都被人们反复记载、咏叹和追忆。

富庶安宁的生活，塑造了宋代人对于现世生活的态度——强烈的世俗化趣味，不再是南北朝时期超越世间与对世间的否定的想象，也不再是隋唐时代立足世间而又超脱世间的宏大幻境，而是对于世间的肯定、依恋与赞颂。

今天的我们很幸运，不仅可以通过文字、宋画、宋瓷等想象宋人的生活，随着现代考古学的发展，还可以通过大量的宋代物质生活遗迹看到真实的宋人生活，仅仅是发现的窖藏就足以为我们打开了解宋代物质生活面貌的大门了。如果说墓葬等等，是刻意安排的，而窖藏则是仓皇之间的无奈，可以看出当时人们重视的器物，可以反映真实的生活面貌。近年来发现的宋代窖藏遍及四川各地，剑阁、绵阳、安县、德阳、什邡、金堂、郫都、彭州、成都、双流、温江、崇州、大邑、彭山、青神、峨眉山、石棉、雅安、平武、江油、阆中、武胜、三台、遂宁、资中、巴中、仪陇、营山、广安、忠县、广元、都江堰、通江、绵竹、新都、理县、西充、南充、长寿、荣昌、开县、芦山等地都有发现。根据统计，这些窖藏主要分布在四川中部的四川盆地，西至雅安、芦山，南至长江以北的主要驿路和水路的两侧、与行政和军事有关的城镇及其附近地区，是四川人口最密集、经济最富庶的区域。数量之多，全国仅见，成为见证巴蜀地区宋代物质生活和蒙古入侵造成的破坏最为生动的资料。这些年，以此为主题的展览也不断推出，很直观地展示了当时人们的物质生活面貌。

这些窖藏中有大量的当时人们认为的很重要的生活用具或贵重物品，包括瓷器、金银器、铜器、玉器、铁器、陶器等材质的生活、生产用具。日常生产生活用具之外有瓶、鼎、熏炉、烛台等供案陈设器具，有玉质的蟾、狮、道人乘兽像等摆件，有金银制的造型纹饰精美的瓶、注子、注碗、托子、杯、壶、盒、香熏等十分富于生活情趣的器具，有砚台、水盂、笔架、镇纸等文房用具，也有包括千手观音，各类坐佛、菩萨、力士等成组的佛教铜造像。其中，遂宁发现的宋代窖藏瓷器985件，其中景德镇影青瓷600件、龙泉窑青瓷342件，另有广元窑、耀州窑、定窑等窑口瓷器共43件，如此多的精美宋瓷集于一处，是关于宋代瓷器的一次惊人发现。

窖藏的情况，反映出不同阶层的生活状况，有的窖藏主要为金银铜瓷器、珍宝首饰，属于富庶之家，透过它们，可以遥想其主人舒适、安逸，甚至优雅的生活；有的只是日常生活用品，属于普通民家，透过它们，你也能看到普通人家的日常。这些窖藏，极大地丰富了我们对于宋代物质生活，特别是巴蜀地区各阶层人们物质生活的认识，也能够揭示宋代巴蜀地区人们闲适精致的生活方式，以及总体来说繁荣富裕的生活现实，可以说是宋代天府之国极致生活的真实样本。其中，仅仅遂宁的瓷器窖藏，就涉及当时宋朝全国各地最著名的窑口，借助它们，我们完全可以想象宋代水陆商路上繁忙的身影，蜿蜒的蜀道上艰难的行旅，农田里辛勤劳作的人们；仿佛能再见都市中商铺里琳琅满目的商品，工匠精巧的手艺，以及摩肩接踵的人流；仿佛置身于农业发达、商贸繁荣、生活富足的宋代天府生活现场。

这些窖藏，时间集中在13世纪上半叶，当时的人们无论贫富都陷入了埋藏财物匆匆逃亡的绝境，由此可见战乱给巴蜀地区百姓造成的灾难是多么的沉重。这些窖藏仿佛战争留下的深深的创伤，永远诉说着战争的残酷、和平的珍贵。同时，也印证了这一时期安岳、大足石刻中人们对于和平、对于国泰民安深深的祷告、无限的期盼。这些惨烈、这些心愿，跨越了时间、跨越了空间，永远诉说着。

千年以后，人们目睹这些窖藏，仿佛还能感受到当时人们在战火硝烟中的凄惶。这些窖藏的主人，一去之后，再没回来。

那些信条

佛教传入巴蜀之地后，与这里的地域文化反复融合，形成了特有的重视行仪（简单说就是重视实际操作）、面向民间的传统，特别强调佛教的救难解厄、死后救赎等观念。隋唐时期，特别是唐太宗、唐僖宗避难入蜀，大批高僧云集蜀地，蜀地一跃成为佛教义学的中心，在佛教义理方面的成就极高。但是，重视行仪、面向民间的传统十分深厚，形成了一些独特的信条，产生了一些独特的文本，并且反过来影响了其他地区。这既反映了巴蜀地区有着自身独特的文化基因，同时也显示出这方水土养育的人们独有的创造力，形成了属于这一地区的独特的信条以及相关的文本。

这种现象，深刻地影响了巴蜀地区石刻造像最集中的安岳、大足石刻题材的选择，尤其在大足石刻中表现更为突出。比如宝顶山石刻造像、题刻铭文，大多在历代《大藏经》汇集的佛教经籍中找不到依据，主要依据的是疑伪经，也就是中国人的著述，简单地说，就是中国人自己创作的佛经。如《佛说十王经》《佛说报父母恩重经》《华严十恶经》《佛说守护大千国土经》《恒沙佛说大藏灌顶法轮经》，以及传为佛陀多罗译的《大方广圆觉修多罗了义经》等[1]。其中，十王信仰、父母恩重经、道德训诫类经典等题材十分突出，影响深远，可以说是深深地浸入了普通百姓的日常生活，成为基本的生活信条，值得加以介绍。

《佛说十王经》《佛说预修十王生七经》等为成都和尚藏川口述，即中土僧人著述。佛教传入四川，最早的证据是东汉墓葬中雕刻的佛像，以及出现在墓葬中随葬的摇钱树上的佛像，总之与墓葬有关，并与西王母等形象并置在一

1　侯冲：《宋代的信仰性佛教及其特点——以大足宝顶山石刻的解读为中心》，"2005'中国重庆大足石刻国际学术研讨会暨大足石刻首次科学考察 60 周年纪念会"发言论文，2005 年。

起，与巴蜀地区流行的关于死后世界与神仙崇拜有着密切的关系。但显然这类佛像并不是一种独立的信仰或者宗教意义上的佛像，而仅仅是死后的世界或者说是神仙世界多了一位来自胡地的神仙而已。不过因为佛教关注超脱人生苦海、追求超越生死的涅槃，大约最早是被当成与死亡和死后世界有关的神仙，所以在蜀地总是与死亡、墓葬关联起来。本来，在这里的本土信仰中，死后世界只是粗疏的升入天堂之路，死者的灵魂状态需要生者的不断照顾，并且与伦理的核心观念"孝"——"生事之以礼，死葬之以礼，祭之以礼"——有关；即使存在"幽都"之说，也不过是表示死后世界的从下层往上升的意思，概念比较含混，没有所谓与罪孽等关联的救赎的意思。

佛教的引入，正在改变此前关于死后世界与灵魂世界的观念，逐步形成具有强烈地域性特色的关于死亡等的观念体系，最后佛祖本身才脱离死亡、墓葬等相关的观念场域，恢复其佛祖的形象。沿着地狱观念的演进，最后在7世纪左右形成了比较完善的地藏十王概念，这一概念混合了佛教的轮回概念与本土的相关观念。地藏十王概念中的死后世界，是一个经过审判的再生过程，而且明显以现世世界的官僚管理模式为模板，"因果报应成了十王与其僚吏的行政审判。再生也不再是一个自然的结果，必须臣服于强有力的官僚们，在他们监督之下经过漫长审判之后，才能够实现。十名判官很好地体现了中国佛教对来生思想的史无前例的革新"[1]。逐渐将死后时间的概念清晰地构建起来，最后将人死亡之后的中间时间段与三年之孝——"夫三年之丧，天下之通丧也"——结合起来，将死后的三年分为由十王分别管理的10个阶段。

首先是七七斋会，就是将死后的49天分为7个部分，每七日是一个节点，然后是第100天作为第八个节点，最后是1周年、3周年两个节点，总共10个节点。每一个节点由一个王掌管，他们分别是秦广王、初江王、宋帝王、五官王、阎罗王、变成王、太山王、平等王、都市王、五道转轮王。死之后，时间到达各节点有各

1　[美] 太史文：《〈十王经〉与中国中世纪佛教冥界的形成》，第5页，上海古籍出版社，2016年。

自的仪式、经文对应。

传统中国自认为是世界的中心，这在十王信仰的传播中表现得淋漓尽致，在吐鲁番发现了《十王经》11世纪左右的回鹘文写本，10到14世纪的西北地区，除了回鹘文外还有西夏文、藏文版本，13世纪左右《十王经》文本传入日本，朝鲜的地藏菩萨与十王崇拜形式多样。除了传世文本之外，十王题材广泛存在于绘画、壁画、塑像、龛窟造像、祈愿文、祭献、文章与故事传说以及葬仪的过程中，直到今日，仍然广泛流行。

从现有的传世文本看，明确标注了时间的最早的抄本是公元908年的敦煌抄本。其中敦煌发现的两个版本——《佛说地藏菩萨发心因缘十王经》《佛说阎罗王授记四众预修生七往生净土经》，作者明确标注为"成都府大慈寺沙门藏川述"。而种种迹象表明《十王经》可能最早出现在7世纪。

总之，现有材料与地方信仰背景等都显示《十王经》的起源与相关信仰都与蜀地有关，这一深深融入了儒家观念的佛教概念，从此以后深深嵌入了华夏世界以及受到华夏文化影响区域的人们生活，成为重要的日常生活信条。最有趣的是在正式的典籍中，《十王经》从未得到过承认，也没有相关记载，抄本上的"成都府大慈寺沙门藏川"，也在文献中了无踪影。然而《十王经》塑造的地狱观念、轮回观念、来生观念，从7世纪开始，就成为华夏世界关于死亡世界的核心观念，并且成为最具操作性、操作最多的仪式性活动，主导着葬礼仪式，就是说已经渗入人们的日常生活与观念世界，并成为其必不可少的一个部分。

西明寺沙门体清述《父母恩重经》是一部十分有意思的经典，并没有得到权威的认证，与《十王经》一样，应该是唐代中期的作品。从记载看，唐代明佺所著《大周刊定众经目录》里就有收录，"佛说父母恩重经一卷"。随后，释智升所著《开元释教录》也加以著录，"父母恩重经一卷，经引丁兰、董黯、郭巨等，故知人造，三纸"。就是说经文中引用了丁兰、董黯、郭巨等的故事，显然不是印度传入的原典，乃是中土创作，"人造"的意思就是不是佛陀所造。日本和尚圆仁在《入唐新求圣教目录》里面明确提到"父母恩重经疏一卷，西明寺沙门体清述”。这位“西明寺沙门体清”与“大慈寺沙门藏川”一样，在传世典籍中了无踪影，不过从文献著录看，《父母恩重经》应该出现在7世纪的长安。

这里之所以要介绍这部经典，并不是因为它在理论上的贡献，主要是因为这部经典的出现，与《十王经》一样，是佛教中国化时代的重要作品，甚至可以说是代表性作品。如果说《十王经》是将佛教与华夏世界慎终追远、遵从祖先的观念连接起来，建构起了糅合轮回观念与孝道理念的地狱概念，那么《父母恩重经》就是要解决在华夏世界眼中专注于自我解脱的佛教“无父无君”的形象问题。对于华夏世界来说，三纲五常是文明的表现，“无父无君”则是野蛮的标识。造作《父母恩重经》就是融合儒佛的关键，也是佛教伦理中国化的关键，因此《父母恩重经》虽然没有被收入佛教经典当中，却在民间影响深远，开元年间，在以来自洛阳大敬爱寺的经目为基础规划的安岳卧佛院刻经中就已有了这部经。《父母恩重经》固然是7世纪华夏世界的造作，但是正因为华夏世界中以“孝”为最根本的伦理之基，早期佛教经典翻译过程中，就单独译出过一部《大方便佛报恩经》，汇集与孝有关的佛典故事，南朝梁代宝唱法师编撰的《经律异相》即有著录，之后在相关佛教经目中也有著录。

正因为这部经典反映了唐宋佛教的一个十分重要的特点，也是大足大佛湾第15龛《父母恩重经变相》、第16龛《雷音图》到第17龛《大方便佛报恩经变相》的主题，是独一无二的造像，所以这里单独介绍。

《玉历至宝钞》，全名《玉帝慈恩纂载通行世间男妇改悔前非准赎罪愆玉历》。据段玉明先生考证，此经的造作当在北宋时期，是勿迷在“四川成都双流县路遇淡痴”得授此经，然后在建炎四年（1130）正式刊印传世[1]。《玉历至宝钞》沿袭了《十王经》劝人为善的传统，糅合十王裁断，添设孟婆、望乡台、醧忘台、转劫所、枉死城、宝藏神等内容，然后是酆都大帝说、善恶报应等，将善恶报应细化为与种种行为一一对应的关系。传自蜀地的《玉历至宝钞》，是开启

1 段玉明：《玉历至宝钞：究系谁家之善书？》，《宗教学研究》，2004年第2期。

宋代劝善书创作的重要作品，同时与巴蜀地区宋代石刻造像中大量的道德规训性造像题材是一致的，是宋代社会整个"道德保守主义"浪潮的一个支流。

总之，从巴蜀地区佛教重视行仪、面向民间的传统出发，这些独特的不被正统认可的典籍和行仪，在这个地方不断推出。明清时期流行于云南的阿吒力教还保存了大量宋元巴蜀地区造作的科仪文本，署"成都天王寺赐紫沙门溥辉撰"《圣白衣观音圆通忏》，署"眉阳慧觉寺长讲沙门祖照集"《楞严解冤结道场仪》，署"汉洲绵竹大中祥符寺住持长讲华严海印大师思觉集"《如来广孝十种报恩道场仪》，署"眉州著作郎成都府学教授侯溥贤良集"或"眉州著作佐郎侯溥贤良集"《圆通三慧大斋道场仪》，署"西竺中岩祖觉禅师集"《天宫清净吉祥妙集》等[1]，都显示了巴蜀地区佛教不断将信仰层面十分注重的信条经典化或者说教条化的特征——地狱救赎、宣扬孝道、因果报应、劝善积德等等，有着显著的道德伦理色彩，也就是创造性的改造。一方面，这表明佛教中国化本土化的进程就是融入儒家主导的忠孝道德伦理秩序的过程，表现出对于帝国权力体系的依从，契合了"崇文慕权势"的地方信众文化心理，并且很快成为华夏世界道德保守主义的重要资源，传播到中华文化影响所及的地方。另一方面，宋代文人士大夫自觉地承担起"收拾人心"的使命，将他们受到的儒学规训、观念和规则带入各个阶层、各个行业，佛教为了顺应这一潮流，主动吸纳民间粗糙、简单、直接的生活信条，规训社会秩序，实际上已经主动向儒家靠拢、担负起了儒家道德规训的使命，也是儒佛合流的具体体现，在巴蜀大地上的石刻上，体现出其合和共生的本质。

---

1 段玉明：《巴蜀佛教文化史》，第 192 页，宗教文化出版社，2021 年。

万千图像

佛教传入东土，已经是佛教开始开窟造像、绘制壁画的时期，因此在南北朝时期，佛教已经被称为"像教"。南朝梁释僧祐就在《出三藏记集》中称，"是故如来始逮真觉，应物接粗，启之以有；后为大乘，乃说空法，化适当时，所悟不二；流至末叶，象教之中，人根肤浅，道识不明，遂废鱼守筌，存指忘月"。南朝宋释道高称，"夫如来应物，凡有三焉。一者见身，放光动地；二者正法，如佛在世；三者像教，仿佛仪轨"（《释道高答李交州书》）。由此可见佛教图像给中土人士留下的深刻印象，甚至直接用"像教"以指代佛教。

从天山南北沿着河西走廊而后进入关中、中原，佛教的流布，总是有佛教造像与壁画艺术相伴，形成了各地域各时代不同的风格、题材、故事及至巴蜀地区独有的图像风格、图像题材、图像故事。

巴蜀之地的造像，早期就富有独特的地域特点和风格。在成都西面的茂县发现的南齐末年石刻造像中就出现了中国最早的汉族式佛装——褒衣博带的双领下垂式袈裟，随后风靡全国，形成了"褒衣博带"式造像风格。唐宋时期，从造像的风格、题材、故事方面看，巴蜀地区是最具创造性的。

从传承的角度说，巴蜀地区近3000处石窟和摩崖造像点，几乎占全国石窟寺的半壁江山，大大小小龛窟造像盈千累万，保存了大量中原唐、五代丧乱中消失了的内容题材和图像，并在宋代延续。

从创新的角度说，唐代中期开始，僧人与艺术家在成都大慈寺创作或改造的一批题材，包括经籍、图像、仪轨等，成了中国民间喜闻乐见的内容，并广为流传，以至于影响了唐宋之后的民间信仰，有的传至今日。

单从石刻造像方面讲，宋代石刻造像当中以观音、地藏、地藏十王、罗汉、父母恩重经变造像、毗沙门天王造像、水陆法会造像、各类禅宗造像等为代表的巴蜀地区首创或独有的风格、题材、故事，具有鲜明的地方特色和民间信仰特征，并且产生了巨大影响。这些题材体现的核心观念是以"现世生活"为关注的焦点，关于现实生活的一切问题都被链接于观音信仰之上，关于死后的世界与因果报应问题则被链接于地藏十王信仰之上。现实的生活与神秘力量或者神佛的关系则被链接于水陆法会及其造像之上，最核心的伦理——"孝"通过父母恩重经变造像表现，并通过一系列题材表达道德信条。而这也与宋代士绅介入基层治理，特别是理学的进展一致，塑造着唐宋转型之后华夏世界的社会文化面貌。

　　观音造像，以观音为主题的造像是四川佛教石刻造像特别突出的题材，可以说是有造像的地方就有观音造像，数量极其庞大。在早期的大乘佛教中，阿弥陀佛、大势至菩萨、观音菩萨合为"西方三圣"，阿弥陀佛为主尊，大势至菩萨、观音菩萨为胁侍，成为一铺造像。晚唐五代两宋时期，巴蜀观音造像以有密教元素的形象为主，并演化出各种形态的观音造像，有十一面观音、千手观音、玉印观音、不空羂索观音、水月观音、数珠观音、净瓶观音、白衣观音、圣观音、救苦观音、救八难观音、数珠手观音等等。显教的观音造像，典型形象是手持净瓶、杨柳枝，身披璎珞，主要是以西方三圣组合形式表现，代表了净土信仰。有密教元素的观音形象，有六观音之说，是观音度六道群生出轮回的六种化身，即十一面观音、千手观音、不空羂索观音、马头观音、如意轮观音和准提观音。晚唐五代开始，出现了无经典依据的、民间崇奉的水月观音等观音造像，安岳毗卢洞水月观音，堪称经典。观音菩萨信仰的兴起，表明对佛教的信仰从个人的终极解脱转变为对世间苦难的关注，问题的关键已经从脱离苦海转变为战胜现世的困难。基本的信条已经改变，从脱离苦海转变为安住现世，从超脱轮回转变为计算因果。救苦救难大慈大悲，观音已经成为尘世生活的守护者，最受崇奉。

　　地藏与地藏十王造像，特别是前面已经提到的《佛说地藏菩萨发心因缘十王经》《佛说阎罗王授记四众预修生七往生净土经》由"成都大慈寺沙门藏川述"，可以说中国化的"十王"观念就起源于成都。地藏信仰传统久远，早在北凉时期就有相关经典的翻译，被隋僧信行创立的三阶教[1]奉为教主，地藏菩萨也是密教的主要神祇，在中土信仰世界中，逐渐成为死后世界的主导者，与本土观念结合，形成官僚体系式的地藏十王概念。

巴蜀地区的这类造像，分为单独的地藏造像，地藏分别与观音、阿弥陀、药师佛组合造像及地藏十王造像。单独的地藏造像，形象十分丰富，有佛装像、菩萨像、沙门像、披帽像，手中所持为锡杖、钵、印契、摩尼珠等。地藏观音组合造像，是将事关生死的两位菩萨放在一起，直接解决生前死后的问题，有时候还把两神并列放于地狱十王当中；与阿弥陀佛的组合，则是弥陀信仰兴起后，地藏观音与阿弥陀佛组合成一铺造像，代替了大势至菩萨的位置；地藏观音与药师佛组合成一铺造像，以地藏观音作为药师佛的胁侍菩萨，表示东方净土琉璃世界，解众生一切苦。其中，尤以十王为主题的造像最有特色，这是巴蜀地区最具特色的造像题材，其中绵阳北山院地藏十王龛，内江圣水寺地藏十王龛（开凿于唐昭宗乾宁三年，896年），资中西岩第10号地藏十王龛（开凿于唐昭宗光化年间，898—901年）、第57号十王龛（前蜀武成三年，910年），内江翔龙山第1号地藏十王龛（开凿于晚唐至宋初），内江清溪村地藏十王龛（开凿于五代），内江龙翔山第2号地藏十王龛（开凿于宋），大足北山石刻第253号地藏十王龛（开凿于宋真宗咸平四年）等等备受关注。

父母恩重经变造像，大足宝顶山大佛湾石窟第15号"父母恩重经变"摩崖雕刻最具代表性，造像图文并茂，以连环画的形式刻绘出父母抚育儿子成长过程中的十个场景，在佛教龛像中仅此一例，以十分写实的画面描绘了人一生的重要场景，也是一绝。在十个场景之前是一对夫妇虔诚求子的场景，然后十个场景分别为：第一怀胎守护恩，第二临产受苦恩，第三生子忘忧恩，第四咽苦吐甘恩，

1　三阶教，由隋代僧人信行创立，主张不念阿弥陀佛，只念地藏菩萨。认为一切佛像是泥龛，无须尊敬；一切众生是真佛，所以要尊敬。以苦行忍辱为宗旨，每天只吃一顿乞来的饭，以吃寺院的饭为不合法。竭力提倡布施，死后置尸体于森林，供鸟兽食，叫作以身布施。因受到打压，唐末消亡。

第五推干就湿恩，第六哺乳不尽恩，第七洗濯不净恩，第八为造恶业恩，第九远行忆念恩，第十究竟怜悯恩。结尾的赞语中有"三千条律令，不孝罪为先。天网无逃处，常应悔在前"。还把刑法规定刻在后面，"刑法：诸詈祖父母、父母者绞，殴者斩"，称"佛告阿难不孝之人堕阿鼻狱"，最后刻的是"知恩者少，负恩者多。这个内容完全是以图像的形式宣扬中土孝道，是以彻底的儒家信条为基础进行的创作。接下来的第16号"雷音图"摩崖雕刻、第17号"大方便佛报恩经变相"摩崖雕刻也与第15号的内容相关联。第16号表现的是风雨雷电四神，而不肖子孙是会遭雷劈电击的，第17号"大方便佛报恩经变相"是汇集佛经中与孝道有关的内容创作的，画面顶部齐檐处从右至左横刻偈语，"假使热铁轮，于我顶上悬。终不以此苦，退失菩提心"。三幅巨型摩崖雕刻的连环画构成了一组以孝为主题的造像。

毗沙门天王造像，巴蜀唐后期到宋代的毗沙门天王造像是目前佛教龛窟中数量最多、最系统的天王造像。按照佛教的说法，世界以须弥山为中心，四面各有一周，以须弥山为轴心，加上围绕其周围的九山八海、四洲及日月星辰，合为一单位，称为"一世界""四大部洲"。东边是提多罗统领的东胜身洲，又称"持国天"，南边是毗琉璃统领的南赡部洲，又称"增长天"，西边是毗留博叉统领的西牛货洲，又称"广目天"，北边是毗沙门统领的北俱芦洲，又称"多闻天"。四大部洲的统领又称"四大天王"——东方持国提多罗天王、南方增长毗琉璃天王，西方广目毗留博叉天王，北方多闻毗沙门天王。在中国寺院中的四大天王最早出现于成都地区，在成都的南朝造像中，已有齐备的四大天王。现存寺院中的四大天王多是明代以后的造作，赋予了新的含义。

唐代后期开始，北方多闻毗沙门天王逐渐独立出来，成为密教崇奉的主要神祇之一，演化为独立的故事、独立的造像题材，成为巴蜀地区重要的造像内容。主要分布在夹江、邛崃、巴中、大足、资中等地，以通往南诏道路旁的夹江、资中等地最为集中。毗沙门天王的形象，一般头戴三面高宝冠，身着铠甲，标志是左手托塔、右手持剑，身后有圆形或者桃形火焰纹背光或头光。广目圆睁，浓眉倒竖，十分威武。毗沙门天王的眷属造像，多为踩在脚下的地鬼、夜叉，后来衍生出吉祥天女、哪吒三太子等。

唐代后期，毗沙门天王之所以独立出来，主要是因为这样的传说——

> 毗沙门神，本西方法佛说四天王，则北方天王也，于于阗城有庙，身披甲，右手持戟，左手擎化塔，祗从群诸殊形异状，胡人事之。往年，吐蕃围于阗，吐蕃人夜见金人，披发持戟，行于城上，吐蕃众数千万尽患疮疾，莫能胜，又化黑鼠，咬弓弦，无不断绝，吐蕃扶病而遁。国家知其神，乃于边方立庙，元帅亦图其形旗上，号曰神旗，出居旗节之前，故军出而祭之，至今州县府多立天王庙也。
>
> 一云，昔吐蕃围安西北庭，表奏之救，唐玄宗曰："安西去京一万二千里，八月方到，到则无所及矣。"左右请召不空三藏，今请毗沙门天王师至，请帝执香炉，师诵真言，帝忽见甲士前立，帝问不空，不空曰："天王差二子独捷，领兵救安西，来辞陛下。"后安西奏云，城东北三十里，云雾中见兵人，各长一丈，约五六里，至酉时鸣鼓角，震三百里，停二日，康居等五国抽兵，彼营中有金鼠咬弓弦弩，器械并损，须臾北楼天王现身。[1]

《宋高僧传·唐京兆大兴善寺不空传》的记载与上文有所不同。

> 天宝中，西蕃、大石、康三国，帅兵围西凉府。诏空入，帝御于道场，空秉香炉，诵仁王密语二七遍。帝见神兵可五百员在于殿庭，惊问空，空曰："毗沙门天王子领兵救安西，请急设食发遣。"四月二十日果奏云："二月十一日，城东北三十许里，云雾间见神兵长伟，鼓角

1　〔唐〕李筌：《太白阴经》，卷七《祭文书药方总序》。

喧鸣，山地崩震，蕃部惊溃。彼营垒中有鼠金色，咋弓弩弦皆绝。城北
门楼有光明天王怒视，蕃帅大奔。"帝览奏谢空，因敕诸道城楼置天王
像。此其始也。

由此看来，毗沙门天王信仰与密教不空大师有密切关系。唐王朝后期，边事
吃紧，毗沙门天王演变为护国战神。特别是历经了安史之乱之后，人民身负战争
创伤，亟须抚平，恰在此时由密教不空大师译介的有关毗沙门天王的形象走入大
众视野，成为保护人民免受战争之乱的战神，犹如观音菩萨一样，脱离原来的位
置，成为护一方平安的神祇，被独立敬奉，并沿着民间神祇的路子，演化出托塔
李天王、哪吒三太子等故事。

其在传播过程中不断衍变，《宋高僧传·唐雅州开元寺智广传》载，"咸
通中，南蛮王及坦绰来围，成都府几陷。时，天王现沙门形，高五丈许，眼射流
光，蛮兵即退，故蜀人于城北宝历寺立五丈僧相"。这一说法中，毗沙门天王
与成都发生了关系。往后其又出现在了建炎年间宋金大战中，"秀州子城有天王
楼。建炎间，金人犯顺，苏秀大扰，将屠之，有天王现于城上，若数间屋大，兵
卒望之怖惧，遂引去。一州之境获免"[1]。最后甚至成了宋王朝的护国天王。

观音、地藏十王、父母恩重经变造像、毗沙门天王造像的大力造作，以及
十二圆觉、罗汉、五十三参系列图像等独特的造像题材的引入，将视角从虚幻天
宫、极乐世界转向尘世生活，极大地丰富了佛教造像的题材，同时又反映出巴蜀
地区佛教信仰观念的变迁和佛教的进一步世俗化、民间化。

说到壁画，则要从唐玄宗入蜀开始讲起。唐玄宗、唐僖宗入蜀，中原地区的
壁画、绘画名家随之入蜀，可以说集中了当时唐帝国最优秀的画家。五代后蜀更
是首创宫廷画院，聚集了一批最具才华的绘画艺术大师，创造了佛教绘画艺术的
巅峰时代。成就之大，无与伦比，冠绝天下。诚如李之纯《大慈寺画记》所载，

1　《古今图书集成·博物汇编·神异典》，卷四十五引鲁应龙《括异志》。

"举天下之言唐画者，莫如成都之多，就成都较之，莫如大圣慈寺之盛"。同时又开启了宋代绘画艺术的先河，可惜的是，宋代以后，因为政治中心的转移以及地方政府和地方政权赞助的消失，蜀地绘画艺术衰落了。

蜀地壁画，继承和保存了隋唐以来中原的图像体系，而又不断演化，开创了很多新的题材与图像风格，对宋代以后东亚佛教和东亚艺术产生了巨大影响。

唐宋蜀地壁画以大慈寺壁画最为辉煌，题材以诸佛菩萨、罗汉高僧、天王明王以及佛会经变等题材为主，其中天王、罗汉题材占比巨大，祖师图像极为丰富，万千图像成为巴蜀地区石刻造像的灵感源泉。寺院壁画中也出现了更加艺术化的创作，比如李昇的名山胜景，刁光胤的四时雀竹，杜措的竹石山水，黄筌、黄居寀父子的竹雀虫蝶，这一类创作，开启了宋代绘画的风尚。大量的非佛教人物故事壁画，则将帝王将相题材引入寺院壁画当中，显示出帝国权力不断强化对佛教的支配，同时也是佛教本土化的反映，在川渝摩崖雕刻中都可找到踪影（由于壁画不是本书的主角，这里不做详细介绍）。而巴蜀地区水陆法会的盛行，则反映出一种独特的图像整合方式。

水陆图像，水陆法会作为一种宗教活动，本质上是动态性、场景性、实践性的活动，在活动的时间过程中完成。因此主要是以仪轨、文本和师徒传授的形式进行传承，不过在实践过程中逐渐出现图绘系统，又开始有了专门的殿堂陈设绘画，后来演变为壁画。水陆道场起于唐宋之际，用于追荐超度圣凡水陆亡灵，本来是寺院建坛做佛事的时候张挂的水陆画轴，"或因天气等等原因而难保证，遂有寺院专建水陆殿，绘制水陆壁画以供此仪"[1]，而大足大佛湾等雕刻，亦与水陆壁画的内容有一致性。

成都昭觉寺在宋大中祥符元年开始翻建，历三十年完成，翻建经过精心布局，其间就专门建了水陆堂，"备水陆之仪，宣梁武教"[2]。佛教施食仪轨，起

1　段玉明：《巴蜀佛教文化》，第407页，宗教文化出版社，2021年。
2　〔宋〕李畋：《重修昭觉寺记》，引自〔明〕周复俊编《全蜀艺文志》卷三十八。

于佛弟子阿难于定中见饿鬼痛苦状，而后兴起的施食六道群生之法；梁武帝开水陆大斋，普济六道群生，并造《梁皇宝忏》，是中土施食科仪的滥觞。唐代佛教传布，科仪之外，又创"水陆道场"，唐宋之际，极为流行。宋代僧人宗赜《水陆缘起》里面就提到了宋代水陆佛事的盛行，"江淮两浙川广福建水陆佛事，今古盛行，或保庆平安而不设水陆则人以为不善，追资尊长而不设水陆则人以为不孝，济拔卑幼而不设水陆则人以为不慈。由是富者独力营办，贫者共财修设，感应事迹，不可具述"。水陆佛事成为"外则资身，增长色力。内则资神，增长福慧"的不可或缺的要件。动态性、场景性、实践性的佛事活动开始殿堂化、常态化、日常化，从而影响了寺院的布局与龛窟的开凿，安岳、大足的宋代石刻，应该也是受到了这一风尚的影响。特别是大足宝顶山石刻造像，近年来有学者认为，大佛湾等石刻造像就是受水陆法会的影响而兴建的水陆道场。

不管怎么说，大足宝顶山石刻造像由赵智凤一力主持开凿，并一直主导着工程的推进，所以龛窟的分布、题材的选择、形式的确定显然不是偶然的，整个龛窟群的营造是经过精心设计的，可以说是赵智凤完成的刻在石头上的对于佛教教义的理解和完整宣说的一部图像著作。

一个故事

　　冯楫，据记载是四川遂宁人[1]，宋徽宗政和八年（1118）嘉王榜进士出身，与南宋名将张浚为同榜（但比张浚年长23岁），高宗朝政坛的活跃人物。生平事迹在《宋史》《建炎以来系年要录》等史籍中多有记载。从佛教的角度，这个人很具有典型性，这里根据《建炎以来系年要录》记载对他的生平首先做个简单整理。

　　建炎三年（1129）三月，苗傅、刘正彦策动兵变，逼高宗赵构退位。四月初一，在御营参赞军事张浚的支持下，高宗复位，很快平定兵变。

　　六月，受到张浚的举荐，同时因为曾经写信给兵变首领苗傅讨论高宗复位，时任承议郎新知富顺监的冯楫得以特转一官，升为尚书司勋员外郎。

　　绍兴元年（1131）七月，朝散郎知巴州冯楫升任"利州路提点刑狱公事"。

　　绍兴四年（1134）二月，追随张浚来到刚刚平定杨么（ㄠ）之乱的潭州，"遂留左朝散郎权枢密院计议官冯楫为荆湖抚谕"，负责招抚工作。

　　绍兴六年（1136）八月，冯楫升任"宗正少卿兼权右司员外郎兼权给事中并行宫职"。

　　绍兴七年（1137）十月，对于张浚来说是人生的转折点，也是冯楫人生的转折点。这一年，张浚与高宗之间在战与和的问题上有了分歧，加上在张浚主导的对金国战争中，发生淮西兵变——八月，郦琼裹胁四万余将士及沿途士民十余万人叛变投向伪齐，张浚不得已辞职。赵构想起用秦桧而张浚对以"近与共事，始知其黯"，意思是说秦桧这个人黑啊，搞得赵构只好起用赵鼎。赵鼎随即召见张

1　〔宋〕陈骙《南宋馆阁录》载："冯楫，字济川，广汉人，嘉王榜进士出身，元年十月除，三年五月为司勋员外郎。"其中，关于冯楫家乡的记载有误。据《古尊宿语录》收录的冯楫撰写的《佛眼禅师语录序》一文，自署为"遂宁冯楫"；《先觉宗乘》载："冯楫，字济川，蜀遂宁人。官给事，号不动居士。"

浚的三名心腹"祠部员外郎勾龙如渊、都官员外郎冯康国、工部员外郎冯楫"，告诉三人皇帝对张浚网开一面，不必害怕："上怜德远（张浚，字德远）母老，有复辟功，决不远谪，无过岭之患。诸君速以书报上意。"张浚从此失势。

绍兴八年（1138）三月，直秘阁新知剑州冯楫落职，罪名是"四川自靖康以来七年，上供皆因军兴诸处截用，楫献策于浚再行科敛，会朝廷访闻，降指挥而罢，蜀人恨之切骨"。

绍兴八年（1138）十二月，丢了官的冯楫——"左朝奉大夫主管洪州玉隆观冯楫，守宗正少卿假徽猷阁待制为国信计议副使（冯）楫"，正在罢官归蜀的路上，行至镇江，高宗赵构召对，冯楫精心构思，上疏力陈与金媾和，赵构看了后，立即恢复了冯楫的官职。

然而，冯楫却陷入了秦桧精心设计的局中，调任闲官"提举亳州明道宫"一职，这就是个安置老病无能大臣及高级冗官闲员的职位——

（绍兴十年六月丙午）给事中兼侍讲冯楫，充徽猷阁待制提举亳州明道宫。初，金人背盟，秦桧以其言不雠，甚惧。一日谓楫曰："金人背盟，我之去就未可卜，前此大臣皆不足虑，独君乡衮未测上意，君其为我探之。"

明日，楫入见曰："金人长驱南下，势须兴师，如张浚者且须以戎机付之。"上正色曰："宁至覆国，不用此人。"桧闻之喜，曰："适观天意，楫必被逐。"即引疾求去，乃有是命。

根据这一记载来看，显然是秦桧为了窥探皇帝的心思，也是为了进一步打压张浚，利用了冯楫。冯楫虽然主和，但是主张的是"能战"的和平，于是冯楫只好称病，被安排到了一个闲散职位上。

绍兴十三年（1143）二月，"徽猷阁待制提举亳州明道宫冯楫，知邛州"，随即转任泸州，九月，"徽猷阁待制知邛州冯楫，为泸南沿边安抚使知泸州"。

绍兴十九年（1149）二月，"徽猷阁待制知泸州冯楫，升敷文阁直学士"。

绍兴二十二年（1152）六月，"敷文阁直学士知泸州冯楫，卒。楫，素佞佛，晚岁尤甚。以傅会和议，故为秦桧所厚。帅本路者凡八年"。

以上是根据《建炎以来系年要录》梳理的冯楫的主要官场经历，当中说冯楫"素佞佛，晚岁尤甚"，可见即使在官僚士大夫当中，这也是冯楫十分突出的特点。冯楫朋友的说法也是见证，"济川方弱冠时，不学自悟，始求证于昭觉勤，今七十余，精进不退。可谓闻而能修，行解一如者，论其诗可知其人矣"[1]。另外的记载说，冯楫初参佛眼远禅师，绍兴七年（1137）跟随大慧杲禅师，而后"出帅泸南，率道俗作系念会，以西方为归。时经建炎兵乱，后名刹藏经多残煅，乃捐俸钱造大藏经四十八所，小藏四大部者，亦如其数，分贮诸刹"（彭际清《居士传》）。

冯楫一生，宦海浮沉之余，可以说是将全副身心都寄托于佛教。早年，跟随高僧学习，晚岁更加沉迷，在泸州任上的人生最后八年时间，出资刻印佛经，开凿龛窟等，在巴蜀之间留下很多遗迹。现在还能看到的主要有在泸州市区开福寺修建的报恩塔，在大足北山多宝塔中造的龛像，出资开光的潼南大佛、巴中南龛的题刻等。

绍兴十八年（1148），任官泸州已经四年的冯楫为报母恩，在泸州开福寺建报恩塔，据民国《大足县志》记载："冯楫，幼丧父，离母寄养于人。后官泸，求其母不得。会诞日，群丐聚乞署门外，内一瞽目老妪曰：吾儿生同今日，若在，老身不至流离如此也。家人入告，楫进妪问曰：汝子生年月日能记否？妪一一言之不爽。又问曰：身中有记否？曰：二子共胎连背而生，以刀分之，一死一生，生者脊背有长痕。楫下拜泣曰：是吾母也。扶起，薰沐焚香祷告天，跪舐其目，其目复明，因建塔报恩。"塔身为砖石结构、楼阁式，今称"白塔"。

大足北山多宝塔，建于南宋绍兴十七年至绍兴二十五年（1147—1155），塔

---

1 〔宋〕李弥逊：《筠溪集》，卷二十一《跋济川侍郎赠平老诗后》。

由专门烧造的砖石砌成，是一座楼阁式与密檐式相结合的塔，八角形制，外观十二级，高33米，由塔门入，沿塔心楼梯盘旋而上可登上八层。塔内外各级砖壁嵌石刻造像120多龛，题材丰富多样。多宝塔内第四层，塔心八面中有两面为进出通道口，六面嵌石刻造像，全都是冯楫捐资所造，编号为39、41、43、45、47、50号。39龛为西方三圣龛，41龛为普贤菩萨龛，43龛为释迦龛，45龛为文殊菩萨龛，47龛为释迦龛，50龛为冯大学龛。

43号龛，正壁释迦佛坐下左右各造供养人立像1身，左为冯楫虔诚礼佛的形象，头戴方形高冠，着宽袖朝服，双手捧笏，右侧女供养人形象应是冯楫的妻子。左右两侧分别刻有题记，左壁题记刻的是："敷阁直学士，左中奉大夫，潼川府路兵马都钤辖，泸南沿边安抚使，知泸州军州提举学事兼管内劝农使，文安县开国伯食邑九百户，赐紫金鱼袋冯，今于昌州多宝塔内施钱四百贯文，足造第六层塔一级全，用银盒内盛华严感应舍利一百二十粒，安于其中，祈乞禄寿绵远，进道无魔，眷属康安，子孙蕃衍，尽此报身，同生极乐。绍兴壬申岁仲春旦日，修塔化首任亮刊石立。"绍兴壬申岁仲春，即公元1152年，就是说工程完成后的当年六月，冯楫就去世了。右壁所刻题记已经漫漶不清，道光重镌《大足县志》收录有全文："敷阁直学士、右中奉大夫、潼川府路兵马都钤辖，泸南沿边安抚使、知泸州提举学事兼管内劝农使、文安县开国伯食邑九百户、赐紫金鱼袋冯大学，年七十八岁。男右承奉郎泸南安抚使司主管安抚司机宜文字冯觉年三十二岁，男右迪功郎前成都府路提刑司干办公事冯觉年三十岁。新妇机宜孺人徐氏三十四岁，提干孺人邓氏年二十六岁。孙男登仕郎洞祖年九岁，登仕郎继祖年六岁，杨僧年三岁，佛保年三岁，佛儿年二岁。孙女闰师年七岁。女童妙明年十五岁，妙悟年二十五岁，黄法智年十岁，法慧年十四岁。嬭子等，任氏二娘年二十五岁，达禰吴氏年二十岁，虎禰□氏年三十六岁，佛保嬭王氏年二十八岁，杨僧嬭文氏年二十六岁，闰师嬭王氏年三十岁，佛儿嬭邓氏年二十八岁。达奴唐氏年二十七岁，奇奴姚氏年二十七岁，惠奴丁氏年二十六岁，秋喜赵氏年三十三岁。绍兴壬申岁仲春旦日建塔化首任亮刊石立。"

文中说绍兴二十二年，冯楫七十八岁，冯家上下以及仆佣合计26口人，可谓人丁兴旺，真实反映了宋代士大夫家庭的人口结构。这一记载也填补了正史记载中冯楫出生年月的缺失。据此可知，冯楫应出生于1074年，即宋神宗熙宁七年，而到了政和八年（1118）才中进士，此时已经44岁，由此可见冯楫的士大夫之路并不顺畅。

50龛，是最有意思的一个龛。这个龛是冯楫专门为自己造的一个龛，正壁是冯楫的立像，立于方台上，头戴展脚幞头，身着圆领大袖袍服，腰系玉带，足穿朝靴，双手笼于胸前袖内，手持数珠串，珠串露出袖外。造像左右刻有题记，内容为："敷文阁直学士，左中奉大夫，潼川府路兵马都钤辖，泸南沿边安抚使，知泸州军州提举学事兼管内劝农使，文安县开国伯，食邑九百户，赐紫金鱼袋冯楫，谨施第六层宝塔兼造像全堂容水□□□"。左右壁各造僧尼立像1身，左像为"男童妙悟"，右像为"女童妙明"，据《刊刻冯大学施钱造塔记》可知，妙悟是冯楫家的男童仆，妙明是冯楫家的女童仆。

六个造像龛中共有9则题记，除了43龛、50龛有冯楫官员形象的造像题记用了全部头衔且只称姓"冯"外，很有意思的是其他七处的署名都是"冯大学"。据胡昭曦先生考证，"冯大学非其名字别号，而是对那些在佛教义解、修行方面精深高超者的尊称"。看来冯楫对自己的佛学造诣是相当自信的，又或许宋代宰相有大学士衔，冯楫以此自抬身价但又不敢违背制度，将"大学"两字与其他官衔并列。

冯楫出资开光的潼南大佛则另有一段渊源。这尊大佛佛首开凿于唐代，佛身开凿直至绍兴二十一年（1151）才完成，是仅次于乐山大佛的巴蜀地区第二大佛。完成之后，没钱装彩。绍兴二十二年（1152），住持僧找到冯楫，冯楫欣然出资，并撰写了一通碑文，刻于右侧崖壁，以记其事。碑名"皇宋遂宁县创造石佛记"，碑文主要内容如下：

敷文阁直学士，左中奉大夫，潼川府路兵马都钤辖，泸南沿边安抚使，知泸州军州提举学事，兼管内劝农使，文安县开国伯，食邑九百户，赐紫金鱼袋冯檝楫撰。左朝请大夫，太府少卿，总领四川财赋军马钱粮赵沂书并篆。……

辛未（绍兴二十一年），复入细磨砻，佛像宛如塑出。主僧德修于绍兴壬申（绍兴二十二年）仲春远来泸南，告予：佛已成，阁已就，惟缺严饰。化予妆銮，予遂舍俸以金彩妆饰。妆成，佛如金山，处于琉璃阁中，金碧争光，晃跃天际，遐迩具瞻，咸叹希有，复求记其始末。予曰：吾蜀嘉阳大像名闻天下，此像亦其次矣，舍此则无有也。而此像之设，倚山面江，在市之南，据路之旁，实舟车往来之冲，邑人游观之地。未开之前，有瑞莲以启端；既凿之后，流水木而建阁，颇有灵应，正遐迩祈求之所。于是，居者求福，行者求安，耕者求丰，蚕者求熟，无官求官，无子求子，病者乞愈，产者免难，旱则祷雨，涝则祈晴，无不如意。况复使人人睹相生善，一瞻一礼，从此进修，如法华经所谓：或有人礼拜，或复但合掌，乃至举一手，或复小低头，以此供养像，渐见无量佛，自成无上道。古人于此镌像，岂徒然哉。后人复成其志，令瞻睹而发一善心者，究竟成菩提而后已，利益安有既也。予既为记创造之岁月，复击之以赞云：路傍石佛几百尺，巍然晃耀如金山。往来无不获瞻睹，合十指掌敬慈颜。睹相生起一善心，从此进修超人间。佛与众生同一性，众生学佛初不难。今因见佛便学佛，一念休歇即涅槃。古人造此岂无意，后人继成古人志。今古皆同此个心，此心便具佛悲智。悲智既具即是佛，镌出佛像普开示。要使遐迩观见人，悉皆成佛志乃遂。是像利益畴可量，书尽海墨莫能记。我赞大地一尘分，愿扬此像同无际。

修造道者王了知、蒲智用，知事僧智明、知阁净信大师德修、前住持赐紫沙门光俨、住持传法沙门惠寿。

　　乙酉（乾道元年，1165年）乾道改元中秋日刊石。[1]

　　正是有了潼南大佛的这通碑，我们才完全能够确定，大足北山多宝塔龛里没有完整署名的人就是冯楫，因为官衔完全一致，时代也完全一致。

　　冯楫，还有一个身份是"禅宗临济宗南岳下十五世龙门远禅师法嗣"——禅宗因为强调师传心传，所以有为祖师画像造像的传统，禅宗寺院中往往都有祖师堂。四川安岳卧佛院北宋、南宋之际的住持、禅宗临济宗慈海和尚的像龛就与佛龛同列，有圆形头光，两旁有众弟子侍立，与佛无异，可见这也是宋代禅宗佛教流行的做法。安岳、大足处处可见的柳本尊行化图，则表现了以在家身份修行成佛的当地人形貌，其故事以连环画的方式雕刻出来，纯粹是四川民间佛教发展中比拟释迦佛修行成道的佛传故事所进行的创作。

　　冯楫是宋代文人士大夫沉迷佛学的典型代表，文人士大夫对于佛教的影响之深入，还表现在水陆忏仪的深度介入。如仁宗景祐元年（1034）进士杨谔编撰《水陆仪文》，曾任眉山著作郎成都府学教授的侯溥编撰《圆通三慧大斋道场仪》等，而苏轼作《水陆法像赞》则被后世援引入水陆仪文当中——

　　　盖闻净名之钵，属餍万口。宝积之盖，遍覆十方。若知法界，本造于心。则虽凡夫，皆具此理。在昔梁武皇帝，始作水陆道场，以十六名，尽三千界。用狭而施博，事约而理详。后生莫知，随世增广。若使一二而悉数，虽至千万而靡周。惟我蜀人，颇存古法。观其像设，犹有典刑。虔召请于三时，分上下者八位。但能起一念于慈悲之上，自然抚四海于俯仰之间。轼敬发愿心，具严绘事，而大檀越张侯敦礼乐闻其事，共结胜缘，请法云寺法涌禅师善本差择其徒，修营此会，永为无碍之施，同守不刊之仪。轼拜手稽首，各为之赞。

1　邓灿：《大足多宝塔供养人冯大学即冯楫的史料调查》，《华夏考古》，2007年第1期。

文人士大夫在佛教方面的深情投入，固然提升了佛教的影响力、号召力，然而正是因为文人士大夫的深度介入，亲承法嗣，摧毁了僧团组织内部佛法僧三宝的权威性，取代高僧大德对于佛学理论的主导。可以说这种趋势也主导着佛教逐渐脱离理论性、超越性、绝对性，而进一步世俗化、民间化、个人化。

　　从大足北山多宝塔第四层的这些造像与题记中可以看到，冯楫既是大施主、又是供养人（43号龛中），还是受祀者（50号龛中），从龛像的安排可以看出，冯楫将自己提升到了与佛菩萨并列的位置。这一趋势，其实中晚唐时期就已比较流行。据记载，那时的成都大慈寺壁画中就有大量罗汉高僧的画像，还有一批唐肃宗至德年间及以后官府尹监司等390人的画像。说明这一时期蜀地佛教壁画题材已经从诸天佛国转向尘世生活，在寺庙壁画供奉当中出现了高僧大德、官员的位置，在龛窟造像中也出现了高僧大德、官员等，不过还只是供养人、功德主的形象。冯楫代表的这一现象，则是更进了一步，将供养人提升到了与佛菩萨并列的位置。

　　这一现象也出现在南诏。在唐朝时期，南诏与大唐之间和战不断，公元829年南诏军队还一度打到了成都外城，不过总的说来这个时期南诏国受到中原王朝的影响巨大。唐代开始，南诏国受到中原王朝的影响，在今天的剑川县城西南石钟山开窟造像，到了宋代，大理国继续开窟造像，在今西昌博什瓦黑等地摩崖刻像中，反映南诏国王生活场景的三龛造像最具特色。这三龛造像分别以"王者议政""王者全家福""王者出行"为主题，表现了国王的政事活动、家庭生活和出行场景。其中石钟山9号窟南诏王细奴罗的"全家福"造像，是以家庭生活为主题的写真像，造像前方有供品，表明他们是受祀者，中间的小孩，两侧的一僧、一女子是陪祀者，坛下方两位是侍者，仿佛佛龛的组合形式。

　　这种权力借助于佛教神化自身、佛教借助于权力保护并进行弘传的现象，早在北魏时期就开始了。随着佛教的中国化、世俗化，权力、经济、文化因素也在不断影响佛教的演进。唐宋时期的成都寺院里供奉着帝王以及地方官员的画像，而在敦煌莫高窟也出现大量以官员供养人为主题的壁画。到了宋代，则更进了一步，直接将他们雕刻到与佛龛一样的神龛中，而不仅仅是以他们的形象来造像，以比附神性，可以说是"跻凡入神"，也可以说是"降神为凡"，神佛与普通人同列了。

这是佛教中国化进程中造像方面的一次最重大变革，造龛者也跻身佛龛了。如果说将帝王比作佛是帝王对佛陀至上的神圣地位的攀附的话，那么尘世的官员将自身与佛比肩，表达的是佛教对于尘世权力的依从，从此时移世易。这种世俗化、民间化的变革，体现在造像的题材、内容、表现形式越来越世俗化、民间化，日常情景、生活小景也成为表现题材，愈发令人感到亲切，代表了审美情趣、知识、思想和信仰更加个人化、相对化、情境化。佛教从概念化、逻辑化、知识化走向情感化、直觉化、审美化，佛教原本在"性命与天道"方面的超越性、绝对性、批判性被削弱了，佛教图像的艺术魅力也就走向了最后的顶峰。佛像存在的环境完全变成了中式表达。

后 记

在我心里，宋代是一个五彩斑斓的世界。虽然宋廷不擅军事，但其治下城市繁华、文化昌达，人们的精神世界异常丰富，也不缺乏物质享受，文人雅士清雅优美的爱好与市井的热闹嘈杂并存。

宋代的物质文化遗存没有了唐代磅礴、辉煌的气势，却又以别样的美吸引着今天的我们。在川渝两地的田间地头，一幅幅摩崖石刻画卷以物的形式向我们描绘了生动形象的大宋世界——从神圣的天堂、宫殿、庙堂，到乡村的鸡舍、牛舍；从神仙、帝王的逍遥世界到村夫、村妇的一地鸡毛，以至地狱万象，无所不包。内容丰富、简单直接，胜过任何语言的石上大宋却少有人知晓。我常常沉浸其中，欣赏着他们的世界，无比快乐。而这一切，源于中外文明交流，历经来自西域、河西走廊、中原北方地区广袤大地上的古代各族先民的共同创造后，汇聚成了中华民族共同体意识的表达。

从事了三十余年的考古研究之后，我发现身边最亲近的人也不知道我在做些什么，在石头上看见了什么，为什么那么沉醉。于是我想向他们讲述这些石头的故事，因为他们一直支持我的学术研究，我却从来没有写过适合他们阅读的文字，于是想为他们写本书。我的合著者跟我一样痴迷于文字，常在故纸堆里独自快乐着，我们一拍即合，决定一起为我们的身边人讲述那些让我们沉迷的旧事。

同时，也想把它写给那些想看石刻、想了解别样大宋华章的人。

本书得到了大足石刻研究院黎方银先生、黄能迁先生，四川大学白彬教授、张亮副教授四位先生的大力支持，他们无偿提供了大量照片，在此致以最诚挚的感谢。李翎女士、邵学成先生、周永强先生也给予了无私的帮助，一并致谢。

雷玉华

2023年2月20日

于金牛宾馆天府楼客房

天下蜀刻
石上大宋

参考文献

[1]国家文物局教育处.佛教石窟考古概要[M].北京:文物出版社,1993.

[2]重庆大足石刻艺术博物馆,四川社会科学院大足石刻艺术研究所.大足石刻研究文集2[M].重庆:重庆出版社,1997.

[3]王卫明.大圣慈寺画史丛考——唐、五代、宋时期西蜀佛教美术发展探源[M].北京:文化艺术出版社,2005.

[4]黎方银.大足石刻全集[M].重庆:重庆出版社,2019.

[5]方珂.大足石刻编年史[M].武汉:武汉大学出版社,2020.

[6]陈扬炯.中国净土宗通史[M].南京:江苏古籍出版社,2002.

[7]胡昭曦,刘复生,粟品孝.宋代蜀学研究[M].成都:巴蜀书社,1997.

[8]成都文物考古研究所.四川安岳县圆觉洞摩崖石刻造像调查报告[M]//四川大学博物馆,四川大学考古学系,成都文物考古研究所.南方民族考古.北京:科学出版社,2019.

[9]米德昉.宋代文氏一系工匠与宝顶山石窟寺的营建[J].敦煌研究,2020（4）:53-63.

[10]宿白.中国石窟寺研究[M].北京:文物出版社,1996.

[11]龙显昭.巴蜀佛教碑文集成[M].成都:巴蜀书社,2004.

[12]游彪.宋代寺院经济史稿[M].保定:河北大学出版社,2003.

[13]闫孟祥.宋代佛教史[M].北京:人民出版社,2013.

[14]赵伟.北宋文人与佛教[M].北京:中国社会科学出版社,2020.

[15]侯冲.宋代的信仰性佛教及其特点——以大足宝顶山石刻的解读为中心:2005重庆大足石刻国际学术研讨会论文集[C].北京:文物出版社,2007.

[16]段玉明.玉历至宝钞:究系谁家之善书?[J].宗教学研究,2004(2).

[17]段玉明.唐宋大慈寺与成都社会[J].宗教学研究,2009(2).

[18]段玉明.巴蜀佛教文化史[M].北京:宗教文化出版社,2021.

[19]程民生.宋代地域文化史[M].合肥:安徽文艺出版社,2017.

[20]张聪.行万里路——宋代的旅行与文化[M].杭州:浙江大学出版社,2015.

[21]"两宋眉山进士群体研究"课题组.两宋眉山进士群体研究[J].巴蜀史志,2015(1).

[22]张雪芬,李艳舒.安岳卧佛院第4号龛题记与相关问题[J].四川文物,2011(6).

[23]邓灿.大足多宝塔供养人冯大学即冯楫的史料调查[J].华夏考古,2007(1).

[24]沈从文.中国古代服饰研究[M].上海:上海书店出版社,2002.

[25]韩茂莉.中国历史农业地理[M].北京:北京大学出版社,2012.

[26]葛兆光.中国思想史:第二卷[M].上海:复旦大学出版社,2000.

[27]李泽厚.美的历程[M].北京:生活·读书·新知三联书店,2009.

[28]刘子健.中国转向内在——两宋之际的文化转向[M].南京:江苏人民出版社,2002.

[29]谢和耐.中国社会文化史[M].长沙:湖南教育出版社,1994.

[30]谢和耐.中国5—10世纪的寺院经济[M].上海:上海古籍出版社,2004.

[31]砺波护.隋唐佛教文化[M].上海:上海古籍出版社,2004.

[32]太史文.《十王经》与中国中世纪佛教冥界的形成[M].上海:上海古籍出版社,2016.

[33]何复平.宋代文人的精神生活(960-1279)[M].南京:江苏人民出版社,2022.

[34]费迪南德·冯·李希霍芬.李希霍芬中国旅行日记[M].北京:商务印书馆,2018.